# Lesen und Denken

*Helmut Rehder*
*Ursula Thomas*
*Freeman Twaddell*

HOLT, RINEHART AND WINSTON, NEW YORK

# DEUTSCH:
# Lesen und Denken

COPYRIGHT © 1964, BY HOLT, RINEHART AND WINSTON, INC.

LIBRARY OF CONGRESS CATALOG CARD NUMBER 64-15851

37385-0114

PRINTED IN THE UNITED STATES OF AMERICA

# Inhalt

**ABSCHNITT 1** .................................................................. 1
    Zur Einführung . . . **1**

**ABSCHNITT 2** .................................................................. 9
    Frau Strathmann macht ein paar Butterbrote fertig. . . . . **9** Düsseldorf . . . **11** Der junge Architekt: 1. Inneres einer Etagenwohnung . . . **25** 2. In der Bibliothek . . . **27** 3. Bei Brünings im Wohnzimmer . . . **28** 4. Im Reisebüro . . . **29** 5. Im Architekturbüro von Dr. Billing . . . **30** 6. In der Diele bei Brünings . . . **32** 7. Sonntagnachmittag-Spaziergang . . . **34** 8. Wohnzimmer bei Brünings . . . **35**

**ABSCHNITT 3** ................................................................ 37
    Eine Marktfrau kauft sich etwas Obst . . . **37** Vom Markt und von Küche und Keller . . . **38** *Über die Brücke* von Heinrich Böll . . . **48**

**ABSCHNITT 4** ................................................................ 53
    Pauline Ebbecke begegnet dem Briefträger, Herrn Koops, vor der Haustür . . . **53** Wie die deutschen Städte ihre Namen erhielten . . . **55** Lieder: „O Straßburg" . . . **64** „Als ich ein jung Geselle war" . . . **65** „Alt' Heidelberg, du feine" . . . **66** *Licht in der Dunkelheit* von Franz Karl Ginzkey . . . **68**

**ABSCHNITT 5** ................................................................ 77
    Martin Heuschele, ein neuer Mieter, trifft Frau Lautensack, seine Wirtin, morgens im Korridor . . . **77** Von Maßen, Gewichten und Werten . . . **79** *Die Nacht vor Lodi* von Heinz Risse . . . **90**

**ABSCHNITT 6** ................................................................ 95
    Franz vertreibt sich die Zeit damit, seinen Freund zu necken . . . **95** Schulen in Deutschland . . . **97** „Letterman" . . . **107** „Oberschule" . . . **109** "Let's dance" . . . **111** „Penne, ade!" . . . **113** „Einmal voll, bitte!" . . . **115**

## ABSCHNITT 7 .......................................................117

Postamt: Frau Rath spricht mit dem Postbeamten . . . **117** Sinnbilder des Erfolgs . . . **119** Fräulein oder Frau? . . . **133** Mit dem Titel anreden? . . . **134** *Liebe war es nicht* von Hellmut Holthaus . . . **135** Mercedes 190 . . . **138** Garagen . . . **139**

## ABSCHNITT 8 .......................................................141

Rosel begießt die Blumen auf dem Balkon ihrer Wohnung . . . **141** Straßenbahnhaltestelle . . . **142** Von Blumen und kleinen Tieren . . . **144** „Er fiel aus dem Horst" . . . **156** „Mögen Sie Hunde?" . . . **158** Clarence nimmt ein Bad . . . **160** Blumenpflege . . . **162**

## ABSCHNITT 9 .......................................................165

Ein Vater, Erich Metzger, und sein Sohn Paul sitzen im hohen Gras vor einem alten Schloß . . . **165** Alte und neue Baukunst in Deutschland: Ein Bericht . . . **167** „Richtbaum in 77 Meter Höhe" . . . **175**

## ABSCHNITT 10 .....................................................185

Eine Litfaßsäule . . . **185** Das Doppelglück der Töne und der Liebe . . . **189** *Das Wunderkind* von Thomas Mann . . . **203**

## EXERCISES ............................................................213

## GRAMMAR REFERENCES ...................................247

## CONTENTS OF GRAMMAR REFERENCES .........248

## INDEX OF GRAMMAR REFERENCES ..................305

## VOCABULARY ........................................................iv

## ACKNOWLEDGMENTS (Genehmigungsnachweis) ..lxxix

## PICTURE CREDITS (Bildernachweis) .................lxxxi

Lesen und Denken

# Abschnitt 1

## Zur Einführung

Wir haben oft gehört, daß man Ausländer nur verstehen kann, wenn man ihre Sprache versteht. Mit gleichem Recht kann man sagen, daß man eine fremde Sprache nur verstehen kann, wenn man das Land kennt, wo sie gesprochen wird, und die Menschen, die dort leben, ihre Gewohnheiten und ihre Einrichtungen, ihre Geschichte und ihr Denken. Wie verschieden diese Dinge von unseren eigenen Anschauungen sind, wird schon an Äußerlichkeiten sichtbar: an der Tatsache, daß die Deutschen sich immer die Hände schütteln, wenn sie sich begrüßen oder verabschieden; daß es

drüben an den Türen keine runden Türgriffe gibt, sondern Klinken, die man herunterdrückt; daß in Deutschland weniger Menschen in Einfamilienhäusern wohnen als bei uns; daß ihre Gärten immer von Zäunen umgeben sind. Die Dinge, an die wir gewöhnt sind, sehen drüben anders aus, hören sich anders an, schmecken und riechen ganz anders — manchmal ohne weiteres erkennbar, manchmal aber nur kaum bemerkbar. Nur ein paar Beispiele: die Blinklichter auf den Verdecken der Polizeiwagen sind nicht rot, wie bei uns, sondern blau. — Die Sirenen an Polizeiwagen oder Krankenwagen heulen nicht mit gleichmäßigem Gekreisch, sondern stoßen wiederholt drei nervenbetäubende schrille Töne aus. Ein Deutscher fühlt sich beleidigt, wenn man ihn nicht mit seinem wohlverdienten Titel anspricht. — Und obgleich deutsche Frauen das Wahlrecht besitzen, verlassen sie sich doch weitgehender auf ihre Männer als es amerikanische Frauen tun: man braucht nur einmal mitten am Nachmittag zuzuhören, wenn deutsche Hausfrauen mit der Straßenbahn zum Einkaufen fahren, und jedes fünfte Wort in ihrem kleinen Geschwätz scheint „mein Mann" zu sein. — Wohlerzogene Jungens verbeugen sich von der Hüfte aus, wenn sie vorgestellt werden, und junge Mädchen machen einen schnellen und zierlichen Knicks. Selbst wenn sie nahezu zwanzig sind und es nicht mehr nötig hätten, deuten sie noch die Spur von einem kleinen förmlichen Knicks an.

Wenn man ein paar Stunden in einer Familie zubringt, darf man sich nicht nach dem „Badezimmer" erkundigen. Das würde eine deutsche Hausfrau in einen gelinden Schrecken versetzen; denn sie würde sich schnell fragen, ob ihr ältester Sohn nach seinem letzten Bad den Fußboden aufgewischt hat, ob die Badewanne sauber ist, und ob genug reine Frottiertücher aufliegen. Zugleich wird sie sich fragen, warum dieser verrückte Amerikaner mitten am Tage ein Bad nehmen möchte. In Deutschland sind eben die hygienischen Anlagen oft noch getrennt, und im „Badezimmer" gibt es dann nur eine Badewanne; das andere findet sich im „Waschraum" oder in der „Toilette". Selbst wenn man in einem Hotel ein „Zimmer mit Bad" bestellt hat, kann es passieren, daß man wörtlich eben nur ein „Bad" bekommt. Der Rest ist fünfzehn Meter weiter den Korridor hinunter zu finden.

Teenagers ziehen sich „besonders" an, wenn sie zu einem „Gesellschaftsabend", zu einer „Party" gehen. Sie wundern sich über die zwanglosen „jeans parties", die es in Amerika gibt. Und nebenbei bemerkt: sie setzen sich auch immer auf Stühle und Sofas oder niedrige Kissen — selten auf den Fußboden.

Im Laufe dieses Jahres werden Sie mancherlei davon erfahren, was „deutsches Wesen" bedeutet. Sie werden Bilder davon sehen, und Ihr

Lehrer oder Ihre Lehrerin werden davon sprechen, und vielleicht werden Sie auch auf Tonbändern und Schallplatten etwas davon vernehmen. Und vielleicht können Sie auch etwas probieren, das echt und typisch deutsch ist — Kartoffelpfannkuchen.

5    In einem Fernsehprogramm, um halb elf morgens, könnte man etwa das Folgende sehen:

— Kartoffelpuffer — wissen Sie, was das ist? — Das einfachste Gericht für den anspruchsvollen Geschmack. Das Vergnügen des Feinschmeckers. Der Stolz der Hausfrau. Die edelste Speise, an die selbst Sir Francis Drake nicht dachte, als er die schlichte Kartoffel in Europa einführte. Und so leicht herzustellen.

— Kartoffelpfannkuchen, leicht?

— Ja, nichts ist leichter. Passen Sie auf! Dies sind die Küchengeräte, die wir brauchen:

15    eine Bratpfanne, eine Schüssel mit einer Reibe, einen Meßbecher; sodann einen Wender, eine Küchengabel, einen Suppenlöffel — einen Holzlöffel und einen Kartoffelschäler.

— Und die Kartoffeln?

— Einen Augenblick!

Dann wiegen wir drei Pfund (anderthalb Kilo) Kartoffeln sorgfältig auf der Waage ab. Das sind ungefähr zehn bis zwölf Kartoffeln, je nach der Größe. Ferner benötigen wir: etwas Speise-Öl, eine Zwiebel, ein Ei, etwas Salz und 40 ccm* (etwa eine Dritteltasse) Weizenmehl. Und jetzt können wir an die Arbeit gehen.

Zunächst schäle man die Kartoffeln — schöne frische weiße Kartoffeln — sorgfältig mit dem Kartoffelschäler, wasche sie und lege sie auf einen Suppenteller.

* ccm. = Kubikzentimeter.

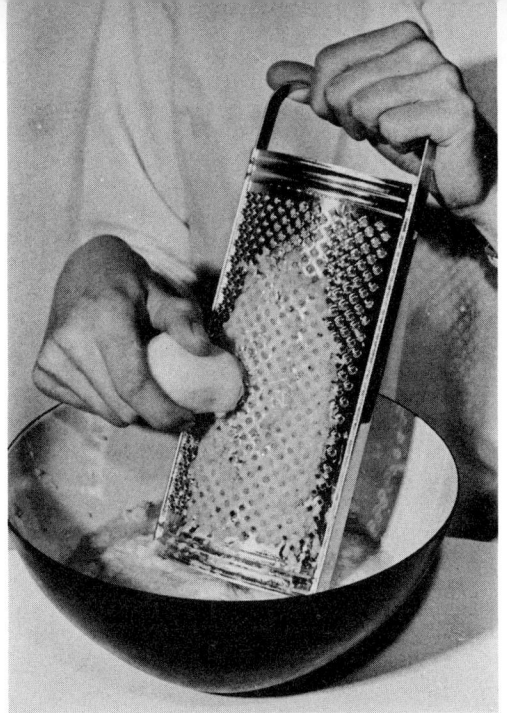

Dann zerreibe man die Kartoffeln auf der Reibe zu einem feinen Brei. Dabei muß man vorsichtig sein, daß man nicht auch die Finger zerreibt, denn die Fingerspitzen gehören zu den empfindlichsten Teilen des menschlichen Körpers.

Wenn alle Kartoffeln zerrieben sind, zerschneide man auch die Zwiebel und gebe sie in die Schüssel hinein. Dann schlage man das Ei in den Brei und mische alles gründlich durcheinander. Zuletzt schütte man das Mehl langsam in den Brei, wobei man sich des Holzlöffels zum stetigen Rühren bediene.

Hierauf schütte man etwas Salz in die Mischung, aber nicht zu viel, denn der richtige Geschmack entsteht nur durch mäßige Mischung.

Inzwischen setzt man die Bratpfanne auf die Gasflamme (es muß eine Pfanne mit kleinen Grübchen auf dem Boden sein, damit sich der Teig — der fertig gemischte rohe Kartoffelbrei — nicht beim Braten ansetzt) und gießt genügend Öl in die Pfanne, so daß der Boden dünn bedeckt ist.

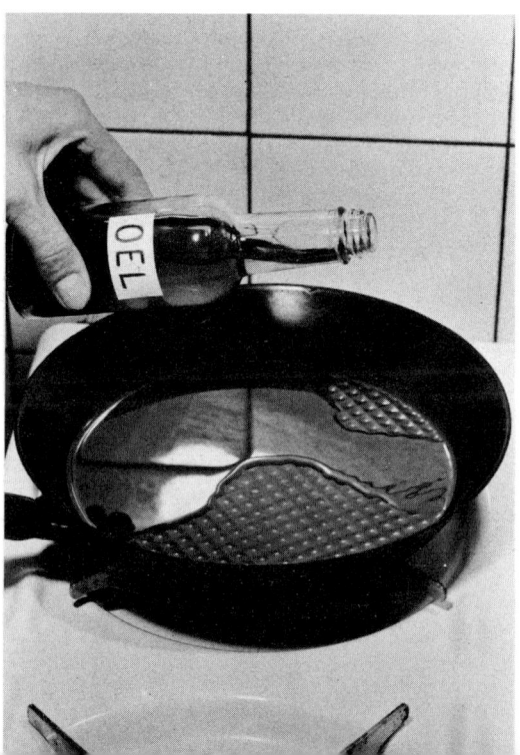

Sobald das Öl erhitzt ist, schöpfe man (mit dem Suppenlöffel) den Kartoffelbrei in die Pfanne, wobei man zusehe, daß die beiden Pfannkuchen nicht zusammenlaufen, sondern getrennt bleiben.

Sobald die Pfannkuchen anfangen, solide zu werden, presse man sie sachte mit dem Wender nieder, so daß sie eine flache und zusammenhängende Form annehmen.

Wenn die Unterseite der Pfannkuchen sich zu bräunen beginnt, wende man die Puffer mit der Küchengabel vorsichtig um und lege sie auf die andere Seite. (Dies ist ein wichtiger Augenblick: denn es wäre schade, wenn gerade jetzt die Pfannkuchen in mehrere Stücke auseinanderrissen!)

Man presse die Puffer auch von der anderen Seite, damit sie dünn — aber nicht zu dünn — werden, denn auf diese Weise werden sie knusprig; und je knuspriger die Pfannkuchen sind, desto besser schmecken sie.

Jetzt sind die Pfannkuchen fertig zum Servieren. Man serviere sie, solange sie warm und knusprig sind. Am besten schmecken sie, wenn man sie mit etwas Kompott serviert, mit Rhabarberkompott etwa oder mit Apfelmus. Aber auch ohne Kompott schmecken sie vorzüglich. (Manche Leute haben schon zwanzig und mehr bei einer Mahlzeit verzehrt!)

# Abschnitt 2

Frau Strathmann macht ein paar Butterbrote in der Küche fertig, als ihr Sohn Günther in der Küchentür erscheint.

Mutter. — Werden zwei genug sein für heute?
5 Günther. — Was für welche?
Mutter. — Ein Wurstbrot, ein Käsebrot.
Günther. — Fein, wenn du noch 'n Apfel oder 'ne Apfelsine dazu legst. Dann ist es nicht so trocken ...
Mutter. — Das tu' ich doch immer!
10 Günther (nach einigem Zögern). — Sag mal, Mutti, darf ich mal einen Augenblick mit dir sprechen — wo Vati nicht da ist?
Mutter. — Was hast du auf dem Herzen?
Günther. — O, nichts Besonderes. Ein paar von uns wollten nächsten Sommer nach Frankreich und Spanien.
15 Mutter. — Was? Ganz allein? Nur ein paar Jungs?
Günther. — Na, wir sind doch zu viert! Das heißt, Peter und Heinz und Wolf und ich. Wolf hat nämlich einen neuen Wagen von seinem Vater bekommen. Und nun will er, daß wir mitkommen.

MUTTER. — Na, du weißt ja, was Vati davon hält — Jungs mit einem Wagen. Du hast ja auch noch keinen Führerschein. Und außerdem möchte Vati, daß die Familie immer zusammen auf Ferien geht.

GÜNTHER. — Aber wir gehen ja immer nur nach Travemünde. Ich möcht' auch mal etwas von der Welt sehen.

MUTTER. — Dazu wirst du noch viel Gelegenheit haben!

GÜNTHER. — All die andern Jungs in meiner Klasse werden in diesem Sommer aus Deutschland wegfahren. Karl geht nach Schweden, in ein Jugendlager, Ludwig und Christian machen eine Wanderung durch Jugoslawien, und Matthias geht mit seiner Familie nach Italien. Und ein paar Mädels aus meiner Bekanntschaft wollen sogar nach Athen!

MUTTER. — Was? Allein? Wenn ich eine Tochter hätte, würde ich sie nie allein gehen lassen — noch dazu ins Ausland!

GÜNTHER. — Sie gehen doch gar nicht allein, sie gehen doch zusammen!

MUTTER. — Sie sind aber immer noch allein, wenn kein Erwachsener dabei ist.

GÜNTHER. — Ach, das verstehst du nicht. Du — und Vater.

MUTTER. — Na, wir können nicht länger darüber reden. Das muß Vati entscheiden. Jetzt mußt du aber schnell machen. Sonst fährt dir die Straßenbahn weg.

GÜNTHER. — Ja, ich weiß. So geht's immer.

# Düsseldorf

Man kann nicht sagen, daß Düsseldorf die schönste Stadt in Deutschland ist. Es gibt viele andere Städte, die diesen Ruhm für sich in Anspruch nehmen könnten oder möchten. Wer aber wollte über Schönheit entscheiden? Auch ist Düsseldorf weder die älteste noch die modernste deutsche
5 Stadt. Da ist Köln, zum Beispiel, viel älter und Wiesbaden oder Wolfsburg vielleicht viel moderner. Vielmehr hat Düsseldorf ein ganz eigentümliches Gepräge, eine besondere Atmosphäre und einen gewissen Geist, von denen man sagen kann, daß sie eben „deutsch" sind, wobei man das Gleiche natürlich auch wieder von anderen Städten behaupten kann. In Düsseldorf
10 wurde niemals eine Verfassung geschrieben oder eine Neunte Symphonie komponiert. Unter den Kunstschätzen der Stadt gibt es keine „Mona Lisa" und keinen Rodinschen „Denker". Hier ist weder das Schießpulver erfunden noch der Atomzerfall entdeckt worden. Aber Düsseldorf war die zweite Stadt in Westdeutschland, die durch eine Eisenbahn mit der

Außenwelt verbunden wurde (1838). Hier lebte vor fast zweihundert Jahren ein Philosoph und Denker, der den Ruhm erwarb, ein „deutscher Plato" zu sein — Friedrich Heinrich Jacobi. Wenn man gute Ausstellungen sehen möchte, auf denen die Früchte solider Arbeit gezeigt werden, dann denkt man an Düsseldorf. Und Düsseldorf war unter den ersten deutschen Städten, die 1946 nach der Zerstörung im Zweiten Weltkrieg wieder auf eigenen Füßen zu stehen vermochte.

Sollte man deswegen Düsseldorf als „guten Durchschnitt" oder als „typisch deutsch" bezeichnen? Keine Stadt, die etwas auf sich hält, mag als typisch oder als Durchschnitt bezeichnet werden. Und Düsseldorf ist eine Stadt, die viel auf sich hält.

Wo der Rheinstrom aus den Hügeln des mitteldeutschen Berglands in die norddeutsche Tiefebene hinaustritt und etwas langsamer zu fließen beginnt, floß in alter Zeit ein kleiner Fluß, die Düssel genannt, in zwei Armen in den größeren Strom. Hier predigte um 700 nach Christus ein irischer Mönch (Suitbertus) den heidnischen Sachsenbauern die Lehre vom Neuen Testament. Um der Gemeinde einen Mittelpunkt zu geben, gründete er eine Kirche auf einer Insel im Rhein, später Kaiserswerth genannt (Werth = Werder = Insel). Mehrere Siedlungen und Städte bildeten sich in der Umgebung. Um das Jahr 1150 erscheint das „Dorf", das zwischen den Armen der Düssel lag, zum ersten Mal als „Dusseldorp" in den Urkunden mittelalterlicher Geschichte.

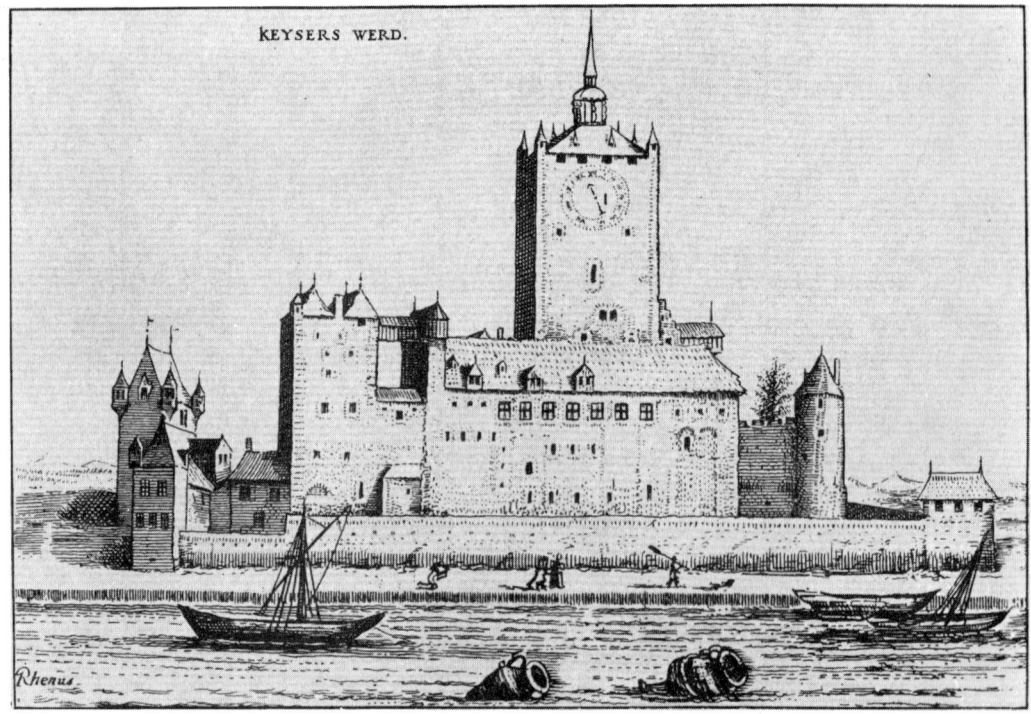

Das war der Anfang der heutigen Stadt. Wer heute im Rheinpark, in den grünen Anlagen am rechten Ufer des Rheins, spazieren geht, wird sich kaum an diesen Anfang erinnern. Auch wird er kaum glauben, daß schon im Jahre 917 die ganze Gegend von den ungarischen Magyaren, die doch
5 Hunderte von Kilometern entfernt im Südosten zu Hause waren, zerstört, verbrannt und kurz und klein gehackt wurde. So etwas kam in der Barbarei des frühen Mittelalters zuweilen vor.

Aber die Stadt, die danach gegründet wurde (also vor etwa achthundert Jahren), ließ sich nicht mehr kurz und klein hauen. In den kom-
10 menden Jahrhunderten hatte sie ihren Aufstieg und zuweilen ihre kleinen Abstiege, wie so viele andere Städte in Europa auch. Da sie an der Kreuzung von alten Handelswegen lag, brachte der Verkehr immer wieder neues Leben, neue Menschen, neue Interessen in die Stadt, bald zu Schiff auf dem Fluß und bald zu Wagen auf den Landstraßen. Die deutschen Kaiser
15 des Mittelalters, Barbarossa und andere, besaßen hier eine „Pfalz", das

heißt, einen Palast oder eine feste Burg. Aber die ist heute nur noch als Ruine erhalten. Im frühen achtzehnten Jahrhundert erfuhr die Stadt unter dem freundlich-energischen Kurfürsten Johann Wilhelm (vom Volke „Jan Wellem" genannt) eine kulturelle Blütezeit. Schlösser wurden gebaut,
20 Parkanlagen wurden angelegt, und eine der schönsten Gemäldesammlungen Europas — die berühmte Düsseldorfer Galerie — wurde begründet. Damals waren hier manche der besten Werke von Peter Paul Rubens, Anthony Van Dyck und vielen anderen Meistern der Zeit zu sehen. Später wurden viele dieser Werke nach München gebracht, wo sie das Fundament

der heutigen Kunstsammlungen bildeten. Noch heute erinnert Jan Wellems Reiterstandbild vor dem alten Rathaus an den früheren Glanz eines patriarchalischen Zeitalters.

Mit dem Erscheinen Napoleons (1795), der die dynamischen Gedanken der französischen Revolution nach Osten und über den Rhein ausbreitete, begann in Düsseldorf der Aufstieg der modernen Zeit. Die alten Stadtmauern wurden niedergelegt; die Stadt öffnete dem Verkehr mit der näheren und ferneren Umgebung ihre Tore. Düsseldorf wurde aus einer Residenzstadt zu einer Stadt des Handels und der Verwaltung. Eine solche ist sie bis auf den heutigen Tag geblieben. Mit dem Verschwinden Napoleons aus Europa im Jahre 1815 wurde Düsseldorf der Hauptort der preußischen Verwaltung am Niederrhein; und als nach dem Zweiten Weltkrieg auch der Staat Preußen verschwand, wurde Düsseldorf die Hauptstadt des Landes Nordrhein-Westfalen, eines der Staaten, die sich 1949 zur Bundesrepublik Deutschland (West-Deutschland) zusammenschlossen.

Diese Entwicklung spiegelt sich noch heute in der Kontur des Stadtbilds wider. Unter vielen modernen Geschäftshäusern — und Düsseldorf mußte nach 1945 zur Hälfte neu aufgebaut werden — findet man immer wieder ein Bauwerk, das unter seinem Dach und hinter seinen Mauern die Geschichte von drei, fünf oder mehr Jahrhunderten verbirgt. Wie man die

italienische Stadt Pisa an ihrem „schiefen Turm" erkennen kann, so läßt sich Düsseldorf an dem spitzen Kirchturm von Sankt Lambertus erkennen. Hier haben sich die Balken des Dachstuhls im Laufe der Zeit so verzogen und verdreht, daß es so aussieht, als ob die Kanten der Turmspitze eine
5 Spiralbewegung nach oben ausführen wollten. Wie im Mittelalter sind auch heute immer noch die Kirchtürme die höchsten Erhebungen in der Silhouette des Stadtbilds. Aber daneben erheben sich auch die hohen,

vierkantigen Blöcke moderner Bürohäuser — das Thyssen-Haus, das

Mannesmann-Hochhaus und manche andere —, Burgen der Arbeit, deren

Wirkung und Einfluß sich weit über die Stadt und das Land und in die
Welt hinaus erstreckt. Das fühlt man, wenn man abends die Lichter in den
zahlreichen Fenstern dieser Beton- und Stahlkolosse angehen sieht. Dann
scheint es, als ob man bis in die Gehirnzellen eines ungeheuren Organismus
hineinsehen könnte. Da werden die Gewinn- und Verlustrechnungen über
das vergangene Jahr zusammengestellt und Bilanzen für heute und Pläne
für morgen geschaffen. Aber das eigentliche Leben der Gegenwart spürt
man auf den großen und breiten Geschäftsstraßen der neuen Stadt, wo
Kaufhäuser und Restaurants zum Eintreten einladen, oder auf solch
eleganten Promenaden wie der „Kö", der über dem alten Stadtgraben
angelegten Königsallee, wo sich die Düsseldorfer einfinden, wenn sie etwas
Zeit zur Verfügung haben. Denn da gibt es immer etwas Neues in den
Schaufenstern zu sehen, da laden Kabaretts und Tanzdielen zur Heiterkeit ein und Lichtspiele zur Unterhaltung; und da läßt man sich gerne
in einem der offenen Cafés nieder, zu vertraulichem Zwiegespräch im
Schatten der Kastanienbäume, sieht träumerisch den Verkehr auf der
Straße vorbeirollen und fischt lächelnd die Kastanienblüten aus seinem
Eiskaffee.

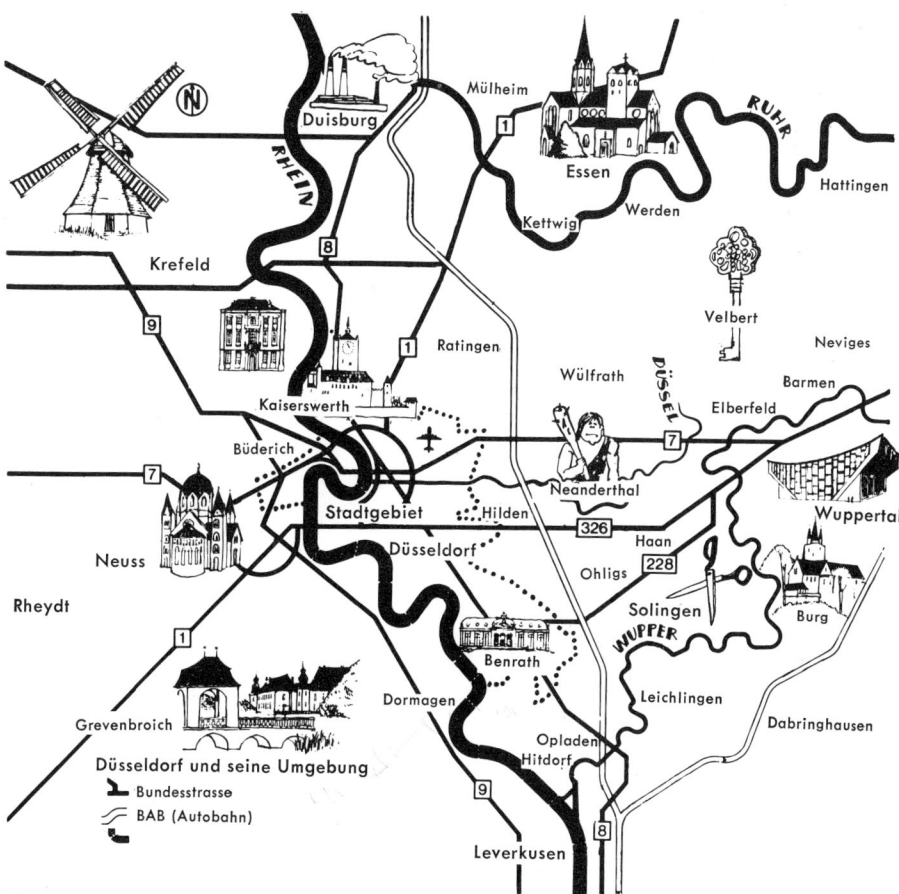

Düsseldorf und seine Umgebung
⌐ Bundesstrasse
⌐ BAB (Autobahn)

Düsseldorf ist eine Stadt, die viel auf sich hält. Eine frohe Lebendigkeit weht durch ihre Straßen; in ihrer Arbeit ist sie nicht hastig, in ihrer Muße ist sie nicht träg. Es ist nicht leicht, den Grund anzugeben, weshalb sie in den letzten anderthalb Jahrhunderten so überraschend gewachsen
5 ist. Als die Stadt zum ersten Mal ihre Mauern niederlegte, lebten etwa 20 000 Einwohner in ihrem engen Stadtgebiet. Heute sind es über 700 000. Gewiß hat die Entwicklung der Industrie im benachbarten Ruhrgebiet erheblich zu diesem Wachstum beigetragen. Was in Essen und Gelsenkirchen und Bochum in den Bergwerken gefördert wird, findet in Düssel-
10 dorf Verarbeitung. Der weitaus größte Teil der Düsseldorfer Industrie, die übrigens schon früh nur in einem weiten Bogen um die Stadt herum angelegt werden durfte,* besteht aus Eisen- und Metallwarenfabriken, Glasindustrie und chemischer Industrie. Dabei muß man sich daran erinnern, daß die Chemie eben stark mit der Kohlenstoffverarbeitung ver-
15 bunden ist, und daß das weltberühmte Aspirin zuerst aus den chemischen

* Die Stadtverwaltung ließ keine Industrie innerhalb der Stadt zu.

Abschnitt 9

Werken von Bayer im benachbarten Elberfeld\* hervorging. Während die Mehrzahl der geldverdienenden Bevölkerung Düsseldorfs bei der verarbeitenden Industrie angestellt ist, bezieht die zweitgrößte Bevölkerungsgruppe ihr Einkommen vom Bank- und Versicherungswesen, sowie durch die Anstellung bei staatlichen und städtischen Verwaltungsbehörden. Industrie, Handel und Verwaltung verleihen also der Stadt ihr besonderes Gepräge und ihre eigentümliche Atmosphäre. Bauindustrie und Verkehr, Energieerzeugung und Landwirtschaft spielen nur eine untergeordnete Rolle. Was indessen dem Besucher Düsseldorfs auffallen mag, ist die Abwesenheit einer höheren Bildungsanstalt, ob diese sich nun als Universität, Technische Hochschule, Handelshochschule, Bau-Akademie oder als ein sonstiges Institut höherer Bildung erweist. Das gleiche gilt übrigens ebenso für fast alle anderen so stark bevölkerten Städte des niederrheinischen Industriegebiets; und nur in jüngster Zeit hat man versucht, diesen Mangel durch die Gründung einer Universität in Bochum zu beheben.

Düsseldorf ist von jeher eine Stadt der Erfahrung und realistischen Lebensauffassung. Was der junge Mensch im Leben brauchte, das lernte er „im Betrieb", als Lehrling in der Bank oder im industriellen Unternehmen. Wo akademische Kenntnisse erforderlich waren, da konnte man junge Leute auf die Universitäten oder Technische Hochschulen in der Nachbarschaft schicken, nach Köln oder Münster, zum Beispiel, oder in das benachbarte Aachen auf der anderen Seite des Rheins. Nur in einer Hinsicht ließ die Stadt Düsseldorf es sich nicht nehmen, die begabtesten ihrer jungen Leute selber auszubilden — auf dem Gebiet der Kunst. Die Kunstakademie zu Düsseldorf spielte im frühen neunzehnten Jahrhundert eine führende Rolle. Die Landschaftsmaler der „Düsseldorfer Schule" wurden in der ganzen Welt berühmt, und viele „Ansichten" des amerikanischen Westens sind der Nachwelt durch die Gemälde von Düsseldorfer Künstlern erhalten geblieben.

Nun kann man aber nicht behaupten, daß die Düsseldorfer Bürger mit ihrem tüchtigen Geschäftssinn und ihrer realistischen und fast nüchternen Bewertung des Lebens nicht auch Sinn hätten für eine tiefere Würdigung des menschlichen Denkens und Fühlens. Wer den Düsseldorfer Hofgarten an einem nebligen Septembermorgen gesehen hat, fragt sich, für wen solche verträumte Schönheit existiert, wenn nicht für die Bürger dieser Stadt. Und wer die vornehmen Proportionen der Rheinhalle und des Ehrenhofs in Düsseldorf kennt, der weiß, daß man in dieser Stadt schlichte und große architektonische Formen zu würdigen versteht.

Als Joachim Neander, der fromme Dichter protestantischer Hymnen, im Jahre 1674 der Rektor der Lateinschule in Düsseldorf wurde, da suchte

\* (heute mit dem daneben liegenden Barmen zu der Stadt Wuppertal vereinigt).

er zuweilen Inspiration auf einsamen Spaziergängen im Tal der oberen Düssel, das nach seinem Tode „Neandertal" genannt wurde. Er hatte keine Ahnung davon, daß man nach nahezu zweihundert Jahren (1856) im gleichen Tal die Fragmente eines menschlichen Skeletts entdecken würde, das uns Einsicht in die Struktur des vorhistorischen Menschen vor hunderttausend Jahren verschaffen sollte. Als im späten achtzehnten Jahrhundert der feinsinnige Philosoph Friedrich Heinrich Jacobi auf seinem Landsitz

Pempelfort bei Düsseldorf seine Romane schrieb, da versuchte er, „Menschheit, wie sie ist, erklärlich oder unerklärlich, auf das gewissenhafteste vor Augen zu stellen." Auch heute, nach zweihundert Jahren, sind die Dichter und Philosophen noch nicht sehr weit über dieses Ziel hinausgekommen.

Heinrich Heine, der berühmte deutsche Dichter, der 1797 in Düsseldorf geboren wurde, hat sich sein ganzes Leben mit dem gleichen Problem beschäftigt. Noch mehr als hundert Jahre später machte Gustav Gründgens, der brillante Theaterleiter des Düsseldorfer Schauspielhauses, einen ähnlichen Versuch mit der Aufführung von Goethes „Faust".

Es macht nicht viel aus, ob Düsseldorf eine Universität besitzt oder nicht. In manchen anderen Einrichtungen kommt ihre charakteristische Eigenart zum Ausdruck. In ihrem ausgezeichneten Theater besitzt die schlichte Stadt am Rhein eine der führenden Bühnen Deutschlands. Das
5 große Fest des Prinzen Karneval, das die jungen Leute der Stadt jedes Jahr feiern, bereitet dem Karneval der Stadt New Orleans ernste Konkurrenz. Am eigentümlichsten aber ist ein Spiel, das nur die Düsseldorfer Jungens zu spielen verstehen. Wenn ein paar von ihnen auf der Straße einen Frem-

den sehen, drängen sie sich um ihn mit der Frage: „Onkel, soll ich mal eens radschlagen?" Und ohne auf eine Antwort zu warten, strecken sie Arme und Beine aus und fangen an, blitzschnell wie ein Rad um ihren eigenen Mittelpunkt zu rotieren. Dann strecken sie die rechte Hand aus und sagen bescheiden: „Eene Penning!"

Düsseldorf ist nicht die älteste und nicht die schönste Stadt in Deutschland. Aber sie ist eine der lebendigsten und besitzt Humor. Diese freundliche rheinische Stadt ist nun aber auch in einer anderen Hinsicht wichtig und berühmt geworden: in sprachlicher Hinsicht. Wir wissen, daß in „Deutschland", das heißt, im deutschen Sprachgebiet, nicht überall die gleiche Sprache gesprochen wird. Es gibt zahlreiche Dialekte. Ein Bauer, der in einem Alpental in der Schweiz oder in Österreich wohnt, kann wohl einen Bauer aus dem Schwarzwald verstehen, denn allen drei ist die „oberdeutsche" Form der deutschen Sprache gemeinsam. Aber er würde von einem Landmann in Schleswig-Holstein oder einem Hafenarbeiter in Düsseldorf nur mit Schwierigkeiten verstanden werden. Das kommt daher, weil im Norden, im Flachland, in der norddeutschen Tiefebene, eben „Niederdeutsch" oder „Plattdeutsch" gesprochen wird. Der Unterschied zwischen dem Niederdeutschen und dem Oberdeutschen ist sehr erheblich, und manchmal scheint Niederdeutsch dem Englischen näher verwandt als dem Deutsch, das in der Schweiz oder in Österreich gesprochen wird.

Die Grenzlinie nun zwischen dem Niederdeutschen und dem Oberdeutschen läuft von Westen nach Osten, mehr oder weniger den Abhängen des mitteldeutschen Berglands folgend. Sie durchquert Westdeutschland ebenso wie Ostdeutschland. Ihr westlicher Anker liegt dort, wo der Rheinstrom aus den Hügeln des mitteldeutschen Berglands in die norddeutsche Tiefebene hinaustritt und etwas langsamer zu fließen beginnt. Im Süden von Düsseldorf lag vor Zeiten das kleine Städtchen Benrath, ausgezeichnet durch ein hübsches Schloß in einem stillen, verträumten Park. Heute ist Benrath längst ein Teil des Düsseldorfer Stadtgebiets geworden. Aber immer noch spricht man von der „Benrather Linie", die im deutschen Sprachgebiet eine so große Bedeutung erworben hat. Als Suitbertus vor zwölfhundert Jahren den heidnischen Sachsenbauern nördlich der Sprachgrenze die christliche Lehre predigte, muß er es auf Altsächsisch, das heißt auf Niederdeutsch getan haben. Da sie sicher kein Lateinisch oder Irisch konnten, muß er wohl ihre Sprache gelernt haben.

## Der junge Architekt

**1. Inneres einer Etagenwohnung. Thilo Brüning kommt zur Haustür herein. Seine Schwester Gerda reicht ihm einen Brief.**

GERDA. — Muß wohl sehr wichtig sein. Kam eingeschrieben und per Eilboten. Und wieder aus Salt Lake City, nur diesmal ist er von jemand anders. (*Fängt an, den Absender zu lesen.*) Von Mister Arthur Snyder ...

THILO (*Reißt ihr den Brief aus der Hand*). — Was fällt dir ein, meine Post zu lesen?

GERDA. — Ich les' doch nicht deine Post! Das steht doch auf dem Umschlag, wo's jeder lesen kann.

THILO. — Entschuldige, Gerda, so hab' ich's nicht gemeint. Ich will dir's nicht übelnehmen. Ich mache mir nur Sorgen. Mister Snyder ist nämlich der Deutschlehrer an der High School, wo ich letztes Jahr war. Du weißt doch, ich hatte ihnen versprochen, einen kleinen Aufsatz über deutsche Architektur zu verfassen. Den wollten sie für ihren Deutschen Verein haben.

GERDA. — Ja, das weiß ich. Die ganze Zeit sind sie hinter dir her. Du hast schon drei Briefe von ihnen gekriegt (*an ihren Fingern abzählend*), zwei von der Schriftführerin und einen vom Vorsitzenden des Vereins.

THILO. — Hast du mal wieder spioniert? Misch dich doch nicht immer in meine Angelegenheiten!

GERDA. — Du hast es mir doch selber gesagt. Setz dich doch hin und schaff die Sache aus der Welt.

THILO. — Ach, ich hab' jetzt an andere Sachen zu denken. In acht Wochen muß ich 's Abitur machen.

GERDA. — Vor zwei Monaten hättest du mehr als acht Wochen zur Verfügung gehabt.

THILO. — Nun redest du mal wieder wie Mutter. Aber du hast recht: ich sollte nicht Dinge versprechen, von denen ich nicht sicher bin, daß ich die Zeit dafür habe. Offen gestanden: Wann hätte ich ihn schreiben können? Und w o hätte ich ihn schreiben können? Hier vielleicht? Wo kaum noch Platz ist, Bücher hinzulegen?

GERDA. — Weißt du denn, was du zu schreiben hast?

THILO. — Darüber hab' ich noch nicht nachgedacht! Weißt du, was wir für morgen aufhaben?

GERDA. — Nein, keine Ahnung!

THILO. — Fünfzig Vokabeln aus Tacitus, drei Seiten Französisch und dann noch sechs Aufgaben in der Mathematik. Ich glaube, wie ich drüben war, hab' ich das meiste vergessen.

GERDA. — Ich weiß ja nicht, was du drüben getrieben hast! Nein, Thilo, das darfst du mir nicht übelnehmen. Ich hab' so 'n gescheiten Bruder! Willst du dich nicht fertig machen? In zehn Minuten steht das Abendessen auf dem Tisch.

**2. In der Bibliothek. Thilo spricht mit einer Angestellten in der Ausleihe.**

THILO. — Verzeihung! Ich möchte gerne diese paar Bücher haben. Hier hab' ich eine Liste und hier ...

5 ANGESTELLTE. — Da müssen Sie aber erst die Leihscheine ausfüllen!

THILO. — Aber die hab' ich doch schon ausgefüllt!

ANGESTELLTE. — Dann müssen Sie die Scheine da drüben in den Kasten werfen!

THILO. — So? Und wann kann ich die Bücher bekommen?

10 ANGESTELLTE. — Kommen Sie morgen mal wieder vorbei, oder übermorgen.

THILO. — Kann ich denn nicht darauf warten?

ANGESTELLTE. — O nein! So schnell geht das nicht. Wir müssen doch erst sehen, ob sie da sind.

15 THILO. — Na, da geht mir schon wieder ein Wochenende verloren!

ANGESTELLTE. — Was sind es denn für Bücher?

THILO. — Über moderne Architektur.

ANGESTELLTE. — Auch das noch! Da machen Sie sich nur keine Hoffnungen!

20 THILO. — Wieso? Was meinen Sie damit?

ANGESTELLTE. — D i e Bücher sind seit Wochen vorausbestellt. Da können Sie gar nicht 'ran.

THILO. — Wie kommt denn das?

ANGESTELLTE. — Ja, sehen Sie: Doktor Babbele hält gerade seine Vorle-
25 sungen vor einem privaten Damen-Klub.

THILO. — Was soll ich da machen? Ich muß in vierzehn Tagen einen Aufsatz darüber nach Amerika schicken.

ANGESTELLTE. — So? Nach Amerika? Ja, die wollen immer alles furchtbar schnell machen. W a s sagen Sie? Sie haben nur vierzehn Tage Zeit
30 dazu?

THILO. — Nun, ich muß allerdings gestehen, daß ich viel länger davon gewußt habe. Bis jetzt hab' ich aber keine Zeit dazu gehabt.

Abschnitt 2

ANGESTELLTE. — Ja, das tut mir furchtbar leid. Da würde ich an Ihrer Stelle eine Vorbestellung ausfüllen. Hier sind die Formulare ...
THILO. — Und dann krieg' ich sie zu Ostern?
ANGESTELLTE. — Ja, wenn Sie Glück haben.

## 3. Bei Brünings im Wohnzimmer.

VATER (*flüsternd*). — Da sieh dir doch bloß den Thilo an, wie der wieder arbeitet.
MUTTER. — Ja, der arme Junge. Das dauert nun schon über drei Wochen. Und in zwei Monaten soll er 's Abitur machen. Wie kann er das nur aushalten?
VATER. — Wenn man ihm nur ein bißchen helfen könnte. Aber ich versteh' nichts davon.
MUTTER. — Ich auch nicht. Glaubst du, ich sollte vielleicht ein bißchen Tee machen?
VATER. — Ja, tu das doch! Etwas Warmes wäre vielleicht ganz gut!
THILO (*als seine Mutter aufsteht*). — Ruhe! Wenn man nur 'n bißchen Ruhe haben könnte!
MUTTER (*laut*). — Woran arbeitest du jetzt, Thilo? Wiederholst du Latein oder Französisch?
GERDA. — Das weißt du doch — Architektur!
THILO. — Du bist ja gar nicht gefragt worden, Gerda.
GERDA. — Ist doch wahr! Darf man nicht einmal mehr den Mund aufmachen? Du hättest ein bißchen früher damit anfangen sollen.
THILO. — Gerda, ich möchte dich bloß bitten, dich nicht in meine Angelegenheiten zu mischen.
GERDA. — O, ich bitte vielmals um Entschuldigung! Ich will dir ja bloß helfen.
VATER. — Kinder, Kinder! Seid doch freundlich zu einander!
THILO. — Wenn man nur 'mal allein sein könnte!
MUTTER. — Da hast du's wieder, Richard! Wie schön wär's, wenn wir jetzt ein eignes Heim hätten!
VATER. — Ja, ja! Und wenn wir genug Geld in der Sparkasse hätten!
THILO. — Haha! Das finde ich wirklich komisch: Wir wollen bauen und können nicht — und dann soll ich einen Bericht über moderne Architektur schreiben. So was existiert ja gar nicht — soweit es mich betrifft!
VATER. — An deiner Stelle würde ich so etwas nicht sagen.
GERDA. — Ist doch wahr! Thilo hat recht.

Lesen und Denken

VATER (*legt die Zeitung hin*). — Wir haben ja noch nicht einmal einen Plan.
MUTTER. — Was kann ich dafür? Ich hab' dir meine Wünsche doch oft genug mitgeteilt. Soll ich vielleicht schuld sein, daß wir noch keinen Plan haben?
5 VATER. — Ich sollte eigentlich einmal mit einem Architekten sprechen.
MUTTER. — Das wäre gar nicht so übel.

---

**4. Im Reisebüro. Thilo hat sich bei der Büroangestellten, Frl. Tiedemann, nach Prospekten über Düsseldorf erkundigt.**

10 FRL. TIEDEMANN. — Ich kann Ihnen ein paar Führer geben. Da sind eine Menge schöner Aufnahmen drin.

THILO (*die Stadtführer durchsehend*). — „Schönes altes Düsseldorf", „Düsseldorf, Stadt am Strom", „Führer durch Düsseldorf und Umgebung". Ja, die sehen alle sehr schön aus. Das ist aber doch nicht ganz, was ich suche.

FRL. TIEDEMANN. — Sehen Sie mal diese Aufnahme vom Altstadt-Ufer. Ist die nicht reizend? Oder hier die neue Kongreßhalle oder die Berliner Straße mit den neuen Geschäftshäusern.

THILO (*wartet, sagt nichts*).

FRL. TIEDEMANN. — Oder hier, das neue Opernhaus.

THILO. — O, warten Sie mal! Was war das kleine Bild da, das Sie da eben hingelegt haben?

FRL. TIEDEMANN. — O, das ist von einer neuen Siedlung, die im Süden gebaut werden soll.

THILO. — Darf ich das mal sehen?

FRL. TIEDEMANN. — Das? Ja, gerne. Ich glaube, die ersten Häuser sind schon fertig.

THILO. — Das gefällt mir.

FRL. TIEDEMANN. — Die Sache ist noch im Bau. Ich glaube, sie soll zu Ostern offiziell eröffnet werden.

THILO. — Das macht nichts. Haben Sie noch mehr davon?

FRL. TIEDEMANN. — Nein, leider nicht. Das ist eben nur ein Plan. Ich weiß gar nicht, warum wir den bekommen haben.

THILO. — Wenn ich so etwas haben könnte ...

FRL. TIEDEMANN (*die Rückseite prüfend*). — Die Aufnahme stammt aus dem Architekturbüro von Billing in der Königsallee.

THILO. — Glauben Sie, daß ich da einmal nachfragen sollte?

FRL. TIEDEMANN. — Das können Sie ja versuchen.

THILO. — Gut, das will ich tun. Und wenn Sie mir die beiden kleinen Führer geben könnten.

FRL. TIEDEMANN. — Gerne.

THILO. — Was kosten die?

FRL. TIEDEMANN. — Nichts. Die bekommen Sie gratis.

THILO. — Na schön! Dann will ich dies hier mitnehmen. Vielen Dank!

## 5. Im Architekturbüro von Dr. Billing. Der Architekt Dr. Billing zeigt Thilo den Plan einer Siedlung. Ein Zeichner ist über den Zeichentisch gebeugt.

DR. BILLING. — Nun, und hier haben Sie einen Plan von der Siedlung, die Ihnen so gefallen hat. — (*Zum Zeichner*) Lassen Sie sich bitte nicht stören. Dürfen wir Ihnen mal über die Schulter schauen?

KLATTE. — Sehr gerne, Herr Doktor.
DR. BILLING. — Also hier sehen Sie die Anfahrt und hier die Abfahrt.
THILO. — Das ist sehr praktisch. Dann gibt es nie große Stockungen im Verkehr.
5 DR. BILLING. — Richtig. Das war die Absicht.
THILO. — Was tun aber die Leute, die hier bei der Anfahrt wohnen? Müssen die den großen Umweg machen, wenn sie abfahren wollen?
DR. BILLING. — O nein. Sehen Sie, die fahren hier um den Ring herum, und gleich sind sie bei der Abfahrt.
10 THILO. — Das ist sehr schön ausgedacht.
DR. BILLING. — Das ist also die ganze Anlage — hier die Großwohnungen, hier die mittelgroßen Häuser für zwei, drei und vier Familien; und die Einzelwohnhäuser sind so verteilt, wie es der Platz erlaubt. Was die Menschen brauchen, ist Luft und Sonne und Platz. Dann fühlen
15 sie sich wohl.
THILO. — Und wo ist das Kino?
DR. BILLING. — Daran haben wir natürlich auch gedacht: aber nicht nur ein Kino, sondern ein ganzer Platz mit Geschäften, einem Restaurant, einer Kegelbahn, einer Garage — und einem Theater.
20 THILO. — So etwas hab' ich in Amerika auch gesehen.
DR. BILLING. — Sehr richtig, junger Mann. Ich sehe, Sie sind aufmerksam und haben Verständnis für moderne Verhältnisse und Aufgaben.
THILO. — Das paßt alles so schön in meinen Aufsatz. Herr Snyder wird große Augen machen.

Dr. Billing. — Sie haben also ein Jahr in Salt Lake City zugebracht? Dann haben Sie gewiß den Tempel gesehen?
Thilo. — Ja gewiß.
Dr. Billing. — Und die vielen neuen Wohnhäuser am Fuß der Berge?
Thilo. — O ja. Da hab' ich sogar gewohnt. Von September bis Mai.
Dr. Billing. — Ach was? Wie hat's Ihnen denn gefallen? Ist die Aussicht nicht großartig?
Thilo. — Ja, besonders bei Sonnenuntergang.
Dr. Billing. — Richtig! Da lernt man etwas vom Raum und von seiner Größe. Also Sie wollten gerne ein paar Aufnahmen haben.
Thilo. — Ja, wenn ich die bekommen könnte!
Dr. Billing. — Ich will sehen, was sich machen läßt. (*Zu Herrn Klatte*) Herr Klatte, würden Sie einmal nachsehen, ob wir noch einen Bilderprospekt haben?
Klatte. — Ich glaube nicht, Herr Doktor. Der letzte ist vor ein paar Tagen an die Presse-Agentur gegangen.
Dr. Billing. — Na, das ist schade. Das tut mir wirklich leid.
Thilo. — Ach, das macht nichts. Was ich hier bei Ihnen gesehen habe, gibt mir eine ausgezeichnete Vorstellung.
Dr. Billing. — Das freut mich sehr. Wenn Sie noch mehr Hilfe brauchen, kommen Sie doch wieder bei uns vorbei.
Thilo. — Gerne, Herr Doktor. Haben Sie vielen herzlichen Dank. Auf Wiedersehen! (*Händeschütteln.*)
Dr. Billing. — Wiedersehen!

---

**6. In der Diele bei Brünings. Es läutet die Glocke an der Haustür. Gerda sieht nach. Dr. Billing in Hut und Mantel tritt ein, die Mappe unter dem Arm.**

Dr. Billing. — Verzeihung! Guten Abend! Wohnt hier die Familie Brüning?
Gerda. — Ja, gewiß. Wen darf ich melden?
Dr. Billing. — Mein Name ist Billing. Ist Thilo Brüning zu Hause?
Gerda. — Mein Bruder? Jawohl, der sitzt immer über den Büchern. Ich will ihn rufen. Aber, bitte, treten Sie näher. (*Indem sie Thilo rufen will, tritt dieser schon in die Diele.*)
Thilo. — Guten Abend, Herr Doktor! — Gerda, wie kannst du Herrn Doktor Billing hier einfach so stehen lassen? Bitte, wollen Sie nicht ablegen? Ich will meine Eltern rufen.
Dr. Billing. — Bitte schön. Ich hab' nur ein paar Minuten Zeit. Aber Ihre Eltern möchte ich gerne kennenlernen.

THILO. — Gerda, sag doch Vati und Mutti, daß Herr Doktor Billing hier ist.
DR. BILLING (*sich umschauend*). — So, also hier wohnen Sie? Ich hatte heute nachmittag hier in der Nähe zu tun, und da wollte ich Ihnen diesen kleinen Bilderprospekt bringen. Wir haben nämlich noch einen gefunden.
THILO. — Wie furchtbar nett von Ihnen! Ich weiß gar nicht, was ich sagen soll.
DR. BILLING. — Hoffentlich können Sie ihn gebrauchen.
THILO. — Und ob! (*Thilos Eltern treten in die Diele.*) Herr Dr. Billing, dies sind meine Eltern.
VATER. — Mein Sohn hat uns viel von seinem Besuch bei Ihnen erzählt. Es war wirklich so gütig von Ihnen, sich die Zeit zu nehmen und mit Thilo zu sprechen. Es hat ihm s o gut getan.
DR. BILLING. — Das ist gern geschehen. Er wußte genau, was er wollte — ein gescheiter und höflicher junger Mann!
MUTTER. — Es ist so nett, daß Sie bei uns vorsprechen! Darf ich Ihnen etwas Kaffee und Kuchen anbieten?
DR. BILLING. — Nein, danke vielmals. Ich kann mich nicht lange aufhalten. Ich wollte nur den kleinen Prospekt vorbeibringen.
THILO. — Ja, habt ihr gesehen, was Herr Doktor Billing mir gebracht hat?
VATER. — Das macht den Jungen ja ganz glücklich. Sie können sich gar nicht vorstellen, wie er seit ein paar Tagen bei der Sache ist.
DR. BILLING. — Gerade deshalb! Das kommt nicht oft vor, daß ein junger Mensch so viel Interesse für Architektur hat.
MUTTER. — Na, wenn er so weiter macht, dann wird er vielleicht noch selber einmal ein Architekt.
DR. BILLING. — Das kann man nie wissen.
THILO. — Was sagst du da, Mutti! Erst muß ich doch einmal das Abitur machen.
DR. BILLING. — Das werden Sie schon! Das weiß ich bestimmt. Aber ich muß leider weiter.
THILO. — Haben Sie vielen herzlichen Dank!
MUTTER. — Es war so liebenswürdig von Ihnen, an Thilo zu denken!
VATER. — Und Sie müssen die engen Verhältnisse entschuldigen . . .
DR. BILLING. — Bitte schön, daran sind wir doch alle gewöhnt!
VATER. — Aber einmal werden wir auch ein eigenes Heim besitzen.
DR. BILLING. — Gewiß! Das möchte ich Ihnen wünschen. Nun — auf Wiedersehen!
ALLE BRÜNINGS. — Auf Wiedersehen!

## 7. Sonntagnachmittag-Spaziergang. Die Familie Brüning besucht die neue Siedlung.

VATER. — Da steht nun auch wieder so ein „Kasten"! Ich weiß wirklich nicht, was die Leute daran schön finden können.

MUTTER. — Nun, wie eine Villa sieht's nicht gerade aus. Aber ich kann mir vorstellen, daß es sehr praktisch ist.

VATER. — Und dann sieht es mir auch viel zu billig aus. Als ob dem Eigentümer das Geld ausgegangen wäre.

MUTTER. — Nun, es ist eben schlicht. Aber drinnen muß sicher alles glänzen — all das Glas und Metall.

VATER. — Die Lage ist ja nicht schlecht. So etwas würde mir schon gefallen. Aber das Haus, wie wird das in zehn Jahren aussehen? Sicher ganz heruntergekommen.

MUTTER. — Das will ich nicht sagen. Das muß wohl leicht reinzuhalten sein. Sieh doch nur mal die großen Fenster an! Alles so hell und luftig!

(*Thilo und Gerda gehen zusammen zur Seite.*)

THILO. — Sag mal, Gerda, wohnt hier nicht eine Freundin von dir?

GERDA. — Ja, Marie-Luise Dittmar. Die sind erst vor drei Monaten hier herausgezogen.

THILO. — So etwas würde mir schon gefallen. Das ist wenigstens modern. Aber ich weiß nicht, ob's unsern beiden „Alten" gefällt. Schau doch nur mal diese einfachen Linien. Das ist gut.

GERDA. — Seitdem du deine Arbeit geschrieben hast, bist du wohl eine Art Sachverständiger? Aber du hast recht. Mir sagt es auch zu.

THILO. — Ja, ich bin doch froh, daß ich die Arbeit hinter mir habe.

GERDA. — Und wer hat dir am meisten geholfen? Deine kleine Schwester Gerda!

THILO. — Wie denkst du dir das nun?

GERDA. — Ist doch ganz einfach. Wer hat dir geraten, einmal im Verkehrsbüro nachzufragen? Und da hast du doch die Adresse von deinem Architekten bekommen.

THILO. — Die hätte ich auch anderswo bekommen können.

GERDA. — Hast du aber nicht.

THILO. — Nun, wir wollen darüber nicht streiten. (*Sie gehen weiter.*) Aber ich muß sagen, das Haus gefällt mir.

GERDA. — Nun glotz doch nicht so in die Fenster! Wenn Marie-Luise uns sehen sollte!

THILO. — Dann können wir ja winken.

GERDA. — Das tut man doch nicht!

**8. Wohnzimmer bei Brünings. Einige Wochen später. Dr. Billing hält eine Skizze vor sich hin. Die älteren Brünings stehen hinter ihm und sehen ihm zu.**

MUTTER. — Und w a s sagen Sie: dieser Plan hat den ersten Preis gewonnen?
DR. BILLING. — Ja, mehr oder weniger. Nicht gerade d i e s e r Plan. Das ist ja nur die erste Skizze. Aber das Projekt, wie es in meinem Büro ausgearbeitet worden ist — ja, das hat den ersten Preis bekommen.
VATER. — Das ist ja allerhand, Herr Doktor! Alle Achtung! Da kann ich Ihnen nur aufrichtig gratulieren!
DR. BILLING. — Danke vielmals! Das ist sehr liebenswürdig von Ihnen. Aber ich bin auch Ihnen sozusagen meinen Dank schuldig.
VATER. — Wieso denn das?
DR. BILLING. — Ja, deswegen wollte ich Ihnen gerne diesen Plan zeigen. Sehen Sie, das ist so. Als Architekt kann ich nie so recht aus der bloßen Inspiration heraus schaffen.
VATER. — Sozusagen „aus der Fülle des Gemüts" —
DR. BILLING. — Aus der Fülle des Gemüts! Ganz richtig. Nein, so kann ich nicht schaffen! Ich muß immer etwas Konkretes vor Augen haben, eine wirkliche Situation. Und so hab' ich bei diesem Wettbewerb für ein Einfamilienhaus an Ihr Leben hier gedacht — wie Sie eine wachsende Familie darstellen, wie der Platz allmählich ein bißchen eng wird und Sie mehr Raum brauchen. . . .
VATER. — Also dann haben wir sozusagen „Modell" gestanden? Das ist ja ordentlich schmeichelhaft, Herr Doktor!
MUTTER. — Nein — so was!
DR. BILLING. — Nun, da habe ich mich gefragt, was eine Familie wie Ihre eigentlich am meisten braucht, und wie Ihre Probleme am besten gelöst werden könnten.
MUTTER. — Darf ich mir den Plan noch einmal ansehen?
DR. BILLING. — Aber gewiß! Hier, sehen Sie, ist das Wohnzimmer. Das ist das Herz des Ganzen. Alle anderen Räume legen sich darum herum. Und man braucht keine Treppen zu steigen!
MUTTER. — Du, Schatz, das gefällt mir!
DR. BILLING. — Hier sind eins – zwei – drei Schlafzimmer — und nach dem Westen, nach dem Strom zu, hat das Wohnzimmer ein paar große Fenster. . . .
MUTTER. — O, die Sonnenuntergänge! Ach, wie herrlich!
VATER. — Aber — das Haus hat ja kein Eßzimmer!

MUTTER. — Das ist ja gerade, was mir so daran gefällt.
DR. BILLING. — Nein, ein Eßzimmer gibt es nicht. Aber braucht man heute noch ein Eßzimmer? Man hat ja so selten Zeit, sich zum Essen hinzusetzen. Und dann denken Sie doch nur daran, wieviel Arbeit das spart. Da setzt man sich in den Platz hier in der Küche — oder im Wohnzimmer — ganz wie Sie wollen. Und hier ist Raum für die Anrichte — und hier zum Abwaschen.
MUTTER. — Das ist alles so praktisch!
VATER. — Und wozu ist der leere Raum, da zwischen den zwei Schlafzimmern und dem Badezimmer?
DR. BILLING. — Na, der ist für manche Zwecke gut. Da kann man allerlei Dinge hineinstellen: Koffer, Bügelbrett, Leinenschrank. Und wenn man mal vermieten sollte, dann kann man aus diesem Teil eine kleine Wohnung machen: zwei Zimmer, eine kleine Küche, ein Bad. Die Anschlüsse sind alle schon da — eine Tür nach draußen, und alles ist gelöst.
MUTTER. — Herr Doktor, Sie denken aber doch an alles!
DR. BILLING (*lächelnd*). — Nun es hat mir Spaß gemacht, mich in eine wirkliche Situation hineinzudenken. Und darauf hat mich die Bekanntschaft mit Ihrem Thilo gebracht. Ja, was macht der Thilo eigentlich?
MUTTER. — O, der arbeitet noch auf sein Examen. In vierzehn Tagen soll er ins Schriftliche steigen. Ich glaube, er wird gut vorbereitet sein.
DR. BILLING. — Das glaub' ich auch. Ich habe Gefallen an dem jungen Mann. Hat er einen guten „Bericht" nach Amerika geschickt?
VATER. — Ja. Der ist längst abgeschickt, mit Ihren Illustrationen und allem, was dazu gehört.
MUTTER. — Thilo war ordentlich stolz darauf. Und Gerda hat die Sache getippt!
DR. BILLING. — Na, schön. Nun will ich Ihnen was sagen: Ich möchte diese Skizze dem Thilo schenken, zum Abitur. Vielleicht wird's ihm Freude machen.
VATER. — O, das ist aber furchtbar nett von Ihnen!
MUTTER. — Ich weiß, er wird sich enorm darüber freuen. Vielen herzlichen Dank!
DR. BILLING. — Bitte, bitte! Grüßen Sie ihn von mir.

# Abschnitt 3

**Eine Marktfrau kauft sich etwas Obst bei dem Stand weiter unten auf dem Markt.**

FRAU SCHUMIG. — Jetzt nehm' ich mir aber noch einen von den schönen Pfirsichen hier!
5 FRAU FEIST. — Ja, gerne! Wenn's Ihnen schmeckt.
FRAU SCHUMIG. — Heute war mit dem Wochenmarkt ja nicht viel los.
FRAU FEIST. — Nein, bei dem Regen! Haben Sie viel verkauft, Frau Schumig?
FRAU SCHUMIG. — O, es geht so. Ein paar Konserven, einen geräucherten
10    Schinken und ein paar Würste — und dann fing der Regen an.
FRAU FEIST. — Und der kann einem ja alles verderben.
FRAU SCHUMIG. — Wieso? Haben Sie nichts verkauft?
FRAU FEIST. — O, doch! Ein bißchen. Da waren ein paar Kinder, die wollten Apfelsinen haben. Und dann kamen ein paar Touristen, und
15    die haben drei Pfund Kirschen gekauft. Die Kirschen sind wirklich gut in diesem Jahr. Probieren Sie doch ein paar!
FRAU SCHUMIG. — Ja, die sehen wirklich sehr appetitlich aus.
FRAU FEIST. — Aber dann hab' ich wirklich Glück gehabt.
FRAU SCHUMIG. — Wieso?
20 FRAU FEIST. — Ja, da war hier in der Marienkirche eine Hochzeit. Müssen ganz vornehme Leute gewesen sein. Und da hab' ich eine Menge Blumen verkauft. Mindestens die Hälfte von denen, die ich hier hatte.
FRAU SCHUMIG. — Sieh mal an! Das war aber nett! Aber ist das nicht ein bißchen merkwürdig?
25 FRAU FEIST. — Wieso denn?
FRAU SCHUMIG. — Na, wenn die schon in die Marienkirche gingen, da muß doch alles vorbereitet gewesen sein. Da kauft man doch keine Blumen mehr im letzten Augenblick!
FRAU FEIST. — Ja. Das weiß ich nicht. Vielleicht haben sie's eilig gehabt.
30 FRAU SCHUMIG. — Kommt das Ihnen denn nicht auch ein bißchen komisch vor?

Frau Feist. — Das wohl, aber danach hab' ich nicht gefragt.
Frau Schumig. — Wer war's denn? Haben Sie die Braut gesehen? War sie hübsch?
Frau Feist. — Nein, gesehen hab' ich sie nicht.
Frau Schumig. — Aber woher wissen Sie, daß es eine Hochzeit war?
Frau Feist. — Da kam auf einmal ein junger Mann in einem Wagen und der hat gleich ein paar Arme voll Blumen gekauft.
Frau Schumig. — Hat er denn gesagt, für wen?
Frau Feist. — Für seine Freunde, hat er gesagt. Aus dem Ausland. Und da sie hier weiter niemand kannten, wollte er es ihnen so schön machen, wie er konnte. Und dann ist er mit dem ganzen Wagen voll Blumen losgefahren.
Frau Schumig (*schüttelt den Kopf*). — Ja, was es heute doch nicht alles gibt! Packen Sie nun ein und gehen nach Hause?
Frau Feist. — Nein! Ich warte auf die nächste Hochzeit.
Frau Schumig. — So? Oder auf eine Beerdigung oder eine Taufe?

## Vom Markt und von Küche und Keller

Es ist noch gar nicht so lange her, vielleicht nur zwei oder drei Generationen, da war die Küche der Mittelpunkt des deutschen Hauses. In der Küche regierte die Hausfrau, die Mutter der Familie. Ihr Symbol war das Schlüsselbund an ihrer Seite: da trug sie die Schlüssel zu Küche und Keller, zur Speisekammer und zum Weinschrank. Sie sorgte für die täglichen Mahlzeiten der Familie; und wenn sie nicht selbst das Essen kochte, dann gab sie morgens der Köchin oder dem Dienstmädchen Anweisungen, was an diesem Tag zubereitet werden sollte. Und sie mußte sich darum kümmern, ob die Vorräte in Keller und Speisekammer vom Herbst bis zum Sommer für die Familie ausreichen würden. Im mittelalterlichen England nannte man sie „Lady" („hlaf-dige", das heißt, „die Herrin, die den Laib aus Teig knetet"). In Deutschland nannte man sie zuweilen scherzhaft die Herrin der drei K's: Kinder, Küche, Kirche.

In modernen Zeiten ist das alles ganz anders geworden, und vielfach nicht nur, weil das Brot schon fertig gebacken ins Haus kommt, oder weil es eine Speisekammer eigentlich nicht mehr gibt. Für eine Speisekammer hat man heute einfach keinen Platz mehr, und außerdem gibt es ja Kühlschränke. Wenn ein Architekt aber einmal aus alter Gewohnheit neben der Küche einen freien Raum gelassen hat, dann gebraucht man ihn lieber für Leinenschränke und Koffer oder für die vielen Maschinen, die heute das Leben im Haushalt einfacher und angenehmer machen sollen — Staubsauger und Bohner- und Poliermaschine oder die komplizierten gymnastischen Apparate, mit denen man die „schlanke Linie" bewahren oder, wenn nötig, wieder herstellen kann.

Dabei ist die Küche allmählich immer kleiner geworden, praktischer, glänzender, reinlicher. Der alte Kohlenherd ist verschwunden, der früher im Winter der Küche so angenehme Wärme gab und sie im Sommer zur Hölle machte, und verschwunden ist der Kohlenkasten und mit ihm der Kohlenstaub und die Asche, die früher mancher armen Küchenmagd die Tränen in die Augen trieben. Eduard Mörike, der schwäbische Dichter, schrieb vor hundert Jahren einmal ein schönes, aber etwas trauriges Gedicht über solch eine arme Küchenmagd. Die Tränen, die sich diesem Mägdlein in die Augen drängen, kommen aber nicht nur vom Staub und von der Asche des Kohlenherds.

### Das verlassene Mägdlein

*Früh, wann die Hähne krähn,*
*Eh' die Sternlein verschwinden,*
*Muß ich am Herde stehn,*
*Muß Feuer zünden.*

*Schön ist der Flammen Schein,*
*Es springen die Funken;*
*Ich schaue so drein,*
*In Leid versunken.*

*Plötzlich, da kommt es mir,*
*Treuloser Knabe,*
*Daß ich die Nacht von dir*
*Geträumet habe.*

*Träne auf Träne dann*
*Stürzet hernieder;*
*So kommt der Tag heran —*
*O ging' er wieder!*

— Eduard Mörike.

Ja, d i e Zeiten sind also vorbei. Der finstere Kohlenherd ist längst durch einen glänzenden elektrischen oder durch einen Gasherd ersetzt, aus rostfreiem Stahl oder Aluminium oder aus blendend-weißem Email, die leicht rein zu halten sind. Auf den Küchenregalen stehen nicht mehr die Kochtöpfe in Reih und Glied geordnet wie eine Klasse in der Turnhalle: vom großen, schweren Eisentopf, in dem Suppe für zwanzig Personen gekocht werden konnte, bis zum kleinen, zierlichen Töpfchen, das gerade groß genug war für zwei weichgekochte Eier. Und über dem Herd hängt nicht mehr das schwerfällige Holzgestell, auf dem pyramidenhaft all die

Kochtopfdeckel gelegt wurden, unten der größte mit vierzig und oben der kleinste mit nur zehn Zentimeter Durchmesser. Nur wenige von ihnen wurden gebraucht. Auf den meisten sammelte sich Staub an, gemischt mit Asche und Dampf. Ach, in einer alten Küche hörte die Arbeit nie auf! Immer wieder mußte geputzt und abgewaschen werden. Da gerade vom Abwaschen die Rede ist, muß noch eine Zierde der Küche aus alter Zeit

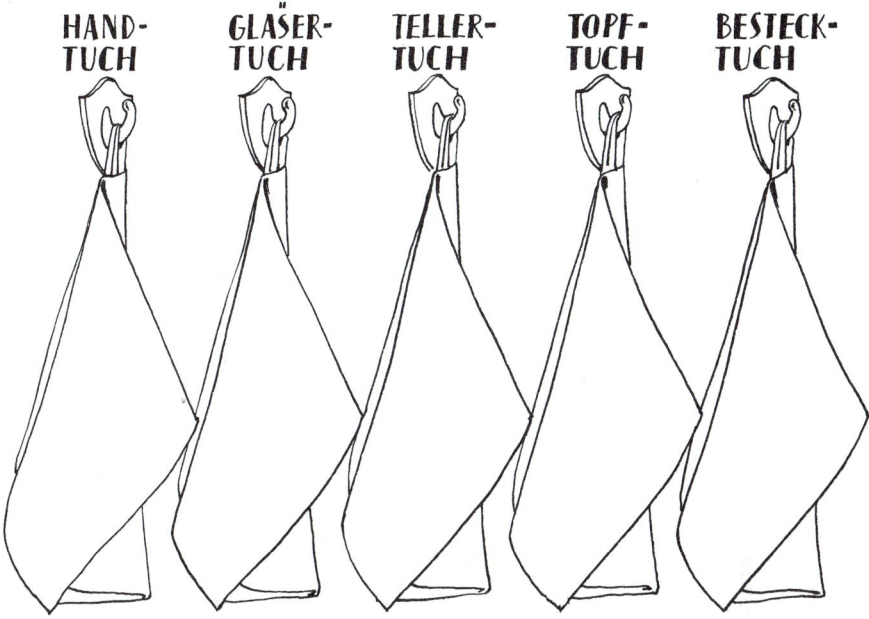

erwähnt werden: die Tücher. In einer Ecke hing ein Brett mit mehreren Haken und Aufschriften. Dort hingen Tücher von verschiedener Größe, Stärke des Gewebes, Schönheit der Erscheinung und Art der Verwendung. Da gab es nämlich Handtücher, Gläsertücher, Tellertücher, Topftücher und
5 andere mehr. Das Jahrhundert der Spezialisierung muß seinen Ursprung in der alten deutschen Küche gehabt haben. Wehe der Küchenmagd, die ein Gläsertuch zum Abtrocknen eines Kochtopfs gebraucht hätte! Das verlangte nach Bestrafung! Dann mußte sie eben auf ihren Knien den Fußboden der Küche noch einmal scheuern und aufwischen, obgleich sie
10 das erst frühmorgens getan hatte. Und dann gab es wahrscheinlich wieder Tränen.

Wenn es heute überhaupt noch einen Mittelpunkt des deutschen Hauses gibt, dann ist es das Wohnzimmer. Denn dort finden sich der Bücherschrank oder die Bücherregale; dort stehen auch der Plattenspieler
15 und das Rundfunkgerät und der Fernsehapparat. Gewöhnlich sind sie aber nicht zu gleicher Zeit angedreht; das wäre doch etwas zu geräuschvoll, wenn man ein Buch lesen möchte.

Ein Buch lesen? Da hat die gute Hausfrau ganz vergessen, daß sie noch auf den Markt muß. Für sie haben die Sorgen keineswegs aufgehört, als die Küche kleiner wurde und weniger Arbeit zu fordern schien. Da ist ja immer noch das Essen zu machen, einen Tag nach dem andern, immer die gleiche eintönige Routine. Aber womit? Es ist ja nichts im Hause! Die Vorräte im Kühlschrank reichen nicht länger als einen oder zwei Tage aus. Da muß sie also zum Einholen.

Obgleich es in vielen großen Städten in Deutschland heutzutage auch hell erleuchtete, modernste Selbstbedienungsläden gibt, ist eine alte Gewohnheit durchaus nicht aus dem täglichen Leben verschwunden: die deutsche Hausfrau kauft ihre Lebensmittel auf dem Markt oder vielleicht

auch im Lebensmittelgeschäft um die Ecke, in einem jener kleinen dämmerigen Läden, in die man einige Stufen von der Straße in den Keller hinabsteigen muß. Das ist gemütlicher und man braucht nicht weit zu laufen. Die Geschäftsleute da kennen einen und wissen schon, was man haben möchte. Und da trifft man Bekannte und kann „einen kleinen Schwatz tun." Dazu braucht man sich nicht besonders vorzubereiten; alles was man braucht, ist ein leichtes, leeres Marktnetz und eine volle Geldbörse. Später, wenn man seine Einkäufe gemacht hat, wird das Netz voll sein — und der Geldbeutel leer.

So geht sie dann die Straße entlang und kommt zur Metzgerei. Viel Neues gibt es heute da nicht. Da hängen ein paar Würste, und hinter dem Glas des Ladentisches stehen ein paar Schüsseln mit Hackfleisch, etwas

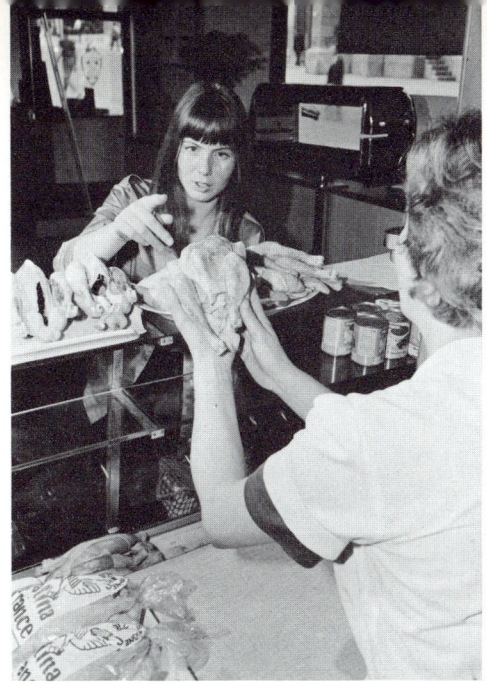

Mürbebraten und ein paar Hühnchen. Huhn haben sie lange nicht gegessen. Ja, und dann noch anderthalb Pfund kalten Aufschnitt. In der Molkerei Kuhlmann nebenan kauft sie ein Pfund Butter und ein halbes Dutzend Eier. Und eine Rolle Harzer Käse. Die muß der Verkäufer aber
5 gut einwickeln, damit es nicht so riecht. Keine Milch? Nein, die wird ins Haus geliefert. Bei der Schuhmacherwerkstatt von Sachse macht sie halt. Sie hätte eigentlich ihre braunen Straßenschuhe mitbringen sollen. Die Absätze sind etwas abgelaufen. Na, das nächste Mal. Ein paar Häuser weiter die Straße hinunter ist das gemütliche Grünwarengeschäft von
10 Gerstenmeier. Frisches Gemüse ist doch wirklich viel besser als all diese

Konserven, und auch viel nahrhafter! Und billiger. Die Tomaten da sind
ja großartig, so schön rot und reif und fest; sind erst heute morgen vom
Lande gekommen. Da weiß man doch, was man hat! Manchmal schicken
sie die Tomaten zu früh in die Stadt, wenn sie noch ganz grün sind. Der
Kopfsalat sieht heute gut aus, schön und fest. Eine Gurke? Ja, ein bißchen
Gurkensalat wäre nicht übel. Und dann noch zwei Pfund grüne Bohnen.
Aber zart müssen sie sein und nicht strähnig. Kartoffeln — haben sie noch,
mindestens für eine Woche. Wie wäre es aber mit einer Dose Spargel?
Sollte man? Das wäre doch sehr nett für Sonntag, zur Feier des Tages.
Kohlrabi? Nun, das lassen wir lieber. Die sehen doch so aus, als ob sie
holzig wären. Das letzte Mal w a r e n sie holzig. Und dann geht die gute
Hausfrau noch über die Straße, um einen Blick ins Obst- und Südfrüchte-
geschäft zu werfen. Sie hat Verlangen nach Apfelsinen, schönen, großen
italienischen Apfelsinen. Die bringen einen so angenehmen Duft ins Haus.
Und die Kinder mögen sie so gerne. Also, sechs Apfelsinen. Datteln? Die
Schachteln mit dem bunten ägyptischen Bild — Kamele vor einem bren-
nend-roten Sonnenuntergang — sehen gar zu einladend aus. Und die sind
so süß! Aber Vorsicht! Das letzte Mal haben ihr die Zähne wehgetan, weil
die Datteln so süß waren. Sie sollte wirklich bald wieder einmal zum
Zahnarzt. Also, keine Datteln. Auf dem Heimweg spricht sie noch in einer
Konditorei vor und kauft sich noch sechs Apfelschnitten.

    Schade, daß heute kein Markttag war. Dann hätte sie alle diese Dinge
viel leichter und schneller bekommen, weil sie dann nur von einem Stand

Lesen und Denken

zum andern gewandert wäre. Aber sie hätte dann nicht das neue Café zu sehen bekommen, das erst vorgestern am Kreuzweg eröffnet worden ist und das sie gewiß so bald wie möglich besuchen möchte. Und sie hätte vielleicht auch nicht gehört, daß Frau Hausmanns Pudel Junge gekriegt habe, was ihr so nebenbei der Verkäufer bei Gerstenmeier mitteilen konnte.

Wie sie wieder zu Hause anlangt und die Wohnungstür aufschließt, sieht sie, daß der Briefträger dagewesen ist. Es stecken einige Briefschaften im Briefkasten — nichts von Bedeutung: ein paar Rechnungen, ein paar Drucksachen, die „Zeit" und eine Illustrierte. Die kann sie sich später ansehen. Jetzt möchte sie sich lieber erst ein wenig ausruhen, denn von dem vielen Herumlaufen tun ihr doch die Füße weh. Aber halt — da ist ja noch ein Brief! Den will sie sich lieber doch erst ansehen. Und es ist gut, daß sie ihn gleich liest. Denn er ist von Wolfgang, dem Cousin von ihrem Mann. Sie haben sich schon über zwei Jahre nicht gesehen. Aber jetzt wird er kommen. Wolfgang ist auf einer Geschäftsreise und er wird am 23. durchkommen und sich sehr freuen, bei ihnen abzusteigen. Am 23? Das ist ja schon am Dienstag!

Mit der Freude über das Wiedersehen kommen aber doch auch einige Bedenken. Wie wird das nun mit der Wäsche? Am Montag ist doch Waschtag, und am Dienstag wollte sie bügeln. Und schon am Samstag zu waschen, das ist ganz ausgeschlossen. Das kommt gar nicht in Frage. Am Samstag muß sie doch die Wohnung sauber machen. Ja, dann muß die Wäsche eben um eine Woche verschoben werden, auf Montag in acht Tagen. Aber wird Georg (ihr Mann) bis dahin genug reine Hemden haben? O Gottogott, es liegen ja nur noch zwei reine in seiner Schublade. Dann muß sie eben noch heute ein paar Hemden auswaschen und bügeln. Dann sieht sie noch schnell im Leinenschrank nach: Gott sei Dank, da ist genug Bettwäsche. Auch Handtücher sind genug da. Also darüber braucht sie sich keine Sorgen zu machen. Zu dumm, daß Wolfgang schon am Dienstag kommt! Mittwoch hätte es doch viel besser gepaßt. Dann wäre sie eben mit der Wäsche ganz fertig. Na, es muß eben auch so gehen. Dafür hat sie aber am Montag etwas mehr Zeit. Mehr Zeit? Ja, das denkst du so! Am Montag muß sie doch erst einmal wieder Staub wischen und die Wohnung sauber machen, allerdings nicht so gründlich wie am Samstag. Und dann muß sie am Montag ja wieder zum Einholen. Frühstück und Abendessen, das ist nicht so wichtig. Aber das Mittagessen, wenn Wolfgang drei Tage lang hier bleibt, das erfordert einiges Nachdenken. Und so setzt sie sich endlich hin und ruht aus. Die müden Füße — dann fängt sie an, eine Liste zu machen: Schweinebraten, Frikadellen, Blumenkohl — Da muß jedes Mittagessen sorgfältig geplant werden. Schön wär's ja, wenn sie einmal abends ausgehen könnten, ins Löwenbräu oder in die Goldene Gerste. Aber das wäre abends. Das Mittagessen müßte sie immer noch zubereiten.

Wenn jemand in Deutschland einen Freund zum Abendessen einladen möchte, ist es nicht ratsam, ihn unangemeldet nach Hause zu bringen. Dies kann eine Hausfrau leicht in große Verlegenheit bringen. Denn erstens sind vielleicht nicht genug Vorräte im Haus, um eine weitere Seele zu füttern, und zweitens könnte es sehr lange dauern, bis das Abendessen wirklich fertig ist. Schon eine gewöhnliche Gemüsesuppe — haben Sie einmal gesehen, wieviel Zeit es in Anspruch nimmt, eine einfache Gemüsesuppe zu machen? Da müssen die gelben Rüben geschnitten werden und der Lauch und die Zwiebeln und die Petersilie. Das dauert alles furchtbar lange. Und dann ist der Herd so klein! Dies macht es nötig, daß die einzelnen Speisen nacheinander zubereitet werden, nicht zugleich — die Suppe und die Soße, das Gemüse und das Kartoffelmus, der Rhabarber und die Bohnen. Ein Braten kann ja im Backofen schmoren. Aber wenn man etwas in der Bratpfanne zubereiten will — Wiener Schnitzel oder Frikadellen, zum Beispiel —, das nimmt oben auf dem Herd so viel Platz weg. Und das macht längeres Warten unvermeidlich.

Aber das schadet nichts. Während die Speisen kochen und brodeln, hat die Hausfrau in der Küche noch allerlei andere Dinge zu tun. Sie muß den Nachtisch zubereiten (und wieviel schöne Süßspeisen gibt es doch!) und den Kopfsalat putzen und mit Essig und Öl anmachen. Oder den Bohnensalat oder den Selleriesalat. Nur um zwei Dinge braucht sich eine deutsche Hausfrau beim Zubereiten eines Mittagsmahls nicht zu kümmern: das Brot und das Wasser. Wasser bei einer Mahlzeit zu trinken ist eine in Deutschland unbekannte (amerikanische) Gewohnheit. Und wenn ein Reisender in einem Restaurant Wasser bestellt, dann kann es ihm passieren, daß er eine Flasche Selterswasser erhält. Ebensowenig wird Butter, aber manchmal wird Brot bei einer Mahlzeit serviert. Aber dennoch hat die Hausfrau genug zu tun, und während sie in der Küche hantiert, hat ihr Gatte Gelegenheit, sich mit dem Gast zu unterhalten und ihm die Vorzüge des Plattenspielers oder des Fernsehapparats zu demonstrieren. Die deutsche Hausfrau hat nicht mehr das Brot zu kneten oder zu backen. Sie trägt auch nicht mehr die Schlüssel zu Küche, Keller und Speisekammer an ihrer Seite. Aber sie hat immer noch dafür zu sorgen, daß ihre Gäste sich in ihrem Hause wohlfühlen. Das ist auch im Zeitalter der Raketen und Rechenmaschinen nicht anders geworden.

# ÜBER DIE BRÜCKE

Die Geschichte, die ich Ihnen erzählen will, hat eigentlich gar keinen Inhalt, vielleicht ist es gar keine Geschichte, aber ich muß sie Ihnen erzählen. Vor zehn Jahren spielte sich eine Art Vorgeschichte ab, und vor wenigen Tagen rundete sich das Bild ...

Denn vor wenigen Tagen fuhren wir über jene Brücke, die einst stark und breit war, eisern wie die Brust Bismarcks auf zahlreichen Denkmälern, unerschütterlich wie die Dienstvorschriften; es war eine breite, viergleisige Brücke über den Rhein und auf viele schwere Strompfeiler gestützt, und damals fuhr ich dreimal wöchentlich mit demselben Zug darüber: montags, mittwochs und samstags. Ich war damals Angestellter beim Reichsjagdgebrauchshundverband; eine bescheidene Stellung, so eine Art Aktenschlepper. Ich verstand von Hunden natürlich nichts, ich bin ein ungebildeter Mensch. Ich fuhr dreimal in der Woche von Königstadt, wo unser Hauptbüro war, nach Gründerheim, wo wir eine Nebenstelle hatten. Dort holte ich dringende Korrespondenz, Gelder und „schwebende Fälle". Letztere waren in einer großen gelben Mappe. Niemals erfuhr ich, was in der Mappe drin war, ich war ja nur Bote ...

Morgens ging ich gleich von zu Hause zum Bahnhof und fuhr mit dem Achtuhrzug nach Gründerheim. Die Fahrt dauerte dreiviertel Stunden. Ich hatte auch damals Angst, über die Brücke zu fahren. Alle technischen Versicherungen informierter Bekannter über die vielfache Tragfähigkeit der Brücke nützten mir nichts, ich hatte einfach Angst: die bloße Verbindung von Eisenbahn und Brücke verursachte mir Angst; ich bin ehrlich genug, es zu gestehen. Der Rhein ist sehr breit bei uns. Mit einem leisen Bangen im Herzen nahm ich jedesmal das leise Schwanken der Brücke wahr, dieses schauerliche Wippen sechshundert Meter lang; dann kam endlich das vertrauenerweckende dumpfere Rattern, wenn wir wieder den Bahndamm erreicht hatten, und dann kamen Schrebergärten, viele Schrebergärten — und endlich, kurz vor Kahlenkatten, ein Haus: an dieses Haus klammerte ich mich gleichsam mit meinen Blicken. Dieses Haus stand auf der Erde; meine Augen stürzten sich auf das Haus. Das Haus hatte einen rötlichen Bewurf, war sehr sauber, die Umrandungen der Fenster und alle Sockel waren mit dunkelbrauner Farbe abgesetzt. Zwei Stockwerke, oben drei Fenster und unten zwei, in der Mitte die Tür, zu der eine Freitreppe

von drei Stufen emporführte. Und jedesmal, wenn es nicht allzusehr regnete, saß auf dieser Freitreppe ein Kind, ein kleines Mädchen von neun oder zehn Jahren, ein spinnendürres Mädchen mit einer großen, sauberen Puppe im Arm und blinzelte mißvergnügt zum Zuge herauf. Jedesmal
⁵ fiel ich gleichsam mit meinen Blicken über das Kind, dann stolperte mein Blick ins linke Fenster, und dort sah ich jedesmal eine Frau, die, neben sich den Putzeimer, mühevoll nach unten gebückt war, den Scheuerlappen in den Händen hielt und putzte. Jedesmal, auch wenn es sehr, sehr regnete, auch wenn das Kind nicht dort auf der Treppe saß.
₁₀ Immer sah ich die Frau: einen mageren Nacken, an dem ich die Mutter des Mädchens erkannte, und dieses Hin- und Herbewegen des Scheuerlappens, diese typische Bewegung beim Putzen. Oft nahm ich mir vor, auch einmal die Möbel in Augenschein zu nehmen, oder die Gardinen, aber mein Blick saugte sich fest an dieser mageren, ewig putzenden Frau,
₁₅ und ehe ich mich besonnen hatte, war der Zug vorbeigefahren. Montags, mittwochs und samstags, es mußte jedesmal so gegen zehn Minuten nach acht sein, denn die Züge waren damals furchtbar pünktlich. Wenn der Zug dann vorbeigefahren war, blieb mir nur ein Blick auf die saubere Rückseite des Hauses, die stumm und verschlossen war.
₂₀ Ich machte mir selbstverständlich Gedanken über diese Frau und dieses Haus. Alles andere am Wege des Zuges interessierte mich wenig. Kahlenkatten — Bröderkotten — Suhlenheim — Gründerheim, diese Stationen bargen wenig Interessantes. Meine Gedanken spielten immer um jenes Haus. „Warum putzt die Frau dreimal in der Woche?", so dachte
₂₅ ich. Das Haus sah gar nicht so aus, als ob viel dort schmutzig gemacht würde; auch nicht, als ob dort viele Gäste ein- und ausgingen. Es sah fast ungastlich aus, dieses Haus, obwohl es sauber war. Es war ein sauberes und doch unfreundliches Haus.
Wenn ich aber mit dem Elfuhrzug von Gründerheim wieder zurück-
₃₀ fuhr und kurz vor zwölf hinter Kahlenkatten die Rückseite des Hauses sah, dann war die Frau dabei, im letzen Fenster rechts die Scheiben zu putzen. Seltsamerweise war sie montags und samstags am letzten Fenster rechts, und mittwochs war sie am mittleren Fenster. Sie hatte das Fensterleder in der Hand und rieb und rieb. Um dem Kopf hatte sie ein Tuch von dumpfer,
₃₅ rötlicher Farbe. Das Mädchen sah ich aber bei der Rückfahrt nie, und nun, so gegen Mittag — es muß so kurz vor zwölf gewesen sein, denn die Züge waren damals furchtbar pünktlich —, war die Vorderseite des Hauses stumm und verschlossen.

Obwohl ich mich bei meiner Geschichte bemühen will, nur das zu beschreiben, was ich wirklich sah, so sei doch die bescheidene Andeutung gestattet, daß ich mir nach drei Monaten die Kombination erlaubte, daß die Frau wahrscheinlich dienstags, donnerstags und freitags die anderen Fenster putzte. Diese Kombination, so bescheiden sie auch war, wurde allmählich zur fixen Idee. Manchmal grübelte ich den ganzen Weg von kurz vor Kahlenkatten bis Gründerheim darüber nach, an welchen Nachmittagen und Vormittagen wohl die anderen Fenster der beiden Stockwerke geputzt würden. Ja — ich setzte mich hin und machte mir schriftlich eine Art Putzplan. Ich versuchte aus dem, was ich an drei Vormittagen beobachtet hatte, zusammenzustellen, was an den übrigen drei Nachmittagen und vollen Tagen wohl geputzt würde. Denn ich hatte die seltsam fixe Vorstellung, daß die Frau dauernd beim Putzen war. Ich sah sie ja nie anders, immer nur gebückt, mühevoll gebückt, so daß ich sie keuchen zu hören glaubte — um zehn Minuten nach acht; und eifrig reibend mit dem Fensterleder, so daß ich oft die Spitze ihrer Zunge zwischen den zusammengepreßten Lippen zu sehen glaubte — kurz vor zwölf.

Die Geschichte dieses Hauses verfolgte mich. Ich wurde nachdenklich. Das machte mich nachlässig im Dienst. Ja, ich ließ nach. Ich grübelte zu viel. Eines Tages vergaß ich sogar die Mappe „schwebende Fälle". Ich zog mir den Zorn des Bezirkschefs des Reichsjagdgebrauchshundverbandes zu; er zitierte mich zu sich; er zitterte vor Ärger. „Grabowski", sagte er zu mir, „ich hörte, Sie haben die ‚schwebenden Fälle' vergessen. Dienst ist Dienst, Grabowski." Da ich verstockt schwieg, wurde der Chef strenger. „Bote Grabowski, ich warne Sie. Der Reichsjagdgebrauchshundverband kann keine vergeßlichen Leute gebrauchen, verstehen Sie, wir können uns nach qualifizierteren Leuten umsehen." Er blickte mich drohend an, aber dann wurde er plötzlich menschlich. „Haben Sie persönliche Sorgen?" Ich gestand leise: „Ja." „Was ist es?" fragte er milde. Ich schüttelte nur den Kopf. „Kann ich Ihnen helfen? — Womit?"

„Geben Sie mir einen Tag frei, Herr Direktor", bat ich schüchtern, „sonst nichts." Er nickte großzügig. „Erledigt! Und nehmen Sie meine Worte nicht allzu ernst. Jeder kann einmal etwas vergessen, sonst waren wir ja zufrieden mit Ihnen ..."

Mein Herz aber jubelte. Diese Unterredung fand an einem Mittwoch statt. Und den nächsten Tag, Donnerstag, sollte ich frei haben. Ich wollte es ganz geschickt machen. Ich fuhr mit dem Achtuhrzug, zitterte mehr vor Ungeduld als vor Angst, als wir über die Brücke fuhren: Sie war dabei, die Freitreppe zu putzen. Mit dem nächsten Gegenzug fuhr ich von Kahlenkatten wieder zurück und kam so gegen neun Uhr an ihrem Hause wieder vorbei: oberes Stockwerk, mittleres Fenster, Vorderfront. Ich fuhr viermal hin und zurück an diesem Tage und hatte den ganzen Donnerstagsplan fertig: Freitreppe, mittleres Fenster Vorderfront, mittleres Fenster, oberes Stockwerk, Hinterfront, Boden, vordere Stube, oben. Als ich zum letzten Male um sechs Uhr das Haus passierte, sah ich einen kleinen gebückten Mann mit bescheidenen Bewegungen im Garten arbeiten. Das Kind, die saubere Puppe im Arm, blickte ihm zu wie eine Wächterin. Die Frau war nicht zu sehen ...

Aber das alles spielte sich vor zehn Jahren ab. Vor einigen Tagen fuhr ich wieder über jene Brücke. Mein Gott, wie gedankenlos war ich in Königstadt in den Zug gestiegen! Ich hatte die ganze Geschichte vergessen. Wir fuhren mit einem Zug aus Güterwagen, und als wir uns dem Rhein näherten, geschah etwas Seltsames: Ein Waggon vor uns verstummte nach dem anderen; es war ganz merkwürdig, so als sei der ganze Zug von fünfzehn oder zwanzig Waggons wie eine Reihe von Lichtern, von denen nun eins nach dem andern erlosch. Und wir hörten ein scheußliches, hohles Rattern, ein ganz windiges Rattern; und plötzlich war es, als werde mit kleinen Hämmern unter den Boden unseres Waggons geklopft, und auch wir verstummten und sahen es: nichts, nichts ... nichts; links und rechts von uns war nichts, eine gräßliche Leere ... ferne sah man die Uferwiesen des Rheines ... Schiffe ... Wasser, aber der Blick wagte sich gleichsam nicht zu weit hinaus: Der Blick sogar schwindelte. Nichts, einfach nichts! Am Gesicht einer blassen, stummen Bauernfrau sah ich, daß sie betete, andere steckten sich mit zitternden Händen Zigaretten an; sogar die Skatspieler in der Ecke waren verstummt ...

Dann hörten wir, daß die vorderen Wagen schon wieder auf festem Boden fuhren, und wir dachten alle das gleiche: die haben es hinter sich. Wenn uns etwas passiert, die können vielleicht abspringen, aber wir, wir fuhren im vorletzten Wagen, und es war fast sicher, daß wir abstürzen würden. Die Gewißheit stand in unseren Augen und in unseren blassen Gesichtern. Die Brücke war ebenso breit wie der Schienenstrang, ja, der Schienenstrang selbst war die Brücke, und der Rand des Wagens ragte noch über die Brücke hinaus ins Nichts, und die Brücke wankte, als wolle sie uns abwippen ins Nichts ...

Abschnitt 3

Aber dann kam plötzlich ein solideres Rattern, wir hörten es näherkommen, ganz deutlich, und dann wurde es auch unter unserem Wagen gleichsam dunkler und fester, dieses Rattern, wir atmeten auf und wagten einen Blick hinaus: Da waren Schrebergärten! Oh, Gott segne die Schrebergärten! Aber dann erkannte ich plötzlich die Gegend, mein Herz zitterte seltsam, je näher wir Kahlenkatten kamen. Für mich gab es nur eine Frage: würde jenes Haus noch dort stehen? Und dann sah ich es; erst von ferne durch das zarte, dünne Grün einiger Bäume in den Schrebergärten, die rote, immer noch saubere Fassade des Hauses, die näher und näher kam. Eine namenlose Erregung ergriff mich; alles, alles, was damals vor zehn Jahren gewesen war, und alles, was dazwischen gewesen war, tobte wie ein wildes, reißendes Durcheinander in mir. Und dann kam das Haus mit Riesenschritten ganz nahe, und dann sah ich sie, die Frau: Sie putzte die Freitreppe. Nein, sie war es nicht, die Beine waren jünger, etwas dicker, aber sie hatte die gleichen Bewegungen, die eckigen, ruckartigen Bewegungen beim Hin- und Herbewegen des Scheuerlappens. Mein Herz stand ganz still, mein Herz trat auf der Stelle. Dann wandte die Frau nur einen Augenblick das Gesicht, und ich erkannte sofort das kleine Mädchen von damals; dieses spinnenartige, mürrische Gesicht, und im Ausdruck ihres Gesichtes etwas Säuerliches, etwas häßlich Säuerliches wie von abgestandenem Salat . . .

Als mein Herz langsam wieder zu klopfen anfing, fiel mir ein, daß an diesem Tage wirklich Donnerstag war . . .

— Heinrich Böll

# Abschnitt 4

Pauline Ebbecke begegnet dem Briefträger, Herrn Koops, vor der Haustür.

PAULINE. — Guten Morgen, Herr Koops. Was haben Sie heute Schönes?
HERR KOOPS. — Ein Paket für Herrn Ubbelohde, eine Postkarte und einen Luftpostbrief aus Amerika, aus (*zögert beim Lesen*) . . . aus . . . Lone Mountain, Tennessee. Was bedeutet das: Lone Mountain? Heißt das nicht „Einsamer Berg"?
PAULINE. — Na, Sie können schon gut Englisch, Herr Koops! . . . Aber der Name klingt auch komisch, wenn man ihn ins Deutsche übersetzt. Man muß aber bedenken, daß wir unser Wildberg und unser Kornwestheim haben, und die klingen auch komisch. Sonst haben Sie nichts?
HERR KOOPS. — Nein, das ist alles.
(*Gibt ihr die Postsachen.*)
Bitte schön.
PAULINE. — 'n schöner Tag heute, nicht wahr?
HERR KOOPS. — Ja — ein Tag wie jeder andere. Wenn's nur nicht regnet! Regen mag ich einfach nicht, Regen und Hunde! Na, auf Wiedersehen!

(*Pauline geht ins Haus und trifft ihre Schwester, Frau Ubbelohde, in der Halle*).
FRAU UBBELOHDE. — Hatte er etwas dabei?
PAULINE. — Eine ganze Menge sogar. Hier, möchtest du's sehen? Da ist auch ein Brief vom „Einsamen Berg" dabei. Von Herrn Studemeyer.
FRAU UBBELOHDE. — Ja, das ist der junge Mann, der bei uns wohnen wird.
PAULINE. — Wißt ihr eigentlich, wie alt er ist und was er tut?
FRAU UBBELOHDE. — Na, er will doch bei Wedemeier in der Druckerei arbeiten und dabei Deutsch lernen. Da kann er noch nicht sehr alt sein.
PAULINE. — Er ist doch ein Freund von Gustav Roentgen.
FRAU UBBELOHDE. — Und der war auch erst dreiundzwanzig, als er nach drüben ging.
PAULINE. — Aber das war vor fünf Jahren! Der ist auch inzwischen ein bißchen älter geworden. Nett war's nicht, daß er einfach so wegging.
FRAU UBBELOHDE. — Vielleicht nicht. Aber dafür will er uns gewiß einen Dienst erweisen, wenn er jetzt seinen Freund zu uns schickt.
PAULINE. — „Lone Mountain, Tennessee." Findest du nicht auch, daß das ein komischer Name ist? „Einsamer Berg"?
FRAU UBBELOHDE. — Darüber hab' ich noch nicht nachgedacht.
PAULINE. — Na, m i r kommt er beinahe bekannt vor. Fast wie hier zu Hause. Seitdem der Gustav weggegangen ist. So einsam!
FRAU UBBELOHDE. — Aber Pauline, wie kannst du nur so reden? Mein Mann und ich haben es dir hier doch immer recht angenehm gemacht.
PAULINE. — Gewiß, Schwesterchen! Das habt ihr auch. Aber wenn man so allein steht wie ich. . . . Willst du nicht den Brief von Herrn Studemeyer lesen?
FRAU UBBELOHDE. — Ja, das sollte ich eigentlich. (*Macht den Brief auf und liest.*) Welchen Tag haben wir heute?
PAULINE. — Montag den sechzehnten.
FRAU UBBELOHDE. — Ach du meine Güte! Kannst du dir das vorstellen? Der Herr Studemeyer kommt schon morgen nachmittag an!
PAULINE. — Warum denn so schnell?
FRAU UBBELOHDE. — Er fliegt morgen früh von New York ab.
PAULINE. — Warum hat er uns denn nicht früher geschrieben?
FRAU UBBELOHDE (*sieht sich den Briefstempel an*). — Ja, das weiß ich nicht. Der Brief ist am neunten geschrieben. Und kommt erst heute an!
PAULINE. — Da müssen wir ja noch sein Zimmer fertig machen.
FRAU UBBELOHDE. — Und ob!
PAULINE. — Und sollten wir ihn nicht zum Abendessen einladen?
FRAU UBBELOHDE. — Ja, auch das noch!
PAULINE. — Dann haben wir ja wohl alle Hände voll zu tun!

# Wie die deutschen Städte ihre Namen erhielten

In Deutschland weisen die Orts- und Städtenamen auf eine enge Beziehung zur Landschaft und zur Geschichte hin. Darin unterscheiden sie sich von amerikanischen Städtenamen, die häufig zum Ausdruck bringen, wie zufällig ihre Entstehung gewesen ist. Oft endet der Name einer deutschen Ortschaft auf die Silbe -*burg*, wobei der mittelalterliche Ursprung deutlich wird. In einer Zeit, in der das Leben auf dem Lande noch unsicher war, deutete die Bezeichnung „Burg" auf Mauern, Türme oder andere Befestigungen hin, hinter denen sich ein „Bürger" sicher und „geborgen" fühlen konnte. Wenn man Namen wie Hamburg, Merseburg oder Magdeburg hört, dann muß man an das Feudalsystem des Mittelalters denken, oder an die Zeit, in der deutsche Könige oder Kaiser viele Burgen oder Grenzfestungen bauen ließen, um gegen die Angriffe von außen, besonders im slawischen Osten, geschützt zu sein. Der deutsche Name „Burg" entspricht also ungefähr dem amerikanischen „Fort", das wie Fort Morgan oder Fort Dodge an die militärischen Posten aus der Zeit der Indianerkriege erinnert. Dabei ergibt sich auch die Tatsache, daß in Deutschland oft Menschen nach Platznamen benannt werden, wie etwa Alexander von Hohenlohe, Gisela von Erxleben, Paul von Hindenburg oder Rudolf von Habsburg, während in Amerika das Umgekehrte eintrat und die Namen von Menschen auf Städte übertragen wurden, wie das bei Fayetteville, Gettysburg, Charleston und Washington und vielen anderen Städten der Fall war.

Vielfach wurden nun die „festen" Burgen auf Bergen gebaut, wo der Zugang schwierig und die Verteidigung leichter war. Dann siedelten sich die Menschen gerne am Fuß der Burg an und im Schatten der Türme und Mauern, deren Nähe größeren Schutz versprach. So entstanden schon im frühen Mittelalter die Städte, deren Namen auf die Silbe -*berg* enden, wie Heidelberg und Bamberg und Nürnberg, Städte mit engen Gassen und schmalen Häusern, die im Laufe der Zeit immer höher am Berge hinaufwuchsen. Als sie größer wurden und sich über weitere Flächen ausdehnten, verlor sich die ursprüngliche Bedeutung von „Berg", und der Name der Stadt bezeichnete ungefähr das Gleiche, was andere Stadtnamen mit -*burg* ausdrückten: eine befestigte Stadt im Gegensatz zur offenen Landschaft.

Städtenamen spiegeln aber auch oft einen gewissen geschichtlichen Hintergrund wider. Viele deutsche Städte wurden von den Römern gegründet.

1–Köln; 2–Koblenz; 3–Augsburg; 4–Passau

Daher finden wir noch heute Spuren des Lateinischen in solchen Städtenamen wie Köln (Colonia Agrippinensis = „Kolonie der Kaiserin Agrippina"), Augsburg (Augusta Vindelicorum = „Königinstadt der Vindeliker"), Passau (Batava) oder Koblenz (Confluentes = „Zusammenfluß" von Mosel und Rhein). Andere Namen deuten auf keltischen Ursprung, wie Wien (Vindobona), Mainz (Mogontiacum), Worms (Borbetomagus) oder Zürich (Turegum). Als die Römer in diese

Am häufigsten aber enthalten deutsche Städtenamen einen Hinweis auf germanisch-deutsche Bezeichnungen. So bedeutet die Silbe -*furt* einen Übergang durch einen Fluß, der an dieser Stelle so flach ist, daß man zu Fuß oder zu Pferd oder zu Wagen hinüberkommen oder das Vieh ohne Gefahren ans andere Ufer treiben kann: Frankfurt, Schweinfurt, Ochsenfurt.

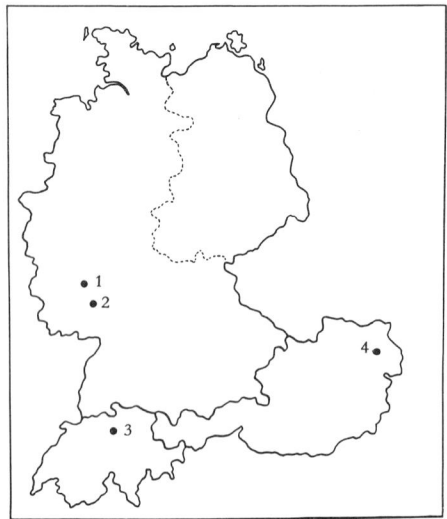

1–Mainz; 2–Worms; 3–Zürich; 4–Wien

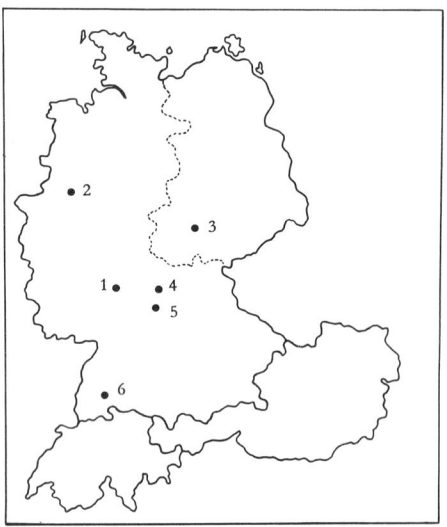

1–Frankfurt; 2–Drensteinfurt; 3–Erfurt; 4–Schweinfurt; 5–Ochsenfurt; 6–Furtwangen

Gebiete einrückten, gaben sie die Namen der keltischen Siedlungen auf Lateinisch wieder; was aber diese keltischen Namen ursprünglich bedeuteten, wissen wir nicht. Diese Übernahme eines alten Namens aus der Sprache früherer Einwohner entspricht der Bildung von Städtenamen, die in Amerika auf die Indianer zurückweisen, wie bei Chikago, Minneapolis, Seattle — oder auf die Spanier oder Franzosen, wie bei San Francisko, St. Louis, New Orleans.

Manchmal entwickelte sich eine Ortschaft an einer Stelle, wo eine Brücke über den Fluß geschlagen worden war. Denn eine solche Brücke bedeutet Verkehr, und wo es Verkehr gibt, lassen sich Menschen gerne nieder: so entstanden Namen wie Osnabrück (Ochsenbrücke), Zweibrücken und Innsbruck. Manche Städtenamen bedeuten einfach eine Form von Siedlung, wie das in Düssel*dorf* und Darm*stadt*

Helm*stedt*, Mühl*hausen* und Gelsen*kirchen*. Vielfach erinnern auch Ortsnamen an die Anwesenheit von Wasser,

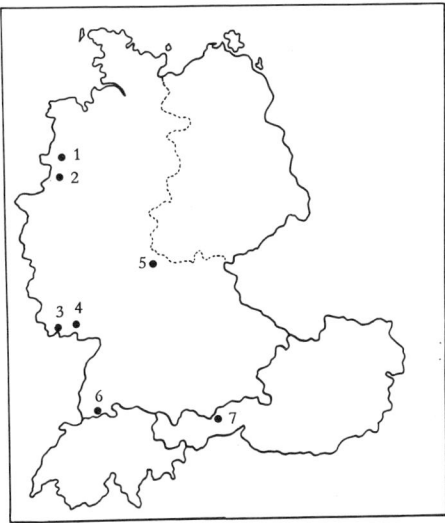

1–Quakenbrück; 2–Osnabrück; 3–Saarbrücken; 4–Zweibrücken; 5–Brückenau; 6–Albbruck; 7–Innsbruck

zum Ausdruck kommt, in Auer*stedt* und

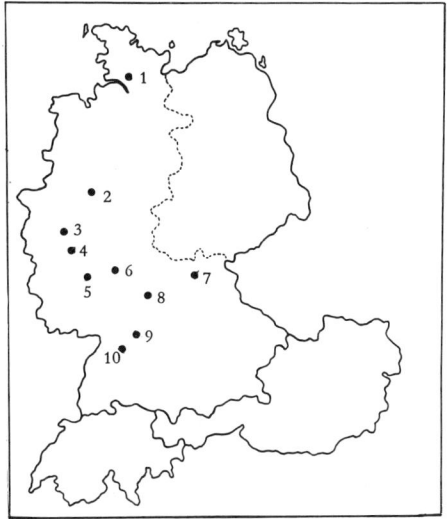

1–Quickborn;
2–Paderborn;
3–Gummersbach;
4–Herborn;
5–Braubach;
6–Offenbach;
7–Kulmbach;
8–Mespelbrunn;
9–Heilbronn;
10–Maulbronn

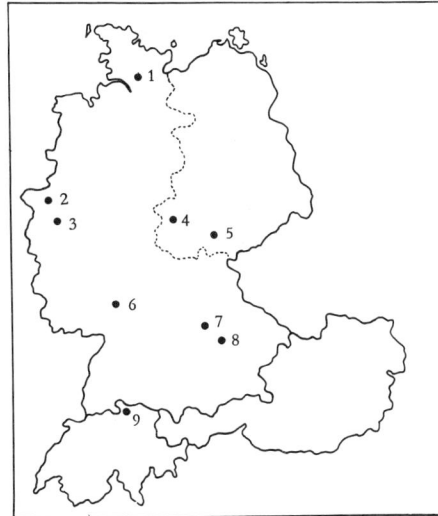

1–Kellinghusen; 2–Gelsenkirchen; 3–Düsseldorf; 4–Mühlhausen; 5–Auerstedt; 6–Darmstadt; 7–Eichstätt; 8–Ingolstadt; 9–Schaffhausen

wie bei Offen*bach* und Kulm*bach* oder bei Pader*born* (Brunnen) und Maul*bronn* oder Warm*brunn*, das übrigens seine Entsprechung im amerikanischen „Hot Springs" findet.

Eine sehr häufige Ortsnamenendung ist *-ingen*, die sich vor allem im schwäbischen Sprachgebiet findet — Reutlingen, Tübingen, Nördlingen — aber auch im Westfälischen und Niedersächsischen: Solingen, Göttingen. Von

Abschnitt 4

Städten, deren Namen auf -*ar* oder -*a* ausgehen, kann man annehmen, daß sie sich im Mitteldeutschen, im Hessischen oder Thüringischen Gebiet finden: Bebra, Fulda, Jena, Weimar und Wetzlar. Städtenamen, die auf -*olt*, -*um* oder -*en* endigen, darf man wohl in Westfalen erwarten: z. B. Bocholt, Bochum, Essen, Düren, Leverkusen, während eine Namensendung wie -*wiek* (d.h. Bucht) auf sächsischem Boden zu Hause ist: Braunschweig, Bardowiek.

1-Göttingen; 2-Solingen; 3-Nördlingen; 4-Tübingen; 5-Reutlingen; 6-Sigmaringen; 7-Villingen; 8-Donaueschingen; 9-Überlingen

1-Essen; 2-Bochum; 3-Leverkusen; 4-Düren

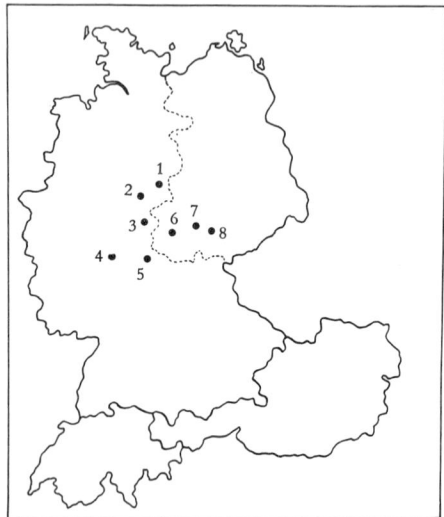

1-Goslar; 2-Uslar; 3-Bebra; 4-Wetzlar; 5-Fulda; 6-Gotha; 7-Weimar; 8-Jena

1-Bardowiek; 2-Edewecht; 3-Braunschweig

Man kann sich bestimmt darauf verlassen, daß Ortsnamen, die auf die Silben *-in*, *-itz*, *-ig* ausgehen, vor allem auf ostdeutschem Gebiet zu finden sind, wo sich slawische Spracheinflüsse geltend gemacht haben: Namen wie Berlin und Stettin (die immer auf der letzten Silbe betont werden), Liegnitz und Gleiwitz, Leipzig und Danzig sind nur in Ländern östlich der Elbe anzutreffen, in Staaten wie Brandenburg oder Sachsen, in Schlesien oder Mecklenburg oder im alten Preußen.

1–Grömitz; 2–Pönitz; 3–Schwerin; 4–Stettin; 5–Danzig; 6–Berlin; 7–Leipzig; 8–Liegnitz; 9–Pegnitz; 10–Gleiwitz

Zuweilen erinnern uralte Ortsnamen daran, daß vor tausend und mehr Jahren die deutsche Landschaft von dichten Wäldern bedeckt war, und daß die ersten Siedlungen von Städten erst mühsam aus der Wildnis heraus gehackt werden mußten. Das heißt, das wilde Land mußte sorgfältig „gerodet" werden. Daran erinnern solche Namen wie Gern*rode*, Wernige*rode*, Wüsten*rot* oder Schussen*ried*. Entstand eine Sied-

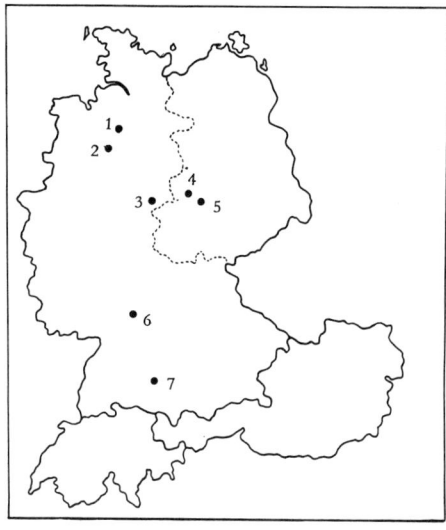

1–Walsrode; 2–Rodewald; 3–Osterode; 4–Wernigerode; 5–Gernrode; 6–Wüstenrot; 7–Schussenried

lung inmitten einer lieblichen Wiese oder einer „blumigen Au", dann spie-

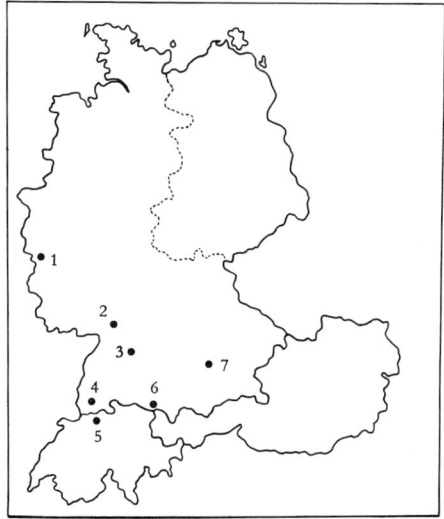

1–Monschau; 2–Künzelsau; 3–Hirsau; 4–Schönau; 5–Aarau; 6–Lindau; 7–Dachau

gelt sich dieser Ursprung in Namen wie Schön*au* oder Dach*au* oder Aar*au*. An einem Wasserlauf, einem kleinen Bach oder an einer frischen Quelle (lat. *aqua*), entstanden solche Städte wie Offen*bach* und Lü*beck*, wie *Aachen*, Wol*fach* und Schön*ach*.

Wenn Menschen sich auf einer Insel inmitten eines breiten Flusses ansiedelten, dann nannten sie ihre Siedlung vielleicht *Werder*, *Wörth*, Kaisers*werth* oder Grafen*wörth*. Wo sich warme Quellen fanden und Menschen ihre schwache

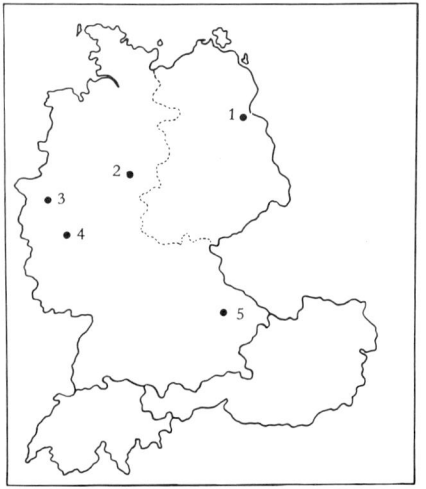

1–Werder; 2–Bodenwerder; 3–Kaiserswerth; 4–Grafenswerth; 5–Wörth

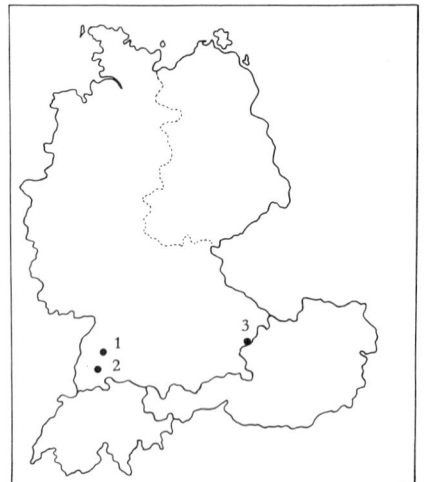

1–Aachen; 2–Eisenach; 3–Offenbach; 4–Bacherach; 5–Bad Keuznach; 6–Wolfach; 7–Biberach; 8–Schönach

In der Nähe von Mooren sprangen Siedlungen hervor, die zuweilen *Moos*bronn oder Todt*moos* genannt wurden.

Gesundheit im Bad wieder zu stärken suchten, bildeten sich Badeorte wie Wies*baden* und *Baden*weiler. Und wo

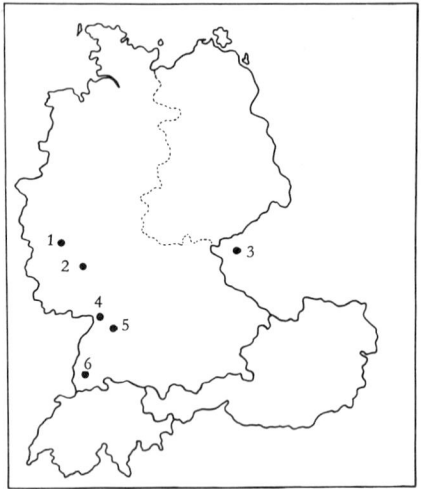

1–Bad Godesberg; 2–Wiesbaden; 3–Marienbad; 4–Baden-Baden; 5–Wildbad; 6–Badenweiler

1–Waldmössingen; 2–Todtmoos; 3–Moosbronn

Lesen und Denken

schon in ältester Zeit das kostbare Salz gewonnen wurde, benannte man die Plätze vielleicht *Salz*burg, *Salz*gitter oder *Salz*wedel oder auch *Halle, Hall*stadt oder Reichen*hall*, wobei die Silbe -*hall* an ein uraltes Wort erinnerte, welches „Salz" bedeutete wie das griechische *hal*.

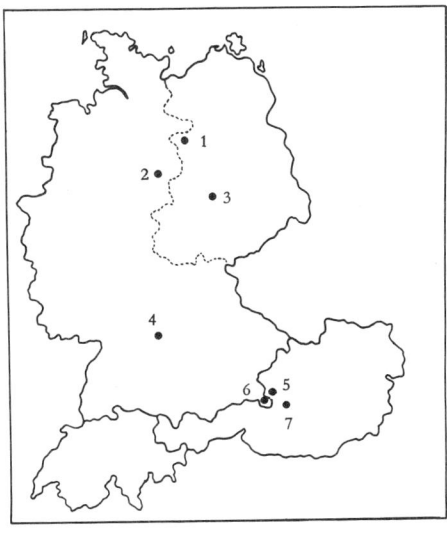

1-Salzwedel;
2-Salzgitter;
3-Halle;
4-Schwäbisch Hall;
5-Salzburg;
6-Reichenhall;
7-Hallstadt

An die kulturelle Arbeit der Mönche im frühen Mittelalter erinnern solche Namen von Klostersiedlungen wie Sankt Blasien und Sankt Gallen, München („apud monachos" = bei den Mönchen) und Pfaffenhofen, Herrenalb und Frauenalb (= ein Männerkloster und ein Frauenkloster). Natürlich gibt es auch Städtenamen, die weitaus jüngeren Datums sind. Im frühen achtzehnten Jahrhundert, als in Amerika solche Städte wie Georgetown und Williamsburg entstanden, ließen deutsche Fürsten sich draußen in der Natur ein Schloß bauen oder einen „Stutengarten" (Stute = weibliches Pferd) anlegen, woraus sich allmählich Städte entwickelten, die heute als Karlsruhe oder Stuttgart weltberühmt sind.

Fast überall zeigt sich in solchen Namen, wie das Leben der Menschen in Deutschland an den Boden der Erde und an bestimmte geographische und kulturelle Bedingungen gebunden war. Und darin unterscheiden sich deutsche Städtenamen von denen in Amerika, wo zwar indianische Namen überall zu finden sind, wo aber andere Namen in bunter und lebendiger Verwirrung die Wünsche und Hoffnungen, Erinnerungen und Erlebnisse der eingewanderten Menschen widerspiegeln. Da gibt es neue Paris und London, Rom und Athen, Peking und Canton, Cairo und Memphis; und da findet man Providence und Last Chance, Phoenix und Bethlehem, Hope und Liberty und andere Ideale des menschlichen Lebens.

Viele junge Menschen haben erst in fremden Städten erfahren, was Leben, Liebe, Glück oder Schicksal bedeutet. Diese Erfahrung kommt in ein paar deutschen Volksliedern zum Ausdruck:

# O Strassburg

2. So mancher, so schöner, auch tapferer Soldat,
   Der Vater und lieb Mutter böslich verlassen hat,
   Der Vater und lieb Mutter böslich verlassen hat.

3. Verlassen, verlassen, es kann nicht anders sein;
   Zu Strassburg, ja zu Strassburg Soldaten müssen sein!

4. Der Vater, die Mutter, die ging'n vor's Hauptmanns Haus:
   "Ach, Hauptmann, lieber Herr Hauptmann, gebt unsern Sohn heraus!"

5. Eurn Sohn kann ich nicht geben für noch so vieles Geld;
   eur Sohn und der muss sterben im weiten breiten Feld!

6. Im weiten, im breiten, all vorwärts vor dem Feind,
   Wenn gleich sein schwarzbraun Mädel so bitter um ihn weint!

7. Sie weinet, sie greinet, sie klaget allzusehr.
   Gut Nacht, mein herzigs Schätzchen, ich seh dich nimmermehr!

Lesen und Denken

# Als ich ein jung Geselle war

2. Da ging ich auf den Kirchhof hin
   und bat den lieben Tod:
   "Ach lieber Tod von Basel,
   hol mir mein' Alte fort,
   hol mir mein' Alte fort!"

3. Und als ich wieder nach Hause kam,
   mein Alte war schon tot.
   Ich spannt' die Ross vor'n Wagen
   Und fuhr mein' Alte fort,
   Und fuhr mein' Alte fort.

4. Und als ich auf den Kirchhof kam
   Das Grab war schon gemacht.
   "Ihr Träger, tragt fein sachte,
   dass die Alte nicht erwacht,
   dass die Alte nicht erwacht.

5. "Scharrt zu, scharrt zu, scharrt immer zu
   das alte, böse Weib!
   Sie hat ihr Lebetage
   geplagt mein'n jungen Leib,"
   geplagt mein'n jungen Leib."

6. Und als ich wieder nach Hause kam,
   war'n Tisch und Bett zu weit.
   Ich wartet' kaum drei Tage
   und nahm ein junges Weib,
   und nahm ein junges Weib.

7. Das junge Weiberl, das ich nahm,
   das schlug mich alle Tag';
   "Ach, lieber Tod von Basel,
   hätt' ich meine alte Plag,
   hätt' ich meine alte Plag!"

Abschnitt 4

# Altheidelberg, du feine...

2. Und kommt aus lindem Süden der Frühling übers Land,
So webt er dir aus Blüten ein schimmernd Brautgewand.
Auch mir stehst du geschrieben ins Herz gleich einer Braut,
Es klingt wie junges Lieben dein Name mir so traut,
Dein Name mir so traut.

Abschnitt 4

# LICHT in der Dunkelheit

Weihnachten ist das Fest des Herzens, und irgendwie bekennt sich jeder dazu. Es wird kaum einen deutschen Menschen geben, der von den selig gefährlichen Stunden zwischen Dämmerung und Mitternacht des 24. Dezember nicht irgendwie mahnend berührt wird. Das wissen die ausgepichtesten Einzelgänger, und sie fürchten sich auch davor. Weihnachten ist das Fest der Familie, wo Werte plötzlich wieder deutlich werden, die sonst im Alltag nur allzuleicht verblassen. Andere Feiern, die im Kalender verzeichnet sind, verbreiten ihre Freude nach außen. Weihnachten aber wirkt nach innen. Die Kerzen auf dem Christbaum sind nicht dazu da, in die Weite zu strahlen, sie leuchten wirklich jedem ins Herz hinein.

Wie aber ist es mit den Einsamen, die keiner Familie zugehören oder von ihr fern sind und auch sonst keinen Anschluß wissen? Ich habe in meiner Jugend dergleichen mitgemacht, und wenn ich noch hundert schöne Weihnachtsfeste feiern könnte im Kreise mir vertrauter und lieber Menschen, das Versäumte ist nicht mehr nachzuholen.

An einen dieser verlorenen Abende und auch an einen zweiten knüpft sich aber eine Erinnerung, die ihn mir nicht völlig wertlos erscheinen läßt. Ein Stück tieferes Menschentum grüßt mich daraus in Form einer schlichten Erzählung, die mir der Wiedergabe nicht unwert scheint.

Ich lebte damals als junger Offizier in Wien und war im damaligen Militär-Geographischen Institut bedienstet. Hätte ich einem Regimente angehört, so wäre das Offizierskorps, insoweit es ledig war, gewiß zu einem gemeinsamen Weihnachtsabend zusammengekommen. So aber bestand zwischen den Angestellten des Instituts, die verschiedenen Waffengattungen und Ständen angehörten und nur durch ihren Dienst, die Herstellung von Kriegs- und Friedenslandkarten, verbunden waren, keine irgendwie nähere Bindung. Es war Sache jedes einzelnen, wie er seinen Weihnachtsabend verbrachte.

Ich hatte mich damals in ein kleines Gasthaus im Bezirk Josefstadt zurückgezogen und erwartete dort meinen Kameraden Hauptmann Wigand, mit dem ich mich für den Abend besprochen hatte. Er war gleich mir im Militär-Geographischen Institut bedienstet, war gut ein Jahrzehnt älter als ich und mir um seines besinnlichen ernsten Wesens und seiner Vorliebe für Kunstdinge willen weitaus der liebste aller Berufskameraden. Er war verheiratet gewesen, hatte sich aber vor kurzem scheiden lassen. Er sprach sich darüber niemals des näheren aus, und ich hütete mich, ihn zu befragen. Er hatte mich auch niemals mit seiner Frau bekannt gemacht. Man sagte nur, sie sei eine außergewöhnliche und nicht ungefährliche Schönheit gewesen. So stand also zu vermuten, er sei in seiner Wahl, durch äußere Werte vielleicht verblendet, nicht vorsichtig genug gewesen. Die harmonische Gesetzmäßigkeit seines Wesens verlangte wohl, daß er sich von unwürdigen Fesseln befreite.

Als wir den Abend vereinbarten, setzte er noch hinzu: „Ich werde wohl etwas später kommen, ich habe vorher noch einen Weg . . .

Also wartete ich auf ihn in der Gaststube, die nur wenige stille Besucher aufwies, einschichtige Herren gleich mir, die, wie mir schien, mit sich selber nicht viel anzufangen wußten. Es schwebte wie eine leichte Verlegenheit durch den dürftig erhellten Raum, und der Kellner, Familienvater, wie mir bekannt war, schien es eilig zu haben, nach Hause zu kommen.

Nach etwa einer Stunde, die mir diesmal endlos dünkte, erschien endlich mein Kamerad. An seinem Mantel merkte ich, daß unterdessen ein heftiges Schneetreiben eingesetzt hatte. „Du mußt verzeihen", sagte er, „es dauerte länger als sonst, ich konnte das nicht vorhersehen."

Als ich ihn fragend ansah, setzte er hinzu: „Ich werde dir alles erklären."

Ich drang darauf, daß er vorerst sein Essen bestelle, er schien mir erregt, es mußte ihm etwas Außergewöhnliches zugestoßen sein. Wir sprachen zunächst von anderen, belanglosen Dingen, und später erst, als wir beim Wein saßen, kam er zur Sache:

„Es gehört seit Jahren zu meiner Gepflogenheit, mußt du wissen, am Weihnachtsabend einen Besuch zu machen, einen ganz bestimmten Besuch, nämlich bei der alten Quartierfrau, bei der ich als junger Leutnant gewohnt hatte, als ich noch ledig war. Die Frau war damals schon über siebzig, doch war sie noch merkwürdig rüstig und konnte noch ihre kleine Wirtschaft führen. Viel gab es ja für mich nicht zu besorgen. Tagsüber war ich im Büro, abends im Gasthaus, sie hatte nur die gute Stube in Ordnung zu halten, die sie mir vermietet hatte. Sie selbst wohnte in einem kleinen Raum neben der Küche, der das Licht vom Gang her empfing. Lieber Freund, ich habe viel gelernt von dieser alten Frau. Sie war erschrecklich arm, wie ich im Laufe der Zeit erfuhr, die kleine Rente, von der sie sich zur Not lebendig erhielt, hätte kaum für unsere Zigaretten gereicht. Nie aber kam eine Klage über ihre Lippen, sie verkehrte fast mit niemandem und hatte ihr kleines Schicksal als etwas Unabwendbares, nur durch stille Fügung zu Bezwingendes in den Kreis des Daseins gestellt. Dabei benahm sie sich durchaus als Dame, und ich hätte mich nicht getraut, ihr eine Unterstützung zukommen zu lassen. Abends pflegte sie, um zu sparen, in dem Dämmerlicht zu sitzen, das vom Stiegenhaus hereindrang. Stundenlang konnte sie so sitzen und sinnen, sie ließ gewiß ihr Leben an sich vorbeiziehen, sie las darin, wie wir andern in Büchern lesen, und gab damit dem Dasein, was sie ihm schuldig war. Lieber Freund, es ist nichts heilsamer für uns junge Menschen, die wir die Welt erstürmen wollen, als diese Heimkehr des Alters zu betrachten, die sich ins Unvermeidliche fügt. Nicht als ob der Wert der Dinge dadurch verlorenginge, aber wir führen sie auf das richtige Maß zurück."

Hier unterbrach sich der Kamerad und wies auf den Kellner hin, der den Vorhang vom Fenster geschoben hatte und in das Schneetreiben hinaussah. Wir waren jetzt bereits die einzigen Gäste.

Der Kamerad zwinkerte mir zu.

„Sie, Herr Johann", rief er dann, „was geschieht, wenn wir jetzt zahlen und gehen?"

„Dann kann ich zu meiner Familie heim", gab der Kellner freudig zurück.

„Dem Manne kann geholfen werden, meinst du nicht?" lächelte der Kamerad mir zu.

Also befanden wir uns bald darauf auf der winterlichen Straße und nahmen den Weg nach einem Kaffeehaus, in das zu gehen wir noch beschlossen hatten. Wir schlugen den Mantelkragen hoch, ein eisiger Nord umfaßte uns mit hartem Griff, Millionen Flocken umtanzten uns im Licht der Laternen und stoben in dichten Schleiern die Gassen entlang. Hinter vielen Fenstern brannte noch Licht, auch verspätete Christbäume grüßten noch zu uns herab, irgendwie schien alles Menschliche heute vereint nach innen und außen.

Das Café war keineswegs leer. Hier hatten sich allerlei Einzelgänger trutzig verschanzt hinter ihrer Zeitung, beim Kartenspiel oder am Billard, es war gewiß eine fragwürdige Welt, doch war sie immerhin vorhanden.

Wir hatten uns in eine stillere Ecke zurückgezogen, und nun fuhr der Kamerad zu berichten fort: „Sieben Jahre, meine ganze Junggesellenzeit als Offizier hindurch, wohnte ich bei der alten Frau Schreiber. Ich fühlte mich oft versucht, mir ein besseres Zimmer zu

nehmen, denn das Quartier in dem veralteten Hause hatte allerlei Nachteile, ich konnte mich aber doch nicht zu einer Kündigung entschließen. Ich sah mich dazu erst gezwungen, als ich mich verheiratete. Zum Glück war es mir gelungen, einen Nachfolger als Zimmerherrn ausfindig zu machen. Es war ein pensionierter Oberst, dessen Tochter hier in Wien verheiratet ist und die Wert darauf legte, den schon recht betagten Herrn in guten Händen zu wissen.

Abschnitt 4

Beim Abschied versprach ich der guten alten Frau Schreiber, sie hin und wieder zu besuchen. Aber wie es schon geht, es vergingen Monate und ich hatte die Zeit dazu nicht gefunden. Und dann kam der Weihnachtsabend. Es war schon ziemlich spät geworden, es wäre fast schon Zeit zur Bescherung gewesen, da überfiel mich plötzlich das Bild der einsamen Frau in meinem Junggesellenquartier. Es überfiel mich mit visionärer Eindringlichkeit und war nicht mehr wegzubringen. Sie saß vielleicht allein in ihrem dunklen Zimmer, der Oberst war gewiß zur Familie seiner Tochter geladen, es schien mir plötzlich ganz unmöglich, mich nicht um sie zu kümmern, wie ich es doch jeden früheren Weihnachtsabend getan hatte.

Und ich sagte zu meiner Frau, daß wir ein Päckchen mit Süßigkeiten oder dergleichen zusammenlegen sollten und daß ich den Besuch in meinem alten Quartier noch abstatten müsse. Meine Frau war einverstanden und doch auch zugleich ein wenig enttäuscht. Es fiel ein Wort, das ich nicht mehr fortzubringen vermochte und das vielleicht den Keim zu manchem späteren legte: ‚So viel liegt dir an deiner Junggesellenzeit?'

Ich begab mich also mit meinem Päckchen auf den Weg. Es ging ein Schneesturm wie der heutige, und mich fröstelte ein wenig ins Herz hinein. Was wird nun sein? dachte ich. Die alte Frau ist achtundsiebzig Jahre alt. Ich habe mich seit Monaten nicht um sie bekümmert, vielleicht lebt sie gar nicht mehr? — Ich hatte nicht allzuweit zu ihrem Hause hin, etwa eine Viertelstunde, in dieser Zeit aber überkam mich wieder der ganze ungeheure Ernst dieses einsamen Lebens, und ich stellte es wie einen Rahmen um die Freudigkeit der Welt und den Lichterglanz des heutigen Abends. Und ich fand, lieber Freund, daß es gut so sei, eines mit dem andern zu vergleichen, dem Leben seinen Tribut zu bringen vom Licht in die Dunkelheit hinüber, und daß man es anders nicht völlig erfaßt. Zugleich erkannte ich, daß der Weg, den ich hier ging, mir im Innersten nötig sei, und ich faßte eingebungsvoll den Entschluß, ihn auch an den kommenden Weihnachtsabenden zu gehen und immer wieder, solange die alte Frau noch am Leben wäre. Und ist sie es einmal nicht mehr, dachte ich weiter, dann stellst du dich mit deinem Päckchen auf die Straße und wartest, bis irgendein armes Kind oder sonst ein bedürftig aussehender Mensch vorbeikommt, und dem schenkst du das Päckchen sodann. Denn nach Hause bringst du es nicht mehr zurück!

Du magst das sentimental finden, lieber Freund, doch nein, ich kenne dich gut genug, um zu wissen, daß du mir hier keinen Vorwurf der Rührseligkeit machst. Das fatale Wort „sentimental" gebrauchte meine Frau im nächsten Jahre, als ich mich gleichfalls wieder entschloß, diesen abendlichen Weihnachtsbesuch zu machen. Und das war schlimm.

Doch greife ich den Dingen vor. Ich ging also mit meinem Päckchen in meine alte Wohnung in die Führingergasse. Das Haus schien wie völlig verlassen, der Hof, den ich überqueren mußte, war unbeleuchtet, nur auf der schmalen Wendeltreppe brannte noch die trübe Gasflamme von früher. Wie fern von allem weihnachtlichen Frohsinn war die dunkle, bange Stille, die mich hier umfing! Und als ich vor der Wohnungstür stand und läutete, bedrückte mich aufs neue die Frage: Wird noch jemand kommen und mir öffnen?

Da hörte ich aber schon die müden Schritte der alten Frau, und dann öffnete sie die Türe und betrachtete mich erstaunt und gerührt. Im selben Augenblick wußte ich, daß, was ich hier tat — und würde es auch tausendmal als sentimental bezeichnet — vor Gott und den Menschen das Rechte war.

Die alte Frau führte mich in mein ehemaliges Zimmer, der Oberst war ja nicht zu Hause, wie ich richtig vermutet hatte, und sie sagte mit dem ihr innewohnenden Feingefühl: ‚Es wird Sie vielleicht freuen, Herr Oberleutnant, den Raum wieder zu sehen, worin Sie so viele stille Jahre verbrachten.'

Gewiß, es freute mich. Es kann nicht schaden, dachte ich, Vergangenes zu überblicken und neuen Gewinn daraus zu ziehen. Auch das hat mit Sentimentalität so gut wie nichts zu tun. Im Zimmer war nichts verändert, die alten Dinge sprachen mich an und wurden wieder lebendig, der Schreibtisch am Fenster, das Biedermeiersofa in der Ecke, die alte Napoleonuhr. Nur meinen Bücherkasten hatte ich beim Auszug mitgenommen.

So saß ich also ein Viertelstündchen bei der alten Frau und ließ mir von ihrem Leben berichten, an dem sich nichts verändert hatte. Mit ihrem neuen Quartierherrn, dem Obersten, verstand sie sich gut. Er war ein wenig pedantisch, wie alte Militärs es oft sind, aber sonst meist guter Dinge und mit sich und der Welt zufrieden.

Ich ging dann wieder in Eile heim, denn ich wollte es nicht allzu spät werden lassen. Meine Frau vermied es, noch eine weitere Bemerkung zu machen, es schwebte aber ein Schatten über unserem Fest, den ich bei aller Mühe, die ich mir gab, nicht zu bannen vermochte. Ich fragte mich damals: Was hast du eigentlich verschuldet? Du bist einem Drang des Herzens gefolgt und hast einem alten einsamen Menschen eine kleine Freude machen wollen. Also etwas durchaus Weihnachtsgemäßes. Und das wurde nicht verstanden? Wie wenig kennen wir Menschen einander manchmal, lieber Freund, auch wenn wir sonst aufs innigste verbunden scheinen. Doch will ich lieber nicht darüber sprechen, es hat ja keinen Sinn mehr, hier noch Beschuldigungen vorzubringen.

Am nächsten Weihnachtsabend fiel das Wort, von dem ich dir schon berichtete. Meine Frau ließ damals, ehe ich fortging, eine Bemerkung fallen, die sich eisig und innerlich vernichtend zu manchem anderen gesellte, obgleich sie es mit einem scheinbar schalkhaften Lachen ihres unvergleichlich schönen Mundes vorbrachte: ‚Warum werden wir Menschen zu Weihnachten alle sentimental?'
Du wirst mich verstehen, meine Lage war überaus schwer. Sollte ich mir selbst untreu werden in dem, was eine innere Stimme mir gebot? Nein, ich konnte nicht anders, ich ging aufs neue meinen Weg in die Führingergasse, und so tat ich es noch vier weitere Jahre lang, die mir im übrigen, was mein damaliges Leben anbelangt, eine Hölle von Zwiespalt, einen martervollen Kampf zwischen leidenschaftlicher Gebundenheit und verzweifeltem Befreiungswillen bedeuteten. Und dann kam endlich die Scheidung.
Und heute, siehst du, heute hat nun dieser Weg seinen Abschluß gefunden. Ich werde ihn wohl nie wieder gehen oder — vielleicht doch noch, aber anders als bisher. Das ist so zu verstehen:
Ich hatte diesmal beschlossen gehabt, den Besuch so weit als möglich abzukürzen, um dich nicht allzulange warten zu lassen. Und ach, wie kurz wäre er geworden, wenn sich nicht noch etwas anderes, mich jetzt noch in der Erinnerung recht wunderlich Berührendes zugetragen hätte. Meine gute, alte Frau Schreiber lebt nämlich nicht mehr. Schon als ich die dämmerige Stiege hinaufging, überkam mich die bange Ahnung, daß mir diesmal niemand mehr öffnen werde, oder irgendein Fremder, der ihr Nachfolger in der Wohnung geworden ist.
Mir fiel es schon beim Anläuten auf, daß auch das Fenster auf die Stiege hell erleuchtet war. Das war sonst niemals der Fall gewesen. Und als die Tür sich öffnete, stand ein junges, blondes Fräulein auf der Schwelle und empfing mich mit den Worten: ‚Guten Abend, Herr Hauptmann, ich habe Sie erwartet. Treten Sie nur ein!'
Du kannst dir denken, lieber Freund, wie überrascht ich war. Was konnte ich aber anderes tun, als der reizenden Einladung Folge zu leisten?

Ich legte auf die Aufforderung des Fräuleins hin den Mantel ab und trat mit ihr in mein ehemaliges Zimmer. Wie verändert sah es aber aus! Es standen wohl noch einige von den alten Möbeln darin, im übrigen war es aber mit dem ganzen feinen Geschmack einer verwöhnten Dame ins Behagliche, ja Vornehme verschönt. Ich wußte mir das alles nicht zu deuten.

Am meisten beschäftigte mich aber ein kleiner, liebevoll geschmückter Christbaum, dessen zahlreiche Kerzen das Fräulein nunmehr mit Eifer anzuzünden begann. Und erst als der kleine Baum im vollen Licht erstrahlte, ergriff sie wieder das Wort, indes sie mir gegenüber mit den Worten Platz nahm: ‚Das alles mag Ihnen recht merkwürdig vorkommen, Herr Hauptmann, aber sehen Sie — ich folgte hier einem inneren Gebot, ich konnte nicht anders. Und nun lassen Sie mich sagen, wie das alles gekommen ist.

Ich studiere hier in Wien Musik, ich bin Deutschamerikanerin, ich konnte heuer leider die weite Reise nach Hause nicht unternehmen. Glauben Sie aber nicht, daß ich heute abend allein bleiben werde. Ich bin in einer befreundeten Familie geladen und muß mich auch in Bälde hinbegeben.

Vorher aber wollte ich Sie hier erwarten, Herr Hauptmann. Dieser kleine Christbaum ist ganz für Sie allein bestimmt. Und woher ich wußte, daß Sie kämen? Ja, haben Sie denn nie daran gedacht, daß es auch Nachbarsleute gibt? Und glauben Sie, man wüßte nichts von Ihrem allweihnachtlichen Besuch bei der alten Frau Schreiber? Das ganze Haus freute sich darüber, daß Sie ein so anhänglicher Zimmerherr sind, alle diese einfachen Leute wußten von Ihnen und hatten Sie irgendwie lieb.

Und als ich nun davon erfuhr, dachte ich mir, es solle Ihnen die betrübliche Nachricht, daß die gute, alte Frau nun nicht mehr am Leben ist, irgendwie gemildert werden. Und so stellte ich, die Wohnungsnachfolgerin, diesen kleinen Christbaum hier auf, der ihrem Andenken gewidmet ist. Ich glaube, Sie verstehen, wie das gemeint ist.'

So ungefähr sprach sie zu mir und sah mich dabei mit ihren hellen Augen so frei und selbstsicher an, als wären wir schon alte Bekannte.

Das also wollte ich dir zur Entschuldigung meines verspäteten Kommens erzählen, lieber Freund", fuhr Hauptmann Wigand fort. „Ich habe dann die junge Dame noch zu einem Auto begleitet, womit sie zu ihren Bekannten fuhr. Das Päckchen, das ich mitgebracht hatte, nahm sie mit sich. Sie meinte, sie wüßte ein besonders bedürftiges, armes Kind, dem sie es in meinem Namen noch heute übergeben wolle."

Nun schwieg der Kamerad und sah nachdenklich vor sich hin. Es lag ein leichtes, beglücktes Lächeln um seinen Mund. Das hatte zur Folge, daß ich ihm scherzhaft zu sagen versuchte: „Wenn nicht alles trügt, gehst du am nächsten Weihnachtsabend doch wieder in die Führingergasse? Oder wirst du das märchenhafte Fräulein niemals wiedersehen?"

„O doch", versetzte der Kamerad und sah mich gelassen an, „wir haben sogar für morgen schon einen Skiausflug auf die Rax vereinbart."

Da legte ich meine Hand auf die seine: „Ich glaube, es ist jetzt Licht gekommen in die Dunkelheit."

Und ich hatte mich nicht getäuscht. Es hatten sich zwei Herzen auf seltsamen Wegen gefunden. Und am nächsten Weihnachtsabend war ich zu Gast bei dem jungen glücklichen Paar, und ich hatte schon lange keinen schöneren erlebt.

— Franz Karl Ginzkey

# Abschnitt 5

**Martin Heuschele, ein neuer Mieter, trifft Frau Lautensack, seine Wirtin, morgens im Korridor.**

MARTIN. — O, Frau Lautensack! Darf ich für heute abend wohl ein warmes Bad bestellen?
FRAU LAUTENSACK. — Aber gewiß! Ich hab' Ihnen ja gesagt: Wenn Sie ein Bad haben wollen, brauchen Sie es mir nur am Morgen vorher zu sagen. Wann wollen Sie es haben?
MARTIN. — Sagen wir, um fünf?
FRAU LAUTENSACK. — Abgemacht. — Um siebzehn Uhr. Gefällt Ihnen Ihr Zimmer?
MARTIN. — Oh, ja! Das kann man wohl sagen! So ein schönes großes Zimmer hätte ich mir gar nicht träumen lassen. Und noch dazu in einem Neubau.
FRAU LAUTENSACK. — Das hat mein Mann immer schon betont. 30 Quadratmeter ist keine Kleinigkeit. Wir wollten mindestens e i n Zimmer von dieser Größe haben, um es vermieten zu können.
MARTIN. — Und dann finde ich es bequem, daß das Bad gleich nebenan ist.
FRAU LAUTENSACK. — Na, es freut mich, wenn's Ihnen gefällt.
MARTIN. — Sie können sich gar nicht denken, wie ich mich freue, dieses Zimmer gefunden zu haben!
FRAU LAUTENSACK. — So?
MARTIN. — Ja, da traf ich einen Kommilitonen beim Einschreiben, und der war mit seinem Zimmer gar nicht recht zufrieden!
FRAU LAUTENSACK. — So? Warum denn nicht?
MARTIN. — Erstens war's in einem ganz alten Haus, und er mußte drei Treppen hoch steigen, bis unters Dach. Und als er eingezogen war, da merkte er, daß die Decke ein Loch hatte. Und während der Nacht, als es regnete, da lief ihm das Wasser direkt aufs Bett.
FRAU LAUTENSACK. — Das sollte seine Hauswirtin aber ausbessern lassen!
MARTIN. — Ach, die kennen Sie nicht! Sie wissen nicht, was für ein Drache sie ist!
FRAU LAUTENSACK. — Ihr Freund tut mir wirklich leid. Man weiß doch nie, mit was für Menschen man zusammenleben muß.

MARTIN. — Gerade deswegen fühl' ich mich hier besonders wohl. Ich glaube auch, daß meiner Mutter dies Zimmer gut gefallen würde.
FRAU LAUTENSACK. — Das freut mich. Wie geht's denn sonst? Können Sie sich in der Universität schon zurechtfinden?
MARTIN. — Ja, das hat aber auch eine Weile gedauert.
FRAU LAUTENSACK. — Wieso?
MARTIN. — Na, die Universität ist am einen Ende der Stadt und die Klinik am anderen. Und heute morgen um acht mußte ich in der Klinik sein, um mich von den Ärzten untersuchen zu lassen.
FRAU LAUTENSACK. — Und was haben sie herausgefunden?
MARTIN. — In bester Verfassung, wirklich.
FRAU LAUTENSACK. — Das kann man Ihnen ansehen. Sorgen Sie dafür, daß es so bleibt. Haben Sie Ihre Gebühren schon bezahlt?
MARTIN. — Ja, ich hab' mein Geld von zu Hause bekommen, und jetzt muß ich auf die Quästur. Wissen Sie, wo die ist?
FRAU LAUTENSACK. — Ja, die ist doch in der Hauptstraße, nicht weit von den „Kammerspielen."
MARTIN. — Danke vielmals. Die werd' ich schon finden.
FRAU LAUTENSACK. — Gut. Also um siebzehn Uhr ist das Wasser gewärmt.
MARTIN. — Danke vielmals, Frau Lautensack!
FRAU LAUTENSACK. — Gar nichts zu danken. Ich möchte, daß Sie sich bei mir wohlfühlen.

# Von Maßen, Gewichten und Werten

Wieviel Tiere gehen in einen Volkswagen? Wieviel wiegt ein Dutzend Eier? Wie weit läuft ein Elefant in einer Stunde? Wieviel kostet ein Luftpostbrief nach Zürich? Wieviel Wasser kann ein Mensch trinken, ohne Atem zu schöpfen? Ein wie großes Feld ist für tausend Weizenbrote erforderlich? Nichts sollte einfacher sein als ein Maßsystem zu finden, mit dem man überall in der Welt Längen, Entfernungen, Flächen, Inhalte oder Gewichte jeweils mit einem für alle Menschen gültigen Grundwert messen kann. Leider ist dies aber nicht so einfach; verschiedene Länder oder verschiedene Kulturen haben oft ihre eigenen Maßeinheiten hervorgebracht, und besondere Umstände und Gewohnheiten haben diese Unterschiede gefestigt. Selbst Länder, in denen die gleiche Sprache gesprochen wird, sind durch die Art und Weise von einander getrennt, in welcher die einfachsten Sachen des täglichen Lebens gemessen und bewertet werden. Was eine Nation von anderen Nationen unterscheidet, ist oft nicht die eigene Sprache, sondern die eigene Währung. Bekanntlich sind der amerikanische Dollar und der kanadische Dollar nicht miteinander identisch; und die deutsche Mark stellt zwei verschiedene Werte dar, wenn die eine Währung nur in der Deutschen Bundesrepublik (West-Mark), die andere nur in der „Deutschen Demokratischen Republik" (Ost-Mark) gültig ist. Den Schweizer Franken darf man nicht mit dem französischen Franken verwechseln. Und selbst wenn die drei skandinavischen Sprachen, Dänisch, Norwegisch, Schwedisch, eng mit einander verwandt sind, sind die dänische, norwegische und schwedische Krone von einander verschieden.

Das Gleiche gilt auch von den Maßeinheiten. Die alten Griechen maßen ihre Wege nach Stadien, die alten Römer nach Meilen. In Rußland wurde früher eine Entfernung in Wersten gemessen. Und wenn man heute beim Wandern im Schwarzwald einen alten Mann fragt: „Wie weit ist's noch bis zum nächsten Gasthaus?" dann bekommt man vielleicht zur Antwort: „Noch gute zwei Stund'." Das wäre noch gar nicht so schlimm, wenn nicht der nächste Bauer, an den man nach einer halben Stunde die gleiche Frage stellt, die gleiche Antwort geben würde: „Noch gute zwei Stund'."

In ältesten Zeiten wurden viele Maße vom menschlichen Körper abgeleitet. Das kann man heute noch an dem Begriff „Fuß" erkennen, oder an dem Begriff „Zoll", der so lang sein soll, wie der Daumen eines erwachsenen Mannes breit ist. Wie groß ist ein Mensch? Ungefähr so groß, wie die Strecke lang ist, die er mit ausgestreckten Armen und Händen berühren kann. Und wenn er gerade sechs Fuß groß ist, dann beträgt diese Strecke einen „Klafter", oder, auf Englisch, einen „fathom".

Wenn eine englische oder amerikanische Hausfrau ein Rezept herstellen möchte, muß sie sich doch fragen, ob zwölf oder sechzehn Löffel (Eßlöffel) Milch in eine Tasse gehen. Vielleicht kommt einem der Verdacht, daß es nicht „Löffel" sondern „Schluck" sind, die die Größe einer „Tasse" bestimmen, wenn man nicht einen zu großen Schluck nimmt. Maßstäbe und Maßeinheiten sind eben relativ und willkürlich. Es macht nicht viel aus, w e l c h e n  Standard — oder welches Grundmaß — man wählt. Aber w e n n  man einen Standard gewählt hat, dann muß man dabei bleiben. Man hat also zuerst die Freiheit der Wahl; danach ist man den Folgen dieser Wahl unterworfen. Der deutsche Dichter Goethe hat das so ausgedrückt:

*Das erste steht uns frei, beim zweiten sind wir Knechte.*

Freilich sind alle Maßstäbe und Maßeinheiten relative Werte, aber nicht alle Maßsysteme sind gleich einfach und konsequent. In Amerika wissen nicht alle Menschen, wieviel Fuß in einer Meile sind; viele wissen auch nicht, wieviel Unzen ein Pfund enthält, oder wieviel Tassen in eine Gallone gehen. In Deutschland weiß jeder Straßenjunge, daß ein Kilometer tausend Meter lang ist, daß fünfhundert Gramm ein Pfund ausmachen, und daß vier Viertelliter ein Liter darstellen.

Seit dem Anfang des neunzehnten Jahrhunderts bedient man sich in der westlichen Welt des sogenannten Zentimeter-Gramm-Systems. In Frankreich wurde dieses System im Jahre 1801 allgemein eingeführt. Das heißt, man wählte ein System, das man berechnen konnte, und das immer und überall gültig war und nicht mehr abhängig von der relativen Größe dieses oder jenes oder sonst eines Menschen. Die Grundlage dieses Systems ist das (der) Meter (von einem griechischen Wort, das soviel wie „Maß" bedeutet). Ein „Meter" ist der 10-millionste Teil des Quadranten eines Meridians, das heißt, des Abstands eines Punktes auf dem Äquator vom Nordpol. Ein Modell dieses Längenmaßes, aus Platin-Iridium, damit es nur möglichst wenig den Schwankungen der Temperatur unterworfen wäre, befindet sich, unter Glas, im Internationalen Büro für Gewichte und Maße (Bureau International des Poids et Mésures) in Paris. Das Meter ist das Resultat eines internationalen Abkommens, einer „Meter-Konvention", die versuchte, unter den Nationen der Welt eine allgemein-gültige Maßeinheit zu finden. Aber weil dieses „Urmaß" in Gestalt jenes Modells selbst noch ungenau und wandelbar ist, hat man versucht, das „Meter" auf Grund der Wellenlänge des Lichtes zu berechnen und zu bestimmen, aber das ist eine höchst komplizierte Sache.

Wenn man also weiß, was ein Meter ist oder ein Kilometer, dann braucht man sich nur daran zu erinnern, daß ein Meter zehn Dezimeter enthält, ein Dezimeter zehn Zentimeter und ein Zentimeter zehn Millimeter. Ein Würfel nun (ein Kubus), dessen Kanten zehn Zentimeter (oder einen Dezimeter) lang sind, enthält bei normaler Temperatur von 4° C (vier Grad Celsius) über Null (dem Zustand der größten Dichte des Wassers) genau einen Liter Wasser, welchem das Gewicht von einem Kilogramm (gleich 1000 Gramm) zugeschrieben wird.

Auf diese Weise hat man es also fertiggebracht, die Maße für Länge, Volumen und Gewicht auf eine gemeinsame Grundlage zu beziehen. Nach diesem „absoluten" System von Zentimeter und Gramm (zu dem noch S = Sekunde als Grundeinheit der Zeit hinzuzufügen ist) werden in Europa und in den meisten anderen Weltteilen die Messungen von Längen usw. vorgenommen. So ist z. B. der Mt. Everest mit 8848 Metern (über 29 000 Fuß) der erste in der Gruppe der Achttausender, — das sind die Gipfel, die immer wieder die Alpinisten zu neuen Expeditionen herausfordern. Der Mont Blanc, der höchste Berg in den Alpen, hat eine Höhe von 4810 Metern, der Feldberg im Schwarzwald eine solche von 1493 Metern. Das Ulmer Münster, die höchste Kirche in Deutschland, erreicht

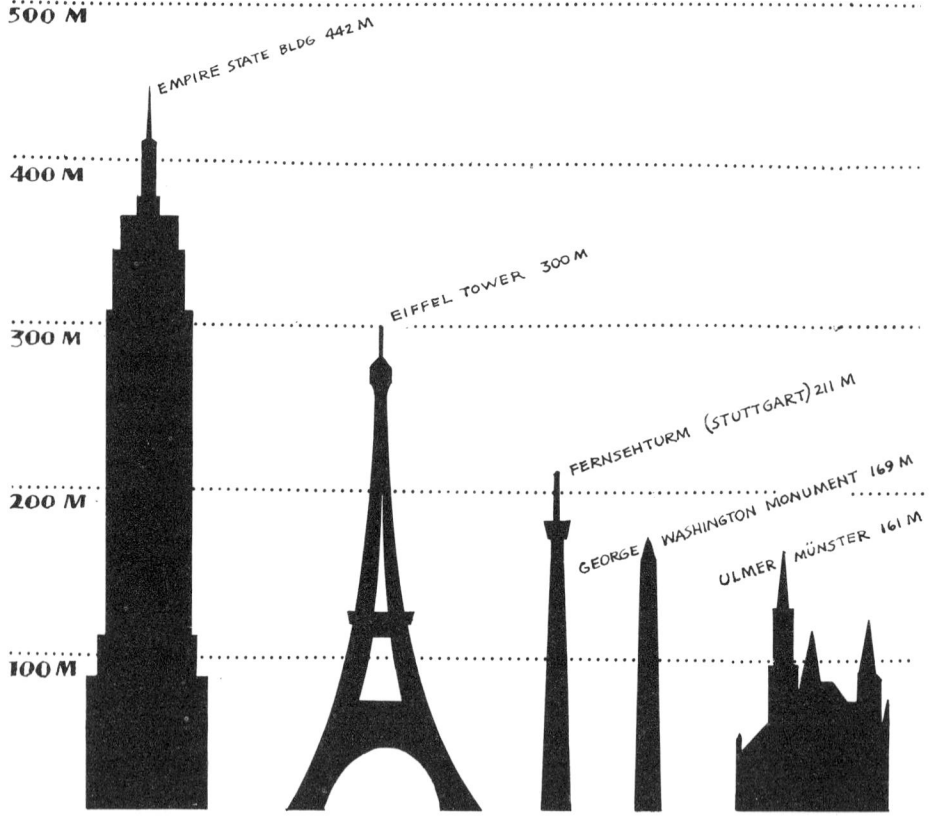

eine Höhe von 161 Metern, wogegen der Washington-Obelisk 169 Meter hoch ist. Der Fernsehturm in Stuttgart ist 211 Meter hoch und der berühmte Eiffelturm in Paris 300 Meter; dagegen erreicht das Empire State Building mit seinen 102 Stockwerken und seinem Fernsehturm eine Höhe von 442 Metern. Wenn man einen Fahrplan der Deutschen Bundesbahn ansieht, dann findet man natürlich die Ankunfts- und Abfahrtszeiten der Züge in den verschiedenen Stationen und Städten. Aber nicht nur das: ganz links auf dem Fahrplan sind auch in Kilometern (km) die Entfernungen der einzelnen Städte vom Ausgangspunkt angegeben, und so weiß man also immer, wo man ist.

Eine amerikanische Meile entspricht 1,6 (eins Komma sechs) Kilometern. Wenn man von Austin, der Hauptstadt des Staates Texas, nach

## 303 Konstanz – Singen – Villingen – Triberg – Offenburg (Schwarzwaldbahn)

†-Züge 1., 6.I., 28.V.   X-Züge und -Fahrten nicht 1.XI., 6.I., 28.V.   Gegenrichtung **303**

Nr 2303   Am 24. und 31. XII. Reiseverkehr wie an Sa

| km | BD Karlsruhe | Klasse | 4879 | X2101 | 3804 | E 591 | X 301 | 2113 | E 673 | E4731 | 3708 | 1413 | 2117 | 1433 | 1807 | D 369 | 1497 |
|---|---|---|---|---|---|---|---|---|---|---|---|---|---|---|---|---|---|
| | Chur....................... ab | | | | | | | | | X 4.20 | | | 5.45 | | | 5.45 | |
| | Rorschach.................. ab | | | | | | | | | 5.06 | | | 7.47 | | | 7.47 | |
| | St Gallen................... ab | | | | | | | | | | | | 7.24 | | | 7.24 | |
| | Romanshorn................ ab | | | | | | | | | X 5.16/+5.34 | | | 8.09 | | | 8.09 | |
| | Bregenz.................... ab | | | | | | | | | | | | | | | | |
| | Lindau..................... ab | | | | | | | | | | | | ⊙ | | | ⊙ | |
| | Friedrichshafen ⌂1008 ab | | | | | | | | | h5.55 /15.50 | | | | | | 7.25 | |
| | Meersburg (Bodensee)....... ab | | | | | | | | | 6.55 /6.55 | | | | | | 8.25 | |
| | Konstanz................... ab | | | | | | | | | h7.25 /17.25 | | | | | | 8.55 | |
| | | Fahrt- oder Zug Nr | 4879 | X2101 | 3804 | E 591 | X 301 | 2113 | E 673 | E4731 | 3708 | 1413 | 2117 | 1433 | 1807 | D 369 | 1497 |
| | | | 1. 2. | 2. | ✱ | 1. 2. | 2. | 1. 2. | 1. 2. | 1. 2. | | 1. 2. | 2. | 2. | 2. | 1. 2. | 2. |
| 0,0 | **Konstanz** (398m) ⌂1008c...d... ab | | | | | 5.37 | | 5.43 | 6.18 | 6.18 | | 7.00 | 7.32 | 8.49 | | 9.11 | |
| 2,1 | Konstanz-Petershausen...... | | | | | 5.41 | | 5.47 | | 5.52 | | 7.04 | 8.54 | | | X | |
| 6,0 | Reichenau (Baden).......... | | | | | | | 5.52 | | | | 7.09 | 9.00 | | | | |
| 7,4 | Reichenau Waldsiedlung..... | | | | | | | | | | | | | | | | |
| 8,7 | Hegne..................... | | | | | | | 5.56 | | | | | | | | | |
| 11,3 | Allensbach................. | | | | | 5.49 | | 6.00 | | | | 7.17 | 7.46 | 9.08 | | | |
| 17,0 | Markelfingen............... | | | | | | | 6.06 | | | | 7.24 | | | | | |
| 20,0 | **Radolfzell** (391m) 305.305a ⌂1008c. ▾ | | | | | 5.56 | | 6.11 | 6.34 | 6.34 | | 7.28 | 7.55 | 9.19 | | 9.27 | |
| | Lindau Hbf................. | | | | | | | | | | | | | | | 7.06 | |
| | Friedrichshafen Stadt | 305 ab | | | | | | | | | | | | | | 8.05 | |
| | Überlingen................. | | | | | | | d 4.35 | | X 5.00 | X 5.00 | | | | | 8.05 | |
| 20,0 | **Radolfzell** (391m) 305c ⌂1008c. ab | | | | X 5.02 | 5.58 | | 6.15 | 6.37 | 6.37 | 6.05 | 7.41 | 8.05 | D 9 | 9.23 | 9.30 | |
| 23,6 | Böhringen-Rickelshausen.... | | | | 5.06 | | | 6.20 | | | 7.03 | | 7.34 | 8.10 | 1. 2. | 9.27 | |
| 30,2 | **Singen (Htw)** (428m) 304e ⌂..... ab | | | | X 5.12 | 6.06 | | 6.27 | 6.46 | 6.46 | X 7.10 | 7.41 | 8.17 | ⊡ | 9.34 | 9.39 | |
| | Zürich..................... | | | | | | | | | | | | | 1415 | 7.06 | | |
| | Schaffhausen 304.......... | | | | | | | X 6.15 | | | | | | nach | 7.57 | | E 590 |
| | Singen (Hohentw) 304 ⌚. an | | | | | | | 6.49 | | | | | | | 8.17 | 8.43 9.04 | 1. 2. |
| 30,2 | **Singen (Htw)** 304e ⌂... ab | | | | | 6.08 | | X 6.16 | 6.53 | 7.01 | | 7.45 | 8.22 | 8.28 | | Offenburg | |
| 36,0 | Hohenkrähen............... | | | | | | | 6.27 | | | | 7.51 | | | | | |
| 38,6 | Mühlhausen (b Engen)....... | | | | | | | 6.31 | | | | 7.55 | | | | Ulm—Freiburg | |
| 42,2 | Welschingen-Neuhausen..... | | | | X1411 | | | 6.43 | | | | 7.59 | | | | | |
| 44,8 | Engen (520m).............. | | | | 1. 2. | 5.57 | 6.21 | 6.48 | 1405 | 7.06 | | 8.04 | | | | | |
| 49,6 | Talmühle (Baden).......... | | | | | 6.06 | | | 2. | an | | 8.19 | | | | | |
| 55,8 | Hattingen (oden) 308....... | | | | | 6.15 | | | | | | 8.19 | | | | 10.15 | |
| 60,4 | **Immendingen** (658m) 304 f. 307... an | | | | | | | | | 7.24 | | 8.25 | | | | | |
| | Tuttlingen 307.............. an | | | | | 6.39 | | | 8.08 | | | | 9.00 | | | 11.29 | |
| | Stuttgart Hbf 308.......... an | | | | | 9.04 | | | | | | | 11.08 | | | | |
| | Ulm Hbf.................... ab | | | | | | | | | | | | | | | | |
| | Sigmaringen 307 ab | | | | X 4.51 | X 5.55 | | X 5.34 | X 5.34 | | 1543 | | 1415 | | X 5.34 +5.40 | 8.36 | |
| | Tuttlingen................. ab | | | | | | | 6.42 | 6.42 | | | | | | | 8.25 9.59 | |
| 60,4 | **Immendingen** (658m) 304 f. ab | | | | X 5.38 | 6.17 | | 7.06 | 7.25 | | | 7.46 | | 8.35 | | 10.16 11.02 | |
| 63,6 | Hintschingen.............. | | | | 5.43 | 6.22 | | 7.10 | | | | 7.50 | | 8.39 | | | |
| 66,4 | Geisingen.................. | | | | 5.47 | 6.26 | | 7.14 | | | | 7.54 | | 8.43 | | Dortmund | |
| 69,2 | Gutmadingen.............. | | | | 5.52 | 6.31 | | 7.19 | | | | | | 8.47 | | | |
| 73,1 | Neudingen................. | | | | 5.57 | 6.36 | | 7.24 | | | | | | 8.51 | | | |
| 75,9 | Pfohren.................... | | | | 6.02 | 6.40 | | 7.28 | | | | | | 8.55 | | | |
| 79,7 | **Donaueschingen** (677m) 303d ... | | | | 6.07 | 6.46 | | 7.32 | 7.39 | | | 8.09 | | 8.59 | | 10.31 11.16 | |
| | Freiburg (Brsg) Hbf 303a... an | | | | X 8.16 | 9.08 | | | k 10.47 | 1405 | | k 10.47 | | | | 12.16 12.59 | |
| | Freiburg (Brsg) Hbf 303a... ab | | | | | | | | | | 6.03 | | 7.50 | | 7.57 | | 9.19 |
| 79,7 | **Donaueschingen** (677m) 303d... ab | | | | X 6.14 | 6.50 | | 7.41 | 7.50 | 8.23 | | | 9.02 | | 10.33 11.21 11.36 | | |
| 82,6 | Aufen..................... | | | | 6.19 | 6.54 | | | 7.51 | | | | 9.06 | | | | |
| 85,1 | Grüningen................. | | | | 6.24 | 6.59 | | | 7.54 | | | | 9.10 | | | 11.43 | |
| 88,0 | Klengen................... | | | | 6.29 | 7.04 | | | 7.58 | | 1407 | | 9.14 | | X 4307 | 11.48 | |
| 90,6 | Marbach (Baden).......... | | | | 6.34 | 7.08 | | | 8.02 | | 1. 2. | | 9.18 | | | ∗ | |
| 93,5 | **Villingen** (Schwarzw) (704m) ⌂ ... an | | | | 6.39 | 7.12 | | ⊙ 7.52 | 8.05 | 8.35 | | | 10.45 | | 10.45 | ⌂ 115.4 | |
| | Rottweil 308a.............. ab | | | | X 4303 | | | 9.19 | 9.19 | 9.19 | | | d 11.10 | b 11.25 Sa 11.58 | | X 5.11 | |
| | Rottweil 308a.............. an | | | | | | | | 6.39 | k 7.59 | | | 9.30 | | | | |
| 93,5 | **Villingen** (Schwarzw) (704m) 303c ... ab | | | | 6.20 | X 6.50 | | 1427 | 7.56 | | | 8.40 | | 10.48 11.15 | X 12.25 | | |
| 97,6 | Kirnach-Villingen........... | | | | 6.30 | 7.11 | | 2. | | | E 4753 1. 2. | 8.44 | | | | | |
| 104,1 | Peterzell-Königsfeld (777 m).. | | | | 6.35 | X 7.21 | | | 8.09 | | | 8.50 | | 11.00 11.36 | 12.41 | | |
| 108,1 | St Georgen (Schwarzwald) (806 m).. | | | | | | | | | | nicht | 8.57 | | 11.06 11.41 | 12.51 | | |
| 110,7 | Sommerau (Schwarzwald) (832 m).. | | | | | | | | | | | 9.04 | | | an | | |
| 115,6 | Nußbach (b Triberg)........ | | | | X1425 | | | | | | | 9.08 | | 3857 1443 | 4035 | | |
| 123,4 | **Triberg** (616m) ⌚............. ar | | | | .51 | 1. 2. | | | 8.25 | | | 9.16 | | 2. 2. | | 11.23 | ⌚ |
| | | ab | | | | 7.52 | | | | 8.26 | | | 9.17 | 10.17 | | | 11.24 | 11.59 |
| 127,6 | Niederwasser.............. | | | | 7.07 | | | X 7.29 | | | | X 9.22 | 10.22 | | | X 11.31 | 12.14 |
| 136,8 | Hornberg (384 m) ⌚........ | | | | | | | 7.36 | | 8.41 | | 9.32 | 10.33 | | 11.39 | | 12.19 |
| 142,5 | Gutach (Schwarzwaldbahn).... | | | | 7.17 | | | X 7.41 | | 8.51 | 9.00 | 9.40 | 10.40 | | 2. | | 12.27 |
| 146,2 | **Hausach** (241m) 302e ⌚...... ab | | | | 7.19 | | | | 8.00 | 8.52 | 9.02 | 9.45 | 10.45 | | 11.49 | | 12.32 |
| 153,5 | Haslach (215m)............ | | | | 7.26 | | | | 8.07 | | 9.09 | 9.52 | 10.55 | | | | 12.46 |
| 156,6 | Steinach (Baden)........... | | | | | | | | 8.12 | | | 9.56 | 11.06 | | | | 12.51 |
| 161,5 | Biberach (Baden) 302g .⌚.. | | | | 7.33 | | | | 8.16 | 9.17 | | 10.01 | 11.12 | | | | 13.02 |
| 164,3 | Schönberg (b Offenburg).... | | | | | | | | 8.19 | | 10.05 | | X 11.16 | | | | 13.07 |
| 169,9 | Gengenbach (172m)........ | | | | 7.41 | | | | 8.22 | 9.17 | | 10.18 | 11.22 | | X 12.35 | | 13.16 |
| 172,8 | Ohlsbach.................. | | | | | | | | | | | | | | 13.22 | | |
| 175,3 | Ortenberg (Baden).......... | | | | | | | | 8.34 | | | 10.18 | 11.28 | | 12.40 | | 13.33 |
| 179,4 | **Offenburg** (159m) 301k ..... an | | | | | | | | 8.38 | | 9.38 | 10.23 | 11.32 | | 12.14 | | 13.39 |
| | Freiburg (Brsg) Hbf | 301 an | 8.38 | | | | 9.38 | | 10.17 | 10.17 | | 11.27 | 12.33 | | 13.06 | 14.12 | 14.25 |
| | Basel Bad Bf .............. | | 9.28 | | | | 10.38 | | | 10.55 | | 12.12 | 13.19 | | 13.87 | | 15.10 |
| | Strasbourg 301f............ an | 8.47 | | | | 10.26 | | 10.26 | 10.26 | | 12.17 | 13.30 | | 13.30 | | |
| | Karlsruhe Hbf............. | | 9.38 | | | | 10.14 | | 10.14 | 10.15 | | 11.23 | 13.00 | | 13.05 | 13.88 | |
| | Heidelberg Hbf 301........ | | 9.22 | | | | 10.57 | | 10.57 | 10.57 | | 12.06 | 14.22 | | 14.22 | 14.22 | |
| | Mannheim Hbf............. | | | | | | 11.07 | | | 11.57 | | | 13.57 | | 15.10 | | |

Die Zahlen in Klammern neben den Bahnhofsnamen = Höhenlage (Höhe über dem Meer) an   ▲ Bus hält nicht am Bahnhof   ⌚ siehe Zug- und Wagenverzeichnis

☒ Reisende nach Schaffhausen müssen in einem Wagen Platz nehmen

- a = X außer Sa
- b = Bus
- e = Bus X außer Sa
- f = bis 20. X. und ab 15. III.
- g = bis 4. XI. und ab 21. III.; 20., 21., 27., 28., 29., 30. XII.; 2., 3., 4., 6. L
- h = X
- k = ni...
- m = 5. ...
- 7. I...

♦ F 1. Klasse, nicht 24., 25., 31. XII., 29. III.
E 4731 vereinigt mit E 673 bis Singen
⊙ bis Meersburg mit Bus

❶ Werktags Anschluß mit Privatomnibus nach Königsfeld
❷ Täglich Anschluß mit Privatomnibus nach Königsfeld

siehe Fortsetzung

Westen fährt, dann kommt man an einem Wegweiser vorbei, auf dem die Entfernung zur nächsten großen Stadt in Texas angegeben ist: El Paso — 590 Meilen. Wieviel mehr Eindruck würde es machen, wenn die Entfernung in Kilometern angegeben wäre. Dann würde es nämlich heißen: El Paso — ca. (circa = ungefähr) 950 Kilometer, das heißt, etwas weiter als von London nach Berlin!

Jeder Tourist, der einmal durch Mexiko gefahren ist, weiß, daß er die Meilen auf seinem Geschwindigkeitsmesser in Kilometer umrechnen muß. In Europa müßte er das Gleiche tun. Aber wenn er einmal im Verkehr ist, hat er nicht mehr viel Zeit, die Meilen umzurechnen. Das muß er vorher auswendig gelernt haben. Wenn er eine Warnung von „30 km" sieht, muß er wissen, daß er nicht schneller als 19 Meilen fahren darf. Aber wenn er irgendwo auf der Landstraße das Verkehrszeichen „100 km" sieht, dann ist ihm eine Höchstgeschwindigkeit von 62 Meilen erlaubt.

Man kann sich übrigens ziemlich schnell an die Vorzüge des metrischen Systems gewöhnen. Im allgemeinen kann man sich darauf verlassen, daß ein Meter ungefähr einem „Yard" entspricht. Das ist nicht ganz genau — wenn man genau sein will, dann ist es 1,0936 Yard (eins Komma null neun drei sechs Yard). Will ein junger Mann sich einen Anzug schneidern lassen, dann braucht er wohl kaum mehr als vier Meter Stoff zu kaufen. Das hängt natürlich ganz davon ab, wie groß er ist und wie schwer, ob er dünn und schlank ist oder etwas „stark" und „wohlbeleibt". Aber wer mag sich gern in aller Öffentlichkeit auf eine Waage stellen? Nun gibt es in Deutschland eine Formel, nach der man das Verhältnis von Größe und Gewicht sehr leicht bestimmen kann. Nach allgemein menschlicher Erfahrung sollte ein Mann nicht mehr Kilogramm (kg) wiegen als seine Größe Zentimeter über einem Meter aufweist. Wenn er z.B. 1,80 m (eins Komma achtzig) groß ist (d.h. etwa sechs Fuß), dann sollte er etwa 80 Kilo wiegen, d.h. ungefähr 160 Pfund. Indessen sieht man aber doch oft Menschen, deren ganze und abgerundete Persönlichkeit viel größeres Gewicht besitzt. Diese Formel würde in Amerika nicht gelten. Denn während sonst ein Pfund 500 Gramm wiegt, enthält ein amerikanisches Pfund nur 450 Gramm. Eine Dame, die um ihr Gewicht sehr besorgt ist, sollte sich also nach deutschen Pfunden wägen.

Die Umrechnung von Fuß oder Zoll in metrische Längenmaße wird leicht zur Gewohnheit. Etwas schwieriger ist es, amerikanische Flächen- oder Hohlmaße in die entsprechenden deutschen Werte umzurechnen. Ein Quadratmeter (qm) entspricht z. B. einer Fläche von 10,765 Quadratfuß. Das ist leicht zu lernen. Aber kann ein Amerikaner sich leicht vorstellen, wie groß ein Zimmer ist, das mit 6x9 m (sechs auf neun) beschrieben ist? Ist es größer oder kleiner als sein eigenes Schlafzimmer? Wenn ein Garten

12 Ar (12 a) groß ist, so beträgt seine Fläche eigentlich 1200 qm. Ist das nun größer oder kleiner als ein amerikanischer „acre"? Ein Hektar (ha) enthält 100 a, und diese entsprechen einer Fläche von 2,471 „acres". Wenn ein deutscher Bauer mit seinem Grundbesitz von 75 ha sehr zufrieden ist, was soll er von seinem Vetter in Kalifornien halten, der einen Bauernhof von 600 „acres" besitzt? Und ist es wirklich ein günstiger Kauf, wenn man folgende Annonce in einer deutschen Zeitung liest:

> Ungewöhnlich preiswerte Besitzung mit ca. 107 000 qm. Grundbesitz in landschaftlich reizvoller Taunushöhenlage, Nähe Rhein und Koblenz, — Wohnhaus 1955 mit ca. 310 qm. Wohnfläche erbaut — für nur DM 160 000 zu verkaufen.

Wie wir wissen, ist die Stadt Berlin in zwei ungleiche Teile geteilt, von denen West-Berlin, auf einer Fläche von 480 Quadratkilometern (qkm), eine Einwohnerzahl von ungefähr 2,5 Millionen hat, während in Ost-Berlin, ungefähr 400 Quadratkilometer groß, etwas über eine Million Menschen leben. West-Berlin ist eine kulturelle Insel, da die Stadtgrenzen festgelegt sind und die Stadt sich über diese Grenzen, die 156 km lang sind, nicht ausdehnen kann. Die Stadt San Franzisko bedeckt eine Bodenfläche von 46,6 Quadratmeilen, die im Jahre 1960 von 740 316 Menschen bewohnt wurden. Könnten Sie wohl herausfinden, welche von den beiden Städten — West-Berlin, San Franzisko — die größere ist, und in welcher sich die größere Bevölkerungsdichte findet?

Ein interessantes deutsches Flächenmaß, das man vor allem in landwirtschaftlichen Gegenden findet, ist der „Morgen". Man versteht darunter ein Stück Acker- oder Wiesenland, das an einem Morgen mit einem einfachen Gespann umgepflügt werden kann. Das klingt recht praktisch und realistisch. Was soll man aber davon halten, wenn man findet, daß in manchen Teilen von Deutschland ein „Morgen" 25 Ar enthält, während in anderen Teilen 27, 31, ja sogar 36 Ar einen „Morgen" ausmachen? Dann fragt man sich, ob vielleicht der steinige Ackerboden oder die Tiefe des Pflügens etwas mit der Größe des Feldes zu tun haben. Oder ob der Bauer mit zwei Pferden pflügt oder mit zwei Ochsen, oder ob er um sieben Uhr mit dem Pflügen beginnt, während der fleißigere Nachbar in der Gegend, die weiter südlich oder westlich liegt, schon um fünf Uhr — mit dem ersten Trillern der Lerche — seine Arbeit angefangen hat.

Jedes Jahr besuchen Tausende von Besuchern das Heidelberger

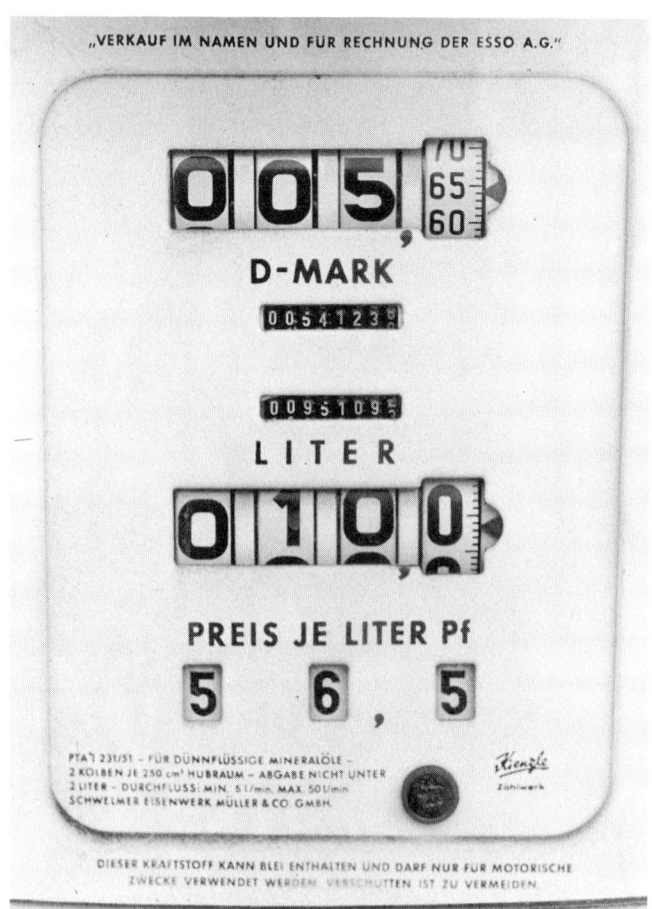

Schloß; und jedes Jahr bestaunen sie im Keller des Schlosses das „Große Faß", in das zur Zeit der Weinlese 221 726 Liter des besten Weines gesammelt werden konnten, so daß im kommenden Winter der durstige Kurfürst und seine durstigen Gäste genug zu trinken hatten. Wenn man aber bedenkt, daß diese Masse süßen Weines mehr als 58 000 Gallonen des goldenen Getränks darstellte, dann scheint der Weinkeller des guten Herrn den Dimensionen einer modernen Tankstelle nahegekommen zu sein. Ein süddeutscher Bauer mag sich sein Mittagsmahl gern mit einem „Viertele" (d.h. 1/4 Liter = 0,536 pints) Wein oder Most versüßen. In jeder Familie werden täglich gewiß ein paar Liter Milch verzehrt, wobei ein Liter (l) etwas mehr als eine „Quart" darstellt. Ein amerikanischer Autofahrer, der in Europa reist und den Preis des Treibstoffs berechnen möchte, muß nicht nur in Betracht ziehen (a) wieviel fremde Geldeinheiten dem Dollar entsprechen sondern auch (b) die Tatsache, daß eine Gallone 3,78 l enthält.

Lesen und Denken

Der Kunde in einem modernen Super Market hat selten die Gewohnheit, das Volumen oder das Gewicht der Waren zu prüfen, das auf der Etikette der Konservenbüchsen angegeben sein sollte. Wie aber sollte sich ein amerikanischer Besucher in einem deutschen Lebensmittelgeschäft
5 zurechtfinden, wenn er nicht wüßte, daß einem deutschen Pfund (lb) nicht 16 Unzen, sondern 17,5 Unzen entsprechen, daß ein halbes Pfund 250 Gramm enthält und ein Viertelpfund 125 Gramm? Damit muß die deutsche Hausfrau doch jeden Tag rechnen, wenn sie z. B. etwas „kalten Aufschnitt" verlangt und dabei jeweils ein Viertelpfund geräucherten
10 Schinken, Braunschweiger Leberwurst, Zungenwurst, Mettwurst und Blutwurst verlangt. Wenn man größere Mengen von Kartoffeln oder Äpfeln kaufen möchte, werden diese nicht nach „bushels" berechnet, sondern nach Zentnern (100 lb) oder Doppelzentnern (100 kg). Ja, selbst noch Kohlen oder Briketts — für den Badeofen oder den Waschkessel im
15 Keller — werden zuweilen zentnerweise gekauft.

Einer der wichtigsten Unterschiede im Maßsystem zwischen Amerika und Deutschland besteht in der Messung von Temperaturen. In Deutschland benutzt man nämlich, wie in den meisten anderen Staaten der Erde, das Hundertgradsystem nach Celsius, wonach das Wasser bei 0° gefriert

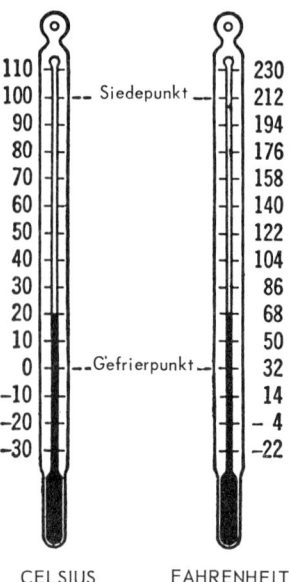

und bei 100° verdampft. Ein gesunder Mensch hat gewöhnlich eine Temperatur von etwas über 37°. Zeigt das Thermometer 39° an, so hat er Fieber und sollte einen Arzt rufen. Geht die Zimmertemperatur unter 15° herunter, so sollte man die Heizung anstellen; zeigt das Thermometer im Sommer selbst im Schatten 40° an, dann ist am Badestrand gewiß kein einziger freier Platz mehr zu finden und man sollte in die Alpen oder nach Spitzbergen reisen. Um eine Temperatur von Fahrenheit auf Celsius umzurechnen, subtrahiert man zunächst 32 von der gegebenen Zahl. Den Rest multipliziert man mit 5/9. Das Resultat ergibt die Temperatur nach Celsius. Umgekehrt, will man Celsius auf Fahrenheit umrechnen, dann multipliziert man die gegebene Zahl mit 9/5 und addiert 32 zu dem erhaltenen Resultat. (Dies gilt aber nur von den Temperaturen *über* dem Gefrierpunkt. Ist sie unter dem Gefrierpunkt, also z. B. 10° unter Null nach Fahrenheit, dann multipliziert man die Zahl der Grade unter 32 mit 5/9 und liest das Resultat mit negativem Vorzeichen. Bei der Umwandlung von Celsius zu Fahrenheit multipliziert man die Temperatur mit 9/5 und subtrahiert das Ergebnis von 32.)

Es ist überraschend, daß es in einer Zeit wie unserer Gegenwart noch so viele verschiedene Maßsysteme gibt, die im praktischen Leben nie ganz genau miteinander verglichen werden können. Gewiß, man sagt, daß ein amerikanisches Pfund nicht 500 sondern nur 450 Gramm enthält. In Wirklichkeit sind es aber 453,59 Gramm. Um diese Unterschiede zu erfassen, braucht man schon fast einen elektronischen Rechner. Die meisten Menschen werden sich mit ungefähr gleichen Äquivalenten zufrieden geben. Die Wissenschaft, die sich längst über die Erdkugel hinaus in den

Weltraum gewagt hat, hat auch längst die vielen verschiedenen Maßsysteme aufgegeben und ein absolutes System angenommen. Wo der Mensch anfängt, schwerelos, d.h. gewichtslos, im Raume zu schweben, haben Gramm und Zentner ebenso wie Unzen und Tonnen neben einander wenig Bedeutung. Und doch können wir ohne diese Begriffe nicht auskommen.

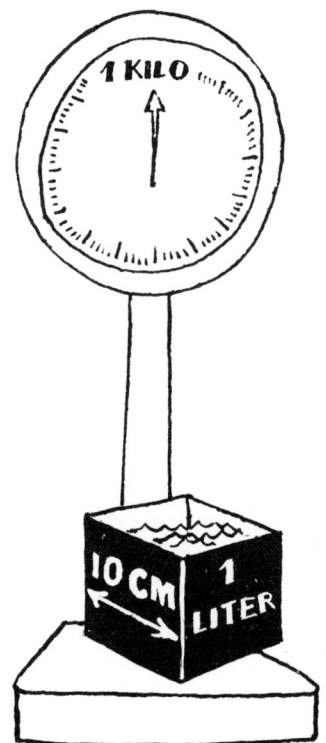

# Die Nacht vor Lodi

In dem Heer, das Napoleon 1796 auf Befehl des Direktoriums in Paris übernahm, befand sich ein Kapitän N., der jähzornig und von hastigem Temperament, in Dingen des Dienstes aber unerbittlich und ein tapferer Soldat war, wie eben solche Leute mitunter zu sein pflegen. Nun war dieses Heer, das damals in der Gegend von Genua lag, nicht gerade das, was man eine stolze Armee nennt, es mangelte an vielem, von den Offizieren besaß mancher nicht mehr als ein Paar Stiefel, und auch die waren zerrissen oder geflickt.

Den Kapitän N. hielt der jämmerliche Zustand seines Äußeren nicht davon ab, seinen Verkehr in den Kreisen zu suchen, die seinem Stande entsprachen. Er geriet dort eines Tages in einen Ehrenhandel mit einem jungen Mann aus einer einheimischen Familie, der ihn wegen seines Anzugs hänselte. Der junge Mann nahm die Forderung des Kapitäns an, zog es aber vor, zu dem Duell nicht zu erscheinen, so daß N., nachdem er mit seinem Sekundanten zwei Stunden gewartet hatte, nach Hause ging, ohne sich geschlagen zu haben. Er schwor, daß er diese neue Beleidigung strafen werde, wo er den anderen treffe; es gelang ihm aber nicht, dessen Aufenthaltsort zu erfahren. Kurz danach übernahm, wie gesagt, Napoleon die Armee, mit der er den Marsch über den Tessin nach Lodi antrat.

Der Kapitän N. gelangte auf diesem Wege für eine Nacht in ein Schloß, dessen Besitzer, als er hörte, der Gast komme aus Genua, erzählte, dort habe er ebenfalls Freunde; dabei nannte er den Namen jenes jungen Mannes, der den Kapitän beleidigt hatte. Dieser stellte mit erzwungen gleichgültiger Miene, indes er innerlich vor Erregung zitterte, einige Fragen nach jener Familie. Dabei erfuhr er, daß sein Gegner sich in ein dem Bruder seiner Mutter gehörendes Schloß begeben hatte, dessen Lage der Gastgeber dem Kapitän beschrieb: es liege, sagte er, bei einem Dorfe zwanzig Meilen nordöstlich von Lodi.

Der Kapitän dachte, es werde ihm also doch noch glücken, den jungen Mann aus Genua vor die Pistole zu bekommen. Als aber die Armee vor Lodi ankam, war das jenseitige Ufer der Adda vom Feinde besetzt; im übrigen wurde klar, daß Napoleon, wenn es ihm gelänge, seinen Gegner dort zu schlagen, nach Nordwesten auf Mailand und nach Osten auf Mantua, keinesfalls aber nach Nordosten marschieren werde. Der Kapitän durfte also glauben, daß er in absehbarer Zeit seinem Feinde nicht wieder so nahe sein werde wie gerade in diesem Augenblick, so daß er den nur aus seinem Charakter erklärbaren wahnwitzigen Entschluß faßte, noch in dieser Nacht zu jenem Schlosse zu reiten, das ja weit hinter der Linie lag, die das feindliche Heer besetzt hielt. Er sagte aber niemandem etwas von seiner Absicht, sondern äußerte nur zu einem Kameraden, er fühle sich nicht wohl, so daß er ins Stroh kriechen wolle.

Der Kapitän wußte, daß er sich einen Übergang über die Adda erst werde suchen müssen, denn die Brücke bei Lodi war vom Feind besetzt und befestigt. Er ritt also am Ufer entlang nach Norden, fand aber keine andere Brücke und erfuhr schließlich von einem Bauern, den er aus seinem Hause klopfte, daß es auf sehr weite Entfernung außer der von Lodi keine gebe. Auch von einer Furt wußte der Bauer nichts oder behauptete dies jedenfalls.

Der Kapitän hätte nun mit seiner unbefriedigten Rache im Herzen umkehren können, tat dies aber nicht, sondern ritt weiter nach Norden; vielleicht, dachte er, finde ich doch eine Stelle, an der ich hinüberkomme. Nach einiger Zeit glaubte er plötzlich zu spüren, daß sein Pferd statt der Steine Sand unter den Hufen habe, er ritt einige Schritte in den Fluß, der in der Tat hier weniger reißend und breiter zu sein schien als sonst. Er gab dem Pferde, das ohne Scheu tiefer ins Wasser hineinschritt, den Kopf frei, und wenn dem Reiter der Fluß auch bis an den Leib stieg, so kam er doch hinüber. Er fand, zunächst vorsichtig weiterreitend, daß der Feind in dieser Gegend offenbar keine Posten mehr ausgestellt hatte; allmählich begann er, sich sicher zu fühlen, und ritt fast unbesorgt durch die fremde Nacht. Er verfiel in Galopp, als er in einem Dorf von einem verschlafenen Bauern, den er weckte, erfuhr, er befinde sich auf dem richtigen Wege. Immerhin war es fast Mitternacht, als er bei dem Schloß ankam.

Er sah, daß dort Licht brannte; offenbar feierte man ein Fest. Der Diener, dem er die Zügel hinwarf, machte ein erstauntes Gesicht. „Ich habe mich verspätet", sagte der Kapitän, „muß auch gleich wieder fort." Damit sprang er die Treppe hinauf, dem Geräusch nach, das vom Tanz und Lärm der Gäste herabdrang. Auf gutes Glück öffnete er die Tür eines Saales und fand sich seinem Gegner sogleich gegenüber. Der junge Mann stand auf einer Estrade und hielt ein Glas in der Hand, er rief etwas in den Saal, worüber die Gäste, die ihm zugewandt waren, lachten. Der Kapitän hob die Pistole und schoß augenblicklich. Mit dem Gefühl der gesättigten Rache sah er, wie dem anderen das Glas entfiel, seine Finger standen verkrampft in der Luft, als suchten sie dort Halt, während er aber schon ins Bodenlose stürzte. Augenblicke, nachdem der Kapitän den Saal verlassen, stand er wieder unten, aber er war nun sehr ruhig; er fand sogar die Zeit, dem Diener, der das Pferd gehalten, ein Geldstück in die Hand zu drücken. Dann jagte er hinaus. Er fand, leichter, als er gedacht, den Weg durch den Fluß. Es begann zu dämmern, als er in Lodi einpassierte.

Der Angriff auf die Brücke über die Adda, den Napoleon eine halbe Stunde nach der Rückkehr des Kapitäns befahl, kam nicht vorwärts, denn der Brückenkopf auf dem Westufer der Adda wurde vom Gegner hartnäckig verteidigt; Napoleon sah, daß sogar Verstärkungen über die Brücke auf das Westufer gezogen wurden. Er stand auf einem Hügel bei dem Ort, auf den Sieg wartend, aber als es Mittag wurde, war noch nichts entschieden. Der Kapitän, dessen Regiment sich nicht im Kampf befand, da die Enge des Schlachtfeldes den Einsatz der Reiterei nicht erlaubte, hielt sich in der Nähe des Generals auf. Man müßte sie drüben in der Flanke fassen, meinte er beiläufig zu einem der Offiziere, die zum Stabe Napoleons gehörten. Der General wandte sich um. „Wenn Ihr schon so klug seid", sagte er ärgerlich, „werdet Ihr vielleicht auch die Flügel beschaffen können, mit denen unsere Leute über den Fluß kommen, Kapitän?"

„Man könnte sie durch eine Furt hinüberbringen, General", erwiderte der Kapitän.

„Es gibt keine Furt", antwortete der General, „stromauf und stromab gibt es keine Furt, die Patrouillen haben gesucht, aber keine gefunden." Da er den Kapitän ansah, merkte er, daß der vielleicht doch nicht ganz ins Blaue hineinredete. „Oder wißt Ihr eine?" fragte er.

„Jawohl, General", erwiderte der Kapitän, „stromauf gibt es eine Furt."

„Wie weit?"

„Zu Pferde eine halbe Stunde."

Napoleon biß sich auf die Lippen. „Eine halbe Stunde? Ihr werdet, Kapitän", sagte er, „heute das Regiment führen, nicht Eure Schwadron. Ihr geht durch die Furt mit dem Regiment —

das dauert eine halbe Stunde, denen da drüben in den Rücken, nicht in die Flanke, in den Rücken, sage ich, dafür habt Ihr eine weitere Stunde, in anderthalb Stunden, denke ich, werdet Ihr von Osten angreifen und Eure klugen Gedanken wahr machen.
5 Ihr habt mich verstanden?" Der Kapitän bejahte.

„Noch eine Frage übrigens, Kapitän", sagte der General. „Woher kennt Ihr die Gegend so ausgezeichnet?"

Der Kapitän errötete, aber er antwortete nicht. Der General wartete eine Weile, indes er den Offizier scharf ansah. „Ihr habt
10 recht, Kapitän", sagte er schließlich, „zuerst wollen wir uns schlagen. Ihr könnt anreiten."

Der Kapitän fand die Furt, die er nun zum dritten Male durchreiten mußte, ohne Schwierigkeiten wieder. Wenige Stunden später war die Schlacht von Lodi zu Ende.

15 Der Kapitän wartete darauf, daß der General das abgebrochene Gespräch fortsetzen werde, doch der tat, als erinnerte er sich nicht. Nach der Einnahme von Mailand aber, bei der Waffenstillstandsverhandlung, traf der Gouverneur der Stadt den Kapitän, der jetzt Dienst im Stabe des Generals tat. Er blickte den
20 Offizier mehrfach zweifelnd an, als müßte er sich auf etwas besinnen, was ihm entfallen zu sein schien.

„Wer ist dieser Mann?" fragte er schließlich.

„Dieser Mann", erwiderte Napoleon, „ist der Kapitän N., der meine Reiterei bei Lodi führte. Weshalb fragt Ihr?"

25 Der Gouverneur schüttelte den Kopf. „Ich irre mich wohl", sagte er schließlich. „Mir scheint, ich kenne ihn. Ich war kürzlich Gast auf dem Schloß der Familie P. Dort erschien um Mitternacht ein Mann, der den Neffen des Gastgebers erschoß und verschwand, ehe einer ihn hätte halten können. Die Diener erzählten
30 später, er sei zu Pferde gewesen. Ich meine, dies sei der Kapitän N. gewesen."

„Und wo", fragte der General, „liegt das Schloß der Familie?"

„Bei einem Dorfe, zwanzig Meilen nordöstlich von Lodi", antwortete der Gouverneur.

35 „In welcher Nacht hattet Ihr das sonderbare Erlebnis?"

Der Gouverneur dachte einen Augenblick nach. „In der Nacht zum 10. Mai", sagte er dann.

„Also in der Nacht vor Lodi."

Der Gouverneur nickte.

40 „Wißt Ihr", fragte der General, „aus welchen Gründen der Kapitän N. — oder jener Unbekannte, der nach Eurer Ansicht

der Kapitän N. gewesen sein könnte — den Neffen Eures Gastgebers erschossen hat?"

„Nein", sagte der Gouverneur, „keiner von den Gästen wußte das, nicht einmal eine Vermutung wurde geäußert."

„Nicht einmal eine Vermutung?" fragte der General. „Ich meine, vermuten läßt sich doch manches." Er schwieg einen Augenblick. „Würdet Ihr es zum Beispiel", fuhr er fort, „für verwegen halten, wenn ich die Meinung ausspreche, daß alles nur geschah, damit die Schlacht von Lodi gewonnen würde? Wodurch freilich jede andere Vermutung Sinn und Bedeutung verlöre?"

Der Gouverneur verstand nicht.

Der General sah ihn scharf an und schüttelte mißbilligend den Kopf, dann drehte er sich um und verließ das Zimmer. Er kam dem Kapitän gegenüber nie auf den Tag von Lodi und die Nacht vorher zurück. Er mochte ihn für ein Werkzeug halten, mit dem zu sprechen sich nicht lohnt. Werkzeuge wissen nichts Gültiges über ihre Bestimmung.

— Heinz Risse

# Abschnitt 6

Franz vertreibt sich die Zeit damit, seinen Freund Anton zu necken, der sich ausgerechnet bei einem Damenfriseur eine Stellung verschafft hat.

ANTON. — Du magst glauben, daß es komisch ist. Aber ich bin froh, daß ich diese Stellung bekommen habe.
FRANZ. — Wieso? Ist die Bezahlung so gut?

ANTON. — Nicht schlecht. Und die Arbeit ist gar nicht so schwer.
FRANZ. — Was hat so 'n junger Mann in einem Damenfriseurgeschäft eigentlich zu tun? Den Fußboden fegen?
ANTON. — Ach, so was doch nicht! Ich arbeite mit den Friseuren — muß ihnen den Kamm und die Schere und die Bürste reichen, wenn sie danach verlangen.
FRANZ. — Allerhand! Das klingt ja wie eine erstklassige Krankenschwester im Operationssaal.
ANTON. — Na, dies ist ja auch ein erstklassiges Damenfriseurgeschäft!
FRANZ. — Sag mal, ist das nicht ein bißchen langweilig?
ANTON. — Vielleicht. Aber das ist ja nicht alles, was ich zu tun habe. Manchmal muß ich auch da herumstehen, wo die Damen sich ihre Haare trocknen lassen. Und dann muß ich ihnen die Illustrierte bringen und ähnliche Blätter.
FRANZ. — Das muß doch furchtbar komisch aussehen, wenn sie alle so dasitzen, unter den großen Trockenhauben.
ANTON. — Ach, ihnen macht's nichts aus. Und sie scheinen nichts dagegen zu haben, daß ich da bin. Du solltest hören, was sie manchmal über ihre Nachbarn zu sagen haben!
FRANZ. — Geben sie dir ein gutes Trinkgeld?
ANTON. — Offen gestanden, nicht allzu oft. Mit Ausnahme von einer alten Dame, die tut's regelmäßig. Übrigens, wo wirst du diesen Sommer arbeiten? Weißt du das schon?
FRANZ. — Ja, ich werde Fenster putzen. Und weißt du, wo wir heute nachmittag Fenster putzen sollen? Bei unserm Schuldirektor!

# Schulen in Deutschland

In Deutschland kommen alle Kinder mit sechs Jahren zur Schule, wie in Amerika auch und in anderen Ländern der Welt. Sie beenden ihre Schulpflicht mit sechzehn oder achtzehn Jahren; das richtet sich nach den Familienumständen und nach den Gesetzen der einzelnen Länder. Denn
5 in Deutschland ist das Erziehungswesen, wie in Amerika, eine Sache der einzelnen Staaten und nicht der Bundesregierung. Man könnte also annehmen, daß ein junger Mensch in Deutschland, wenn er mit achtzehn oder neunzehn Jahren die Schule verläßt, ungefähr das Gleiche gelernt habe, wie ein gleichaltriger Schüler einer amerikanischen High School.
10 Dies ist aber nicht der Fall. Was man zwischen dem Alter von sechs und achtzehn in den Schulen beider Nationen erlebt, unterscheidet sich so gründlich von einander, daß man von völlig verschiedenen Schulsystemen in Deutschland und Amerika sprechen muß.

Am Anfang ist dieser Unterschied zwar noch gar nicht so deutlich.
15 Zunächst müssen alle Kinder ohne Ausnahme die „Grundschule" besuchen. Das ist eine Elementarschule, die die ersten vier Jahre der V o l k s - s c h u l e umfaßt. Hier lernen sie lesen, schreiben und rechnen, wie überall in der Welt, und befassen sich mit Heimatkunde, das heißt, sie lernen ihre nähere und weitere Umgebung gründlicher kennen — die
20 Landschaft, die Natur, die gesellschaftlichen Einrichtungen. Es wird ihnen Gelegenheit gegeben, ihre angeborenen schöpferischen Talente im Zeichnen und im Singen zum Ausdruck zu bringen. Auch haben sie Unterricht in Religion, wobei die Schüler verschiedener Konfessionen getrennt unterrichtet werden.
25 Es gibt Volksschulen von mannigfaltigster Art und Größe. In manchen entlegenen Dörfern auf dem Lande findet man vielleicht noch zuweilen ein

malerisches, altmodisches Schulhaus mit zwei Klassenzimmern, jeweils für die jüngeren und die älteren Schüler, mit einem schwerfälligen Ofen in der Ecke, der an jedem Wintertag neu geheizt werden muß, und mit schweren Schulbänken, denen man die Last von mehreren Generationen ansieht. Und man findet ebenso die hellsten und einladendsten Neubauten, worin 5 das Lernen eine Lust sein soll. Jungens und Mädels gehen zusammen zur Volksschule, obwohl sie in manchen Klassenzimmern getrennt sitzen müssen, die Jungs auf der einen Seite, die Mädchen auf der anderen.

Nach Beendigung des vierten Schuljahrs (der Grundschule) müssen

die Schüler, oder vielmehr ihre Eltern, eine Entscheidung treffen. Sie müssen sich entscheiden, ob sie auf vier weitere Jahre die Volksschule besuchen wollen, oder ob sie in die Mittelschule oder in die Höhere Schule übergehen wollen. Ist das letztere der Fall, so müssen sie zunächst ein Aufnahme-Examen ablegen und dann haben sie noch sechs oder gar neun weitere Schuljahre vor sich. Aber dafür werden sie auch die Aussicht haben, höhere Stellungen im praktischen Leben zu finden. Die meisten Schüler nun entscheiden sich in diesem Augenblick für die Volksschule. Etwa 75% (v.H. = vom Hundert = Prozent) aller Schulpflichtigen machen in der Volksschule weiter, weil sie eben gezwungen sind, so bald wie möglich selbst ihr Geld zu verdienen.

In der Volksschule stellen Deutsch, Rechnen und Heimatkunde zunächst die wichtigsten Lehrfächer dar. Daneben treten nun aber auch Erdkunde, Geschichte und Naturkunde in den Lehrplan ein, während Zeichnen und Singen weiterhin dem künstlerischen Bedürfnis Ausdruck verleihen. Gewiß werden auch einige Stunden der Gymnastik und den Leibesübungen gewidmet. Aber der Gedanke des sportlichen Wettbewerbs zwischen Schulmannschaften im amerikanischen Sinne ist den deutschen Schulen relativ unbekannt, vielleicht weil man nicht die Zeit aller Schüler durch das Spiel einiger kleiner Mannschaften in Anspruch nehmen möchte. Auch können sich die jungen Leute gerne dem Sport widmen, soviel sie wollen, sobald sie einmal der Schule entwachsen sind. In der Volksschule gibt es im Durchschnitt etwa 25 Wochenstunden Unterricht, wobei die Nachmittage für die Hausarbeiten frei bleiben sollten. Wenn ein Schüler eine Fremdsprache wählen möchte, dann muß er etwa zwei bis vier Stunden die Woche dazu aufopfern. Die anderen Fächer aber hängen nicht von seiner Wahl ab: er muß an ihnen teilnehmen, wie es der Stundenplan seiner Klasse vorschreibt. Die Volksschule versucht vor allem, die praktische Ausbildung für künftige Handwerker, kaufmännische und industrielle Arbeiter zu liefern. Wenn sie auch nicht auf einen bestimmten praktischen Beruf vorbereitet, so möchte sie doch so viel Schülern und Schülerinnen wie möglich eine praktische Orientierung fürs tägliche Leben vermitteln.

Die Mittelschule, manchmal auch „Realschule" genannt, umfaßt sechs Schuljahre, also das elfte bis siebzehnte Lebensjahr. Ungefähr 9 Prozent aller Schulpflichtigen treten nach dem vierten Schuljahr der Volksschule in diese Schule über, allerdings erst, nachdem sie die Aufnahmeprüfung bestanden haben. Ganz allgemein kann man wohl sagen, daß diese Schule die zweckmäßige Vorbereitung für künftige Beamte und Angestellte liefern sollte. Daher wird hier ganz von selbst die Betonung auf die „realen" Fächer des Lernens und Wissens gelegt: auf gesellschaftliche Einrichtungen, Soziologie und Wirtschaft, Mathematik und Naturwissenschaften. Im ersten Jahr der Mittelschule müssen alle Schüler anfangen, eine Fremdsprache zu erlernen. Im dritten Jahr des Lehrgangs können sie, wenn sie es wünschen, eine zweite Fremdsprache hinzufügen, und die meisten Schüler machen von dieser Gelegenheit Gebrauch. Wenn ein Land wie Deutschland von fremden Sprachen umgeben ist, kann man diesen realistischen Wunsch der Mittelschüler verstehen.

Die H ö h e r e  S c h u l e , allgemein auch „Gymnasium" genannt, ist ebenfalls erst nach vier Jahren Grundschule und nach einer Aufnahmeprüfung zugänglich. Etwa 16 v.H. aller Schulpflichtigen treten im Alter von zehn Jahren von der Grundschule in diese Schule über. Sie entspricht von ferne der amerikanischen „High School", obgleich sie schon mit zehn anstelle von vierzehn Jahren besucht werden kann. Aber während die High School höchstens sechs Jahre im Leben eines jungen Amerikaners darstellt, umfaßt das deutsche Gymnasium neun Jahre schulmäßiger Ausbildung. In Hinsicht auf solide wissenschaftliche und intellektuelle Ausbildung stellt das deutsche Gymnasium den Kern des deutschen Unterrichtswesens dar. Hier wird die Grundlage gelegt für künftige Studenten der Universität und für künftige intellektuelle Führer der Nation. Der Name „Gymnasium" war ursprünglich ein griechischer Name und bezog sich auf die Schule für junge Athener, die ein Maximum an körperlicher und geistiger Ausbildung suchten. Interessant ist, daß für Amerikaner ein Gymnasium eine Halle für athletische Übung und körperliche Stärkung ist, während es für die Deutschen die andere Seite der ursprünglichen Bedeutung zum Ausdruck bringt.

Nach neuester Gesetzgebung gibt es in Deutschland drei Arten von Gymnasien: da ist (a) das altsprachliche Gymnasium, in dessen Lehrplan das Studium des Lateinischen und Griechischen eine wichtige Rolle spielt. Aus diesem Lehrplan gehen viele der künftigen humanistischen Gelehrten der Nation hervor. Da ist (b) das neusprachliche Gymnasium, in dem die Betonung auf die Erlernung von modernen Fremdsprachen fällt (Englisch, Französisch, Russisch). Hier wird die Ausbildung künftiger Fachleute vorbereitet: Juristen, Mediziner, Lehrer, führende Persönlichkeiten des Staats und der Wirtschaft. Und da ist (c) das mathematisch-naturwissenschaftliche Gymnasium, aus dem die künftigen Spezialisten der Naturforschung und des Bauwesens hervorgehen. Man darf aber nicht glauben, daß in dieser Schule die jungen Leute schon zu Spezialisten ausgebildet werden. Das ist Sache der „Hochschule", der Universität. Das Gymnasium will seinen Schülern lediglich das Bewußtsein einer abgerundeten, allgemeinen intellektuellen Bildung vermitteln.

Dieses Ziel versucht man dadurch zu erreichen, daß in jedem der neun Jahrgänge (oder Klassen) ein bestimmter, vorgeschriebener Lehrplan, der aus zehn bis zwölf Fächern besteht, „durchgenommen" wird. Das heißt aber, daß ein Schüler einer höheren Schule seine Fächer nicht
5 wählen kann, sondern daß er in eine „Klasse" eintritt, die ihren festgelegten Stundenplan hat, und daß er normalerweise von Jahr zu Jahr mit dieser Klasse weiter aufrückt und so neun Jahre in der gleichen Gruppe bleibt. Das heißt ferner, daß eine Klasse ihr eigenes Klassenzimmer hat und ihren eigenen „Klassenlehrer", der für sie verantwortlich ist, und daß
10 die einzelnen Fachlehrer in die Klasse kommen.

Die Fächer werden in Hauptfächer und Nebenfächer eingeteilt. Die Hauptfächer — Deutsch, Fremdsprachen, Mathematik — werden in vier oder fünf Wochenstunden unterrichtet, die Nebenfächer in zwei Stunden die Woche. Je höher die Klasse aufrückt, desto mehr Fächer werden
15 hinzugefügt. Aber n i e wird ein einziges Fach wieder f a l l e n g e l a s s e n . Darin besteht der größte Unterschied zwischen amerikanischen und deutschen Höheren Schulen. Zum Beispiel: Wenn ein Schüler in die unterste Klasse des (neusprachlichen) Gymnasiums eintritt, also das 5. Jahr, kommt er zum ersten Mal in Berührung mit einer Fremdsprache
20 (gewöhnlich Englisch). Im 7. Jahr wird eine weitere Fremdsprache (gewöhnlich Französisch) hinzugefügt, im 10. Jahr eine dritte (Lateinisch). Diese Sprachen lernt er nun nebeneinander, bis er im Alter von 18 oder 19 Jahren die Schule verläßt. Daher hat er in der untersten Klasse einen Stundenplan von etwa 25 Wochenstunden, in der obersten einen von etwa
25 34 Stunden. Im 7. Jahr sieht ein Stundenplan etwa folgendermaßen aus: Deutsch 4, Englisch 4, Französisch 4, Mathematik 4, Erdkunde 2, Geschichte 2, Naturwissenschaft (Botanik) 2, Zeichnen 2, Singen 2, Religion 2, Turnen 2. In der 11. Klasse ist der Stundenplan kaum wesentlich verändert:

| STUNDE | | MONTAG | DIENSTAG | MITTWOCH | DONNERSTAG | FREITAG | SAMSTAG |
|---|---|---|---|---|---|---|---|
| I | 8:00 | Latein | Mathematik | Deutsch | Mathematik | Zeichnen | Religion |
| II | 8:50 | Mathematik | Erdkunde | Religion | Musik | Zeichnen | Mathematik |
| III | 9:55 | Deutsch | Deutsch | Englisch | Französisch | Deutsch | Latein |
| IV | 10:45 | Sport | Latein | Geschichte | Englisch | Englisch | Geschichte |
| V | 11:45 | Englisch | Englisch | Biologie | Latein | Französisch | |
| VI | 12:35 | Biologie | Französisch | Sport | Sport | Gemeinschaftskunde | |

30 Der scheinbare Nachteil eines solchen Lehrplans ist die verhältnismäßig schwere Stundenlast, die jeder Schüler auf sich nehmen muß. Was aber den Lehrplan auszeichnet, ist der Fortschritt vom Einfachen zum Mannigfaltigen und Komplexen. Dieser Fortschritt wird vor allem in solchen

Fächern wie Geographie und Geschichte deutlich. Während in der 5. Klasse die Erdkunde Deutschlands durchgenommen wird, tritt in folgenden Jahrgängen nacheinander die Geographie Europas und der übrigen Kontinente in den Vordergrund. Dann wird auf einer der oberen Stufen noch einmal von vorne angefangen, aber auf eine vertiefte wissenschaftliche Weise, so daß der gleiche Zyklus noch einmal durchschritten wird. Ähnlich ist es beim Studium der Geschichte. Während im 5. und 6. Jahr das geschichtliche Denken durch die Lektüre von „Geschichten" und Sagen angeregt worden ist, beginnt im 7. Jahr das Studium der Geschichte des Altertums, im 8. das des Mittelalters, im 9. und 10. das der Neuzeit. Im 11. Jahr wendet sich der Zyklus noch einmal wieder der Betrachtung der Antike zu, um den ganzen Lauf der Geschichte noch einmal wieder zu verfolgen, aber diesmal auf höherer Ebene. Denn inzwischen ist der Schüler reifer und kritischer geworden und hat in anderen Fächern, Sprachen, Mathematik, Naturwissenschaften, Dinge und Perspektiven kennengelernt, die ihn tiefer in die Probleme der Geschichte menschlicher Kultur eindringen lassen.

Kein Wunder also, daß ein Schüler der Höheren Schule sich den ganzen Tag in den Dienst der Schule eingespannt sieht und fast jeden Nachmittag und Abend — Samstag und Sonntag mit eingeschlossen — über seinen Hausarbeiten zubringen muß. Denn es gibt immer wieder schriftliche Examen, und dreimal im Jahre gibt es Zeugnisse. Wenn nun ein Schüler im Schlußzeugnis in einem einzigen Hauptfach ein „Ungenügend" bekommen und dazu noch schwach in einigen anderen Fächern sein sollte, dann heißt es, er habe das Ziel der Klasse nicht erreicht, er wird nicht in die nächste Klasse „versetzt"; er „bleibt sitzen" und muß den ganzen Lehrplan der Klasse noch einmal wiederholen, nicht nur das Fach, in dem er „schlecht abgeschnitten" hat. Das ist wirklich nicht angenehm, besonders wenn er alle seine Freunde weiter aufrücken und er sich von einer anderen Gruppe umgeben sieht, mit der er neue Bekanntschaften zu machen und neue Freundschaften zu schließen hat. Daher wird er sich das nächste Mal vielleicht etwas mehr anstrengen und beschließen, die Mußezeit und das Spielen auf die Ferien zu verschieben.

Im deutschen Schuljahr gibt es etwa 85 Tage Ferien, aber diese sind auf verschiedene Zeiten des Jahres verteilt. So gibt es zu Ostern zwei Wochen Ferien, zu Pfingsten acht Tage. Dann kommen die „großen Ferien" im Sommer (Juli oder August) und noch einmal zehn Tage im Oktober, die aber manchmal mit den „großen Ferien" zusammengelegt werden können. Und dann hat man noch einmal ein paar Wochen zu Weihnachten frei, wo man sich natürlich reichlich erholen kann. Das wichtigste Ereignis im deutschen Schulsystem aber ist das große Examen, das sogenannte „Abitur", mit dem die Ausbildung auf der Höheren Schule ein Ende findet. Dann werden die Schüler der letzten, der 13. Klasse eingehend geprüft, eine Woche im schriftlichen und eine Woche im mündlichen Examen, um festzustellen, ob sie in allen Hauptfächern und den wichtigsten Nebenfächern die erwartete Reife (das „Maturum") erreicht haben. Zu dieser Zeit sehen die Schüler der unteren Klassen mit Mitleid und Respekt zu ihren „großen" Vorbildern auf. Man betrachtet sie als Helden oder Märtyrer, möchte ihnen das Leben angenehm machen; man flüstert in ihrer Gegenwart, um ihre Gedanken nicht zu stören. Denn man weiß, daß es jetzt auf alles ankommt, Fleiß, Intelligenz, Energie, und daß man in einem Jahr oder in ein paar Jahren an der gleichen Stelle stehen wird.

Ist mit der Absolvierung des Abiturs die „goldene Jugendzeit" vorüber, dann beginnt der „Ernst des Lebens". Aber nur wenige Abiturienten treten unmittelbar ins praktische Leben ein. Die meisten gehen zur U n i v e r s i t ä t über oder, wenn sie Ingenieure oder Architekten werden wollen, zur Technischen Hochschule oder Technischen Universität. Wieder zeigt sich hier ein großer Unterschied gegenüber dem amerikanischen Schulwesen. Denn da das Bestehen des Abiturs automatisch zum Besuch der Universität berechtigt, findet sich ein Student der Universität zum ersten Mal in seinem Leben völlig frei, die Fächer zu wählen, die er sich schon so lange gewünscht hat und die ihn wirklich interessieren. Nachdem ein deutscher Junge dreizehn Jahre lang „die Schulbank gedrückt" und den Zwang des Lehrplans ertragen hat, sollte er als Student in der Lage sein, seine „Freiheit" mit Maßen zu genießen. An einer deutschen Universität gibt es daher keinerlei Zwang oder Aufsicht. Man kennt keine „units" und keine „credits". Es gibt keine Klassen-Examen und keine Verpflichtung, Klassen bzw. „Vorlesungen" zu besuchen. Jeder hört sich die Vorlesungen an, die ihn am meisten interessieren. Und da nicht jeder einen „Advisor" braucht, der ihm ein Programm vorschreibt, weiß er selber am besten, welche Vorlesungen oder Seminar-Übungen er zu „belegen" hat, wenn er das Universitätsstudium nach vier oder mehr Jahren mit dem Doktorgrad oder mit einem staatlichen Diplom wieder verlassen möchte. Akademische Grade wie den Baccalaureus (Bachelor) oder Magister (Master of Arts) gibt es an deutschen Universitäten nicht. Da das Abitur gewöhnlich dem Abschluß des zweiten — zuweilen auch des dritten — Jahrs in einem amerikanischen „College" gleichkommt, entspricht ein vierjähriges Universitätsstudium in Deutschland mehr oder weniger dem „senior year" und dem dreijährigen Studium an einer „Graduate School" in Amerika. Der wirkliche Abschluß des Universitätsstudiums ist daher die Erwerbung des Doktorgrads. Und die Art dieses Doktorgrads hängt davon ab, in welcher „Fakultät", das heißt, in welchem „Kollegium" der Universität man sich einschreibt.

Im Allgemeinen besteht eine deutsche Universität aus vier oder fünf verschiedenen „Fakultäten": der philosophischen, juristischen, medizinischen und theologischen Fakultät, zu denen, besonders an den neueren Universitäten, die mathematisch-naturwissenschaftliche Fakultät hinzukommt. Da manche der Universitäten vier- oder fünfhundert Jahre alt sind (die Universität Heidelberg zum Beispiel wurde im Jahre 1386 gegründet), besitzen sie die ursprünglichen vier mittelalterlichen Kollegien. Nach diesen „Fakultäten" richtet es sich nun, ob ein Student sich als „stud. phil." oder „stud. med." bezeichnet, oder ob er später seinen Namen mit „Dr. phil.", „Dr. jur." auf der Visitenkarte drucken läßt, oder als „Dr. ing.", wenn er auf einer Technischen Universität „seinen Doktor gemacht" hat. Um den Doktor zu erlangen, muß ein Kandidat eine neue, ursprüngliche, originelle Forschungsarbeit als Dissertation vorlegen. Das Universitätsstudium ist daher fast ausschließlich der Forschung gewidmet. Möchte man aber vom Staat anerkannt werden und eine staatliche Stellung erhalten, dann muß man ein „Staatsexamen" ablegen, das durch ein besonderes „Diplom" bestätigt wird. Auch dieses erfordert eine originelle Forschungsarbeit und ein eingehendes mündliches und schriftliches Examen. Vor allem müssen die Kandidaten, die Lehrer an Höheren Schulen werden wollen, sich einem solchen Examen unterziehen. Dabei werden sie zuerst in drei Fachgebieten geprüft. Wenn sie dieses Examen bestanden und zwei Jahre probeweise als Lehrer gedient haben, dann müssen sie noch ein zweites Examen machen — in theoretischer Pädagogik — und erst, wenn sie dieses zweite Staatsexamen bestanden, dürfen sie erwarten, als „Studienassessor" an einer Höheren Schule angestellt zu werden. Wie man sieht, ist das Studieren in Deutschland eine lange und sorgfältig geplante Angelegenheit.

Was tun nun aber die jungen Leute, die mit vierzehn Jahren die Volksschule verlassen und nicht in die Mittelschule oder die Höhere Schule übertreten? Die meisten von ihnen treten als Lehrlinge in industrielle oder landwirtschaftliche Betriebe ein, wobei sie allerdings noch zwei Jahre lang

eine Fortbildungsschule besuchen müssen. Die anderen versuchen ein Gewerbe zu erlernen, indem sie als Lehrlinge bei einem Meister in die Lehre treten. Selbst dann müssen sie noch drei bis vier Jahre eine Berufsschule oder eine Gewerbeschule besuchen, bis sie endlich mit achtzehn Jahren vom Schulzwang befreit werden. Sollten sie sich aber als ungewöhnlich begabte junge Menschen erweisen, so ist es immer noch möglich, in die Höhere Schule einzutreten, selbst wenn sie die Aufnahmeprüfung zu Beginn des 5. Jahres verfehlt haben. Diesem Zweck dienen besondere Schulen, die Aufbauschulen und Zubringerschulen, in denen besondere Lehrpläne die Schüler auf den Besuch des Gymnasiums bzw. der Universität vorbereiten. Inzwischen aber tragen der Staat und die Gemeinden gemeinsam die Kosten ihrer Erziehung und Ausbildung. Hier ergibt sich ein dritter Unterschied gegenüber dem amerikanischen Schulwesen, der aber mit der Zeit wahrscheinlich ganz verschwinden wird. Das ist die Frage des Schulgelds.

Seit Jahrhunderten ist in Deutschland der Besuch der Volksschulen und der Berufsschulen gebührenfrei. Aber bis 1945 waren in manchen Ländern die Mittelschule und die Höhere Schule nur solchen Schülern zugänglich, deren Eltern finanziell im Stande waren, das Schulgeld und die Lernmittel für ihre Kinder zu bezahlen. So entwickelte sich leicht durch die Schule eine gewisse Spaltung in der bürgerlichen Gesellschaft, indem vielfach nur die Kinder der sogenannten „besseren Leute" bis zum Abitur durchdringen konnten. Die Aufbauschule, die kurz nach dem Ersten Weltkrieg eingeführt wurde, sollte diesen Mangel beseitigen. Da übernahm der Staat die Verantwortung für die Ausbildung minderbemittelter aber höchst begabter Kinder. Heute ist auch in den Höheren Schulen das Schulgeld verschwunden; in manchen Ländern zahlt der Staat auch für Schulbücher und andere Lernmittel. In Höheren Schulen kosten diese natürlich viel mehr als in den Volksschulen. In den Universitäten werden allerdings immer noch Gebühren verlangt; aber auch hier ist man bemüht, die Hochschulen durch finanzielle Unterstützung möglichst vielen jungen Menschen zugänglich zu machen.

Kein Schulwesen sollte zu einem System, das heißt, zu einer starren Einrichtung werden. Auch in Deutschland wird noch an einer Reform des Schulwesens gearbeitet. Man ist sich durchaus noch nicht einig darüber, ob das Schuljahr zu Ostern beginnen soll, wie in den meisten deutschen Ländern, oder im Herbst, wie in Bayern. Man fragt sich, ob man den enormen Lehrstoff reduzieren soll, oder ob die Schulpflicht um ein Jahr verlängert werden soll. Manche Erzieher werfen die Frage auf, ob die Schulwoche auf fünf Tage verkürzt werden soll; ob man statt der drei verschiedenen Arten der Höheren Schule lieber eine einheitliche Schule einführen sollte. Viele dieser Fragen werden vielleicht erst von denen beantwortet werden, die jetzt noch zur Schule gehen. Und vor allem wird man sich fragen, ob die Höhere Schule in Deutschland jemals so populär werden wird wie die High School in Amerika, wo beinahe alle Jugendlichen die Sekundärschulen besuchen.

Die folgenden Briefe von amerikanischen Austauschschülern in Deutschland und deutschen in Amerika berichten lebendig, was auf sie im fremden Land einen besonderen Eindruck gemacht hat.

# Letterman

## Amerika-Schüler Ulf Tychsen berichtet aus USA

„Die Jacke kriegst du, wenn du Letterman geworden bist!" Dieses Versprechen von meinen amerikanischen Pflegeeltern Aunt Sally und Uncle Charles hatte ich in der Tasche, als ich das letzte Mal zur Susquehanna Township School, meiner Schule hier in Harrisburg, ging, um am Basketball-Training teilzunehmen. Die Sache mit der Jacke und dem „Letterman" ist typisch für amerikanische Schulen, und deshalb möchte ich sie euch gern näher erklären.

Im Lexikon werdet ihr das Wort „Letterman" kaum finden. So bezeichnen nämlich wir Schüler die Spieler der beiden besten Mannschaften im Basketball an unserer Schule. Sie genießen ungeheures Ansehen unter der Schülerschaft. Jetzt habe auch ich mich in diesen „erlesenen" Kreis hineingespielt.

Wenn die Wintersaison beendet ist, dann werden an die Spieler in einer offiziellen Feierstunde je ein großer roter Buchstabe „S" verliehen. Das „S" ist die Abkürzung von Susquehanna und bedeutet, daß sich der Spieler während der Saison bewährt hat. Klar, daß jeder gern diese begehrte Trophäe mit nach Hause bringen möchte. Auch ich, und meine Aussichten stehen nicht schlecht.

Das rote „S" allein aber macht noch keinen „Letterman". Dazu gehört noch eine weiße Wolljacke, wo es aufgenäht wird. Und eben die hat mir Aunt Sally versprochen. Muß ich euch jetzt noch sagen, daß „Letterman" übersetzt „Buchstaben-Mann" heißt?

Wer sich das rote „S" verdienen will, der muß allerdings auch ganz schön hart 'ran. Uns wird im Training wahrhaftig nichts geschenkt. Im Anschluß an die Schulzeit und mitunter auch noch sonnabends trainieren wir drei Stunden lang. Nicht Ballspielen oder irgendwelches Herumgaukeln sondern Schwerarbeit: Laufen, laufen, laufen ...

Wenn die drei Stunden um sind, wenn sie abgelaufen sind, dann sagt unser Trainer nur: „Und jetzt noch fünfzehn Sprints quer durch die Halle!"

Wer dann noch die Beine hochkriegt, der muß ja bei den Spielen später in Hochform sein. Selbstverständlich haben wir dann immer noch nicht genug getan. „Spielzüge einpauken!" heißt die nächste Stufe im Basketball-Training. Und wenn das auch „gefressen" wurde, wird noch ein wenig gespielt — ohne daß die Körbe gezählt werden, die wir erzielen.

Und wofür die ganze Schufterei?

Nicht nur für das rote „S", sondern auch für die Landesmeisterschaft der Schulen (State Championship), die wir gern für die Susquehanna Township Highschool erringen möchten. Die ganze Schülerschaft feuert uns bei den Spielen an. „State Championship" — den Titel wollen wir gewinnen!

Warum wir uns so für das Basketball einsetzen? Darauf gibt es eine ganz einfache Antwort. Basketball ist hier in den USA der beliebteste Sport. Da kommt Baseball nicht mit, und auch der amerikanische und der europäische Fußball hinken weit hinterher. An jeder Schule wird Basketball gespielt, und selbst in den öffentlichen Anlagen seht ihr Körbe hängen, an denen immer irgendwer trainiert. Genau wie in Europa blitzschnell aus zwei Mützen ein Fußballtor gezaubert wird und dann drauflosgebombt!

Auch in der Zuschauergunst liegen die Basketballer weit in Front. Unser Trainer sagte kürzlich, daß jährlich rund 143 Millionen Zuschauer gezählt werden. Baseball und Football kommen zusammen knapp auf die Hälfte. Oder mit anderen Worten ausgedrückt, heißt das: Jeder Bundesbürger müßte sich im Jahr drei Basketballspiele ansehen!

Vor allem an den Schulen wird sehr viel Basketball gespielt. Es gibt Schulwettkämpfe mit Zuschauerrekorden: davon träumen manche deutsche Oberligavereine im Fußball. Auch die Universitätsmannschaften sind richtige Zuschauer-Magneten. Und dann erst die Berufsspieler. Ich sage nur ein Wort — die Harlem Globetrotters — die berühmteste Basketballtruppe der Welt. Sie sind wahre Ballzauberer. Namen wie „Goose" Tatum sind in Amerika so bekannt wie in Europa Uwe Seeler, Alfredo di Stefano oder Puskas.

Aber so weit will ich es nicht bringen. Mir reicht es, wenn ich im Sommer mit dem weißen Wolljackett und dem roten „S" als frischgebackener „Letterman" zurück nach Deutschland komme. Und natürlich möchte ich auch gern mit meinen Kameraden die „State Championship" für unsere Schule gewinnen!

**Europa-Schüler
Mike Keller berichtet
über die**

# Oberschule

**Die deutsche Sprache beherrscht Mike schon fast wie ein gebürtiger Hamburger. Sogar das „st" kommt ziemlich spitz bei ihm heraus. Er s-tolpert über 'n s-pitzen S-tein, wie man an der Elbe sagt. Aber jedenfalls spricht er so gut Deutsch, daß er jetzt die Unterprima einer Hamburger Oberschule besucht. Darüber erzählt Mike euch heute Einzelheiten.**

Die Leute in der Tram musterten mich mit Argusaugen. Ich hatte das Gefühl, jeder sah, daß ich gerade meinen ersten Schultag hinter mir hatte. Ich strahlte, als hätte ich eine halbe Million im Lotto gewonnen. Aber ich hatte wohl auch allen Grund dazu!

Am Tag zuvor empfing mich Oberstudiendirektor Kunz vom Kirchenpauer-Gymnasium in Hamburg. Der freundliche Schulleiter sagte mir sehr viele, Mut einflößende Worte; ich aber behielt nur die beiden Wörter „streng und straff". Sie brannten sich mir geradezu ins Gedächtnis.

Die ganze Nacht über lag ich wach. Streng-straff-streng-straff. So drehte es sich bei mir im „Oberstübchen". Und dann war plötzlich der „große Morgen" da. Natürlich gab ich vor, krank zu sein, aber als tapferer Held nahm ich den schweren Gang dennoch auf mich. Mein Klassenlehrer, Herr Genrich, stellte mich erst einmal den dreizehn Schülern der zwölften Klasse vor.

Mir war das Herz schon fast in die Hose gerutscht. Doch dann hörte ich plötzlich eine Stimme: „Hello, Mike, good to have you here!" (Hallo, Mike, freut uns, dich hier zu haben!). Mir fiel eine Zentnerlast vom Herzen. Einer war da, der sprach Englisch, als käme er geradeswegs aus Harrisburg. Kam er aber nicht! Herbert Moren war ein Jahr lang als Austauschschüler in Flint im US-Staat Michigan. Wir verstanden uns vom ersten Augenblick an ausgezeichnet.

Auch die anderen sind alle großartige Guys. Zwar haben wir in Amerika Gemeinschaftsunterricht: also Jungen und Mädchen in einer Klasse, auf dem Kirchenpauergymnasium aber gibt es nur Jungen. Doch ich habe schon festgestellt, daß man bei diesem Schulsystem viel mehr lernt — und nicht so abgelenkt wird.

Den größten Bammel hatte ich vor dem Chemielehrer! Schon in Amerika waren Chemielehrer immer ein Greuel für mich. Eigentlich sollt' ich ja die Schuld bei mir suchen, aber lassen wir das! Jedenfalls sah ich mit Ängsten der Chemiestunde entgegen. Und dann kam der Lehrer. Er sah wirklich gefährlich aus, genauso wie ich ihn mir in meinen Alpträumen immer vorstellte.

Und wie aus heiterem Himmel — lächelte mich das anfangs so strenge Gesicht des Lehrers an, und freundlich fragte er: „Sie sind unser junger Gast aus Amerika?" Ohne eine Antwort abzuwarten, fuhr er fort: „Das ist aber mal ein sympathischer junger Mann!" In diesem Augenblick war ich von allen Sorgen bezüglich des Chemieunterrichts erlöst.

Ich fühle mich wohl in meiner Schule, auch wenn es hier keine Ringer-Sportgruppe gibt wie in Harrisburg. Aber wenn ich unbedingt ringen möchte, kann ich mich ja auf dem Schulhof nach Lust und Laune austoben!

**Amerika-Schülerin
Uta Bammel berichtet
aus USA**

# Let's dance...

**Das rauschendste Fest des ganzen Schuljahres, die „Prom", konnte Uta in Harrisburg miterleben. Sie war von dem ganzen Drum und Dran sehr beeindruckt und schreibt ganz begeistert davon. Besonders die Kleider, die Blumen und das Tanzen haben es ihr angetan. Und so erzählt sie heute von der „Prom" aus der Sicht eines Mädchens.**

Im Sommer beginnt ja bekanntlich die Ballsaison, und in diesem Jahr hab' ich das zum ersten Male richtig gespürt. Es begann mit der „Prom", die mit unseren Abiturientenbällen und Abschlußbällen zu vergleichen ist.

Schon Wochen vorher gingen die Aufregungen los. Ein unheimliches Getuschel begann: „Wer mit wem?" und für uns das Wichtigste: „Was ziehe ich an?" Ein Problem, das gar nicht so einfach zu lösen war, denn jede wollte natürlich so gut wie möglich aussehen.

Nancy gab mir noch einen guten Tip: „Schlaf die Nacht vorher so lange wie möglich, denn morgen ist an Schlaf überhaupt nicht zu denken!" Eigentlich wollte ich das auch tun, aber habt ihr schon mal vor einem aufregenden Ereignis gut schlafen können?

Und aufregend war es ganz bestimmt! Gleich nach der Schule ging es los. Ein Kampf um das Badezimmer entstand.

Abschnitt 6

Beide wollten wir natürlich vorher noch einmal baden, um auch ja ganz frisch zu sein. Dann stiegen wir vorsichtig in unsere Ballkleider. Jawohl, in richtig lange und sehr weite Ballkleider aus Seide und Tüll! Es rauschte förmlich, und ich kam mir sehr festlich vor. Zur verabredeten Zeit, und keine Minute verspätet, kam Bruce, mein Tischherr für diesen Abend. Er brachte mir hübsche Blumen mit, die ich um mein Handgelenk band. Ihm steckte ich eine blaue Nelke ins Knopfloch, die nicht nur zu meinem Kleid, sondern auch zu seinem weißen Smoking ganz prima paßte. Ich habe ihn überhaupt kaum wieder erkannt, so gut sah er aus.

Bevor wir jedoch auf den Ball gingen, waren wir noch bei meiner Freundin Connie eingeladen, um einen kleinen Imbiß zu uns zu nehmen. Connie war schrecklich übermütig; ich hab' sie eigentlich nur lustig gesehen, aber an diesem Abend war sie es ganz besonders. Sie war richtig ,,aus dem Häuschen'', und trotzdem aß auch sie überraschend wenig. Doch endlich gingen wir los. Ein riesengroßes Orchester empfing uns, und wir tanzten fast ununterbrochen bis Mitternacht. Meine Füße taten weh, aber das spielte keine Rolle, denn nach der offiziellen ,,Prom'' war die Nacht noch lange nicht vorbei.

Wir fuhren nach Haus, zogen uns bequeme Sachen an, und zurück ging's zur Schule. Die ,,Afterpromparty'' wurde eröffnet. Jetzt wurde ,,wild'' getanzt, ganz im Gegensatz zur ,,Prom''. Zur Erholung wurde ein Farbfilm in der Aula gezeigt, man konnte Tischtennis spielen, Pizza und Würstchen essen und sich die Zukunft deuten lassen. Frühstück gab es bei einer anderen Schulkameradin, und um acht Uhr morgens (!) pilgerten wir schließlich nach Haus und trafen schon die ersten Leute, die auf dem Weg zur Arbeit waren. Den ganzen Tag haben wir geschlafen. Und das war nötig, denn sonst hätte keiner von uns die nächsten Feste überstehen können!

**Europa-Schüler
Mike Keller berichtet:**

# Penne, ade!

**Mike Keller — Gasthörer an der Universität Hamburg! Seit ein paar Wochen ist Mike nun Student, und er ist ganz stolz darauf. Heute erzählt Mike uns, wie es ihm an seinem ersten Tag des Studentendaseins ergangen ist. Von der ersten Vorlesung hat er damals nicht sehr viel mitgekriegt, weil die Erinnerung an die Schulzeit noch zu stark war. Doch lest selbst!**

Professor Bondy kam in den Hörsaal, und ungezählte Knöchel hämmerten auf die Tische. Die Luft schien mit Elektrizität geladen. Dies war die „Uni"! Es wirkte alles so unheimlich groß und war so neu und fremd für mich. Die Studenten schlagen mit ihren Knöcheln auf die Tische, anstatt aufzustehen wie in der Schule. (In Amerika bleiben wir ja sowieso immer sitzen!) Hier in der Uni waren so viele in einem Raum zusammen. Alle Altersstufen, alle Länder der Welt waren vertreten. Ein bißchen wehmütig dachte ich an die Ausmaße meiner kleinen Klasse zurück. Und da war ich auch schon in Erinnerungen versunken.

Ich dachte an meine Klassenkameraden — Eggy, Muggy und Manny und Martin, Detlev, Hein und Jochen, einfach an den ganzen „gang". Die Zeit mit ihnen war doch schön . . .

Als sie mich das erste Mal ihrem Aushilfsenglischlehrer vorstellten, der überraschenderweise sogar aus England kam, erzählten sie ihm, daß ich ein „Neuer" aus Baden-Baden wäre. Ich würde aber schon sehr gut Englisch sprechen. Mann, was haben wir gelacht, als er mich in die Zange nehmen wollte.

Und wie doch unser Lateinlehrer immer lachte und sagte: „I like Mike!", und das trotz der Tatsache, daß ich nie mein Lateinheft dabei hatte.

Ich erinnerte mich daran, wie der „mächtige Mike" zum allerersten Mal in seinem Leben Fußball spielte, als „Star-Linkerläufer" in der Schulmannschaft. Oder das erste Mal auf der Alster mit Muggy und Klaus-Holger segelte. Was für Spaß machte es, die Segel und den Wind zu meistern, die andern Boote zu überflügeln! Und als ich dabei angeben wollte, landete ich auch prompt im Wasser.

Das letzte war dann unsere Abschiedsfeier. Die ganze Klasse war bei mir. Wir aßen, tranken und lachten, bis wir nicht mehr konnten, und das will schon etwas heißen. Doch es war Zeit „Good bye" zu sagen. Detlev, unser Klassensprecher, hielt eine Rede im Cicero-Stil. Jochen schenkte mir eine alte, speckige Lederhose, so wie ich sie mir schon immer gewünscht hatte. Ich hatte einen ekelhaften Klumpen im

Hals, doch ich grinste ein bißchen und sagte ihnen „Lebt wohl!" Dann waren sie weg, und ich fühlte mich schrecklich allein.

In diesem Moment erwachte ich aus meinen Tagträumen und stellte fest, daß ich immer noch in der Uni war. Mein Nachbar lächelte mir plötzlich zu. Ich lächelte zurück. „Dies hier ist auch in Ordnung!", dachte ich, nahm meinen Kuli und schrieb eifrig mit.

Dieses Bild bekommt man am häufigsten an den Tankstellen zu sehen. Doch es warten noch andere Aufgaben auf einen Tankstellenlehrling und seine Kollegen. Ihnen vertraut der Autofahrer schließlich seinen Wagen an.

# „Einmal voll, bitte!"

### Der Tankwartberuf ist abwechslungsreich

Mit Riesenschritten flitzt Jürgen zu dem knallroten Sportwagen, der vor der Tankstelle hält. „Bitte, Sie wünschen?" „Füll' mir den Tank mal, Jürgen, und sieh bitte auch gleich nach dem Öl!" Herr Schmitz, ein Stammkunde der Tankstelle, an der Jürgen arbeitet, geht in das Haus hinein und verläßt sich völlig auf den Tankwartlehrling Jürgen, der mitten im zweiten Lehrjahr steckt. Jürgen weiß das Vertrauen zu schätzen und gibt sich heute besonders viel Mühe. Nachdem der Tank gefüllt ist, prüft er den Ölstand, wischt die Scheiben noch rasch, und dann meldet Jürgen Herrn Schmitz, daß mal wieder alles klar ist.

Wie gesagt, Jürgen ist schon seit fast zwei Jahren dabei, und wenn man ihn fragt, was er so macht, dann lacht er übers ganze Gesicht und sagt: „Na, alles!" — Das ist natürlich arg übertrieben. Aber es ist doch schon allerhand, um was Jürgen sich zu kümmern hat: Wagenpflege, Tanken, Abschmieren, Ölwechsel, Kühlwasser und Batterie nachsehen, Luftdruck der Reifen prüfen und kleinere Schäden beheben. Diese Dinge erledigt Jürgen im Handumdrehen. Er ist auch ein fixer Junge, und ihm macht seine Arbeit Spaß.

Weniger dagegen der Besuch der Berufsschule, der — genau wie die Lehrzeit — drei Jahre dauert und mit einer Prüfung abgeschlossen wird.

Abschnitt 6

Hier lernt Jürgen die Entstehung des Mineralöls kennen, die modernen Verfahren der Erdölgewinnung. Aber das sind Fächer, die noch ganz „annehmbar" sind.

„Mehr fürchte ich Warenkunde, Sortenkenntnisse, physikalische und chemische Eigenschaften der Mineralölprodukte, Benzolgewinnung und so weiter", stöhnte Jürgen. „Aber wenn ich das erstmal in meinem Kopf drin habe, na, dann ärgert's mich auch nicht mehr. Und gebrauchen kann man es ja sowieso!" — „Und deine Lieblingsfächer, Jürgen?" fragten wir. — „Kraftfahrzeugkunde, die Arbeitsweise der verschiedenen Verbrennungsmotoren, ach, überhaupt alles, was mit Autos zu tun hat!"

Das war verständlich. Um so mehr, wenn wir uns überlegten, daß Jürgen schon vielen Autofahrern, die kleine Fehler an ihrem Wagen entdeckt hatten, aus der Patsche geholfen hatte. Und zwar ganz selbständig, ohne Hilfe des Meisters.

„Sag mal, Jürgen, was für Bedingungen sind dem gestellt, der Tankwart werden will?" Einer von uns wollte es ganz genau wissen. „Nach Abschluß der Volksschule kann eigentlich jeder, ob Junge oder Mädchen, seine Lehrzeit beginnen, wenn er einigermaßen gut im Rechnen und in Deutsch ist! Mein Chef meint außerdem, daß eine gute Auffassungsgabe, ein Personen- und Zahlengedächtnis und technisches Interesse nötig sind."

Wenn Jürgen mit seiner Lehrzeit fertig ist, wird er als Tankwart arbeiten. Vielleicht gelingt es ihm später, sogar selbst eine Tankstelle zu leiten oder einmal eine eigene zu besitzen. Dazu braucht er natürlich noch Kenntnisse in der Führung der Tankstelle. Besonders die Abrechnungen und die Kassenberichte müssen stimmen; Bestandsaufnahmen müssen gemacht, die Kundenkartei muß ausgewertet werden. Aber auch das wird Jürgen lernen, sicher schon im dritten Lehrjahr.

Ja, und damit war unser aufschlußreiches Gespräch mit dem Tankstellenlehrling Jürgen beendet: er mußte schnell den nächsten Kunden bedienen.

Lesen und Denken

# Abschnitt 7

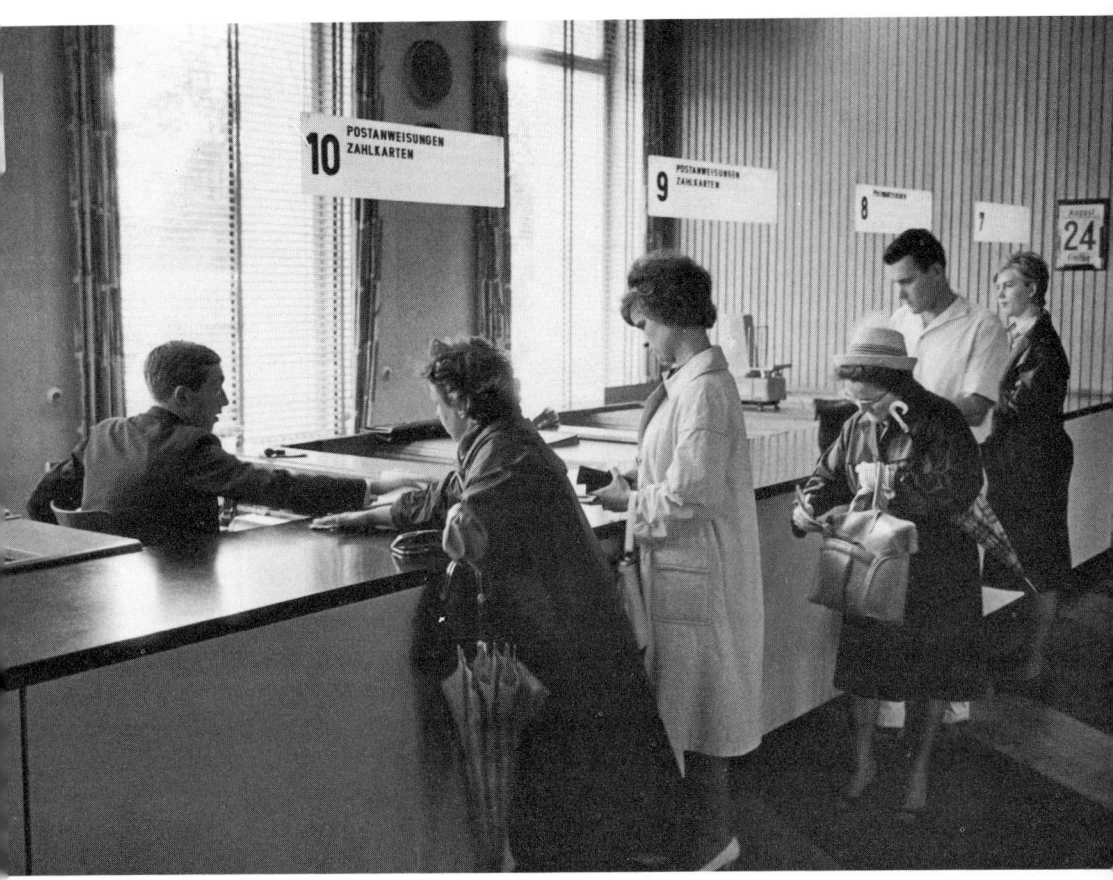

**Postamt. Frau Rath spricht mit dem Postbeamten am Schalter. Hinter ihr hat sich eine Schlange gebildet.**

FRAU RATH. — Eilbrief, bitte, Herr Oberpostinspektor!
BEAMTER. — So? Ein Eilbrief?
FRAU RATH. — Ja, und einschreiben, bitte.
BEAMTER (*sieht sich den Brief jetzt genau an, Vorderseite und Rückseite*). — Also, einschreiben, was? Sie haben aber gar nicht den Absender angegeben. (*Reicht ihr den Brief wieder zurück.*)

FRAU RATH. — Das tut mir leid. Das hab' ich ganz übersehen.

BEAMTER. — Den müssen Sie aber angeben. Ohne Absender kann der Brief nicht bestellt werden.

FRAU RATH. — Ja, einen Augenblick, bitte. (*Frau Rath sieht sich um, sieht Frau Roegelein, die in der Schlange steht.*) O, Frau Roegelein! Darf ich wohl mal Ihren Füller borgen? Danke sehr. (*Schreibend.*) Müssen Sie auch zur Post?

FRAU ROEGELEIN. — Ja, ich muß meine Radio- und Fernsehgebühren bezahlen.

FRAU RATH (*weiter schreibend*). — Ach so! Na, es freut mich doch, daß ich mich darum nicht zu kümmern brauche. (*Zum Beamten.*) So. Ist der Brief jetzt in Ordnung?

BEAMTER. — Ja, so ist es recht. (*Legt den Brief auf eine Waage.*) Das macht eine Mark achtzig.

FRAU RATH. — Was? Nicht eine Mark fünfzig?

BEAMTER. — Nein. Eine Mark achtzig, wie ich gesagt habe. Sehen Sie, der Brief hat etwas Übergewicht, Einschreiben kostet fünfzig Pfennig und die Eilbotengebühr ist achtzig Pfennig.

FRAU RATH. — Ach, es ist heute alles so teuer! (*Sucht in ihrer Handtasche herum, immerfort mit Frau Roegelein sprechend.*) Ja, es freut mich, daß ich mich um Fernsehgebühren nicht zu kümmern brauche.

FRAU ROEGELEIN. — Wieso? Bezahlt Ihr Mann die Rechnungen?

FRAU RATH. — Aber nein. Wir haben eben kein Fernsehen und auch nicht einmal Radio. Mein Mann könnte den Lärm einfach nicht aushalten.

FRAU ROEGELEIN. — Aber Sie könnten es ja abstellen, wenn Sie wollten!

FRAU RATH. — Ja, vielleicht, aber — (*Zum Beamten.*) Na, hier ist eine Mark achtzig.

BEAMTER. — Danke. Der nächste, bitte.

# Sinnbilder des Erfolgs

Erfolg ist ein magisches Wort. Es gibt kaum ein zweites Wort in der deutschen Sprache (und nicht nur in der deutschen Sprache), das eine stärker elektrisierende Wirkung auf Hörer oder Leser auszuüben vermag, als das Wort „Erfolg". In den Zeitungen, im Geschäftsleben, in der Schule, im öffentlichen Leben hat es einen seltsamen Klang und Glanz. Es öffnet Türen, wo vorher dicke Wände waren. Um Erfolg zu haben, läßt sich ein junger Mann eine besondere Creme in sein Haar reiben und ein junges Mädchen in einer besonderen Weise frisieren. Wenn jemand erfolgreich ist, so bedeutet das, daß er sich d u r c h g e s e t z t hat, daß ihm das Unmögliche gelungen ist, daß er auf dem Wege ist, ein berühmter Mann zu werden. Es bedeutet, daß man Schwierigkeiten überwunden hat, auch wenn man nicht ein Held ist. Erfolgreich sein, heißt Glück haben, und Glück ist etwas, das jeder Mensch haben möchte.

Wenn jemand etwas Neues unternimmt, dann wünscht man ihm gerne „Viel Glück!" „Viel Glück zum Geburtstag!" „Viel Glück zum Jahreswechsel!" „Viel Glück zur Verlobung!" oder „Viel Glück zur Vermählung!" In jedem Glück, das man sich wünscht, liegt die Möglichkeit des Mißerfolgs. Eine Unternehmung könnte ja auch „schief gehen", wie man in Deutschland manchmal sagt. Wenn ein Student ein Examen machen muß, dann wünscht man ihm manchmal „Hals- und Beinbruch!" Das heißt aber doch, man möchte, daß er „durchkommt", ohne sich den Hals oder ein Bein zu brechen!

Wie schwächlich und trostlos klingt das Wort „erfolglos"! Wenn die Polizei meldet, daß sie in der Suche nach einem Einbrecher erfolglos war, dann hat sie sich selbst schon der Schwäche und des Mißerfolgs angeklagt. Dabei mag sie alles unternommen haben, was menschenmöglich ist. Wie leicht kann es vorkommen, daß man nach dem Mond schießen möchte und den Mond auch trifft, aber daß im letzten Augenblick die Fernsehkamera versagt und kein Bild vom Auftreffen zur Erde zurückkommt. Dann war der Schuß nach dem Mond eben kein Erfolg. Wenn ein Bauer eine reiche Ernte von seinen Feldern nach Hause bringt, dann ist er stolz auf seinen Erfolg. Aber wenn seine Ernte nur aus ein paar Zentnern kleiner Kartoffeln besteht, dann betrachtet er sich nicht als „erfolglos", — nein, keineswegs. Dann sind es die Insekten, die schuld daran waren, oder das Wetter. Es gibt also zwei Arten von Erfolg: da ist der Erfolg, der sich nach einer kurzen, bestimmten Zeitdauer einstellt, und der Erfolg, der auf lange Zeit hinaus, sozusagen fürs Leben Gültigkeit hat. Im ersten Weltkrieg (1914-1918) hat das Wort „Erfolg" in Deutschland eine seltsame Rolle gespielt. Da hat man die erste Bedeutung mit der zweiten verwechselt. Damals brauchte die Oberste Heeresleitung nur zu melden: „Unsere Truppen haben feindlichen Angriffen erfolgreich Widerstand geleistet", und sofort glaubte man, daß ein neuer Sieg errungen war. Bis nach so vielen Siegen und Erfolgen auf einmal die Niederlage da war.

Erfolgreich sein heißt also nicht nur, kraftvoll und siegreich sein, sondern es auf die Dauer auch bleiben. Erfolgreich ist der krähende Hahn, der seinen Nebenbuhler und Rivalen, den benachbarten Hahn, ein für alle Mal vom Hühnerhof vertrieben hat. Und für erfolgreich hält sich der glattgekämmte Banklehrling, der ein paar Aktien mit Profit gekauft und verkauft hat, sich einen prächtigen Anzug angeschafft hat und nun am Sonntag mit einem hübschen Mädchen zum Tanzen gehen darf, während ihr armer Schulfreund traurig zu Hause über seinen Schularbeiten sitzen muß. Zum wirklichen Erfolg gehört etwas Solides, Dauerhaftes und Echtes, dem man trauen kann. Nur wenn dies der Fall ist, darf ein Mensch wirklich auf seinen Erfolg stolz sein und erwarten, daß andere ihn anerkennen. Daher wäre es unrecht und sogar ein bißchen dumm, wenn der Banklehrling, der sich für glücklicher hält, als er wirklich ist, an den Schulfreund seines Mädchens eine Postkarte schicken wollte: „Furchtbar viel Vergnügen! Schade, daß Du nicht dabei sein kannst." Aber wenn man in fünfzehn Jahren in den Zeitungen lesen sollte, daß der frühere Schulfreund den Nobelpreis in Chemie bekommen hat, während der Bankbeamte an seinem Schalter immer noch Geldscheine zählen muß, dann braucht man sich nicht mehr zu fragen, wer Erfolg gehabt hat.

Man findet manchmal, daß ein Fabrikbesitzer, der in einem schönen großen Haus wohnt, unten an der Landstraße, wo jeden Tag die Fabrikarbeiter auf ihren Fahrrädern vorbeifahren, ein bronzenes Schild am Gitter anbringen läßt: „Villa Meßdorff. — Zutritt verboten! Bissige Hunde!" Wo man zu sehr auf den äußeren Schein Wert legt, auf die sichtbaren Zeichen des Erfolgs, da darf man auch ein inneres Gefühl der Unsicherheit vermuten. Warum sonst das Gitter und die bissigen Hunde?

Eine prächtige Villa, in einem schattigen, verträumten Park erbaut und mit einem hohen Gitter umgeben, ist zweifellos ein Sinnbild des Erfolgs. In Deutschland findet man noch viele solcher Landsitze. Wenn einer einmal verkauft werden muß, dann wird er in der Zeitung als „hochherrschaftlich" gepriesen. Dabei erinnert man sich an die Prunkschlößchen, die vor hundert oder zweihundert Jahren von deutschen Fürsten und Bischöfen in lieblicher Landschaft erbaut wurden, Schloß Favorit in Baden, zum Beispiel, oder Veitshöchheim bei Würzburg oder Hohenschwangau in den bayrischen Alpen. Schon in seinem Namen wie in seiner Lage drückt Hohenschwangau den einsamen und sehnsüchtigen

Stolz seines Erbauers aus, der sich eigentlich nach menschlicher Gesellschaft sehnte. Man weiß nicht, ob König Ludwig II. von Bayern, der Freund Richard Wagners, sich dieses Schloß (und noch mehrere andere) hoch in den bayrischen Bergen bauen ließ, weil er sich für besser als andere
5 Menschen hielt, oder weil er es für nötig hielt, von anderen Menschen bewundert zu werden. Vielleicht glaubte er auch nur, was er in einem von Schillers Dramen gelesen hatte:

*Drum soll der Sänger mit dem König gehen;*
*Sie beide wohnen auf der Menschheit Höhen.*

10 Wenn man das Schloß heute sieht, dann erscheint es wie eine stolze Geste, etwas kalt und leer, aber ein Symbol des königlichen Standes. Ähnlich ließ sich ja auch noch in unserem Jahrhundert Adolf Hitler, der Diktator des Dritten Reiches, in den Alpen phantastische „Schlösser" bauen, die inzwischen längst im Schutt der Vergangenheit verschwunden sind.

15     Nicht immer braucht der Stolz auf den persönlichen Erfolg solche große Dimensionen anzunehmen. In Deutschland findet man ihn auch in kleinen harmlosen Formen, die aber im täglichen Leben ungeheure Bedeutung annehmen können. So wird etwa ein Titel nicht nur als einfache

Bezeichnung angesehen, sondern als eine ganz besondere und geheime Auszeichnung, die ein Mensch sich verdient hat. Wenn nun jemand einen solchen Titel erworben hat, dann möchte er natürlich auch damit angeredet werden. Wehe dem armen Kerl, der das vergessen sollte! Wenn Herr Schäfer zum Beispiel „den Doktor gemacht" hat, dann darf man ihn doch nicht einfach „Herr Schäfer" nennen; dann ist er gefälligst „Herr Doktor", und seine Frau muß man mit „Frau Doktor" anreden, bitte schön!

*Dr. med. Lotte Hoch*
FACHÄRZTIN FÜR CHIRURGIE
WIEN-KLEINGASSE 9

Diese Gewohnheit begleitet einen Menschen durchs ganze Leben. Wenn ein Student Lehrer an einer höheren Schule werden möchte und das erste staatliche Examen bestanden hat, dann darf er sich „Studienreferendar" nennen. Nach einigen Jahren der Erfahrung und nach einem weiteren Examen darf er seinen Kopf schon etwas höher halten; denn nun ist er „Studienassessor". Und wieder nach einigen Jahren rückt er weiter auf; dann wird er „Studienrat". Er hat angefangen, sich einen Namen zu machen; aber warum möchte er nicht mit seinem eignen, besonderen Namen angeredet werden, sondern mit einem abstrakten Titel, von dem es doch so viele gibt? Ist er nun tüchtig und hat Erfolg, dann wird er schließlich mit der Leitung einer Schule betraut und muß als „Herr Studiendirektor" angeredet werden. Dann kann er vielleicht auch noch „Oberstudiendirektor" werden. Aber dann ist sein Haar schon grau oder weiß geworden und sein Gang etwas langsamer, und der einzige, der ihn nicht mit seinem Titel anzureden braucht, ist nicht etwa der Schuldiener, sondern der Knochenmann mit Stundenglas und Sense.

Es ist anzunehmen, daß der deutsche Respekt vor Titeln aus einer Zeit stammt, in der das Heereswesen, die Armee, ins tägliche Leben die Wichtigkeit des Rangunterschieds einführte, und das war im siebzehnten Jahrhundert. Damals machte es doch einen Unterschied, ob man „Jawoll, Herr Leutnant!" sagte oder „Zu Befehl, Herr Oberst!" Aus späterer Zeit stammen die vielen Titel, die auf staatliche Beamten angewandt wurden.

Wenn ein Mann „beim Staat" war, dann durfte er erwarten, daß jedermann ihn als „Herr Eisenbahninspektor" oder als „Herr Oberpostsekretär" ansprach. Als es in Deutschland und Österreich noch Fürsten und Großherzöge, Erzherzöge und Könige gab — sie wurden alle von der Revolution von 1918 weggefegt — da war es noch wichtig, ob ein Beamter nur „Sekretär" war, oder ob er vielleicht zum „Rat" aufgerückt war. Damals hatten die Frauen zwar noch kein Wahlrecht. Aber das machte nicht viel aus. Es war viel wichtiger für sie, ob ihr Mann Landrat oder Forstrat, Finanzrat oder Justizrat, Medizinalrat oder Ministerialrat war. Denn dann ging der so wohlklingende Titel, das Symbol des Erfolgs und des Ansehens, auch auf sie über. Da gab es natürlich auch Standesunterschiede. Aber der Gipfel des persönlichen Ansehens war noch nicht erreicht, wenn ein Mann „Geheimer Rat" war, sondern erst, wenn er zum „Wirklichen Geheimen Hofrat" ernannt wurde, der auch das Prädikat „Exzellenz" hinter seinem Namen führen durfte. Diese Rangordnung spielte auch an den Universitäten eine große Rolle — und sie tut es auch heute noch, — wo ein Gelehrter danach strebte, zum „Ordentlichen Professor" aufzurücken. (Ein „ordentlicher Professor" wird nicht etwa von einem unordentlichen, sondern von einem „außerordentlichen Professor" unterschieden. Sein Rangname hat nichts mit dem Zustand seines Haushaltes oder seines Schreibtisches zu tun, sondern leitet sich von der Zeit ab, als Lateinisch die Universitätssprache war und ein „ordinarius" sich von einem „extraordinarius" in Bezug auf eine feste Bezahlung unterschied.) Heute ist der Titel „Professor", der früher auch an höheren Schulen gebräuchlich war (und es in der Schweiz noch ist), nur mit einer Tätigkeit an der Universität oder einer Technischen Hochschule verbunden. Erst ganz zuletzt, wenn ein Gelehrter durch seine hervorragenden Gedanken und Erfindungen und Entdeckungen zu einem weltberühmten Mann geworden ist, dann braucht er nicht mehr den Glanz des Titels. Dann ist der schlichte Name, mit dem er geboren, Max Planck, Rudolf Diesel, Albert Einstein allein schon Auszeichnung und Ehre.

Aber im Bereich der Vielen und Namenlosen, die alle „etwas sein" möchten, da geht die Jagd nach dem Titel noch weiter. Sie erstreckt sich sogar noch über das irdische Dasein hinaus. Davon geben die Inschriften auf Grabsteinen zuweilen ein seltsames Zeugnis, wie bei der schlichten und tüchtigen Bürgersfrau, auf deren Grabstein man, in Ermangelung eines anderen Titels, die stolze Inschrift meißelte: „Hausbesitzerswitwe".

Für viele Menschen ist ein Automobil nichts als eine Verlängerung des eigenen Ichs. Wenn man sonst nichts zu lenken haben sollte, so ist doch immer noch der Wagen da, den man lenken kann, wohin man will — oder darf. Wenn der Wagen schnell fährt, dann bin i c h es doch, der ihn

schnell fahren läßt. An sich ist ein Wagen zwar nur eine Verkehrsmaschine, mit der man möglichst schnell von einem Ort zum anderen gelangen kann. Aber für manche ist er wie ein Stück des eigenen Heims, liebevoll mit einem Teppich ausgelegt und gesäubert wie das eigene Wohnzimmer, ein Repräsentations-Stück wie der große Plattenspieler oder der Fernsehapparat. Wie sehr einem Deutschen sein Wagen am Herzen liegt, das getreue Abbild seines eigenen Erfolgs, sieht man an der Weise, in der man ihn „pflegt". Gewöhnlich bezieht sich das Wort „Pflege" auf den eigenen Körper. Wenn sich jemand sorgfältig kleidet, so hat er ein „gepflegtes" Aussehen. Man spricht von Zahnpflege und Fußpflege, von Haarpflege und Hautpflege. Wenn man aber die Werkstätte, wo man den Wagen waschen oder sonstwie bedienen lassen kann, mit „Wagenpflege" bezeichnet, so drückt dies ein persönliches Sentiment aus: man möchte die Hand liebevoll auf das glänzende Gefährt legen, „als wär's ein Stück von mir".

Über die Autobahn sausen die verschiedensten Wagen, verschiedene Repräsentanten menschlichen Wertes. Der kleine Volkswagen da vorne bemüht sich eifrig, den Lastwagen, der vor ihm fährt, endlich in die Fahrbahn nach rechts hinüberzuzwingen; denn er möchte ihn überholen. (Was denkt sich der Kerl eigentlich?) Kaum hat er ihn überholt, da blinkt hinter ihm ein Opel Caravan mit heller Lichthupe. Und als der Opel links am Volkswagen vorbeifährt, da schaut die Fahrerin mit gehobenem Kinn nach rechts in die Landschaft. (Du siehst doch, daß ich dich gar nicht sehe?) Und kaum hat sie ihn überholt, da zieht links von ihr ein Mercedes vorbei, ruhig, unerschütterlich, mit warm und leise summendem Motor. Der Fahrer sieht an seiner Nase entlang in die bläuliche Ferne. (So einen Wagen kann sich eben nicht jeder leisten.) Aber der Schönste von allen ist doch der „Große Mercedes Typ 600". Der ist gänzlich in

einer Klasse für sich, in einer Welt für sich. Und diese Welt ist nicht die des gewöhnlichen Menschen, des Einzelnen, der durch seinen Wagen eine große Persönlichkeit vorstellen möchte. Es ist die Welt des Vertreters, des Repräsentanten der „großen Mächte" der Politik, der Wirtschaft und der Kultur.

Mit seinen 250 Pferdestärken (PS) gleitet der Wagen über die Autobahn wie ein abrollendes Flugzeug — schon ist er allen Blicken entschwunden! In einer Stunde wird er schon zweihundert Kilometer weiter draußen sein. Was für ein Wagen! Alles glänzt in vornehmem, reserviertem Geschmack. Die Sitze können verstellt und verschoben und gedreht werden, wie es den Passagieren am bequemsten ist. Wer während der Reise zu arbeiten hat — und in den höchsten Gesellschaftskreisen hat man immer etwas zu tun —, der findet im Hinterabteil einen Klapptisch, angenehme Beleuchtung und vielleicht auch einen elektronischen Rechner (Taschenformat) und einen Globus mit allen zur Zeit gültigen politischen Grenzen. Eine kleine Erfrischungsbar ist eingebaut. Klimaanlage und

Farb-Fernsehen zur Übermittlung aktuellster Neuigkeiten können auf Wunsch geliefert werden. Der Wagen ist 6,24 m lang, und der Tank faßt 112 l Kraftstoff. Das sollte genug sein, um von Bonn bis Paris zu fahren, ohne zu tanken, vorausgesetzt, daß die französischen Straßen in akzeptablem Zustand sind. Aber das Fahrgestell kann automatisch gehoben oder gesenkt und daher den Bedingungen des Weges angepaßt werden.

---

Jedes Land, jede Kultur hat ihre eigenen und besonderen Sinnbilder des Erfolgs. Den Wohlstand eines Siedlers in einer Gartenkolonie kann man von der Höhe seiner Antenne ablesen, den eines Schwarzwälder Bauers von der Größe des Misthaufens vor seinem Hause. Der Glanz einer alten Stadt spiegelt sich in der Zahl ihrer Kirchtürme und in der Größe und Höhe und der sorgfältig ausgearbeiteten Schönheit ihrer Kathedrale. Daran kann man erkennen, wieviel die Menschen bereit waren, zu opfern und zu stiften. Denn der Wert einer Sache besteht nicht nur in dem Betrag, den man dafür ausgibt, sondern in dem Maß an Opfer und persönlicher Hingabe, wozu ein Mensch bereit ist. Für den Bau der mittelalterlichen Kathedralen „bezahlte" nicht einfach „die Kirche" oder „der Staat" oder „die Gemeinde". Jeder „stiftete" etwas und trug auf seine Weise dazu bei: der eine gab Geld, der andere seine Zeit, der dritte seine Kunst und Geschicklichkeit. Als alles fertig war und die Kirche schließlich in ihrer ganzen Größe dastand, da konnte jeder auf seinen Teil an der Leistung stolz sein. Und dadurch wurde die Kathedrale ein Symbol des Wohlstands aller. Daher gibt es zwei Arten von Sinnbildern des Wohlstands. Manche Menschen zeigen ihren Wohlstand, weil sie mehr scheinen möchten, als sie sind; oder weil sie sich für besser als andere Menschen halten. Für sie hat die deutsche Sprache den Ausdruck „hochnasig" oder „eingebildet" oder „protzig" geprägt. Ihr Stolz ist eine Form von Geltungsbedürfnis, das eigentlich auf innerer Unsicherheit und Angst beruht. Dieser Stolz ist nur eine andere Form von Mißtrauen und Abwehr. Etwas anderes ist der Stolz auf die Qualität der eigenen Leistung, die, wenn sie gut und gründlich ist, etwas Einzigartiges und Einmaliges darstellt. Dieses Bewußtsein leuchtet aus den hellen Augen des jungen Liftboys, der im Hotel in Osnabrück den Fahrstuhl zu bedienen hat. Ein netter, strammer und tüchtiger Junge. „Ich bin der einzige Page in Osnabrück!" sagte er, als jemand ihn fragte, ob ihm diese Arbeit gefiele. Es g a b eben nur einen Liftboy in Osnabrück, und das war er! Und er war sich dieser Stellung bewußt und gab sich seiner Arbeit hin, als ob es nichts Größeres gäbe.

Solche Hingabe an die eigene Arbeit kann sogar den persönlichen Stolz in Bescheidenheit verwandeln. So war es bei unbekannten Baumeistern der mittelalterlichen Kathedralen. Sie gingen in ihrem Werk auf. Nicht sich, sondern ihr Werk suchten sie größer zu machen. Sie klagten nicht über ihre eigenen Leiden und Sehnsüchte, wie es manche Dichter tun. Ihre Namen kennt man nicht, weil sie sie nicht in die Kirchenwände meißelten, um berühmt zu werden. Sie verwandelten sich in ihr Werk oder, wie Rilke sagt, sie „setzten sich verbissen um in den Gleichmut der Steine".

Ein seltsamer Widerspruch beherrscht in Deutschland die Sinnbilder des Wohlstands und Erfolgs. Auf der einen Seite findet sich das Bedürfnis, dem eigenen Selbst durch äußere und leere Formalitäten größeren Nachdruck zu geben. Daher der Respekt vor Titeln und Uniformen und die Vorliebe für das Zeremonielle und Theatralische. In Afrika gibt es Eingeborene, die einen Ring in der Nase tragen, um eine besondere Würde anzudeuten. Im früheren China verkrüppelten aristokratische Frauen ihre Füße, um anzudeuten, daß körperliche Arbeit von ihnen nicht erwartet werden dürfe. In Deutschland suchen manche Studenten einen „Schmiß"

am Kopf zu erwerben, um anzudeuten, daß sie die Probe der Mensur, des Studentenduells, bestanden haben und dadurch erst eigentlich in die Gesellschaft der „Männer" aufgenommen sind. Und auf der anderen Seite begegnet man dem ähnlich übertriebenen Bedürfnis, durch Unterordnung und Disziplinierung der Persönlichkeit einen umso stärkeren Anspruch auf „geistige" und kulturelle Überlegenheit zu machen. Der Deutsche beklagt sich oft — über das Wetter, die Polizei, den Staat, das Essen, über seine Arbeit, seine Nachbarn, sein Schicksal und über die Menschen, die ihn nicht verstehen wollen. Wenn man ihm glauben sollte, dann wäre er wirklich der unglücklichste Mensch auf der Welt. Er bedauert sich gern und scheut sich nicht „zu sagen, wie er leidet." So etwas kommt auch in anderen Ländern vor. Aber wenn man genau zusieht, dann findet man, daß die deutsche Sprache viele Wörter und Formeln hat, um persönliche Gefühle auszudrücken; aber sie besitzt keine Formel, die so sachlich und nüchtern wirkt wie das englische „He's just feeling sorry for himself . . ."

Schon bei einem kurzen Besuch im deutschen Sprachgebiet muß es einem Reisenden auffallen, wie viele Denkmäler es dort gibt, Denkmäler von bekannten und unbekannten Menschen, Denkmäler, die an Schlachten erinnern, und solche, die an friedliche und geistige Ereignisse gemahnen. In Universitätsstädten wie Heidelberg oder Göttingen erinnert fast jedes dritte Haus durch eine Gedenktafel an die Anwesenheit bedeutender Menschen an diesen Stätten.

Schon die Zahl dieser Tafeln erzeugt Staunen und Bescheidenheit. Aber sie kann auch Zweifel erzeugen. Nicht weit von der Stadt Göttingen gibt es z. B. ein Denkmal für den Oberbürgermeister Merkel, „der in den Jahren 1872-1879 diese Berge bewaldete." Die Inschrift macht stutzig. Gewöhnlich, denkt man, s i n d Berge bewaldet, oder sie sind unbewaldet. Ein transitives Verb „bewalden" gibt es nicht. Aber selbst wenn es ein solches Verb gäbe, dann hätte nur der liebe Gott, nicht Herr Merkel, diese Berge bewaldet. Herr Merkel hat vielleicht zur Bewaldung der Berge beigetragen; aber „bewaldet" hat er sie nicht. Sollte Herr Oberbürgermeister Dr. Merkel vielleicht mit dem lieben Gott verwechselt worden sein? Die gleichen Zweifel werden bei anderen Denkmälern wachgerufen. Es ist schön, sich an die großen Geister der Vergangenheit zu erinnern. Aber darf man sie vergöttlichen und Menschen zu Göttern machen?

Nicht weit von der Stadt Detmold am Teutoburger Wald gibt es ein Denkmal, das in ungeheuren Proportionen das Andenken an Armin den Cherusker ehrt. Armin, d.h. Hermann, besiegte in dieser Gegend die römischen Legionen im Jahre 9 n. Chr. Das war gewiß ein Wendepunkt der Geschichte. Dem römischen, lateinischen Wesen und Denken wurde hier eine Grenze gesetzt. Die Schlacht im Teutoburger Walde wurde

symbolisch für deutsches politisches Denken im 19. Jahrhundert. Man könnte sich kaum ein geräuschvolleres, theatralischeres Denkmal vorstellen als das von dem siegreichen Germanenhäuptling mit dem erhobenen Schwert: eine große Geste, die einen Menschen fast zu einem Gott macht. In solchen Dingen sollte man vorsichtig sein. Nur wenige Kilometer von diesem gigantischen Denkmal entfernt befinden sich die Externsteine. Hier

ist in dem schlichten und monumentalen Stil des 12. Jahrhunderts die Kreuzabnahme Christi aus dem Sandstein gemeißelt worden. Wer es getan, das weiß man nicht. Gewiß ein großer und ein „echter" Geist, nicht ein theatralischer Bildhauer. Hier gibt es keine heroische Geste. Hier wurde ein Mensch in seinem Leiden dargestellt. Ein Sinnbild des Geistes in der Sphäre des Menschlichen.

# Woran erkennt man erfolgreiche Männer?

An der Diplomatentasche?

An der Wagenmarke?

An der Lektüre?

## Es gibt ein besseres Kennzeichen:
# Maßkleidung!

denn erfolgreiche Männer nehmen ihre Aktentasche nicht mit zur Cocktail-Party. Sie fahren auch nicht mit dem Auto in den Konferenzsaal und lassen nicht die Times aus der Tasche schauen — sie haben es nicht nötig.

Maßkleidung ist ein Kennzeichen, das auf jeder gesellschaftlichen Veranstaltung und im Konferenzsaal seine Gültigkeit hat. In London, München und Paris. Überall: Herren tragen maßgeschneiderte Kleidung.

Hervorragend in Sitz und Paßform, mit ganz individueller Note. Maßkleidung setzt Ihre persönlichen Wünsche obenan, denn der Maßschneider kann jedes Detail berücksichtigen, und der Maßkleidung sieht man es an, wie gut und beständig sie ist. Das ist Qualität.

Für Maßkleidung eignen sich natürlich nur besonders gute Stoffe. Der Maßschneider empfiehlt darum ganz bewußt Stoffe aus reiner Schur-Wolle. Wolle ist eben nicht zu ersetzen.

In deutschen Zeitungen gibt es oft eine besondere Spalte für Fragen und Antworten. Darin lesen wir die folgenden Briefe von Leserinnen, die um Rat bitten.

### Fräulein oder Frau?

Frau Lore G. schreibt: Mein Selbstbewußtsein hat nicht darunter gelitten, daß ich durch einen schweren Schicksalsschlag unverheiratet geblieben bin. Mit meinen heute fünfzig Jahren stehe ich im Berufsleben durchaus erfolgreich meinen „Mann." Ich bin Abteilungssekretärin in einem großen Betrieb; was mich jedoch gelegentlich ärgert: Aus alter Gewohnheit oder Gedankenlosigkeit nennt man mich unentwegt „Fräulein", manche jungen Dinger, die neu in unseren Betrieb kommen, sogar mit ironischer und kränkender Betonung. Was kann ich dagegen tun? Mich einer verheirateten Kollegin anvertrauen, damit sie auf die anderen einwirkt? Oder von der Personalabteilung eine entsprechende Anordnung verlangen? Mir steht die Anrede „Frau" doch zu?

*Liebe Frau Lore! Ihnen wie jeder anderen, die im Berufsleben steht und die Dreißig erreicht hat, steht die Anrede „Frau" zu. Der Familienstand ist eine reine Privatsache und geht niemanden etwas an. Auch bei den Männern wird ja in der Anrede nicht unterschieden, ob sie verheiratet oder unverheiratet sind. Jedoch sollten Sie nichts unternehmen, was Ihre Kollegen auf Ihre Empfindlichkeit erst besonders hinweist und damit die Sache nur noch verschlimmern würde. Wenn Sie sich nicht einfach in eine andere Abteilung versetzen lassen können, in der Sie von Beginn an als „Frau" eingeführt werden, vertrauen Sie sich am besten Ihrem Chef an und bitten ihn, Sie künftig konsequent mit „Frau" anzureden und alle anderen zurechtzuweisen, die diesem Beispiel nicht folgen. In kurzer Zeit wird sich für Sie die Anrede „Frau" einbürgern.*

## Mit dem Titel anreden?

**Frau Sigrid M. aus Bochum schreibt: Mein Mann ist Arzt, und ich habe bisher seine gleichaltrigen und jüngeren Kollegen mit ihrem Familiennamen ohne akademischen Titel angeredet, was mir kürzlich übelgenommen wurde. Ich habe das bis jetzt für richtig gehalten, denn in Gesellschaft bin ich doch mit dem Menschen und nicht mit dem Arzt zusammen. Wie denken Sie darüber?**

*Liebe Frau Sigrid! Ihre Frage spricht ein typisch deutsches Problem an. In kaum einem anderen Land wird der akademischen Bildung so viel Achtung entgegengebracht wie in Deutschland. Leider hat sich daraus der Hang entwickelt, diese Achtung nicht der Bildung, sondern hauptsächlich dem Titel entgegenzubringen. In den angelsächsischen Ländern witzelt man gern darüber und bezeichnet den Doktor-Titel oft als den „deutschen Vornamen". Dort legt man den größeren Wert auf die Anrede „Herr XY", offenbar in der Überzeugung, daß die Persönlichkeit allein zu würdigen sei. Selbst wenn eine Person des öffentlichen Lebens einen akademischen Titel führt, ist es zum Beispiel in Presse und Rundfunk nicht üblich, ihn nur „Dr. XY" zu nennen. Man muß allerdings zugeben, daß der deutsche Akademiker nach der Landesgepflogenheit daran gewöhnt ist, mit seinem Titel angesprochen zu werden, sofern der Gesprächspartner nicht ebenfalls den Doktorhut trägt. Wenn der Titel nun plötzlich ausgelassen wird, erscheint es ihm fremd und möglicherweise als Nichtachtung. Darum, liebe Frau Sigrid, machen Sie den Kollegen Ihres Mannes, die so großen Wert auf den „Doktor" legen, diese bescheidene Freude. Wirkliche Persönlichkeiten der gleichen Altersstufe werden eine Auszeichnung darin sehen, wenn Sie als Ausdruck Ihrer persönlichen Sympathie den Titel bewußt weglassen. Vertrauen Sie in dieser Entscheidung getrost Ihrer Menschenkenntnis und Ihrer persönlichen Einstellung zum Gesprächspartner.*

# *Liebe* war es nicht

*Als er zwanzig war, fuhr er mit dem Fahrrad. Das Fahrrad war keine Schönheit, sondern eine Drahtziege, klapperig und verbraucht, und man mußte an den alten Fahrradwitz denken: Ihr Schutzblech klappert so laut! — Was? — Ihr Schutzblech klappert so laut! — Kann nichts verstehen, mein Schutzblech klappert so laut!*

*Aber war auch das Rad nicht das neueste, der Mann darauf war neu. Neu war der Muskelmotor, erst am Berg zeigte er seine ganze Leistung: der Mann brauchte nicht abzusteigen, leicht ging sein Atem, ruhig der Puls, wenn er bei der Kundschaft eintrat. Trotzdem hielt die Kundschaft nicht viel von ihm. Höchstleistungswadenmuskeln und fabrikneue Herzen waren nicht repräsentativ. Aber der Mann hielt durch mit gutem Mut und Strebsamkeit.*

*Als er dreißig war, fuhr er mit dem Motorrad. Es war eine schwere Maschine, die den Mann so pfeilschnell über die Straßen trug, daß sein Kopf aerodynamisch besser wurde und sogar seine Ohren, die immer ein wenig abgestanden hatten, sich anlegten. Fest und sicher hielten seine Fäuste die Lenkstange. Wind, Wetter und das tobende und vor lauter Kraft bebende Ding unter ihm verursachten ihm keine Beschwerden, sondern Vergnügen.*

*Als er vierzig war, fuhr er mit dem Auto. Zuerst war es nicht das größte und eleganteste, aber vier Räder hatte es. Später stieg er um auf ein teureres, bald danach sogar auf das größte und teuerste. Ans Umsteigen gewöhnte er sich, alle zwei Jahre war es soweit, und wenn er das neueste Modell in Besitz nahm, hatte er das nächstfolgende wegen der langen Lieferfristen schon bestellt. Nun war er wirklich repräsentativ.*

*Und als er fünfzig war und etwas darüber, fuhr er wieder mit dem Fahrrad. Als ich ihn sah, wie er es gemächlich die Straße hinaufschob, dachte ich, die*

*Weisheit unserer französischen Freunde entlehnend: Zur ersten Liebe kehrt man immer zurück!*

*Aber so ist es nicht. Es ist nicht die wahre Liebe. Nicht mal eine kleine Liebelei. Aha, es ist ihm also ergangen wie dem Fischer und seiner Frau? Zu hoch wollte er hinaus, wie die Fischersleute, die auch nicht maßhalten konnten und den Lebensstandard überdrehten, bis dieser Knacks machte und sie aus dem Palast wieder umsteigen mußten in ihre Bruchbude — und jetzt sitzt er wieder auf dem Fahrrad! Aber so ist es auch nicht. Seine Luxusautos, inzwischen sind es mehrere, stehen seines Winks gewärtig in seiner Garage, die seine Architekten diskret und durchaus im Stil seiner Villa seinem Parkgelände eingefügt haben.*

*Es ist so, daß die Zeiten sich geändert haben, und er änderte sich mit ihnen. Jetzt ist das Fahrrad neu und klappert nicht, und der Mann ist ein bißchen verbraucht.*

*Aber klappern tut er noch lange nicht, oho, eigentlich ist er noch immer der Alte, ein Mann in den besten Jahren, jugendlich könnte man fast sagen. Aber der Arzt hat von Bewegung gesprochen. Jetzt bewegt er sich, er managt es teils nach dem steinzeitlichen Schritt-für-Schritt-Verfahren, teils wenn es sanft bergab oder durch die Ebene geht, in maßvollem Tretmühltakt. Alles mit eigener Muskelkraft. Das ist gut für die Gesundheit! Auch ist es modern und repräsentativ. Man muß sich abheben, unterscheiden. Wie soll man sich abheben, wenn alles Volk auf allen Straßen vierrädrig daherkommt? Man läßt den Wagen im Stall und klingelt nicht einmal mit Autoschlüsseln, in der Musik steckt kein Sozialprestige mehr. So tut er unverdrossen und standesgemäß seine Gesundheitsferienpflicht und schiebt das Rad dem Wald, der guten Luft entgegen. Für das Rädchen hat er keinen Blick. Dabei ist es ein so hübsches Rädchen, flammneu und graziös!*

*Aber die Kühle ist gegenseitig. Das Rädchen schwärmt seinerseits auch nicht für seinen Boß, obwohl doch alles schick und neu an ihm ist, die schnelle Mußemütze und die lange, elegante Freiluftjoppe. Aber das Rädchen blickt ängstlich zu ihm auf, nicht mit Augen der Liebe. Es ist so leicht und fürchtet sich, unter ihm zusammenzubrechen, denn er ist nicht leicht, und sein Bauch ist nicht zu übersehen. Zwar ist es sich seiner Qualität bewußt, es knackt nicht im geringsten. Ihm ist jedoch, als knacke der Herr ein wenig! Das Rädchen hat feine Ohren. Diese reizenden Dinger haben ihre eigenen*

*Gefühle. Sie sind so jung und unerfahren und schwärmen für junge Männer, schlank wie sie, mit starken Wadenmuskeln!*

*Es ist eine unglückliche Liebe, eine Tragikomödie wie im alten Volksgesang. Der Herr in den besten Jahren nimmt sich ein Rädchen, das Rädchen*
5 *träumt von einem Jüngling, aber der Jüngling träumt von einem Auto.*

— Hellmut Holthaus

# Mercedes 190

Die Firma Rolls-Royce in England, die den Anspruch erhebt, die besten Autos der Welt zu bauen, macht grundsätzlich keinerlei Angaben über die PS-Leistung und über die Höchstgeschwindigkeit ihrer Automobile. Diese Werte seien in jedem Fall ausreichend, wird jedem respektlosen Frager geantwortet. Auf so hohem Roß sitzt man bei Daimler-Benz nicht. Doch brachten es die Zeiten mit sich, daß sich heutzutage Kunden, die einen Mercedes kaufen wollen, kaum viel nach technischen Einzelheiten erkundigen, oftmals nur nebenbei nach dem Preis, dagegen fast immer und sehr genau nach den Lieferfristen.

Welcher Mercedes-Typ in Frage kommt, das steht meistens von vornherein fest. Das richtet sich nämlich oft genug nicht nach den Unterschieden in Preis, Leistung und Ausstattung, sondern nach dem Rang und der Stellung, die einer in seinem Betrieb, in seiner Behörde, in seinem Konzern bekleidet. Es kommt auf die dienstliche Position an. Mit einem zu großen Wagen könnte man sich bei Vorgesetzten unbeliebt machen, mit einem zu kleinen müßte man womöglich um sein Ansehen bei Kollegen und Untergebenen fürchten. Da spielen recht merkwürdige Dinge mit, die die Erklärung dafür liefern, warum Daimler-Benz seit eh und je ein derart sorgfältig abgestuftes Typenprogramm präsentiert.

In der Praxis sieht das — mit Abwandlungen — ungefähr so aus, daß beispielsweise der 180 für Abteilungsleiter und für bessergestellte Firmenvertreter in Frage kommt und ansonsten gern als Fahrdienstwagen verwendet wird. Der 190 hingegen gilt als Auto der Prokuristen und Ministerialbeamten, den 220 fahren Direktoren und stellvertretende Vorstandsmitglieder, im 220 S sitzen vor allem selbständige Unternehmer mit gutgehendem Geschäft, und der 300 schließlich gehört den Herren Generaldirektoren und Ministern.

Daß „sein" Mercedes ein Höchstmaß dessen bietet, was in der jeweiligen Größenklasse geboten werden kann, setzt dann jeder als mehr oder weniger selbstverständlich voraus.

# Garagen

Die kostenlose „*Laternengarage*" ist, auf die Dauer gesehen, nicht immer die billigste Garage. Gegen die Freiluftübernachtung des Kraftwagens spricht nicht nur die erhöhte Diebstahlsgefahr, sondern auch in anderer Beziehung schadet das dauernde Stehen im Freien dem Fahrzeug: Die Lackierung leidet, die Reifen werden spröde, die Metallteile werden durch Rost angefressen, das Chrom wird stumpf und die Polsterbezüge bleichen; im Winter springt der Motor schlecht an.

Bei vielen Neubauten werden heute Garagen eingebaut. Für den Bau dieser Garagen gelten gesetzliche Vorschriften (Reichs-Garagen-Ordnung vom 13. 9. 1944). Die Garage muß wenigstens 70 cm länger sein als der Wagen und einen seitlichen Spielraum von Türbreite plus 50 cm haben. Der Bau einer Garage muß genehmigt werden. Billiger als eine *gemauerte Garage* ist die *Wellblechgarage*. Sie sieht zwar nicht so schön aus, erfüllt ihren Zweck aber vollkommen.

In den engen Städten setzt sich immer mehr die *Miet-* und *Groß-garage* durch, da der Raum für die vielen *Einzel-Garagen* einfach nicht vorhanden ist. Sie haben meist mehrere Stockwerke, in die die Fahr-

zeuge entweder mit eigener Kraft über Anfahrtsrampen gelangen oder aber mit Aufzügen gebracht werden. Die Rampen führen meist kreisförmig mit einer Steigung von 8% nach oben. Die Wagen werden heute nur noch selten senkrecht zur Fahrrichtung aufgestellt, da die Schrägaufstellung (30-45° zur Gangrichtung) zwar etwas mehr Platz erfordert, die An- und Abfahrt aber wesentlich erleichtert.

Eine solche Großgarage wurde vor einiger Zeit in Los Angeles unterirdisch angelegt. In drei unterirdischen Stockwerken finden 2000 Wagen Platz. Die Rampen sind so angelegt, daß in der Minute 70 Wagen ein- und ausfahren können. Die Auspuffgase werden abgesaugt und durch einen Schornstein nach draußen befördert.

Auch die moderne Elektronentechnik hat Verwendung beim *Garagenbau* gefunden. Der Fahrer braucht nicht mehr den Wagen zu verlassen, um die Garagentür zu öffnen. Auf ein optisches oder akustisches Signal wird das Türschloß entriegelt, und durch Motorkraft öffnen sich die Türen, damit das Auto in die Garage einfahren kann.

Als Ersatz für feste Garagen werden ,,*Faltgaragen*", das sind wetterfeste Überzüge aus verschiedenem Material, verwendet.

# Abschnitt 8

Rosel, dreizehn Jahre alt, begießt die Blumen auf den Balkon ihrer Wohnung. Angelika, ungefähr im gleichen Alter, tut das gleiche auf dem Balkon nebenan.

ROSEL. — Tag, Angelika! Mußt du auch Blumen begießen? Sollte das nicht deine Schwester tun?

ANGELIKA. — Ja. Aber heute hat Dorothea keine Zeit dazu.

ROSEL. — Warum denn nicht?

ANGELIKA. — Sie muß sich fein machen. Wir bekommen heute nachmittag Besuch.

ROSEL. — So? Wer denn?

ANGELIKA. — Bruno Schönhoff.

ROSEL. — Ach was, der? Mit dem sie neulich zum Stiftungsfest vom Lese-Verein gewesen ist?

ANGELIKA. — Ja. Kennst du ihn?

Rosel. — Ja, ich hab' ihn ein paar Mal auf der Straße gesehen, als er Dorothea nach Hause brachte.
Angelika. — Ja, und — sag's niemand — sie wollen sich verloben.
Rosel. — So?!
Angelika. — Ja, wirklich. Und darum haben wir ihn erst einmal eingeladen.
Rosel. — Hat er denn schon eine feste Stellung?
Angelika. — Ja, er ist Angestellter bei der Stadt. Er arbeitet auf dem Rathaus.
Rosel. — Er muß aus einer guten Familie kommen. Das kann man ihm ansehen.
Stimme (*von innen*). — Angelika!
Angelika. — Auf Wiedersehen, Rosel — jetzt muß ich weiter. Muß noch den Kaffeetisch decken.
Rosel. — Na, ich seh' dich noch. Du mußt mir noch mehr davon erzählen.

**Straßenbahnhaltestelle. An der Ausgangstür. Zwei ältere Frauen unter den Fahrgästen. Die eine, Frau Thekla Gumpel, ist schon ausgestiegen und hat sich umgedreht. Die andere, Frau Eva Straubinger, ist eben am Aussteigen.**

Frau Gumpel. — Komm, Evchen! Mach schnell! Dies muß der Knochenhauerplatz sein, wo wir umsteigen müssen. Der Portier hat uns doch gesagt, wir sollen hier umsteigen.
Frau Straubinger. — Nur ruhig, Thekla! Ich möcht' doch nicht auf dies kleine Mädel treten.
Frau Gumpel. — In welche Linie sollen wir nun?
Frau Straubinger. — Das hab' ich vergessen. Hast du's dir nicht aufgeschrieben?
Frau Gumpel. — Nein, ich dachte, d u hättest es dir aufgeschrieben. Nun, ich will diesen Herrn hier fragen.
Frau Straubinger. — Ja, Evchen, tu das doch.
Frau Gumpel. — Verzeihung, mein Herr. Darf ich um Auskunft bitten? Können Sie uns sagen, wie wir zur Blumenausstellung kommen?
Herr Hopf. — Ja, gewiß. Sie kennen diese Stadt wohl nicht?
Frau Gumpel. — Das stimmt. Wir sind erst seit heute morgen hier.
Herr Hopf. — Na, dann können Sie natürlich den Weg zur Blumenausstellung nicht wissen. Die ist ziemlich weit von hier.
Frau Gumpel. — Ja, das wissen wir. Aber in welche Linie müssen wir umsteigen?

Herr Hopf. — Ah, Sie wollen umsteigen? Ja, dann warten Sie hier, bis die Sechzehn vorbeikommt. Fahren Sie mit der Sechzehn bis zum Breitenbachplatz. Dann gehen Sie noch drei Straßen geradeaus. Die Ausstellung ist dann links um die Ecke.

Frau Gumpel. — Evchen, da vorne steht ja die Sechzehn! Mach schnell!
Herr Hopf. — Ja, da kommen Sie nicht mehr mit. Die fährt ja eben ab.
Frau Straubinger. — Ach Gottogott! Ist das nicht furchtbar?
Herr Hopf. — O, so schlimm ist es doch nicht. Die nächste Sechzehn kommt in sieben Minuten. Hier steht's auf dem Fahrplan.

# Von Blumen und kleinen Tieren

Gala-Winterkonzert des Männergesangvereins „Konkordia". Die große Pause ist vorüber; jeder sitzt wieder fein und ordentlich auf seinem Platz. Der Dirigent steht auf dem Podium und hebt den Stab. Es ist mäuschenstill im Saal; keiner raschelt mit dem Programm. Es wird nicht einmal gehustet. Und dann fängt der Männerchor an zu singen, erst sanft mit Hingebung, dann allmählich anschwellend, um schließlich mit Wellen von hellen, sprühenden und tiefen, sonoren Stimmen den Raum zu füllen. Und wovon singen sie? Von der Liebe natürlich. Aber auch von Blumen.

> Stell auf den Tisch die duftenden Reseden,
> Die letzten roten Astern trag herbei,
> Und laß uns wieder von der Liebe reden —
> Wie einst im Mai.
> (Hermann von Gilm)

Das Lied ist zwar ein bißchen altmodisch und ein klein wenig sentimental. Aber das macht nichts. Wenn es vor hundert Jahren die Herzen gerührt hat, dann gilt es auch noch heute, und jedesmal, wenn der wackere

Männergesangverein „Konkordia" das Lied aufs Programm setzt, dann wird es allen, die es hören, ganz warm und wehmütig zumute. Manche Männlein und Weiblein sehen sich verstohlen an und drücken sich die Hände — und nicht nur die Alten — und wissen nicht, daß draußen vor
5 der Liederhalle der erste Schnee auf ihre geparkten Wagen fällt.

Es ist Feierabend. Die Geschäfte, Banken und Büros machen zu, und die Straßenbahnen sind so überfüllt, daß es nicht einmal Stehplätze mehr gibt. An der Ecke von Ritterstraße und Karl-Friedrich-Straße sitzt eine alte Frau hinter ihren Blumen, die in Vasen und Wassergläsern um sie
10 herum aufgebaut sind — Veilchen und Primeln und Narzissen, und Tulpen und Hyazinthen in Töpfchen. Da kauft auch schon ein junger Mann einen Veilchenstrauß, so groß wie eine Männerfaust, hebt ihn an die Nase und lächelt, bevor er in die Straßenbahn einsteigt, um nach Hause zu fahren.

Abschnitt 8

Am Eingang zur Untergrundbahn ist ein Laden, der noch offen hat. Drei Verkäuferinnen haben alle Hände voll zu tun. Auf dem gelben Glasstreifen an der Fassade leuchtet in heller Handschrift die Reklame auf: „Blumen, die Sprache des Herzens." Und manche Menschen, die sich den Tag über müde geredet haben, schweigen still und folgen der freundlichen Einflüsterung, ehe sie zur Untergrundbahn hinabsteigen. Ein Wagen drängt sich durch den dichten Autoverkehr, zuweilen etwas ungeduldig ein paar kurze — verbotene — heisere Töne hupend. Und wenn man sich umdreht, da ist es der Lieferwagen vom Blumengeschäft — „Blumen, die Sprache des Herzens". Denn innerhalb der nächsten Stunde müssen in vielen Häusern noch Rosen oder Nelken, Lilien oder Maiglöckchen auf dem Abendtisch stehen. Was sie in ihrer Sprache nicht alles zu sagen haben!

Es gibt viele Wege, auf denen die Natur in das Haus und Heim hineingezogen werden kann. Denn Natur — das ist das „Echte", Schweigende, Wachsende, an dem jeder gerne irgendwie teilnehmen möchte. In der warmen Jahreszeit findet man in Deutschland kaum noch die Hälfte
5 der Bevölkerung an einem schönen Sonntag in der Stadt. Die meisten Menschen gehen im Park oder draußen auf den Feldern und in den Wäldern spazieren. Oder in den Weinbergen oder auf den Promenaden an den alten Stadtmauern. Oder sie befinden sich auf den Sportplätzen und Flüssen und Seen und in den Gartenkolonien. „Natur" bedeutet also
10 Ruhe, Erholung, neue Lebenslust und Kommunikation mit anderen und mit sich selber. Daher möchte man ein Stück Natur auch wieder nach Hause bringen und im Wohnzimmer aufstellen, auf einem Blumenbort oder auf dem Fensterbrett. Wenn eine Familie von ihrem Spaziergang oder Ausflug wieder heimkommt, dann sind die Kinder gewiß oft mit einem
15 Blumenstrauß beladen, den sie draußen auf der Wiese gepflückt haben — wilde, bunte Blumen, die, auch wenn sie nicht duften, einen gewissen Geruch von Natur und Ursprünglichkeit ins Haus bringen: Sumpfdotterblumen und Margeriten, Gänseblümchen oder das treuherzige, blauäugige Vergißmeinnicht. Wenn alle das täten, dann gäbe es bald auf den Wiesen
20 und in den Feldern keine Blumen mehr. Daher findet man manchmal an Landstraßen oder schattigen Waldwegen einen sinnigen Spruch angebracht, der die Menschen von allzu großer Naturliebe zurückhalten soll:

    Laß die Blumen stehen und den Strauch!
    Andre, die vorübergehen, freu'n sich auch.

Es scheint manchmal, als ob in Deutschland die „Natur" jeden Menschen zum Dichter macht ... Wie gemütlich ist es doch, auf einem Balkon oder einer Veranda hinter Blumen Kaffee zu trinken und nicht gesehen zu werden! Und vielfach stellen die Blumen in einer Familie einen lebendigen Familiensinn dar, wenn sie zu den Gaben gehören, die man sich gegenseitig zum Geburtstag schenkt — die Geranien und Fuchsien, die Azaleen und Alpenveilchen.

Die Liebe zur Blumenwelt ist eine alte Gewohnheit in der deutschen Kulturgeschichte. Noch heute tragen die alten und ehrwürdigen Rathäuser deutscher und österreichischer und schweizerischer Städte den Blumenschmuck, der sie vor hundert Jahren schon malerisch machte. Das Jahr — und das heißt, das Leben in jedem Jahr — fängt erst eigentlich an, wenn man die Blumentöpfe, die während des Winters drinnen standen, wieder nach draußen bringen kann. Dann fangen sie wirklich wieder an zu wachsen.

Natur — das ist also Wachstum und Leben. Das kommt ganz von selbst in einem Gedicht von Goethe zum Ausdruck:

## Mailied

*Wie herrlich leuchtet*
*Mir die Natur!*
*Wie glänzt die Sonne!*
*Wie lacht die Flur!*

*Es dringen Blüten*
*Aus jedem Zweig*
*Und tausend Stimmen*
*Aus dem Gesträuch,*

*Und Freud' und Wonne*
*Aus jeder Brust.*
*O Erd', o Sonne!*
*O Glück, o Lust!*

*O Lieb', o Liebe!*
*So golden schön,*
*Wie Morgenwolken*
*Auf jenen Höh'n!*

*Du segnest herrlich*
*Das frische Feld,*
*Im Blütendampfe*
*Die volle Welt.*

*O Mädchen, Mädchen,*
*Wie lieb' ich dich!*
*Wie blickt dein Auge!*
*Wie liebst du mich!*

*So liebt die Lerche*
*Gesang und Luft,*
*Und Morgenblumen*
*Den Himmelsduft,*

*Wie ich dich liebe*
*Mit warmem Blut,*
*Die du mir Jugend*
*Und Freud' und Mut*

*Zu neuen Liedern*
*Und Tänzen gibst.*
*Sei ewig glücklich,*
*Wie du mich liebst!*

Wie also die Blumen in der Natur eine Art von neuer Lebenslust zu erzeugen scheinen, so scheinen auch die Blumen im Haus ein ähnliches Gefühl zum Ausdruck zu bringen. Denn das Wachsen in der Natur stellt einen Kreislauf dar, an dem die Menschen in jedem Jahr teilnehmen. Das wird auch deutlich am Leben im Garten. Dabei macht es aber nicht viel aus, ob sich der Garten, von einem Gitter umgeben, hinter dem Haus befindet, oder ob es ein Garten in der Garten- oder Laubenkolonie ist, wie zum Beispiel in West-Berlin. Das Wichtige ist, daß der Garten von einem Zaun umgeben oder eingehegt ist. Denn diese eingehegte Welt ist die „eigene" Welt, in der jeder sein eigenes Stück hat. Daher findet man oft in einem deutschen Garten, daß jedem Kind ein besonderer Teil zugewiesen wird, in dem er seine eigenen Pflanzen und Blumen „anbauen" kann, wie ein kleiner „Bauer". Wenn das eine Kind in einer Familie in seinem Garten Radieschen und Erbsen pflanzt, so versucht das andere vielleicht Tomaten und Erdbeeren heranzuziehen. Zuweilen findet man auch, daß eine deutsche Familie in ihrem Garten jedesmal, wenn ein Kind geboren wird, einen jungen Obstbaum pflanzt. Der gehört dann zum Kinde und wächst mit ihm auf und wird zu einer Art von Symbol. Denn manchmal, wenn beide, Baum und Kind, aufwachsen und älter werden, blicken die Eltern verstohlen nach dem Baum, um zu sehen, ob er schön und gerade und aufrecht gewachsen ist oder vielleicht vom Wind und Wetter eine etwas unregelmäßige Gestalt bekommen hat.

In Deutschland scheinen also Natur und Menschenleben sehr innig miteinander verbunden zu sein. Daher kommt es vielleicht, daß deutsche Menschen so oft sagen, daß sie mit ihrem Land und Boden verwachsen seien. Dieses Bild findet man nicht in diesem Maße in Amerika, obgleich auch dort ein Mensch seinen Boden liebt. Das liegt vielleicht an der Kulturgeschichte des Landes. In Deutschland sitzen manche Familien seit Jahrhunderten auf ihrem Land. In Amerika mußten die „Pioniere" ihr Land mit der Arbeit ihrer Hände erwerben. Wenn das Land erschöpft war und keine gute Ernte mehr trug, dann brachen sie auf und zogen weiter nach dem Westen. In Deutschland war der Mensch mehr an den Raum seiner eigenen Landschaft gebunden. Da erlebte er ein Jahr nach dem andern den gleichen Rhythmus der Jahreszeiten; und wenn man dies ein paar Jahrhunderte lang erlebt, dann entwickelt sich ganz von selbst so etwas wie „Heimat" und wie eine Liebe zur „Scholle" — dem Stück Erde, das der Pflug in jedem Frühling und in jedem Herbst immer von neuem aufbricht.

Ein ähnliches Gefühl der Verwandtschaft und Freundschaft gegenüber der Natur findet man auch in der Pflege der Haustiere, der Lieblingstiere. Daß ein Junge in seinem Hund seinen treusten Freund findet, ist ein Erlebnis, das nicht an bestimmte Sprachen und politische Grenzen gebunden ist. Auch daß Menschen ihre Namen von Tiergestalten abgeleitet haben, ist eine Gewohnheit, die man in Deutschland ebenso wie in Afrika oder unter amerikanischen Indianern finden kann. In dieser Hinsicht stellen Namen wie Wolfgang, Leopold, Eberhard, Heinrich der Löwe und Albrecht der Bär keine ungewöhnlichen Namen dar. Aber wenn die Menschen in Jahrtausende dauernder alter Zucht wilde Tiere zähmen, ins Haus aufnehmen und in Wohnzimmer, Schlafzimmer, Küche und Keller mit ihnen leben, dann deutet das darauf hin, daß man ein Stück Natur ins Haus aufnimmt, weil man sich nach der Natur sehnt.

Es muß einem auffallen, wie viele deutsche Familien sich solche Haustiere halten und ihnen mit sorgsamer Pflege zugetan sind. Das sind durchaus nicht immer nur kleine Schoßhunde oder siamesische Katzen, die wenig Raum aber viel Aufmerksamkeit und Liebe verlangen. Selbst in den höheren Stockwerken von Appartementhäusern kann man einem großen Hund begegnen, wie einem Jagdhund (Hühnerhund) oder einem Weimaraner, die doch auf einem Bauernhof einen viel angemesseneren Platz hätten. Aber gut erzogen sind die meisten; sie wissen, was sich gehört, und bellen nur, wenn einmal ein ganz fremder Mensch an der Haustüre klingelt. Im allgemeinen „halten sie die Schnauze", weil sie wissen, daß in den meisten Familien nur der Vater etwas zu sagen hat.

Der „Deutsche" Schäferhund wird in Deutschland gar nicht als besonders „deutsch" empfunden. Deutsch sind sie alle, der Dackel wie der Dobermann, der Spitz wie der Pudel, die Ulmer Dogge wie der rundliche Mops; und obgleich viele Typen in fremden Ländern und Erdteilen ihren Ursprung haben, finden die meisten unter ihren menschlichen Herren ein auffälliges Spiegelbild. Deutsch verstehen sie alle, und auch ein bißchen Französisch, wenn man „apporte!" (= bring's her!) zu ihnen sagt. Am besten verstand es wohl der Max, ein wohlgenährter Mops, der vor seinem Haus im engen Fußweg in der Sonne lag, als sein Herr auf dem Fahrrad nach Hause kam und zu ihm sagte: „Komm, Max, geh weg! Sei so gut!" Da öffnete der Max seine schweren Augenlider — und verschloß sie wieder und blieb in der Sonne liegen.

Besonders beliebt sind auch die Katzen, denn sie sorgen dafür, daß die Polstermöbel alle paar Jahre erneuert werden müssen. Wenn jemand Bücher, Noten oder Schallplatten hat, dann tut er gut, sie auf Schulterhöhe auf ein Bücherbort zu stellen. Sonst wird er die Erfahrung machen, daß die „Natur" in Form der Katzenkrallen der Kultur in Form von Büchern nicht immer sehr zuträglich ist. Zwar sind die Katzen weich wie ein Seidenkissen und schnurren wohlig, wenn man sie streichelt. Aber trotzdem hat das alte deutsche Sprichwort recht, das vor den Katzen warnt:
         Hüte dich vor den Katzen,
         Die vorne lecken und hinten kratzen.
Das soll sich aber nicht nur auf Katzen beziehen.

    Wenn jemand Katzen hat, dann sollte er eigentlich nicht auch einen Vogel im Käfig halten. Denn es kann immer einmal vorkommen, daß nach der Reinigung des Vogelbauers — und wie oft muß das nicht gereinigt werden! — die Tür zum Käfig nicht sorgfältig genug verschlossen wird. Das kann leicht zu Tragödien im Haushalt führen: dann kommt man vom Einholen zurück und findet eine Menge Federn auf dem Teppich. Wenn man genauer untersucht, dann findet man, daß die Tür zum Käfig offen steht und daß inzwischen die liebe Miezekatze auch zum Einholen gegangen ist.

    Einen Vogel zu haben, kann zwei verschiedene Dinge bedeuten. Einmal deutet es an, daß die Liebe zu harmonischen Naturlauten so weit gegangen ist, daß man einen kleinen Sänger, einen Kanarienvogel oder einen Hänfling oder einen munteren, bunten Schmetterlingsfinken zu sich ins Haus eingeladen hat. Denn nichts ist schöner, als wenn die Stille des Haushalts durch ein fröhlich-frisches „Tirili" unterbrochen wird. Solches

Flöten und Trillern und Piepsen und Jubilieren ist oft ein großer Trost. Denn wenn ein Vögelein in seinem Käfig so jubeln kann, wie mehr sollten es die Menschen, die nicht in einem Käfig gefangen sind. — Aber wenn ein Mensch sagen sollte: „Es kommt mir so vor, als ob ich ein Loch im Kopf hätte", so kann sein Freund zu ihm sagen: „Mensch, du hast wohl 'n Vogel" — und deutet mit dem rechten Zeigefinger auf die Stirne. Auf Deutsch heißt nämlich „einen Vogel haben" soviel wie „verrückt sein".

Sehr liebe Hausgenossen sind aber auch die Fische. Goldfische lieben ein Aquarium mit viel Licht und grünen Pflanzen und fließendem Wasser. Ihr Aquarium stellt einen magisch erleuchteten goldenen Mittelpunkt des Hauses dar. Wenn sie so schweigend durchs Wasser schwimmen, bald in majestätischer Ruhe und bald in elektrisierter Hast, dann kann man sich nichts Schöneres vorstellen als die Grazie ihrer Bewegung. Dann könnte man auch glauben, daß man wirklich ein paar der seltenen und wunderbaren Nixchen mit großen fragenden Augen gefangen hätte, von denen die alten Märchen berichten.

Ob es Hunde oder Katzen sind, Fische oder Vögel, die Lieblingstiere im eigenen Heim bringen oft die tiefsten Gefühle zum Ausdruck, die man nicht leicht in Worte fassen kann. Sie scheinen traurig oder froh, wenn der Mensch froh oder traurig ist. Und daher sind sie solch liebe Hausgenossen.

Das kommt zur Darstellung in der Geschichte von einem Sperber, den ein deutscher Junge gefangen hatte und in dem er seinen besten Freund fand:

# Er fiel aus dem Horst

Es ist schon geraume Zeit her, daß ich meinen Sperber Frechdachs kennenlernte. Damals war er noch ein Ei und lag mit anderen Eiern in einem Horst, den ich durch Zufall bei uns in einem Wald ausgemacht hatte. Natürlich bin ich hochgeklettert und habe einen Blick riskiert, als Mutter Sperber gerade mal nicht beim Brüten war.

Wochen später machte ich die Kletterpartie noch einmal. Doch waren vorher drei Eier im Nest, so klapperten mir jetzt nur zwei hungrige Schnäbel in zwei „Wollknäuel" entgegen. Was war aus dem dritten Ei geworden? Diese Frage erhob sich zwangsläufig. Als ich mich aufmerksam umblickte, entdeckte ich den kleinen Ausreißer unter mir in einem Busch.

Er mußte aus dem Nest gefallen sein. Als ich ihn fassen wollte, sperrte er hungrig den Schnabel auf und flatterte mit den Flügeln. Da ich mir schon immer einen zahmen Raubvogel gewünscht hatte, nahm ich ihn mit nach Hause. Unterwegs wurde er getauft, auf den Namen „Frechdachs". Der paßte.

Meine Erlebnisse mit ihm gehören

bestimmt zu dem Eindrucksvollsten, was mir je widerfuhr. Dieser Einblick in die Welt der Raubvögel war so wunderbar, daß ich ihn auch jedem anderen Jungen in meinem Alter wünsche.

Einige Zeit sperrte ich ihn in einen Holzverschlag, versorgte ihn nach fachmännischer Anleitung vom Förster und brachte ihn so durch. Schließlich war der große Tag gekommen, an dem er zum erstenmal frei sein durfte. Vorsichtig hüpfte er aus seinem Verschlag heraus. Seine schlauen Augen schauten mich fragend an. Dann flog er auf den nahen Gartenzaun, wo er sich aufplusterte und sich zu seiner vollen Größe reckte. Er sah so recht würdevoll aus.

In den nächsten Tagen flog er auf meine Schulter. Dabei fühlte ich seine scharfen Raubvogelkrallen. Bald war Frechdachs überall bei uns beliebt. Nur unsere Hühner konnten sich nicht mit ihm befreunden. Aufgeregt gackernd liefen sie im Auslauf hin und her, wenn er hoch in die Lüfte stieg und seine Runden flog.

Zwei Monate lang ging alles gut. Doch Frechdachs wurde von Tag zu Tag frecher. Bald wollte er sich auch nicht mehr kraulen lassen, wie er es in der ersten Zeit sehr gern hatte. Sein Blick wurde strenger. Man merkte, daß der Räuber in ihm noch längst nicht tot war.

Und dann, ganz plötzlich, war es soweit! Als ich einmal ganz nah an ihn herankam, um ihn zu streicheln, spreizte er wild seine Halsfedern, sperrte den krummen Schnabel weit auf und streckte mir seine scharfen Krallen entgegen. Seine Augen funkelten kühn und kampfeslustig. Am nächsten Morgen war Frechdachs verschwunden. Für immer!

*— Jürgen Lutter*

## Mögen Sie Hunde?

Es gibt Leute, die andere Menschen danach beurteilen, ob sie Tiere lieben oder nicht. Wenn mich einer fragt: ,,Mögen Sie Hunde?", so bin ich so frei zu sagen, daß ich diese Fragestellung für unzulässig und die Folgerungen, die man aus ihrer Beantwortung zieht, mindestens für voreilig, wenn nicht gar irreführend halte.

Es gibt bekanntlich viele Hunderassen und viele Arten von Tieren, nützliche und dem Menschen freundlich gesonnene, interessante und äußerst unangenehme. Bejahte ich die Frage nach meiner Tierliebe uneingeschränkt, so schlösse ich auch Giftschlangen, Skorpione, Hyänen, Piranhas ein. Man sieht, so einfach, wie manche Tierfans es meinen, ist die Frage gar nicht.

Mit der sogenannten Tierliebe wird heutzutage überhaupt viel Unfug getrieben. Hier ist falsche Sentimentalität im Spiel, angefangen bei der sog. Liebe der Jäger für das Wild, das sie erschießen, bis zur Verhätschelung von Schoßhündchen, die Küßchen kriegen und mit ins Bett genommen werden. Es ist paradox, ein Kälbchen ,,süß" zu finden und sich sein Fleisch schmecken zu lassen.

Ich möchte das Problem vereinfachen. Selbst die scheinbar so eindeutige Frage ,,Mögen Sie Hunde?" mit einem klaren Ja oder Nein zu beantworten, ist mir nicht möglich. Es gibt ja nicht den Hund, sondern eine Vielzahl. Obwohl ich zum Beispiel Schäferhunde — gewissermaßen theoretisch und im Prinzip — mag, möchte ich dieses Mögen keineswegs unterschiedslos auf alle Schäferhunde ausgedehnt wissen. Ich halte eben die Frage für genauso falsch wie die Frage ,,Mögen Sie die Düsseldorfer?" oder ,,Mögen Sie Blondinen?" oder ,,Mögen Sie Filmschauspieler?" Da kann ich höchstens die Gegenfrage stellen: ,,Um welchen Düsseldorfer, welche Blondine, welchen Filmschauspieler handelt es sich?"

Ich bin gegen das Gruppendenken und werde daher die Frage ,,Mögen Sie Hunde?" folgendermaßen beantworten: ,,Den Schäferhund meines Nachbarn mag ich, weil er zutraulich und gutartig ist, er wird mich, wenn ich ihm keine Veranlassung gebe, niemals anfletschen. Dem Schäferhund des Herrn Niederkirchner dagegen gehe ich lieber aus dem Wege, er ist bösartig und hat schon mehrere Leute gebissen. Den Scotchterrier meiner Nachbarin verwünsche ich, weil er viel und schrill bellt, den Scotchterrier der Familie Hauser dagegen finde ich nett, weil er still ist."

Daß hier nichts gegen Tiere und auch nichts gegen Tierliebe gesagt werden

*soll, wird man mir hoffentlich glauben. Allerdings wäre es gut, wenn jene Leute, die ihre Tiere so sehr lieben oder zu lieben meinen oder zu lieben vorgeben, anderen Leuten, wenn schon nicht so etwas wie Menschenliebe, so doch Verständnis und Rücksichtnahme entgegenbrächten. Eine Dogge, die*
5 *ihrem Herrn lieb und wert ist, jagt mir nun einmal Furcht ein, wenn sie mich anspringt. Ein Spitz, auch wenn er Frauchens Liebling ist, flößt mir Widerwillen ein, wenn er mir auf den Schoß hüpft und das Gesicht ableckt. Eine Bulldogge, sanft und treu, ist mir lästig, wenn sie ihre schmutzigen Pfoten ausgerechnet an meinen Hosen abputzt. Weist man solche Hunde-*
10 *freundlichkeiten zurück, so empören sich die Besitzer und unterschieben einem Hunde- oder gar Tierfeindschaft. Sie bedenken nicht, daß es ein ganz gewaltiger Unterschied ist, ob man einen Hund hält oder einem Hunde ausgesetzt wird.*

*Hundebesitzer wollen nicht wahrhaben, daß es lächerlich ist, einen Hund*
15 *zu seinem Geburtstage oder zu Weihnachten mit einer Extraportion Fleisch zu beschenken. Der Hund hat keine Ahnung von seinem Geburtstag und schon gar nicht von Festen, die von uns Menschen gefeiert werden.*

*Ich hoffe, den Hunden gewisser Leute nicht auf die Schwänze getreten, sondern sie, die Leute, zu ein wenig Nachdenklichkeit angeregt zu haben.*

# Clarence nimmt

**Das ungewöhnliche Kapitel aus**

*Held auf den Geflügelschauen,*
*auf den seine Züchter bauen,*
*das ist Clarence, der voll Mut*
*gern was für die Schönheit tut.*

*Völlig frei und ungezwungen*
*ist er schon ins Bad gesprungen,*
*denn das weiße Federkleid*
*glänzt nicht mehr von Sauberkeit.*

*Was kommt nun? will Clarence wissen,*
*hoffentlich ein Leckerbissen,*
*was sich ja von selbst versteht,*
*wenn man so brav baden geht.*

## ein Bad

### im Leben eines stolzen Hahnes

*Clarence ist dem Bad entstiegen;*
*so wär' nie ein Preis zu kriegen,*
*denn bis auf die gold'nen Sporen*
*ging der Glanz im Bad verloren!*

*Zugluft kann er nicht vertragen:*
*warm vermummt bis an den Kragen,*
*trocknet Clarence sein Gefieder,*
*aber dann erscheint er wieder . . .*

*Jeder Zoll ein Hahn von Rang,*
*schreitet er zum Preisempfang,*
*wo man ihn als Sieger ehrt!*
*Clarence weiß: „Ich bin es wert!"*

4

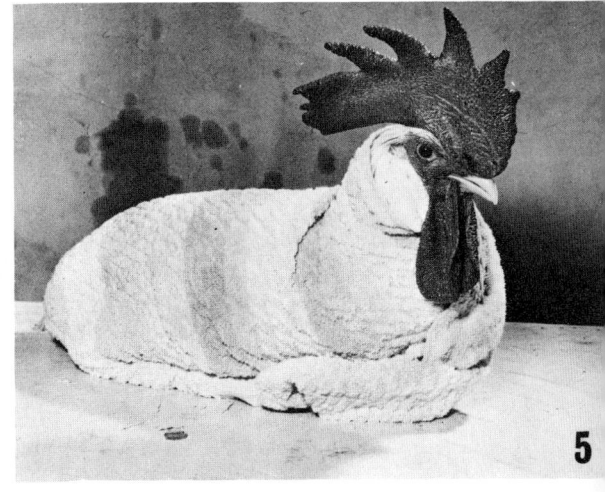

5

6

# Blumenpflege

Jede Pflanze hat ihre eigenen Lebensbedingungen. Das Wissen um ihre Ansprüche hinsichtlich Licht, Temperatur, Wasser, Erde, Düngung usw. ist daher die erste Voraussetzung für eine erfolgreiche Blumenpflege.

Man kann die Zimmerpflanzen einteilen in solche, die in allen bewohnten Räumen aufgestellt werden können, und in die Anspruchsvollen, die ein vorschriftsmäßig gebautes *Blumenfenster* oder sogar einen *Wintergarten* verlangen. Wichtig ist die Lage des Standorts zum Licht. *Südseite, große und helle Räume sind für die meisten Pflanzen am günstigsten.* Besonders in den sonnen- und lichtarmen Wintermonaten brauchen die Pflanzen so viel Licht wie nur möglich. Wo sie es nicht bekommen, wachsen sie übermäßig dünn und zart in die Länge und wenden sich einseitig ins Licht. Grelle Sonne aber vertragen die meisten nur schlecht, so daß man sie bei zu starker Strahlung durch vorgestellte schwarze Pappe schützen muß. Auch gegenüber trockener Heizungsluft, Leuchtgas, Zugluft und plötzlichen Temperaturwechsel sind die meisten Pflanzen empfindlich. Mit regulierbaren Heizrohren, Lüftungsklappen und einem Schatten-

Begießen und Besprühen der Pflanzen

rollo ausgestattet, bietet das Blumenfenster den besten Stand für die in der Wohnung gehaltenen Pflanzen.

Zweckmäßig ist eine Bodenschicht aus Torfmull, auf die man die Töpfe stellt oder in die man sie einsenkt. Das durchlaufende Gießwasser wird vom Torf angenommen und erhöht beim Verdunsten die Luftfeuchtigkeit, die die meisten Pflanzen lieben. Sehr wesentlich ist das *richtige Gießen*, wobei durch ein Zuviel häufig ebensoviel Schaden angerichtet werden kann, wie durch ein Zuwenig. An Ballentrockenheit sterben viele Pflanzen (z. B. Azaleen). Ist die Erde einmal sehr ausgetrocknet, so nimmt sie bei normalem Gießen das Wasser nicht an. In diesem Falle hilft nur das Einstellen des ganzen Topfes in Wasser, damit die Pflanze sich vollsaugen kann.

Die *Blumentöpfe* sollen porös und luftdurchlässig sein und müssen ein Abzugsloch haben. Das beste Pflanzgefäß ist der Tontopf. Nicht alle Pflanzen sind gleich wüchsig: einige müssen jedes Jahr, andere nur alle 2 oder gar 3 Jahre umgetopft werden, je nachdem, wie schnell sie den Topf durchwurzeln. Die neuen Töpfe sollen jeweils nur eine Nummer (2-3 cm) größer sein.

Nur gut durchwurzelte Pflanzen dürfen *gedüngt werden*. Es ist besser, häufiger mit schwachen als selten mit starken Lösungen zu düngen. Eine Volldüngerlösung von 2-3 g je Liter Wasser kann niemals

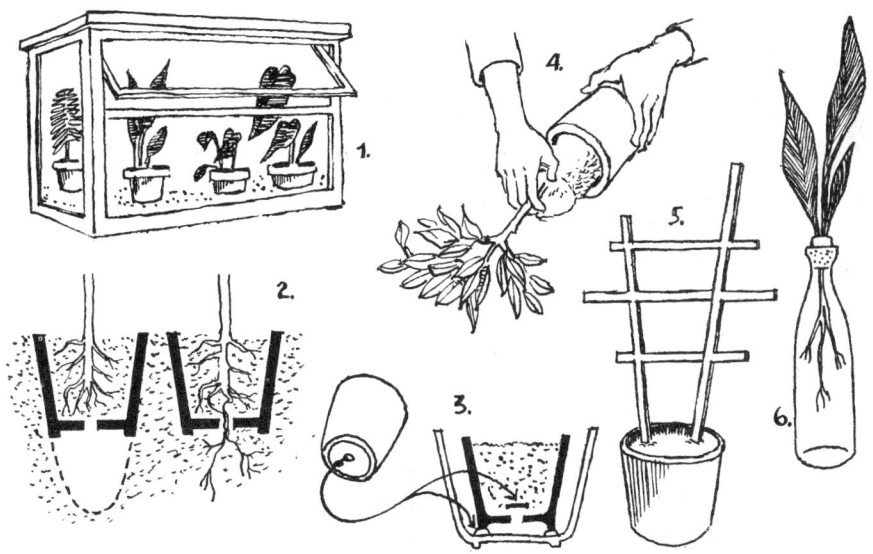

1. Blumenfenster. 2. Unter versenkten Töpfen muß Luft bleiben, sonst wachsen die Wurzeln aus dem Topf. 3. Topf im Ziertopf. 4. Umtopfen. 5. Topf mit Rankgerüst. 6. Steckling auf der Flasche.

Abschnitt 8

schaden. Blattgewächse, die das ganze Jahr über wachsen, können wöchentlich etwa einmal gedüngt werden. Pflanzen, die uns vor allem durch ihre schönen Blüten erfreuen, sollten auch unmittelbar nach der Blüte noch reichlich gedüngt werden, da dies oft der entscheidende Zeitpunkt für die Blüte des kommenden Jahres ist: die Pflanze kann die Erschöpfung vom Blühen auf diese Weise schnell überwinden und Reserven anlegen. Als Dungguß bezeichnet man eine Mischung aus Hühner- und Taubenmist, der in einer kleinen Tonne 3-4 Wochen lang vergärt. Von dieser Brühe nimmt man 1/10 und füllt mit 9/10 Wasser auf, ehe man sie zum Gießen verwendet.

Viele Pflanzen brauchen eine *regelmäßige Ruhezeit*, die bei uns meist in die Wintermonate fällt und in der die Wasser- und Nahrungsaufnahme fast ganz ruht (Amaryllis, Kakteen). Erst im März etwa beginnen die meisten Zimmerpflanzen wieder stärker zu wachsen, benötigen dann einen wärmeren Stand und auch mehr Wasser. Dies ist gleichzeitig die günstigste Zeit für das Umtopfen und Zurückschneiden.

# Abschnitt 9

Ein Vater, Erich Metzger, und sein Sohn Paul sitzen im hohen Gras vor einem alten Schloß.

VATER. — Gut, mal wieder in der Sonne zu sitzen, nicht?
PAUL. — Ja, wirklich. Ich möcht' in so einem Schloß nicht wohnen. Da ist es immer kalt.
VATER. — Was hat dir nun am besten gefallen? Das kleine Zimmer für die Hunde?
PAUL. — Ja, ich glaube. Wie lange wird Mammi noch drinnen bleiben? Wie kann sie's nur aushalten? Zu Hause jammert sie immer über die Kälte.
VATER. — Es muß wohl etwas in der Küche sein, das sie festgehalten hat. Wahrscheinlich die Kacheln. Oder sonst so ein antikes Stück.
PAUL. — Na, hoffentlich nicht! Will sie mal wieder was ändern? Dann bloß keine antike Küche. Kannst du ihr das nicht sagen? Unsere Küche ist fein genug.
VATER. — Gut, ich will's ihr sagen.
PAUL. — Frauen sind doch komisch.
VATER. — Wieso? Warum sagst du das?
PAUL. — Wenn sie immer so auf Antiken versessen sind, wie Mammi. Mammi will mir zehn Pfennig geben, wenn ich einen Antiquitäten-

laden an der Straße sehe. Damit wir halten und sie ihn sich ansehen kann.

Vater. — Na, dann gebe ich dir zwanzig Pfennig, wenn du ihr's nicht sagst! Wir kämen ja gar nicht voran, wenn wir an jedem Antiquitätenladen halten würden.

Paul. — Warum kommt sie nur nicht? Soll ich mal hineingehen und sie holen? Ich habe Hunger. Es ist Zeit zum Mittagessen.

(*Mutter kommt eilig.*)

Mutter. — O was für ein entzückendes Schmuckkästchen! Hat's euch nicht auch gefallen? Ich könnte den ganzen Tag da drinnen zubringen.

Vater. — Das hast du ja beinahe schon getan.

Mutter. — O, Schatz, ich hab' eine wundervolle Idee. Ich bin sicher, daß sie dir gefällt.

Vater. — Wollen wir nicht lieber erst essen gehen?

Paul. — Ja, Mittagessen ist gerade das, was wir brauchen.

Mutter. — Ach, ihr Ärmsten. Ihr müßt wohl hungrig sein. Ja, sollen wir jetzt essen gehen? Seid ihr fertig?

Vater. — Ja, fertig sind wir schon eine ganze Weile.

(*Sie gehen zusammen den Fußpfad entlang.*)

Hast du dir von den Kacheln eine Skizze gemacht?

Mutter. — Von den Kacheln? Nein, warum?

Vater (*etwas sarkastisch*). — O, wir dachten, daß du vielleicht unsere neue Küche mit solchen Kacheln verschönern wolltest.

Mutter. — Was für 'n verrückter Gedanke! Rokoko-Kacheln in unserer schönen elektrischen Küche! Die passen doch gar nicht zusammen!

Vater. — Ja, aber was hast du da drinnen so lange gemacht? Was für eine „wundervolle Idee" hast du denn gehabt?

Mutter. — O, ich hab' mir nur mal den Herd genau angesehen — wie man den zum Kochen und zum Heizen eingerichtet hat. Das wäre so etwas für unser Wochenendhäuschen. Dann brauchten wir da nicht immer so zu frieren.

Paul. — Gar keine schlechte Idee! Wenn man das Häuschen heizen könnte, dann könnten wir uns auch im Herbst da draußen aufhalten.

Mutter. — Aber hört mal: da ihr gerade von Kacheln sprecht, habt ihr mir auch eine neue Idee gegeben. Kacheln wären gar nicht so übel in unserem Häuschen. Und die da im Schloß sahen wirklich sehr hübsch aus. Und sie wären so praktisch! Und so leicht sauber zu halten. Ja, wenn wir mit dem Essen fertig sind, müssen wir noch 'mal hierher zurückkommen, damit ich mir einige Kachelmuster skizzieren kann. Es wird nur ein paar Minuten dauern!

Paul (*blickt seinen Vater fragend an*).

# Alte und neue Baukunst in Deutschland: Ein Bericht

## I

Die ersten Städte in Deutschland, vielfach von den Römern gegründet, entstanden an Flüssen oder an Bergen, jedenfalls dort, wo es Verkehr und Handel gab und wo die natürlichen Bedingungen der Erdoberfläche den besten Schutz für die Einwohner zu bieten hatten. Diese Art des Ursprungs spiegelt sich noch heute in der Kontur eines Stadtbildes, wo sich, wie in Heidelberg oder Nürnberg oder Salzburg, eine mächtige Burg oben auf einem Hügel erhebt und darunter sich unzählige Häuser und Häuschen mit spitzen Giebeln und schiefen Dächern an den Fuß des Hügels anschmiegen. Der Unterschied zwischen einem Dorf und einer Stadt besteht nicht in der Größe. Es kann kleine Städte und große Dörfer geben. Der Unterschied liegt vielmehr in der Einrichtung des Marktes. Der Marktplatz war ursprünglich der Mittelpunkt der Stadt; erst das Recht, überhaupt Markt abzuhalten (Marktrecht), erhob im Mittelalter kleine Landgemeinden zu reichen und mächtigen Städten. Damals entstanden die würdigen und anspruchsvollen Bürgerbauten, die Kaufhäuser und Gildehäuser, die Speicherhallen und Rathäuser, die heute noch den deutschen Städten ein so charakteristisches Aussehen verleihen.

Wer auf den Wochenmarkt geht, muß viel Zeit haben. Denn in diesem Gedränge kommt man nicht schnell vorwärts. Das will man ja auch gar nicht. Denn an den vielen Verkaufsständen gibt es immer wieder etwas Neues und Interessantes zu sehen. Und auch, wenn man nichts kaufen will,

Lübeck

lohnt es sich, auf den Markt zu gehen. Denn hier wird eine Hausfrau sicher ihre Nachbarinnen und ihre Freundinnen treffen und von ihnen die neuesten Gerüchte über deren Nachbarinnen und Freundinnen erfahren. Bis die Uhr am Rathausturm zwölf schlägt und man schnell nach Hause eilen muß — wenn es geht. Denn dann ist die Stadtmitte wie ein Ameisenhaufen und man findet im Kerne, das heißt, im Zentrum . . .

        krumm-enge Gäßchen, spitze Giebeln,
        beschränkten Markt, Kohl, Rüben, Zwiebeln,
        . . . . .

        dann weite Plätze, breite Straßen,
        vornehmen Schein sich anzumaßen,
        und endlich, wo kein Tor beschränkt,
        Vorstädte, grenzenlos verlängt.

Bremen

In diesen Worten von Goethe findet sich schon der große Unterschied zwischen alter und neuer Architektur angedeutet, — dort die Einschränkung, hier die Weite. Erst zur Zeit Napoleons begannen die deutschen Städte, sich über ihre Mauern hinaus auszubreiten. Daher steht in Lübeck
5 ein so imposantes Bauwerk wie das Holstentor, das einmal ein Tor in der Mauer u m die Stadt war, heute ganz in der Mitte der Stadt. Dennoch sind solche Mammutstädte wie Los Angeles und Houston in Deutschland eigentlich nicht möglich. Es gäbe keinen Raum für sie. Das wichtigste Verkehrsmittel ist immer noch die Eisenbahn, und wenn die moderne
10 Architektur sich mit Aufgaben des Verkehrs beschäftigt hat, dann war es eher in der Errichtung von neuen und monumentalen Hauptbahnhöfen als in der von Flughäfen.

Wie die deutsche Landschaft an Rhein, Neckar und Donau durch die massiven Türme alter Burgruinen charakterisiert wird, so die alten deutschen Städte durch die architektonischen Meisterwerke ihrer Kathedralen. Das Freiburger Münster ist ein Juwel unter den gotischen Domen. Der Dom zu Mainz aus dem 12. und 13. Jahrhundert ist eher durch sein würdiges Alter als durch seine Schönheit berühmt. Der ungleich berühmtere Kölner Dom wurde erst im letzten Jahrhundert vollendet. Das Münster zu Aachen, der Kaiserstadt Karls des Großen, reicht in seinen Bauformen durch mehrere Jahrhunderte hindurch: um und über den vor-romanischen Kern sind Schiff, Turm, Kapellen und Chor — die wichtigsten Teile des Bauwerks — erwachsen, die in ihren Formen auf die Stilperioden von Romanik und Gotik, Renaissance und Barock hinweisen. Als die Indianer von Arizona im 13. Jahrhundert ihre Zitadelle von Casa Grande bauten, da errichtete man in Ulm den ernsten, ragenden Turm des gotischen Münsters. Aus noch älterer Zeit aber stammen die vier schlanken Türme des Bamberger Doms, ein wunderbares Wahrzeichen spätromanischer Baukunst, als man gelernt hatte, das Gefühl der Schwere zu überwinden, und nicht mehr das Mißtrauen gegenüber den Steinen durch mächtige, schwerfällige Mauern zum Ausdruck brachte.

Als Mittelpunkte geistigen Lebens ragen diese Kathedralen über die alten Städte hinaus, nicht unähnlich den Wolkenkratzern der amerikanischen City. Als Grabgebäude dynastischer Familien sind sie den

**Freiburg: das Münster**

aegyptischen Pyramiden vergleichbar, als Schreine der Heiligen spiegeln sie mittelalterliches Christentum. Viele namenlose Bürger haben an ihrem Bau mitgearbeitet, und namenlos sind die meisten Baumeister geblieben, in denen Glauben und Kunst zu einem Ausdruck inniger Überzeugung zusammentraten.

Dabei darf man aber nicht vergessen, daß diese Bürger und Baumeister sich nicht auf das deutsche Sprachgebiet beschränkten, sondern ebenso in anderen Ländern des Erdteils Europa zu finden waren. Baustile wie Romanik und Gotik, Renaissance und Barock wurden ebenso in Frankreich und England wie in Spanien, Italien und Skandinavien gepflegt, allerdings mit gewissen nationalen Variationen. Kunst und Geist sind nicht an politische Grenzen gebunden, ebenso wenig wie Religion und Gefühl. Und wenn heute von einem modernen Baustil in Deutschland gesprochen wird, so wird deutlich, daß dieser Baustil sich nicht auf Deutschland beschränkt und daß er in mancher Hinsicht durch die moderne Baukunst in Amerika bedingt ist. Wo Maschinen zum Bauen verwendet werden, da zeigt sich ein Hang zur Gleichförmigkeit und Monotonie. Wenn viel gebaut wird, dann gibt es wenig Originelles. Und wenn gebaut werden muß, dann wird viel nachgemacht, und dann baut jeder am liebsten, wie sein Nachbar baut, weil er nicht gerne mehr bezahlen möchte als jener.

**Aachen: das Münster**

**Bamberg: der Dom**

**Marbach: Schillerhaus**

Die nationale Eigenart findet sich, wo statt der Maschinen das Handwerk verwendet wird, und das deutsche Bauhandwerk tritt dort in Erscheinung, wo in alter Tradition die Arbeit der Zimmerleute die Arbeit des Maurers ergänzt. Die mittelalterlichen Städte in Deutschland zeigen die feine Kunst des Fachwerkbaus. Man spricht dort von Fachwerk, wo in der äußeren  5
Fassade eines Hauses die innere Holzstruktur noch sichtbar ist. Im modernen Deutschland werden kaum noch Fachwerkhäuser gebaut. Aber in der Feier des Richtfests werden auch heute noch uralte Traditionen bewahrt.

## II

Ein Richtfest wird gefeiert, wenn auf einem Neubau der „Dachstuhl" errichtet ist. Das heißt, wenn der Rohbau fertig ist und das äußere Gerüst weggenommen werden kann und bevor die feinere Arbeit an einem Hause beginnt, — dann kommen alle, die mit dem Bau zu tun hatten, zusammen und verpflichten sich sozusagen zur glücklichen Vollendung des Unternehmens.

Nach alter Überlieferung hat ein Wohnhaus in Deutschland mindestens zwei Stockwerke und dazu einen Keller und einen Speicher (Boden).* Es wird also zunächst das Erdreich ausgehoben und der Keller gebaut. Wenn die Grundmauern fertig sind und das äußere Gerüst errichtet ist, dann geht es an das Mauern der Außenwände, die Herstellung der Fußböden und die Errichtung der Innenwände. Aber selbst noch bevor das innere Treppenhaus vollendet ist, kommt schon der Zimmermann und beginnt, den Dachstuhl zu legen, die schweren und soliden Balken, die die Form des Daches bestimmen. Sobald es ihm gelungen ist, die schräggelegten Balken im Dachfirst miteinander zu verbinden und zu befestigen, dann errichtet er auf der höchsten Spitze des Hauses das Symbol des „Richtfestes" — eine Art Maibaum, mit bunten Bändern verziert, zum Zeichen, daß die wichtigste Arbeit getan ist und daß die Dämonen des Widerstands überwunden sind. Das Dach ist errichtet.

Ist dieser Augenblick gekommen, dann ist es Gewohnheit und Pflicht des Bauherrn, das Richtfest zu feiern. Dann werden sämtliche Leute ein-

* Der Typus des einstöckigen „ranch style"-Hauses ist in Deutschland verhältnismäßig neu und relativ selten.

geladen, die irgendwie mit der Errichtung des Hauses zu tun hatten — die Geometer, die den Bauplatz vermessen haben, die Erdarbeiter, die das Erdreich ausgehoben, und die Maurer, die das Mauerwerk hergestellt haben. Da kommen die Zimmerleute und Schreiner, die Betonarbeiter und die Elektriker, die Klempner und Installateure (die die Zufluß- und Abflußrohre gelegt haben), die Gipser und die Glaser, die Dachdecker und die Maler und Tapezierer, die Schmiede und die Schlosser, die Aufseher und Assistenten, der Architekt und der Bauherr — und alle finden sich zu einer feierlich-fröhlichen Zeremonie zusammen. Da werden Reden gehalten, die von der Überwindung der Schwierigkeiten berichten und den Segen des Himmels auf das Unternehmen herabwünschen. Da wird lustig auf den Fleiß des einen und die Faulheit des anderen angespielt, auf die Aufmerksamkeit des Zimmermanns und die Vergeßlichkeit des Klempners. Es werden Lieder gesungen und Gläser geleert und die Tugenden des Architekten und des Hausherrn gepriesen. Und wenn die meisten Männer am späten Nachmittag mit festen Schritten zur Feier erschienen waren, so gehen sie nach Mitternacht müde und etwas schwankenden Schrittes nach Hause. Am nächsten Morgen aber sitzt der Bauherr an seinem Schreibtisch und schreibt mit zögernder Hand die Schecks, die ihn der gestrige Abend gekostet hat. Und drüben auf dem Firste des Neubaus flattern die bunten Bänder des Maibaums im kühlen Morgenwind . . .

Dann kommen die Dachdecker.

\* \* \*

In einer deutschen Tageszeitung aus einer deutschen Landeshauptstadt finden wir folgenden Bericht:

## Richtbaum in 77 Meter Höhe

### Hebauffeier des Siemens-Hochhauses / Größtes Verwaltungsgebäude Bayerns

**Mit Blasmusik und festlichen Reden wurde am Donnerstagnachmittag das Richtfest des größten Bürohauses Bayerns, des Siemens-Wolkenkratzers an der Baierbrunner Straße in Obersendling, begangen. Neben den leitenden Direktoren der Firma Siemens und der über 500köpfigen internationalen Arbeiterschar hatten sich die Bürgermeister Georg Brauchle und Albert Bayerle und eine Reihe von städtischen Referenten, Stadträten und Spitzenbeamten der Stadtverwaltung vor dem 77,40 Meter hohen Stahlbetonkoloß zur Hebauffeier eingefunden.**

Etwas höher als die Hauben der Frauentürme steht jetzt der stattliche Richtbaum auf dem neuen Wahrzeichen Obersendlings. Dank der Lage auf dem Isarhochufer hat Architekt Jörg Ganghofer, der die Bauarbeiten an Ort und Stelle leitete, die Höhe des Kirchenbauwerks seines Namensvetters im Herzen der Stadt noch um einige Meter übertroffen. Der höchste Punkt des Gebäudes befindet sich 631,20 Meter über dem Meeresspiegel. Das neue Verwaltungshochhaus gilt mit seiner Höhe von 77,40 Metern und seinem Rauminhalt von 142 000 Kubikmetern als das größte Gebäude Bayerns. Rund 2500 Belegschaftsmitglieder des Wernerwerkes für Fernsprechtechnik werden im nächsten Jahr in dem 22 Stockwerke umfassenden Bau ihre Arbeit aufnehmen.

### Brauchle: Markstein in der Entwicklung der Stadt

„Das Richtfest dieses Hochhauses ist nicht nur ein Markstein in der Entwicklung der Firma Siemens, sondern auch in der Entwicklung unserer Stadt", versicherte Bürgermeister Georg Brauchle in seiner Ansprache. Die Firma habe nach dem Krieg in stetig steigendem Maße die wirtschaftliche Struktur und die städtebauliche Gestaltung Münchens beeinflußt. Da Siemens erheblich zu dem starken Zuzug beigetragen habe, seien der Stadt zwangsläufig auch manche Sorgen aufgeladen worden. Brauchle nannte in diesem Zusammenhang vor allem die Folgelasten auf den Gebieten des Schulbaues, des Verkehrsausbaues und der Energieversorgung.

### Kleiner Bahnhof für Obersendling?

"Günstig war für die Stadt dabei noch," fuhr der Bürgermeister fort, "daß der Aufbau von Siemens in München dezentralisiert erfolgte." Nicht weniger als 16 000 der insgesamt 37 000 Belegschaftsmitglieder seien allerdings im Bereich Hofmannstraße konzentriert. Dies bereite der Stadt ganz erhebliche Verkehrssorgen. Man setze jedoch alles daran, ihrer Herr zu werden. "Vollständig wird dies allerdings erst gelingen", meinte Brauchle unter Anspielung auf die S-Bahn, "wenn unser Verkehrsnetz über die Stadtgrenzen hinaus bis in die Stadtregion ausgebaut sein wird." Wie wir dazu inoffiziell erfuhren, sind seit geraumer Zeit Bestrebungen im Gang, im Industriezentrum Obersendling einen Haltepunkt der Bundesbahn einzurichten, was erheblich zur Linderung des Verkehrsfiaskos an der Endhaltestelle der Linie 8 beitragen könnte. Im weiteren Verlauf seiner Rede kam der Bürgermeister dann auf die "Freuden" zu sprechen, die Siemens der Stadt bereite. "Die Firma ist unser stärkster Steuerzahler", stellte er unter allgemeiner Heiterkeit fest. Rund 6 Millionen Mark erhalte die Stadt jährlich aus der Gewerbesteuer. Außerdem vergebe Siemens jährlich Aufträge für etwa 70 Millionen Mark an Münchner Firmen. Nicht zuletzt trete Siemens auch als Mäzen kultureller und wissenschaftlicher Institutionen hervor.

Einen Überblick über die Entwicklung der Firma in der Nachkriegszeit gab Direktor Dr. Gerhard Schubert, der Leiter der Zentralen Bau- und Betriebsabteilung von Siemens & Halske. "Wir haben hier in den letzten 15 Jahren Europas größtes Labor für Nachrichtentechnik aufgebaut", stellte er fest. Direktor Sehorsch von der ausführenden Siemens Bauunion betonte die immer größer werdende Bedeutung des Stahlbetons, der eine solch kühne Konstruktion erst möglich gemacht habe. Als künftiger Hausherr dankte Direktor Kurt Mattei allen am Bau beteiligten Arbeitern, Ingenieuren und nicht zuletzt auch den Behörden für ihr Verständnis bei der Planung und Ausführung des Bauwerks. Alles, was sich in der 18-monatigen Bauzeit zugetragen hat, glossierte zum Schluß ein Polier in seinem Richtspruch. In schlechter Erinnerung waren ihm vor allem die vielen Fertigbauelemente, die die Zimmerleute bald zur Untätigkeit verurteilt hätten.

### Luft aus der Grünanlage

Vor dem offiziellen Richtfest hatte Architekt Jörg Ganghofer die Ehrengäste über die technischen Einzelheiten des Hochhauses ins Bild gesetzt. Die Grundkonzeption bei der Planung sei es gewesen, durch einfache und schlichte Struktur der Fassade nur den großen Kubus wirken zu lassen. Da es bei solch hohen Bauwerken keinen wirksamen Sonnen- und Windschutz gebe, seien die 2000 Fenster nicht zu öffnen. Das ganze Haus stünde gewissermaßen unter einer Haut. Die Frischluft werde aus einer Grünanlage angesaugt und über eine Hochdruckklimaanlage in die Räume gepumpt. Um einen reibungslosen Anmarsch der Bediensteten zu gewährleisten, werde man 12 Aufzüge mit einem Fassungsvermögen von je 18 Personen installieren. In einer halben Stunde können sie die ganze Belegschaft zu ihren Arbeitsräumen befördern. Beim Bau der beiden tragenden Kerne des Hochhauses, in denen die ganzen technischen Einrichtungen Platz finden werden, sei das Gleitschalverfahren angewendet worden. Um diesen Kern lägen nach allen Seiten hin die Büros. Die Arbeitsräume könnten, da die Wände keine tragende Funktion ausübten, durch Montagewände beliebig unterteilt, vergrößert oder verkleinert werden.

— Otto Fischer

### Unser Vers darauf

*Sogar in München möcht' man jetzt,*
*wo's geht, gern höher bauen.*
*Und hat man früher sich entsetzt,*
*so wird es plötzlich sehr geschätzt,*
*wenn sich die Bauherrn trauen.*

*Es ist bestimmt nur konsequent,*
*die Stadt so hochzutrimmen,*
*denn wenn man sich schon Weltstadt*
*   nennt,*
*dann soll das Eigenkompliment*
*auch städtebaulich stimmen!*

— Helmut Seitz

## III

In Deutschland wird heutzutage viel gebaut. Wohin man auch sieht — überall wird gebuddelt, überall werden Gerüste errichtet, Baustoffe abgeladen, Betonmauern gegossen, Richtfeste gefeiert. Im Stadtinnern entstehen neue Straßen und Geschäftsviertel, am Rand der Städte wachsen Siedlungen aus den Wäldern heraus. Theater, Kirchen, Schulen und Krankenhäuser erscheinen, wo vorher leeres und unschönes Gelände war. Neue Fabriken schießen empor, wo Landstraßen, Kanäle, Eisenbahnen schnellen Transport versprechen. Und ganz weit draußen auf dem Land, wo gestern noch das „Wirtshaus im Spessart" stand oder die kleine alte, vergessene Alexis-Kapelle, da schieben heute gewaltige Maschinen die Erdmassen vor sich her, damit morgen Tausende von Autos über die neue Landstraße sausen können. Die modernen Tankstellen und Raststätten stehen schon da und warten auf ihre Kunden.

Eine solche fieberhafte Bautätigkeit ist eigentlich kein Wunder. Nachdem im letzten Krieg nahezu zweieinhalb Millionen Wohnungen zerstört worden waren und ebenso viele schwer beschädigt, mußte dafür gesorgt werden, daß die wachsende Bevölkerung so bald wie möglich wieder Unterkommen, Schutz und Bequemlichkeit fand. Dies war eine große und seltene Gelegenheit für das Baugewerbe und die Architektur, etwas ganz Neues zu schaffen. Ganze Städte mußten wieder aufgebaut werden. Diese Aufgabe hat man in verschiedenen Städten auf verschiedene Weise gelöst. Zunächst einmal wurden der Schutt und die Trümmer beseitigt, auf Lastwagen geladen und draußen vor der Stadt abgeladen. Und wenn draußen kein Platz war, wie in West-Berlin, dann baute man im Stadtinnern

Trümmerberge auf, wie den berühmten „Insulaner". Aber wie es ans Bauen ging, da verfuhr man in Hamburg anders als in Nürnberg, in Köln anders als in Hannover, in Braunschweig und Hildesheim anders als in Frankfurt. Und doch sah man sich überall vor die gleiche Aufgabe gestellt: so schnell wie möglich das öffentliche und das private Leben, die Wirtschaft, den Handel und Verkehr wieder in Gang zu bringen. Und dazu brauchte man Häuser, Gebäude, Bauanlagen von größten Ausmaßen.

Nun muß man sich daran erinnern, daß die meisten deutschen Städte sechs-, achthundert Jahre, ja, manchmal mehr als tausend Jahre alt sind. Das mußte auch beim Wiederaufbau berücksichtigt werden. Denn die vielen Touristen, die jedes Jahr nach Nürnberg oder nach Köln kommen, möchten immer noch gerne die engen winkligen Straßen sehen und die wunderlichen gotischen Brunnen, die behaglichen Knusperhäuschen des Mittelalters und die ragenden Kathedralen. Daher hat man in manchen Städten versucht, das Alte zu bewahren, wie es einmal aussah, und Nürnberg und Rothenburg (das allerdings vom Krieg nicht berührt worden

war), Ettlingen und Hildesheim zeigen, zuweilen noch innerhalb der alten Stadtmauern, den Baustil des Mittelalters, als der Bürger sich in seiner Stadt, wie in einer Burg, geborgen glaubte. Das ist das Gefühl, wie es in Luthers Kirchenlied von 1529 zum Ausdruck kommt:

*Ein' feste Burg ist unser Gott,*
*ein' gute Wehr und Waffen.*

Aber in anderen Städten hat man sich gründlich von der Vergangenheit getrennt und freigemacht. Dort hat man die alten engen und winkligen „Gängeviertel" beseitigt, breite und helle Verkehrsadern durch die Stadt gelegt, um das Leben in der Großstadt so eng wie möglich an den Verkehr der Umgebung anzuschließen. Vor zweihundert Jahren war Hamburg noch durch Wälle und Gräben und Stadttore von der Umwelt abgeschlossen. Heute sind grüne und blühende Parkanlagen an die Stelle der alten Befestigungsanlagen getreten, und auf geraden und bequemen Fahrbahnen gleitet der Verkehr ins Stadtinnere.

Was aber den deutschen Städten erst eigentlich ein neues Gesicht gegeben hat, sind die wirklich großen und monumentalen Gebäude, die zur Abwicklung des täglichen Lebens notwendig sind — Kaufhäuser, Hotels, Verwaltungsgebäude, Konzerthallen, Theater. Dabei fällt dem

Besucher aus Amerika auf, daß es in Deutschland keine Wolkenkratzer gibt, wie sie im Zentrum fast jeder größeren amerikanischen Stadt zu finden sind. Gewiß besitzen solche Städte wie Frankfurt, Düsseldorf, Hamburg, Berlin auch ihre „Hochhäuser", aber selten erheben sich diese Bauten weit über fünfzehn oder zwanzig Stockwerke hinaus. Meistens gehen sie mehr in die Breite als in die Höhe. Ihr Aussehen und ihr Stil ist mehr durch das Baumaterial und den Zweck des Gebäudes bestimmt als durch die Laune des Bauherrn. Wenn man Beton und Stahl und Glas verwendet, dann läßt sich ein solches Gebäude nicht nur schneller fertigstellen, sondern es lassen sich oft auch ungewöhnliche künstlerische Wirkungen erzielen — der Eindruck von Leichtigkeit und geschickter Beherrschung des Materials, wie bei der leicht geknickten Fassade das Bürohauses der Hoechster Farbwerke in Frankfurt-Hoechst. An der Fassade des neuen Sanatoriums

**Stuttgart: Liederhalle**

in Salzuflen erzeugt die Verteilung der vielen Balkone ein ungemein reizvolles Muster im Spiel von Licht und Schatten. Wer aus der Wandelhalle in den großen Konzertsaal der Liederhalle in Stuttgart eintritt, der wird unwillkürlich durch die großartig geschwungene Linie
5 des Balkons emporgehoben, selbst bevor ihn die Töne der Musik in höhere Regionen tragen. Aus den Ruinen der Rochuskirche in Düsseldorf ent-

stand ein neuer Kirchenbau, der eine interessante moderne Gestaltung eines alten religiösen Gedankens darstellt. Der Grundriß zeigt drei ineinander verschränkte Kreise, ein Symbol der christlichen Lehre von der Dreieinigkeit Gottes. Über diesen Kreisen erheben sich, einander durchdringend, drei enorme Kuppeln aus Beton. Im Gipfelpunkt dieses aus den drei Kuppeln zusammengewachsenen Gewölbes befindet sich ein aus farbigen Glasblöcken hergestelltes rundes Oberlicht, von dem aus sich, an den Fugen der drei Kuppeln entlang, drei strahlenförmige Fensterstreifen nach unten erstrecken. Auch diese bestehen aus farbigen Glasblöcken. Und da all diese Glasblöcke wie unendlich viele Prismen wirken, wird das von oben kommende Licht vielfach gebrochen und erzeugt im Innern des Kirchenraums eine seltsame magische Beleuchtung.

Interessant ist auch die Art und Weise, in der man das Problem der Wohnungsnot in deutschen Städten gelöst hat. Da gibt es einerseits die großen Häuserblocks, wie man sie in Hamburg am Grindelberg errichtet

hat. Das zur Verfügung stehende Gelände ist hier in zwölf Baukörper aufgeteilt worden, von denen sechs enorme Gebäude bis zu vierzehn Stockwerken, sechs kleinere bis zu neun Stockwerken ansteigen. Diese Baukörper stehen aber nicht dicht beieinander, obgleich der Boden, auf dem sie
5 erbaut sind, unglaublich teuer ist; nein, sie sind im Durchschnitt fast hundert Meter von einander entfernt, durch angenehme Grünflächen getrennt, sodaß Luft und Licht von allen Seiten in die Häuser fluten kann. Aus Stahl und Beton und Glas erbaut, entstanden hier mehr als 2100 Wohnungen, das heißt, ein Unterkommen für etwa 5000 Menschen.
10 Zentralheizung und Warmwasserbereitung sind an ein Fern-Heizwerk angeschlossen; Sammelantennen leiten Rundfunk und Fernsehen in jede einzelne Wohnung. Für den Wäschebedarf sorgt eine zentrale Wäscherei, zum Parken der Wagen sind unter der Erde Garagen angelegt. Geschäfte, die dem notwendigen Bedarf des täglichen Lebens dienen — Lebens-
15 mittel- und Bekleidungsgeschäfte, Friseure, Buchläden, Restaurants und Möbelgeschäfte usw. — entstanden zu ebener Erde, Büros und Ateliers auch in oberen Stockwerken. Zwischen den Hochhäusern befinden sich Spielplätze, die am Tage von Hunderten von glücklichen, schreienden Kinderstimmen erfüllt sind, und Promenaden, die am späten Abend das
20 Geflüster junger Menschen aufnehmen, die hier spazieren gehen und an künftige Zeiten denken.

Von größerer Wichtigkeit aber im modernen Leben sind die vielen Siedlungen, die außerhalb der Städte und manchmal inmitten dichter Waldungen entstanden sind. Wie in Amerika hat hier der Autoverkehr eine „Flucht aufs Land" möglich gemacht, und wie in Amerika finden wir in diesen Siedlungen gewöhnlich ein Ladenzentrum mit Geschäften, Garagen, Kino und Wäscherei. Aber im Gegensatz zu Amerika gibt es in solchen Siedlungen nicht nur Einfamilienhäuser, sondern auch Zwei- und Mehrfamilienhäuser und Hochhäuser mit Wohnungen für Ledige. Das wichtigste Element dieser Siedlungen ist das der Gemeinsamkeit und Gemeinschaft. Wenn man auch in einzelnen Wohnungen wohnt, so trifft man sich immer wieder am gemeinschaftlichen Mittelpunkt — in der Schule oder im Lebensmittelgeschäft. Die Siedlungen oder die Hochhausmassenwohnungen sind die moderne Antwort auf die Anklage der „Mietskasernen" — jener monotonen und grauenerregenden Häuserblocks des letzten Jahrhunderts, wo Bäume ebenso wie Menschen erstickten, bevor sie zum Leben herangewachsen waren. Andererseits aber sind sie auch so etwas wie eine Rückkehr zum Dorf, zum Leben auf dem Lande, womit die deutsche Kultur vor tausend Jahren angefangen hat.

# Abschnitt 10

Eine Litfaßsäule mit Ankündigungen von Konzerten und Sportsereignissen. Ein älterer Mann, Herr Baumeister, steht davor, ein jüngerer Mann, Herr Hamann, tritt ganz sachte zu ihm.

HAMANN. — Gehen Sie jetzt auch in Jazz-Konzerte, Herr Baumeister?
BAUMEISTER (*sieht sich nach Hamann um; etwas verwirrt*). — Wie? — Was? — Was haben Sie gesagt?
HAMANN (*lachend*). — Ich habe Sie gefragt, ob Sie jetzt auch in Jazz-Konzerte gehen?
BAUMEISTER. — Ach so. Jazz-Konzerte! (*Zögernd.*) Ich glaube nicht, daß ich mit Ihnen —
HAMANN. — O verzeihen Sie! Mein Name ist Hamann, Rudolf Hamann. Vor acht Jahren war ich bei Ihnen in der Klasse.
BAUMEISTER. — Richtig! Ja, gewiß! Rudolf Hamann. Ich erinnere mich ganz gut an Sie. Nun, wie geht's Ihnen denn, Hamann?
(*Sie schütteln sich die Hand.*)
HAMANN. — Danke schön!
BAUMEISTER. — Ich hab' Sie zuerst gar nicht wieder erkannt. — Ja, ja, ich weiß noch — Sie waren ein sehr guter Geigenspieler.
HAMANN. — Danke. — Ich hab' Sie doch gleich wieder erkannt, als Sie sich da das Plakat anschauten.
BAUMEISTER. — Und deshalb mußten Sie mich fragen, ob ich mir jetzt Jazz-Musik anhöre? (*Lächelnd.*) Weil ich damals so dagegen war!
HAMANN. — Ja. Sie hatten nicht viel dafür übrig. Aber wir haben viel bei Ihnen gelernt. Wie Sie uns Bach beigebracht haben, das war doch einfach toll.
BAUMEISTER. — So? Dessen bin ich mir gar nicht bewußt.
HAMANN. — Ja. Sie haben immer so mit dem Fuß gestampft. „Alles fertig? Drei-vier-bums-zwei-drei-vier." Das klang ein bißchen komisch. Aber es hat uns doch gezeigt, was Rhythmus ist.
BAUMEISTER (*etwas verlegen*). — Nun, das freut mich, daß Sie was gelernt haben.
HAMANN. — Und wie wir schließlich alle bei der „Matthäus-Passion" mitgespielt haben, das war doch eine große Sache!
BAUMEISTER. — Ja, das war wirklich schön, nicht wahr? — Was tun Sie jetzt, Hamann? Spielen Sie noch so hin und wieder?
HAMANN. — Ich bin Musiker.
BAUMEISTER. — Sieh mal an! Das ist aber nett, daß Sie bei der Sache geblieben sind. Sie haben immer Talent gehabt. Wo spielen Sie, wenn ich fragen darf? In der Oper?
HAMANN. — Nein. Sie werden's doch nicht raten. Ich habe meine eigene Kapelle.
BAUMEISTER. — Was? Jazz-Musik? Das ist ja großartig!
HAMANN. — Wie meinen Sie das?
BAUMEISTER. — Wirklich, ich finde das großartig!

HAMANN. — Aber, Herr Baumeister, Sie waren doch immer so dagegen.
BAUMEISTER. — Ja, damals. Aber ich habe inzwischen was dazu gelernt. Jazz k a n n wirklich sehr große Kunst sein.
HAMANN. — Das finde ich auch.
5 BAUMEISTER. — Wo spielen Sie? Kann ich Sie nicht mal hören?
HAMANN. — Von übermorgen ab sind wir im Palast Hotel.
BAUMEISTER. — Na, das trifft sich ja gut. Da will ich hinkommen.
HAMANN. — Ja, ich bin ein paar Tage vorher gekommen — meine Familie besuchen.
10 BAUMEISTER. — Übrigens — da kommt ja eine amerikanische Kapelle. Morgen, im Palmengarten. Vielleicht können wir uns die zusammen anhören.
HAMANN. — Ja, ausgezeichnet! Morgen abend! Darf ich Sie abholen?
BAUMEISTER. — Ja, das wäre sehr freundlich von Ihnen. Ich wohne immer
15 noch in der Schubertstraße.
HAMANN. — Wir haben damals in der Schule immer so darüber gelacht, daß unser Musiklehrer ausgerechnet in der Schubertstraße wohnen sollte.

# Das Doppelglück der Töne und der Liebe

In den heißen Junitagen des Jahres 1791 saß Wolfgang Amadeus Mozart, der berühmteste Musiker seiner Zeit, allein in seiner leeren Wohnung in Wien und schrieb atemlos an der Partitur seiner „Zauberflöte". Es war still um ihn geworden, und die Not des täglichen Lebens drängte von allen Seiten auf ihn ein. Die liebe Konstanze, seine Frau, und seinen siebenjährigen Sohn Carl hatte er vor wenigen Wochen nach Baden gebracht, dem idyllischen Badeort nicht weit von Wien. Schon lange von schwächlicher Gesundheit, mußte Konstanze sich unbedingt erholen. Aber Mozart war arm, und was er besaß oder verdiente, reichte nicht aus, um die Erholung seiner geliebten Frau zu ermöglichen. Daher mußte er Schulden machen, und die Schulden und Sorgen erwiesen sich als treue Begleiter; leider waren sie anhänglicher als die vielen Fürsten und mächtigen Herren, die sich früher als Patrone und Freunde der Mozartischen Kunst aufgespielt hatten.

Mozart war also allein. Ein paar zuverlässige und treue Schüler halfen ihm beim Abschreiben seiner Kompositionen. Köchin und Dienstmädchen hatten entlassen werden müssen, für sie war kein Geld da. Dennoch verlor Mozart nicht den Mut. Solange er Töne fand, seine Lust am Leben auszudrücken, solange war die schöpferische Arbeit das eigentliche Element, in dem er leben konnte. Wenn er am Tage Bankiers und Geldverleiher besuchen oder reiche Patrone um Unterstützung bitten mußte, so schrieb er in der Nacht seinen Hymnus auf die Menschenliebe, die „Zauberflöte" Denn Mozart liebte das Leben in allen seinen Formen, gleichviel, ob es in der Geselligkeit seiner Freunde oder in der Einsamkeit des Klavierspielens zu ihm sprach. Selbst die Mäuse, die während der Nacht im leeren Hause ihr Wesen trieben, waren ein Teil des Lebens. Auf ausgedehnten Reisen — im Laufe von fünfunddreißig Jahren hatte er halb Europa kennengelernt — war er genug menschlichen Mäusen und Katzen begegnet. Die ersten Partien der „Zauberflöte" waren in einem Gartenhäuschen entstanden, das ihm Schikaneder, der Verfasser des Textes, im Frühjahr des Jahres zur Verfügung gestellt hatte. Was dort in der Nähe der Natur entstanden war, das kam nun hier in der Einsamkeit seines eigenen Hauses zum Abschluß: die Lust am Leben und die Verehrung des Lebens.

Mozarts Kompositionen aus dieser Zeit zeigen eine erstaunliche Einfachheit und Verklärtheit. Sie scheinen so selbstverständlich wie die Dinge der Natur, die doch selbst wieder unendlich kompliziert sind. An einem dieser heißen Junitage, als Mozart nach Baden hinausgeeilt war, zu einem kurzen Besuch bei Frau und Kind, klagte ihm ein Freund, daß ihm in der

Salzburg

Musik zum kommenden Fronleichnamsfest noch eine gute und eindrucksvolle Motette fehle. Mozart setzt sich in die Kirche, hört sich das Singen des Chors an und schreibt in kurzer Zeit die Musik zum „Ave verum corpus", das seitdem viele gläubige Menschen zu Tränen gerührt hat. Allerdings kann kein Mensch sagen, warum die Musik Mozarts das menschliche Gefühl der Angst und Bedrücktheit so wunderbar überwindet.

Im Juli 1791 kamen Konstanze und ihr Sohn wieder aus Baden zurück. Eines Tages, als Mozart bei der Arbeit saß, meldete ihm Konstanze den Besuch eines Unbekannten, der seinen Namen nicht nennen wolle. Ein langer, hagerer Mann in grauem Anzug trat herein und überreichte ihm schweigend einen Brief: Ein Unbekannter wollte wissen, ob Mozart bereit sei, eine Totenmesse für ihn zu schreiben, wann er sie beenden könne, und welchen Preis er dafür fordere. Dies war ein unheimlicher Besuch. Denn der graue Fremde war ebenso unheimlich wie der „steinerne Gast" in Mozarts eigener Oper „Don Juan", wo plötzlich ein Gespenst, die Statue eines Toten, bei dem lebenslustigen Don erscheint und ihn zu einem Festmahl einlädt. Und Mozart war gerade kurz vorher eingeladen

Salzburg

worden, eine Aufführung der Oper im September in Prag zu dirigieren! Auf Mozarts aufgeregte Fragen nach dem Absender des Briefes schüttelte der graue Gast den Kopf und zeigte immer nur mit dem Finger auf den Brief. Mozart mußte sich mit Konstanze besprechen. Sie drängte ihn, den Auftrag anzunehmen. So komme Geld ins Haus; sie könnten ihre Schulden bezahlen, und für ein Requiem könne Mozart einen hohen Preis verlangen. Und das tat er. Er erklärte sich zur Komposition des Requiems bereit; aber er könne nicht versprechen, das Werk an einem bestimmten Datum zu beenden. Zwei Tage später war der graue Gast wieder da und reichte ihm die verlangten 100 Dukaten. Aber er warnte ihn davor, jemals dem Geheimnis des Auftraggebers nachzuforschen. Es werde ihm nie gelingen, dessen Namen herauszufinden.

Mozart war durch den geheimnisvollen Auftrag ebenso angefeuert wie bedrückt. Dies war eine große Aufgabe. Und dennoch waren so viele andere Dinge — ein Konzert und eine Kantate — zu vollenden. Und da war vor allem der Auftrag aus Böhmen, bis Anfang September eine Oper zu schreiben, „Titus" (*La Clemenza di Tito*), die zur Krönung des böhmischen Königs aufgeführt werden sollte. Mozart machte sich also an die

Arbeit am „Titus" und bereitete sich für die Abreise nach Prag vor. Als er Mitte August mit Konstanze die Postkutsche besteigen wollte, stand plötzlich der graue Gast vor ihm und mahnte ihn daran, das Requiem nicht zu vergessen.

Wie sehr ihn die Gedanken an die Totenmesse beschäftigten, wird aus einem Brief deutlich, den er an den Direktor der italienischen Oper in London schrieb, der ihn nach England eingeladen hatte, um dort zwei Opern zu komponieren. Er schrieb: „Mein Kopf ist verwirrt, nur mit Mühe bringe ich mich zur Sammlung. Das Bild des Unbekannten will nicht vor meinen Augen weichen. Ich sehe ihn ohne Unterlaß. Er bittet mich, er drängt mich, er verlangt von mir die Arbeit. Ich setze sie fort, weil mich das Komponieren weniger ermüdet als Untätigkeit. Sonst habe ich ja vor nichts mehr zu zittern. Ich fühle es, mein Zustand sagt es mir: Die Stunde schlägt. Ich werde sterben müssen. Ich bin zu Ende, ehe ich mich meines Könnens erfreuen darf. Wie war das Leben doch so schön! Meine Laufbahn begann mit den prächtigsten Ausblicken. Doch keiner vermag sein zugemessenes Geschick zu ändern, keiner seine Lebenstage zu umgrenzen. Ergeben muß man sich unter den Willen der Vorsehung beugen. Und so beende ich meinen Grabgesang. Ich darf ihn nicht unvollendet lassen."

*Ja, nach London zu gehen, das wäre eine schöne Lösung seiner Schwierigkeiten gewesen. Die dreihundert Pfund Sterling, die man ihm angeboten hatte, hätten ihn gewiß von allen seinen Schulden befreit. Und wie gut hätte eine solche Reise der lieben Konstanze getan! Dann hätte er auch seinen väterlichen Freund Haydn wiedersehen dürfen. Joseph Haydn war erst letzten Winter nach England gegangen, als er durch den Tod des Fürsten Esterhazy seinen verständnisvollen Patron und Freund verloren hatte. Wie gut hatten Haydn und Mozart sich verstanden, wenn sie miteinander über Musik reden konnten. Wenn Mozart jetzt auch nach England gehen wollte, dann würde man ihn vielleicht gar nicht aus Wien herauslassen, bevor er nicht alle seine Schulden bis auf den letzten Schilling und Heller bezahlt hätte.*

*Wenn ihn jetzt die Leute seiner Schulden wegen festhalten wollten, wer konnte darüber entscheiden, ob dies ganz gerecht war? Hatte er nicht den Menschen viel mehr gegeben als sie ihm? Dreißig Jahre lang war doch sein Leben nichts anderes gewesen als eine Reihe von Gaben und Geschenken, von denen schwer zu sagen war, was den Menschen größere Freude bereitete — seine Sonaten oder seine Sinfonien, seine Orchesterkonzerte oder seine Kammermusiken, sein „Don Juan" oder seine „kleine Nachtmusik".*

\* \* \*

Es war nur etwas über dreißig Jahre her, daß sein Vater Leopold Mozart, Hofmusikus beim Erzbischof von Salzburg, seinem dreijährigen Söhnchen Johannes Chrysostomus Wolfgangus Theophilus (später Amadeus genannt) Unterweisung in der Musik erteilte. Aber dies war nicht nur gewöhnlicher Unterricht im Klavierspiel und in der Theorie, den der Vater seinem Sohn aufzwang, weil er seinem eigenen Stolz schmeicheln wollte. Es war eine Reihe von ungewöhnlichen Entdeckungen. Nicht nur der junge Wolfgang entdeckte die geheimen Harmonien und Rhythmen der Musik, wie ein junger Vogel entdeckt, daß er fliegen kann. Sondern auch die Eltern entdeckten, daß in ihrem Kinde mehr steckte als nur musikalische Begabung. Wenn er still dabei saß und zuhörte, wenn Anna (das „Nannerl"), seine fünf Jahre ältere Schwester, Unterricht im Klavierspiel empfing, dann regte sich in dem Jungen etwas, das mehr war als bloßes Spiel. Es war ihm Ernst, den keiner stören durfte. Und wie er aufpaßte und beobachtete und Dinge im Gedächtnis behielt! Einmal fand der Vater das „Wolferl" mit einem großen Notenblatt vor sich, auf dem viele Noten und ebenso viele ausgewischte Tintenkleckse zu finden waren. Jedesmal wenn ein Tintenklecks aufs Papier fiel, dann wischte der kleine Wolfgang ihn einfach mit der Hand aus. — „Was machst du da?" fragte der Vater. —

„Ein Konzert fürs Klavier," war die Antwort. Es war wirklich zum Lachen. Als aber der Vater sich das Geschmier genauer ansah, machte er eine Entdeckung. „Sehen Sie mal," sagte er zu einem Kollegen. „Das ist alles richtig und korrekt und regelmäßig. Nur ist es so schwer, daß es kein Mensch spielen kann!" — „Drum ist's halt ein Konzert," sagte der kleine Wolfgang. „Man muß solange exerzieren, bis es geht."

Und exerzieren mußte er — vom frühen Morgen bis zum späten Abend. Er brauchte auch nicht zur Schule gehen: Lesen, Schreiben und Rechnen brachte ihm sein Vater zu Hause bei. Und nicht nur das. Der Vater war ein „studierter Mann" gewesen, ehe er mit der Musik begonnen hatte. Daher war er in der Lage, seinem aufgeweckten Jungen fremde Sprachen beizubringen — Italienisch und Französisch — und Literatur, Kunst und Politik, Philosophie und Geschichte und Menschenkenntnis.

Das sollte ihnen auf ihren späteren Reisen gut zustatten kommen. Aber das Schönste war doch, als das fünfjährige Wolferl anfing, Menuette auf Notenpapier zu schreiben, ehe er selber Buchstaben zu lesen und schreiben vermochte. Sogar richtige Menuette, die sich spielen ließen und schön klangen. So etwas war noch nie vorgekommen; und der Vater schrieb sie sauber in ein Notenheft.

Ein Wunderkind in der Familie zu haben, kann Aufregungen und ungewöhnliche Verpflichtungen in die Familie bringen. Zwei Wunderkinder können einen Zirkus aus ihr machen. Das war bei Mozarts nicht der Fall. Als Nannerl und Wolferl mit dem Klavier so vertraut wurden, daß ihnen nichts natürlicher vorkam, als vor anderen Menschen zu spielen, da versuchte Vater Mozart mit ihnen in der „großen Welt" sein Glück zu machen. Aber Vater Mozart war nicht nur stolz auf seine Kinder; er war auch streng und tüchtig. Er wußte in dem jungen Wolfgang Amadeus eine kindlich-aufgeweckte Natürlichkeit zu bewahren, die ihn durch sein ganzes Leben begleitete. Später, als Wolfgang und seine Frau Konstanze einmal kein Geld hatten, um sich Holz für ihren Ofen zu kaufen, da fielen sie sich einfach in die Arme und tanzten sich warm. Und freuten sich darüber wie Kinder.

Wolfgang war sechs Jahre alt, als sein Vater ihn und Nannerl auf eine Konzertreise nach München und Wien mitnahm. Sie wurden auch am Wiener Kaiserhof eingeladen, denn der Vater war auch ein tüchtiger Geschäftsmann, der gut Reklame zu machen verstand. Die Geschwister spielten so herzhaft und unbefangen, daß alle Anwesenden in hellen Beifall ausbrachen. Als die freundliche Kaiserin Maria Theresia die Kinder begrüßte, da kletterte der kleine Wolfgang, wie er es bei seiner Mutter gewohnt war, ihr auf den Schoß, legte ihr die Arme um den Hals und küßte sie von Herzen. Das war ihm so selbstverständlich wie seine Musik. Als Vater Mozart einmal seinem kleinen Sohn die Orgel in einer Kirche erklärte, da wollte Wolfgang sie auch spielen. Aber seine Beine waren noch zu kurz, um die Pedale zu erreichen. Da schob er den Schemel weg und stellte sich auf die Pedale und spielte, als ob er sein ganzes Leben die Orgel gespielt hätte.

Ein Jahr später reiste die Familie Mozart nach dem Westen und Norden. Hier ging dem jungen Musikanten erst richtig das Leben in der großen Welt auf. Er spielte in Paris und er spielte

in London; er spielte in Kirchen und in Palästen. Überall wurde
der bescheidene und doch so frische Junge stürmisch empfangen.
Die Leichtigkeit seines Klavierspiels, die Frische seiner Impro-
visationen, die Sicherheit seiner Kompositionen öffneten ihm
die Tore und die Herzen. Wenn ihm ein König auf die Schulter
klopfte, so war ihm das so selbstverständlich wie väterliches Lob.
Als aber in Versailles die berühmte Marquise von Pompadour
sich von ihm nicht ganz so bereitwillig umarmen und küssen
lassen wollte wie Maria Theresia, da fragte der junge Virtuos
etwas gekränkt: „Was hat die denn, daß sie mich nicht küssen
will? Die Kaiserin hat's doch auch getan!" Und als er im
September 1763 in Frankfurt spielte, da konnte er nicht wissen,
daß da draußen unter dem Publikum ein anderes Wunderkind
bei seinen Eltern saß und seinem Spiel bewundernd und kritisch
folgte. Noch in seinem hohen Alter erzählte Johann Wolfgang
Goethe: „Ich habe Mozart als siebenjährigen Knaben gesehen,
wo er auf einer Durchreise ein Konzert gab. Ich selber war
damals etwa vierzehn Jahre alt, und ich erinnere mich des
kleinen Mannes in seiner Frisur und seinem Degen noch ganz
deutlich." Kurz danach sollten die ersten Sonaten für Klavier
und Violine entstehen. Schon schlummerten darin die Keime
künftiger Kompositionen, die später Goethe wünschen ließen,
daß Wolfgang Amadeus Mozart die Musik zur Helena-Tragödie
seines „Faust" geschrieben hätte.

Salzburg

    Noch manche andere Konzertreisen führten den jungen Mozart, zusammen mit seinem Vater, in die große Welt der europäischen Musik. Dreimal unternahmen sie eine Reise nach Italien; jedesmal nahm sein Ruhm zu, seine Liebe zur italienischen Musik ab. Man machte ihn zum Konzertmeister; man nahm ihn in Philharmonische Akademien auf, man ernannte ihn zum „Ritter vom goldenen Sporn". Aber trotzdem stiegen ihm diese Ehren nicht zu Kopf, und er blieb ein schlichter Junge, der mit sechzehn Jahren unbekümmerte Briefe an seine Schwester schreiben konnte, die inzwischen aufgehört hatte, ein „Wunderkind" zu sein. Einer von diesen Briefen ist voll von harmlosen, spielerischen Scherzen:

„*Ich hoffe, du wirst dich gut befinden, meine liebe Schwester. Wenn Du diesen Brief erhältst, meine liebe Schwester, so geht denselbigen Abend, meine liebe Schwester, meine Opera in scena* („*Lucio Silla*"). *Denke an mich, meine liebe Schwester, und bilde dir nur, meine liebe Schwester, kräftig ein, Du siehest und hörest, meine liebe Schwester, sie auch. . . . Meine liebe Schwester, morgen speisen wir beim Herrn von Meyer, und warum glaubst du? Rate! Weil er uns eingeladen hat. Die morgige Probe ist auf dem Theater. Der Impresario aber hat mich ersucht, ich solle niemand nichts davon sagen, denn sonst laufen alle Leute hinein und das wollen wir nicht. Also, mein Kind, ich bitte Dich, sage niemanden nichts davon, mein Kind, denn sonst laufen zuviel Leute hinein, mein Kind. — — — Weißt Du schon die Geschichte, die hier vorgegangen ist? Nun will ich sie Dir erzählen. Wir gingen heut von Graf Firmian weg, um nach Haus zu gehen, und als wir in unsere Gasse kommen, so machten wir unsere Haustüre auf, und was meinst du wohl, daß sich zugetragen? — Wir gingen hinein! Lebe wohl, meine liebe Schwester. Dein unwürdiger Bruder* (frater) *Wolfgang. Bitt, bitt, meine liebe Schwester, mich beißt's, kratze mich!*"

Als Mozart diesen Unsinn schrieb, da ahnte er nicht, daß seine Oper in Mailand noch zwanzigmal aufgeführt werden sollte. Das war das Merkwürdige an diesem wunderbaren Jungen, daß er in einem Augenblick scherzen und spielen konnte wie ein „Kind" und daß ihm im nächsten Augenblick Dinge gelangen, die noch kein „Großer" fertiggebracht hatte. Er besaß nicht nur dieses oder jenes Talent, etwa eine fabelhafte Fingerfertigkeit oder ein ungewöhnliches Gedächtnis; in ihm hatte die Musik selbst leibhafte Gestalt angenommen und war Wirklichkeit geworden. Man brauchte nur an etwas Unmögliches denken — und Mozart sah zu, daß es sich ereignete und Wirklichkeit wurde. So geschah es im Jahre 1770, daß Mozart dem päpstlichen Hof ein lange gehütetes Geheimnis wegnahm. Seit mehr als hundert Jahren sang der Chor der Sixtinischen Kapelle in Rom in der Osterwoche ein wunderbar-kompliziertes neunstimmiges „Miserere". Keinem Sänger war es erlaubt, eine Abschrift des Stückes zu machen oder es sonstwie in die Öffentlichkeit gelangen zu lassen. Mozart hörte sich die Aufführung unter gespannter Aufmerksamkeit an. Er bemerkte wohl kaum die wunderbaren Gemälde von Michelangelo, die diese Kapelle

berühmt machten. In diesem Augenblick war er nichts als feinste musikalische Rezeptivität. Als er wieder in seinem Quartier war, schrieb er die ganze Komposition, Stimme für Stimme, aus dem Gedächtnis nieder.

Solche Kunststücke waren überraschend. Aber im Grunde genommen waren sie doch keine „große" Kunst. Das wußte niemand besser als Mozart selbst. Das sieht man schon daran, daß der junge Komponist, der so früh in seiner Kunst ein Meister geworden war und von ganz Europa „Maestro" genannt wurde, immer wieder zum Lernen bereit war. Er lernte in Italien das Wesen und die Formen der italienischen Musik, die damals in der führenden Gesellschaft Europas sehr beliebt war. Je besser er sie kennenlernte, desto mehr empfand er das Bedürfnis nach einem anderen „Geschmack": nämlich das Bedürfnis, die eigenen Gefühle und Zweifel, die eigene Lust am Leben und ihre Widerstände zum Ausdruck zu bringen. Vielleicht gab es überhaupt — im Leben wie in der Kunst — zwei Arten von Ausdruck: eine Ausdrucksweise, die angenehm und gefällig war, aber nicht besonders tief, weil sie schnell erlebt und schnell wieder vergessen werden konnte. Und es gab eine andere Ausdrucksweise, die echt und schön war und an die man sich sein ganzes Leben erinnerte. Zur ersten gehörte eine elegante Frisur und ein blauseidener Rock und ein Degen. Zur zweiten gehörte nichts als ein natürliches, menschliches Gefühl. Mit anderen Worten: Mozart entdeckte den Unterschied zwischen Galanterie und Liebe.

Als Mozart aus Italien wieder in das heimatliche Salzburg zurückkehrte, fand er sich ganz an den Dienst am Hofe des musikliebenden Erzbischofs gebunden. Er kam sich bald wie ein Gefangener vor. Er fand auch, daß man am Hofe die Musik als eine Unterhaltung, als ein „Divertimento" ansah und nicht als einen Ausdruck menschlicher Gefühle. Mozart aber wollte seinen Hörern nicht nur Galanterie bieten, sondern den Ausdruck von Liebe. Es ist nun interessant zu beobachten, wie Mozart im Dienst des Salzburger Bischofs wohl auch „Divertimenti" und Serenaden schrieb — weil man solche Tafelmusik und Festmusik von ihm erwartete —; aber die Oper schien er, mit ein paar Ausnahmen, zu vermeiden, vielleicht weil hier mehr die Galanterie zu Worte zu kommen schien. Statt dessen konzentrierte er sich mehr und mehr auf die Instrumentalmusik: Violinkonzerte, Klaviersonaten und Streichquartette, weil hier das reine Reich der Töne umso inniger zum Ausdruck kommen konnte. Noch einmal, im Jahre 1777, machte sich Mozart vom Zwang der Verhältnisse in Salzburg frei und reiste mit seiner Mutter nach Süddeutschland und Frankreich, um noch einmal das Glück des freien und unabhängigen Künstlers zu erleben. Aber seine Reise hatte nicht den rechten Erfolg, den er suchte. Er war kein Wunderkind mehr und konnte nicht erwarten, daß die französische Königin ihm einen Kuß auf die Stirn drücken würde.

Seine wirkliche Freiheit erwarb Mozart aber erst im Jahre 1781, als er offen seine Verbindung mit dem Bischof von Salzburg abbrach und nach Wien übersiedelte. Aber diese Freiheit mußte er sich mit Leiden und Entbehrungen erkämpfen. Zwar gab ihm die Heirat mit Konstanze das Gefühl von unendlichem Glück, getrübt allerdings durch den frühzeitigen Tod mehrerer Kinder. Aber diese Zeit stellte ihn auf sich selbst, auf den Glauben an seine eigene menschliche und künstlerische Überzeugung. Nun gab es niemand mehr, der ihm seinen Geschmack vorschreiben konnte. Nun fand er Menschen, mit denen er sich in musikalischen Dingen verstehen konnte — ältere, wie Joseph Haydn, und jüngere, wie Ludwig van Beethoven. Wenn der Wiener Hof sich seinen Opern gegenüber etwas kühl verhielt, dann gab es immer noch „die lieben Böhmen", das Theater in Prag, das ihn mit Begeisterung aufnahm. In Wien erreichte Mozarts Kunst ihre Vollendung. Hier wurde seine Kunst erst wirklich zum Ausdruck seiner Liebe zum Leben und seiner Lust an der Welt. Hier konnte er die Opern schreiben, die alle irgendwie von Liebe handeln: „Die Entführung aus dem Serail", „Die Hochzeit des Figaro", der „Don Juan" und „Die Zauberflöte". Und hier entstanden auch die herrlichsten Schöpfungen seiner Instrumentalmusik — seine späten Sinfonien und Klavierkonzerte, seine große Kammermusik, vor allem die Streichquartette, die Haydn gewidmet sind. Und hier entstand zuletzt auch das „Requiem".

Mozart hat nie herausgefunden, wer der Unbekannte war, der die Totenmesse bei ihm bestellt hatte. Nach der Aufführung der „Zauberflöte" und des „Titus" im Herbst 1791 hatte Mozart sich mit aller Kraft der Vollendung des „Requiems" zugewandt. Aber schon im Oktober wurde er von einer schleichenden Krankheit ergriffen, die ihn im November ins Bett zwang. Er hat sich nie wieder von seinem Krankenlager erhoben. Noch am Tag vor seinem Tode schrieb er an dieser Komposition. Aber sie blieb unvollendet. Er starb am 5. Dezember. Da er in einem Sammelgrab für Arme beerdigt wurde, ist seine Grabstätte unbekannt geblieben.

Das „Requiem" wurde nach Mozarts Plänen und Skizzen von seinem Schüler Süßmayer vollendet. Der Graf Welsegg erhielt seine Partitur, nachdem Süßmayer das Ganze noch einmal abgeschrieben hatte. Welsegg war der unbekannte Auftraggeber, der die Totenmesse zum Andenken an seine verstorbene Gattin unter seinem eigenen Namen hatte veröffentlichen wollen. Aber das war nun nicht mehr möglich. Das „Requiem" wurde 1792 bei einer Gedächtnisfeier für Mozart zum ersten Mal aufgeführt, so daß sich Mozarts eigene Ahnung erfüllte, er werde die Totenmesse für seine eigene Totenfeier schreiben.

Das Andenken an Mozart lebt in der Pflege seines Werks. Es lebt ebenso in dem Gedanken der Salzburger Festspiele. Diese Festspiele sind der Dank seines Volkes. Sie sind die Aufforderung an alle Menschen der Welt, in der Geburtsstadt Mozarts die Botschaft seiner Kunst zu empfangen und zu verehren — die Botschaft von Liebe und Lust am Leben.

# Das Wunderkind

Das Wunderkind kommt herein — im Saale wird's still.

Es wird still, und dann beginnen die Leute zu klatschen, weil irgendwo seitwärts ein geborener Herrscher und Herdenführer zuerst in die Hände geschlagen hat. Sie haben noch nichts gehört, aber sie klatschen Beifall; denn ein gewaltiger Reklameapparat hat dem Wunderkinde vorgearbeitet, und die Leute sind schon betört, ob sie es wissen oder nicht.

Das Wunderkind kommt hinter einem prachtvollen Wandschirm hervor, der ganz mit Empirekränzen und großen Fabelblumen bestickt ist, klettert hurtig die Stufen zum Podium empor und geht in den Applaus hinein, wie in ein Bad, ein wenig fröstelnd, von einem kleinen Schauer angeweht, aber doch wie in ein freundliches Element. Es geht an den Rand des Podiums vor, lächelt, als sollte es photographiert werden, und dankt mit einem kleinen, schüchternen und lieblichen Damengruß, obgleich es ein Knabe ist.

Es ist ganz in weiße Seide gekleidet, was eine gewisse Rührung im Saale verbreitet. Es trägt ein weißseidenes Jäckchen von phantastischem Schnitt mit einer Schärpe darunter, und sogar seine Schuhe sind aus weißer Seide. Aber gegen die weißseidenen Höschen stechen scharf die bloßen Beinchen ab, die ganz braun sind; denn es ist ein Griechenknabe.

Bibi Saccellaphylaccas heißt er. Dies ist einmal sein Name. Von welchem Vornamem „Bibi" die Abkürzung oder Koseform ist, weiß niemand, ausgenommen der Impresario, und der betrachtet es als Geschäftsgeheimnis. Bibi hat glattes, schwarzes Haar, das ihm bis zu den Schultern hinabhängt und trotzdem seitwärts gescheitelt und mit einer kleinen seidenen Schleife aus der schmalgewölbten, bräunlichen Stirn zurückgebunden ist. Er hat das harmloseste Kindergesichtchen von der Welt, ein unfertiges Näschen und einen ahnungslosen Mund; nur die Partie unter seinen pechschwarzen Mausaugen ist schon ein wenig matt und von zwei Charakterzügen deutlich begrenzt. Er sieht aus, als sei er neun Jahre alt; zählt aber erst acht und wird für siebenjährig ausgegeben. Die Leute wissen selbst nicht, ob sie es eigentlich glauben. Vielleicht wissen sie es besser und glauben dennoch daran, wie sie es in so manchen Fällen zu tun gewohnt sind. Ein wenig Lüge, denken sie, gehört zur Schönheit. Wo, denken sie, bliebe die Erbauung und Erhebung nach dem Alltag, wenn man nicht ein bißchen guten Willen mitbrächte, fünf gerade sein zu lassen? Und sie haben ganz recht in ihren Leutehirnen!

Das Wunderkind dankt, bis das Begrüßungsgeprassel sich legt; dann geht es zum Flügel, und die Leute werfen einen letzten Blick auf das Programm. Zuerst kommt „Marche solennelle", dann „Rêverie", und dann „Le hibou et les moineaux", — alles von Bibi Saccellaphylaccas. Das ganze Programm ist von ihm, es sind seine Kompositionen. Er kann sie zwar nicht aufschreiben, aber er hat sie alle in seinem kleinen ungewöhnlichen Kopf, und es muß ihnen künstlerische Bedeutung zugestanden werden, wie ernst und sachlich auf den Plakaten vermerkt ist, die der Impresario abgefaßt hat. Es scheint, daß der Impresario dieses Zugeständnis seiner kritischen Natur in harten Kämpfen abgerungen hat.

Das Wunderkind setzt sich auf den Drehsessel und angelt mit seinen Beinchen nach den Pedalen, die vermittels eines sinnreichen Mechanismus viel höher angebracht sind als gewöhnlich, damit Bibi sie erreichen kann. Es ist sein eigener Flügel, den er überallhin mitnimmt. Er ruht auf Holzböcken, und seine Politur ist ziemlich strapaziert von den vielen Transporten; aber das alles macht die Sache nur interessanter.

Bibi setzt seine weißseidenen Füße auf die Pedale; dann macht er eine kleine spitzfindige Miene, sieht geradeaus und hebt die rechte Hand. Es ist ein bräunliches naives Kinderhändchen, aber das Gelenk ist stark und unkindlich und zeigt ausgearbeitete Knöchel.

Seine Miene macht Bibi für die Leute, weil er weiß, daß er sie ein wenig unterhalten muß. Aber er selbst für sein Teil hat im stillen sein besonderes Vergnügen bei der Sache, ein Vergnügen, das er niemandem beschreiben könnte. Es ist dieses prickelnde Glück, dieser heimliche Wonneschauer, der ihn jedesmal überrieselt, wenn er wieder an einem offenen Klavier sitzt, — er wird das niemals

verlieren. Wieder bietet sich ihm die Tastatur dar, diese sieben schwarz-weißen Oktaven, unter denen er sich so oft in Abenteuer und tief erregende Schicksale verloren, und die doch wieder so reinlich und unberührt erscheinen, wie eine geputzte Zeichentafel. Es
5 ist die Musik, die ganze Musik, die vor ihm liegt! Sie liegt vor ihm ausgebreitet wie ein lockendes Meer, und er kann sich hineinstürzen

und selig schwimmen, sich tragen und entführen lassen und im Sturme gänzlich untergehen, und dennoch dabei die Herrschaft in Händen halten, regieren und verfügen ... Er hält seine rechte Hand in der Luft.

Im Saal ist atemlose Stille. Es ist diese Spannung vor dem ersten Ton ... Wie wird es anfangen? So fängt es an. Und Bibi holt mit dem Zeigefinger den ersten Ton aus dem Flügel, einen ganz unerwartet kraftvollen Ton in der Mittellage, ähnlich einem Trompetenstoß. Andere fügen sich daran, eine Introduktion ergibt sich, — man löst die Glieder.

Es ist ein prunkhafter Saal, gelegen in einem modischen Gasthof ersten Ranges, mit rosig fleischlichen Gemälden an den Wänden, mit üppigen Pfeilern, umschnörkelten Spiegeln und einer Unzahl, einem wahren Weltensystem von elektrischen Glühlampen, die in Dolden, in ganzen Bündeln überall hervorsprießen und den Raum mit einem weit übertaghellen, dünnen, goldigen, himmlischen Licht durchzittern ... Kein Stuhl ist unbesetzt, ja selbst in den Seitengängen und dem Hintergrunde stehen die Leute. Vorn, wo es zwölf Mark kostet (denn der Impresario huldigt dem Prinzip der ehrfurchtgebietenden Preise), reiht sich die vornehme Gesellschaft; es ist in den höchsten Kreisen ein lebhaftes Interesse für das Wunderkind vorhanden. Man sieht viele Uniformen, viel erwählten Geschmack der Toilette ... Sogar eine Anzahl von Kindern ist da, die auf wohlerzogene Art ihre Beine vom Stuhl hängen lassen und mit glänzenden Augen ihren kleinen begnadeten weißseidenen Kollegen betrachten ...

Vorn links sitzt die Mutter des Wunderkindes, eine äußerst beleibte Dame, mit gepudertem Doppelkinn und einer Feder auf dem Kopf, und an ihrer Seite der Impresario, ein Herr von orientalischem Typus mit großen goldenen Knöpfen an den weit hervorstehenden Manschetten. Aber vorn in der Mitte sitzt die Prinzessin. Es ist eine kleine, runzelige, verschrumpfte alte Prinzessin, aber sie fördert die Künste, soweit sie zartsinnig sind. Sie sitzt in einem tiefen Sammetfauteuil, und zu ihren Füßen sind Perserteppiche ausgebreitet. Sie hält die Hände dicht unter der Brust auf ihrem grau gestreiften Seidenkleid zusammengelegt, beugt den Kopf zur Seite und bietet ein Bild vornehmen Friedens, indes sie dem arbeitenden Wunderkinde zuschaut. Neben ihr sitzt ihre Hofdame, die sogar ein grün gestreiftes Seidenkleid trägt. Aber darum ist sie doch nur eine Hofdame und darf sich nicht einmal anlehnen.

Bibi schließt unter großem Gepränge. Mit welcher Kraft dieser

Knirps den Flügel behandelt! Man traut seinen Ohren nicht. Das Thema des Marsches, eine schwunghafte, enthusiastische Melodie, bricht in voller harmonischer Ausstattung noch einmal hervor, breit und prahlerisch, und Bibi wirft bei jedem Takt den Oberkörper zurück, als marschierte er triumphierend im Festzuge. Dann schließt er gewaltig, schiebt sich gebückt und seitwärts vom Sessel herunter und lauert lächelnd auf den Applaus.

Und der Applaus bricht los, einmütig, gerührt, begeistert: Seht doch, was für zierliche Hüften das Kind hat, indes es seinen kleinen Damengruß exekutiert! Klatscht, klatscht! Wartet, nun ziehe ich meine Handschuhe aus. Bravo, kleiner Saccophylax oder wie du heißt — ! Aber das ist ja ein Teufelskerl! — —

Bibi muß dreimal wieder hinter dem Wandschirm hervorkommen, ehe man Ruhe gibt. Einige Nachzügler, verspätete Ankömmlinge drängen von hinten herein und bringen sich mühsam im vollen Saale unter. Dann nimmt das Konzert seinen Fortgang.

Bibi säuselt seine „Rêverie", die ganz aus Arpeggien besteht, über welche sich manchmal mit schwachen Flügeln ein Stückchen Melodie erhebt; und dann spielt er „Le hibou et les moineaux". Dieses Stück hat durchschlagenden Erfolg, übt eine zündende Wirkung. Es ist ein richtiges Kinderstück und von wunderbarer Anschaulichkeit. Im Baß sieht man den Uhu sitzen und grämlich mit seinen Schleieraugen klappen, indes im Diskant zugleich frech und ängstlich die Spatzen schwirren, die ihn necken wollen. Bibi wird viermal hervorgejubelt nach dieser Pièce. Ein Hotelbedienter mit blanken Knöpfen trägt ihm drei große Lorbeerkränze aufs Podium hinauf und hält sie von der Seite vor ihn hin, während Bibi grüßt und dankt. Sogar die Prinzessin beteiligt sich an dem Applaus, indem sie ganz zart ihre flachen Hände gegeneinander bewegt, ohne daß es irgend einen Laut ergibt . . .

Wie dieser kleine versierte Wicht den Beifall hinzuziehen versteht! Er läßt hinter dem Wandschirm auf sich warten, versäumt sich ein bißchen auf den Stufen zum Podium, betrachtet mit kindischem Vergnügen die bunten Atlasschleifen der Kränze, obgleich sie ihn längst schon langweilen, grüßt lieblich und zögernd und läßt den Leuten Zeit, sich auszutoben, damit nichts von dem wertvollen Geräusch ihrer Hände verloren gehe. „Le hibou" ist mein Reißer, denkt er; denn diesen Ausdruck hat er vom Impresario gelernt. Nachher kommt die Fantaisie, die eigentlich viel besser ist, besonders die Stelle, wo es nach Cis geht. Aber ihr habt ja an diesem hibou einen Narren gefressen, ihr Publikum, obgleich er das erste und dümmste ist, was ich gemacht habe. Und er dankt lieblich.

Dann spielt er eine Meditation und dann eine Etude; — es ist ein ordentlich umfangreiches Programm. Die Meditation geht ganz ähnlich wie die „Rêverie", was kein Einwand gegen sie ist, und in der Etude zeigt Bibi all seine technische Fertigkeit, die übrigens hinter seiner Erfindungsgabe ein wenig zurücksteht. Aber dann kommt die Fantaisie. Sie ist sein Lieblingsstück. Er spielt sie jedesmal ein bißchen anders, behandelt sie frei und überrascht sich zuweilen selbst dabei, durch neue Einfälle und Wendungen, wenn er seinen guten Abend hat.

Er sitzt und spielt, ganz klein und weiß glänzend vor dem großen, schwarzen Flügel, allein und auserkoren auf dem Podium über der verschwommenen Menschenmasse, die zusammen nur eine dumpfe, schwer bewegliche Seele hat, auf die er mit seiner einzelnen und herausgehobenen Seele wirken soll . . . Sein weiches, schwarzes Haar ist ihm mitsamt der weißseidenen Schleife in die Stirn gefallen, seine starkknochigen, trainierten Handgelenke arbeiten, und man sieht die Muskeln seiner bräunlichen, kindlichen Wangen erbeben.

Zuweilen kommen Sekunden des Vergessens und Alleinseins, wo seine seltsamen, matt umränderten Mausaugen zur Seite gleiten, vom Publikum weg auf die bemalte Saalwand an seiner Seite, durch die sie hindurchblicken, um sich in einer ereignisvollen, von vagem Leben erfüllten Weite zu verlieren. Aber dann zuckt ein Blick aus dem Augenwinkel zurück in den Saal, und er ist wieder vor den Leuten.

Klage und Jubel, Aufschwung und tiefer Sturz — Meine Fantaisie! denkt Bibi ganz liebevoll. Hört doch, nun kommt die Stelle, wo es nach Cis geht! Und er läßt die Verschiebung spielen, indes es nach Cis geht. Ob sie es merken? Ach nein, bewahre, sie merken es nicht! Und darum vollführt er wenigstens einen hübschen Augenaufschlag zum Plafond, damit sie doch etwas zu sehen haben.

Die Leute sitzen in langen Reihen und sehen dem Wunderkinde zu. Sie denken auch allerlei in ihren Leutehirnen. Ein alter Herr mit einem weißen Bart, einem Siegelring am Zeigefinger und einer knolligen Geschwulst auf der Glatze, einem Auswuchs, wenn man will, denkt bei sich: Eigentlich sollte man sich schämen. Man hat es nie über „Drei Jäger aus Kurpfalz" hinausgebracht, und da sitzt man nun als eisgrauer Kerl und läßt sich von diesem Dreikäsehoch Wunderdinge vormachen. Aber man muß bedenken, daß es von oben kommt. Gott verteilt seine Gaben, da ist nichts zu tun, und es ist keine Schande, ein gewöhnlicher Mensch zu sein. Es ist etwas wie mit dem Jesuskind. Man darf sich vor einem Kinde beugen, ohne sich schämen zu müssen. Wie seltsam wohltuend das ist! — Er wagt nicht zu denken: Wie süß das ist! — „Süß" wäre blamabel für einen kräftigen, alten Herrn. Aber er fühlt es! Er fühlt es dennoch!

Kunst . . . denkt der Geschäftsmann mit der Papageiennase. Ja freilich, das bringt ein bißchen Schimmer ins Leben, ein wenig Klingklang und weiße Seide. Übrigens schneidet er nicht übel ab. Es sind reichlich fünfzig Plätze zu zwölf Mark verkauft, das macht allein seschshundert Mark, — und dann alles übrige. Bringt man Saalmiete, Beleuchtung und Programme in Abzug, so bleiben gut und gern tausend Mark netto. Das ist mitzunehmen.

Nun, das war Chopin, was er da eben zum besten gab! denkt die Klavierlehrerin, eine spitznäsige Dame in den Jahren, da die Hoffnungen sich schlafen legen und der Verstand an Schärfe gewinnt. Man darf sagen, daß er nicht sehr unmittelbar ist. Ich werde nachher äußern: Er ist wenig unmittelbar. Das klingt gut. Übrigens ist seine Handhaltung vollständig unerzogen. Man muß einen Taler auf den Handrücken legen können . . . Ich würde ihn mit dem Lineal behandeln.

Ein junges Mädchen, das ganz wächsern aussieht und sich in einem gespannten Alter befindet, in welchem man sehr wohl auf delikate Gedanken verfallen kann, denkt im geheimen: Aber was ist das! Was spielt er da! Es ist ja die Leidenschaft, die er da spielt! Aber er ist doch ein Kind?! Wenn er mich küßte, so wär'es, als küßte mein kleiner Bruder mich, — es wäre kein Kuß. Gibt es denn eine losgelöste Leidenschaft, eine Leidenschaft an sich und ohne irdischen Gegenstand, die nur ein inbrünstiges Kinderspiel wäre? . . . Gut, wenn ich dies laut sagte, würde man mir Lebertran verabfolgen. So ist die Welt.

An einem Pfeiler steht ein Offizier. Er betrachtet den erfolgreichen Bibi und denkt: Du bist etwas, und ich bin etwas, jeder auf seine Art! Im übrigen zieht er die Absätze zusammen und zollt dem Wunderkinde den Respekt, den er allen bestehenden Mächten zollt.

Aber der Kritiker, ein alternder Mann in blankem, schwarzem Rock und aufgekrempten, bespritzten Beinkleidern, sitzt auf seinem Freiplatze und denkt: Man sehe ihn an, diesen Bibi, diesen Fratz! Als Einzelwesen hat er noch ein Ende zu wachsen, aber als Typus ist er ganz fertig, als Typus des Künstlers. Er hat in sich des Künstlers Hoheit und seine Würdelosigkeit, seine Scharlatanerie und seinen heiligen Funken, seine Verachtung und seinen heimlichen Rausch. Aber das darf ich nicht schreiben; es ist zu gut. Ach, glaubt mir, ich wäre selbst ein Künstler geworden, wenn ich nicht das alles so klar durchschaute ...

Da ist das Wunderkind fertig, und ein wahrer Sturm erhebt sich im Saale. Er muß hervor und wieder hervor hinter seinem Wandschirm. Der Mann mit den blanken Knöpfen schleppt neue Kränze herbei, vier Lorbeerkränze, eine Lyra aus Veilchen, ein Bukett aus Rosen. Er hat nicht Arme genug, dem Wunderkinde all die Spenden zu reichen, der Impresario begibt sich persönlich aufs Podium, um ihm behilflich zu sein. Er hängt einen Lorbeerkranz um Bibis Hals, er streichelt zärtlich sein schwarzes Haar. Und plötzlich, wie übermannt, beugt er sich nieder und gibt dem Wunderkind einen Kuß, einen schallenden Kuß, gerade auf den Mund. Da aber schwillt der Sturm zum Orkan. Dieser Kuß fährt wie ein elektrischer Stoß in den Saal, durchläuft die Menge wie ein nervöser Schauer. Ein tolles Lärmbedürfnis reißt die Leute hin. Laute Hochrufe mischen sich in das wilde Geprassel der Hände. Einige von Bibis kleinen gewöhnlichen Kameraden dort unten wehen mit ihren Taschentüchern ... Aber der Kritiker denkt: Freilich, dieser Impresariokuß mußte kommen. Ein alter, wirksamer Scherz. Ja, Herrgott, wenn man nicht alles so klar durchschaute!

Und dann geht das Konzert des Wunderkindes zu Ende. Um halb acht Uhr hat es angefangen, um halb neun Uhr ist es aus. Das Podium ist voller Kränze, und zwei kleine Blumentöpfe stehen auf den Lampenbrettern des Flügels. Bibi spielt als letzte Nummer seine „Rhapsodie grecque", welche schließlich in die griechische Hymne übergeht, und seine anwesenden Landsleute hätten nicht übel Lust, mitzusingen, wenn es nicht ein vornehmes Konzert wäre. Dafür entschädigen sie sich am Schluß durch einen gewaltigen Lärm, einen heißblütigen Radau, eine nationale Demonstration. Aber der alternde Kritiker denkt: Freilich, die Hymne mußte kommen. Man spielt die Sache auf ein anderes Gebiet hinüber, man läßt kein Begeisterungsmittel unversucht. Ich werde schreiben, daß das unkünstlerisch ist. Aber vielleicht ist es gerade künstlerisch. Was ist der Künstler? Ein Hanswurst. Die Kritik ist das Höchste. Aber das darf ich nicht schreiben. Und er entfernt sich in seinen bespritzten Hosen.

Nach neun oder zehn Hervorrufen begibt sich das erhitzte Wunderkind nicht mehr hinter den Wandschirm, sondern geht zu seiner Mama und dem Impresario hinunter in den Saal. Die Leute stehen zwischen den durcheinandergerückten Stühlen und applaudieren und drängen vorwärts, um Bibi aus der Nähe zu sehen. Einige wollen auch die Prinzessin sehen: es bilden sich vor dem Podium zwei dichte Kreise um das Wunderkind und um die Prinzessin, und man weiß nicht recht, wer von beiden eigentlich Cercle hält. Aber die Hofdame verfügt sich auf Befehl zu Bibi; sie zupft und glättet ein wenig an seiner seidenen Jacke, um ihn hoffähig zu machen, führt ihn am Arm vor die Prinzessin und bedeutet ihm ernst, Ihrer Königlichen Hoheit die Hand zu küssen. „Wie machst du es, Kind?" fragt die Prinzessin. „Kommt es dir von selbst in den Sinn, wenn du niedersitzest?" — „Oui, Madame", antwortet Bibi. Aber inwendig denkt er: „Ach, du dumme, alte Prinzessin . . .!" Dann dreht er sich scheu und unerzogen um und geht wieder zu seinen Angehörigen.

Draußen an den Garderoben herrscht dichtes Gewühl. Man hält seine Nummer empor, man empfängt mit offenen Armen Pelze, Schale und Gummischuhe über die Tische hinüber. Irgendwo steht die Klavierlehrerin unter Bekannten und hält Kritik. „Er ist wenig unmittelbar", sagt sie laut und sieht sich um . . .

Vor einem der großen Wandspiegel läßt sich eine junge vornehme Dame von ihren Brüdern, zwei Leutnants, Abendmantel und Pelzschuhe anlegen. Sie ist wunderschön mit ihren stahlblauen Augen und ihrem klaren, reinrassigen Gesicht, ein richtiges Edelfräulein. Als sie fertig ist, wartet sie auf ihre Brüder. „Steh nicht so lange vor dem Spiegel, Adolf!" sagt sie leise und ärgerlich zu dem einen, der sich von dem Anblick seines hübschen, simplen Gesichts nicht trennen kann. Nun, das ist gut! Leutnant Adolf wird sich doch vor dem Spiegel seinen Paletot zuknöpfen dürfen, mit ihrer gütigen Erlaubnis! — Dann gehen sie, und draußen auf der Straße, wo die Bogenlampen trübe durch den Schneenebel schimmern, fängt Leutnant Adolf im Gehen ein bißchen an auszuschlagen, mit emporgeklapptem Kragen und die Hände in den schrägen Manteltaschen auf dem hartgefrorenen Schnee einen kleinen exotischen Tanz aufzuführen, weil es so kalt ist.

Ein Kind! denkt das unfrisierte Mädchen, welches mit frei hängenden Armen in Begleitung eines düsteren Jünglings hinter ihnen geht. Ein liebenswürdiges Kind! Dort drinnen war ein verehrungswürdiges . . . Und mit lauter, eintöniger Stimme sagt sie: „Wir sind alle Wunderkinder, wir Schaffenden."

Nun! denkt der alte Herr, der es nicht über „Drei Jäger aus Kurpfalz" hinausgebracht hat und dessen Auswuchs jetzt von einem

Zylinder bedeckt ist, was ist denn das! Eine Art Pythia, wie mir scheint.

Aber der düstere Jüngling, der sie aufs Wort versteht, nickt langsam.

Dann schweigen sie, und das unfrisierte Mädchen blickt den drei adeligen Geschwistern nach. Sie verachtet sie, aber sie blickt ihnen nach, bis sie um die Ecke entschwunden sind.

Thomas Mann

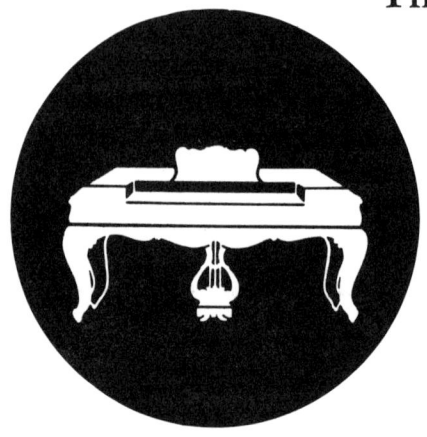

# Exercises

Each of the exercises in this section of the book is based on a particular passage in the reading material. Many of them are also based on a special point of grammar discussed in the grammar section, pp. 247-305. At the head of each exercise you will find at the left the reference to the reading material. At the right you will often also find a reference to a paragraph of the grammar section.

# Abschnitt I

**I. Reading, p. 1, l. 1 — p. 2, l. 39 ▪ Grammar Ref. §50**

*You will find in this selection many subordinating conjunctions (**daß, wenn, wo, warum, ob, obgleich**). Find 10 of these and make independent sentences by leaving out the conjunction and placing the verb in the normal position.*
EXAMPLE: In the text you find:
... daß man Ausländer nur verstehen kann, wenn man ihre Sprache versteht.
*You could make two new sentences from this passage:*
1. Man kann Ausländer nur verstehen, wenn man ihre Sprache versteht.  2. Man versteht ihre Sprache.

**II. Reading, p. 1, l. 1 — p. 2, l. 39**

*Find and copy in the form of independent sentences 10 differences between Germany and the United States.*

**III. Reading, p. 1, l. 1 — p. 3, l. 4 ▪ Grammar Ref. §46, 47**

In German there is a fairly limited number of "base-verbs", but innumerable variations on these base-verbs can be formed by the use of prefixes (**be-, emp-, ent-, er-, ge-, miß-, ver-, zer-**) or by the use of words which are similar to prepositions or adverbs (**an, auf, vor, zurück,** for example). These latter words are sometimes attached to the verb, but they often stand alone at the end of the clause. The compound verbs usually have meanings which are fairly close to the meaning of the base-verb. However, the meaning of the prefixed verbs may be very different from that of the base-verb.

    a) **Reading, p. 1, l. 1 — p. 3, l. 4**
*In this section you will find prefixed verbs formed from the following base-verbs. Give the infinitive forms of these prefixed verbs.*
1. sitzen  2. lassen  3. beugen  4. setzen  5. stellen  6. fahren  7. nehmen.

    b) **Reading, p. 1, l. 1 — p. 2, l. 34**
*You will find compound verbs formed from the following base-verbs. Give the infinitive forms of these compound verbs.*
1. stoßen  2. sprechen  3. hören  4. stellen  5. deuten  6. bringen  7. liegen.

c) *In the following sentences, choose the word which will make a meaningful statement.*
1. Mein Onkel (besitzt, sitzt) einen Bauernhof. 2. Else (nahm, vernahm) ihr Buch in die Hand und fing an zu singen. 3. Hans (kommt, bekommt) jeden Tag einen Brief von seiner Freundin in Hannover. 4. Von ihrem Bruder hat sie (gefahren, erfahren), daß ihre Mutter in zwei Tagen (kommen, bekommen) wird. 5. (Stellen, Bestellen) Sie mir, bitte, eine Tasse Kaffee!

## IV. Reading, p. 1, l. 1 — p. 3, l. 4

The ability to recognize "word families," or groups of words with related meanings, can often be of great help in reading. The chart below gives examples of some such word groups, with one or more members of each group missing. The missing words, each of which is represented on the chart by a number, all appear in this section. Study the chart to determine the formal relationship (similarities or differences in form) among the various members of each word group. Then locate in this section each of the missing words and copy the sentence in which it appears.

| Noun | Infinitive | Participle | Adjective |
|---|---|---|---|
| Gewohnheit | gewöhnen | 1 | gewöhnlich |
| 2 | einrichten | eingerichtet | X |
| Beleidigung | beleidigen | 3 | X |
| 4 | schwatzen | geschwatzt | schwatzhaft |
| Zierde | zieren | geziert | 5 |
| Bedeutung | 6 | bedeutet | X |
| 7 | sprechen | gesprochen | sprachlich |
| 8 | anschauen | angeschaut | anschaulich |
| 9 | X | X | tatsächlich |
| Wohnung | 10 | gewohnt | wohnhaft, wohnlich |
| Wiederholung | wiederholen | wiederholt | 11 |
| Erfahrung | 12 | erfahren | X |
| Sauberkeit | säubern | gesäubert | 13 |
| Erkundigung | 14 | erkundigt | X |
| Vorstellung | vorstellen | 15 | X |

## V. Reading, p. 3, l. 7 — p. 6, l. 6 ▪ Grammar Ref. §17

German is capable of forming compound nouns simply by joining two nouns together. The new noun thus formed takes its gender from the last element.

a) *Find in the text the compounds formed from the following pairs of nouns:*
1. das Holz — der Löffel  2. die Küche — das Gerät  3. die Kartoffel — der Schäler  4. die Suppe — der Teller  5. das Gas — die Flamme.  *write a new sentence*

b) *Break down the following compounds into their component parts, being sure to give the gender of each base-noun.*
1. der Kartoffelbrei  2. die Küchengabel  3. das Weizenmehl  4. der Kartoffelpfannkuchen  5. die Fingerspitze.

## VI. Reading, p. 4, l. 6 — p. 8, l. 7 ▪ Grammar Ref. §25, 26

In recipes and in laboratory manuals a certain formula is used for the instructions. This consists of **man** with a verb form ending in **-e.** *Prepare to read the following description of what the woman is doing on the pictures in which she appears (note that you will be using the simple present tense):*

Zunächst (schälen) sie die Kartoffeln, (waschen) sie und (legen) sie auf einen Suppenteller. Dann (zerreiben) sie sie auf der Reibe. Wenn alle Kartoffeln zerrieben sind, (zerschneiden) sie auch die Zwiebel und (geben) sie in die Schüssel hinein. Dann (schlagen) sie das Ei in den Brei und (mischen) alles gründlich durcheinander. Zuletzt (schütten) sie das Mehl langsam in den Brei. Sie (schütten) dann etwas Salz in die Mischung. Inzwischen (setzen) sie die Bratpfanne auf die Gasflamme und (gießen) genügend Öl in die Pfanne, sodaß der Boden dünn bedeckt (sein). Sobald das Öl erhitzt (sein), (schöpfen) sie den Kartoffelbrei in die Pfanne. Wenn die Pfannkuchen (anfangen), fest zu werden, (pressen) sie sie sachte mit dem Wender. Wenn die Unterseite der Pfannkuchen sich zu bräunen (beginnen), (wenden) sie die Puffer mit der Küchengabel um und (legen) sie auf die andere Seite. Sie (pressen) sie auch von der anderen Seite, damit sie dünn (werden).

# Abschnitt 2

**I. Reading, p. 11, l. 1 — p. 12, l. 22 ▪ Grammar Ref. §2**

*Rewrite the following sentences, supplying the appropriate preposition in each instance:*

1. ____ den Kunstschätzen der Stadt gibt es keine „Mona Lisa". 2. Düsseldorf war die zweite Stadt ____ Westdeutschland, die ____ eine Eisenbahn ____ der Außenwelt verbunden wurde. 3. Hier lebte ____ 200 Jahren ein Philosoph und Denker, Friedrich Heinrich Jacobi. 4. Wenn man gute Ausstellungen sehen möchte, ____ denen die Früchte solider Arbeit gezeigt werden, dann denkt man ____ Düsseldorf. 5. Düsseldorf war ____ den ersten deutschen Städten, die 1946 wieder ____ eigenen Füßen zu stehen vermochten. 6. Wo der Rheinstrom ____ den Hügeln des Berglands ____ die Tiefebene hinaustritt, floß ____ alter Zeit ein kleiner Fluß ____ zwei Armen ____ den großen Strom. 7. Er gründete eine Kirche ____ einer Insel ____ dem Rhein.

**II. Reading, p. 13, l. 8 — p. 14, l. 16 ▪ Grammar Ref. §27**

*Thirteen different verbs in this section are in the preterit. List these verbs in two columns, under weak verbs and strong verbs, and give the infinitive of each.*

**III. Reading, p. 14, l. 17 — p. 18, l. 18**

*Some of the statements in the list below are incorrect. Reword the incorrect statements to make them conform with the information in the reading assignment.*

1. Düsseldorf mußte nach 1945 ganz neu aufgebaut werden. 2. Manchmal findet man ein Bauwerk, das die Geschichte von drei, fünf oder mehr Jahrhunderten verbirgt. 3. Man kann die Stadt Düsseldorf an ihrem schiefen Turm erkennen. 4. Heute sind die großen Bürohäuser die höchsten Erhebungen der Stadt. 5. Die Wirkung und der Einfluß dieser Kirchtürme erstreckt sich weit über die Stadt und das Land und in die Welt hinaus. 6. Die Bürohäuser kann man Beton- und Stahlkolosse nennen. 7. Die Straßen der neuen Stadt sind sehr eng. 8. Die Königsallee — auch die Kö genannt — ist eine elegante Promenade, die über dem alten Stadtgraben angelegt ist.

**IV. Reading, p. 19, l. 1 — p. 20, l. 38 ▪ Grammar Ref. §17**

    a) *Form abstract nouns*
(1) *with the ending* **-ung:**
    1. verarbeiten    2. bevölkern    3. entwickeln (!)    4. verwalten
    5. zeugen    6. bilden    7. gründen    8. auffassen    9. versichern
    10. erfahren.
(2) *with the ending* **-schaft:**
    1. Landwirt  2. Nachbar  3. Land.

    b) *The name of a city can be used as an adjective by adding* **-er.** *These adjectives are different from other adjectives in that they are capitalized and that they take no additional ending. Find and copy the German for the following phrases:*
1. by far the greatest part of Düsseldorf industry  2. the landscape painters of the "Düsseldorf School"  3. the paintings by Düsseldorf artists  4. the citizens of Düsseldorf  5. the Düsseldorf palace garden.
*Using the vocabulary of this reading selection put the following phrases into German:*
1. the citizens of Essen  2. a Bochum bank  3. the Düsseldorf Rhine Hall  4. the building industry of Cologne  5. the atmosphere of Aachen.


**V. Reading: Review entire article on Düsseldorf ▪ Grammar Ref. §11, 51**

    *Combine the following sentence pairs, making a relative clause out of the second.*
1. Hier lebte vor zweihundert Jahren ein Philosoph und Denker. Er erwarb den Ruhm, ein „deutscher Plato" zu sein.  2. Man möchte gute Ausstellungen sehen. Auf ihnen werden die Früchte solider Arbeit gezeigt.  3. Düsseldorf ist eine Stadt. Sie hält viel auf sich.  4. Düsseldorf wurde die Hauptstadt des Landes Nordrhein-Westfalen, eines der Staaten von West-Deutschland. Sie schlossen sich 1949 zur Bundesrepublik zusammen.  5. Heinrich Heine hat sich sein ganzes Leben mit dem gleichen Problem beschäftigt. Er wurde 1797 in Düsseldorf geboren.  6. Die ganze Gegend wurde von den ungarischen Magyaren zerstört. Sie waren doch Hunderte von Kilometern entfernt im Südosten zu Hause.

b) *Make an independent sentence out of the relative clause, using the antecedent of the relative pronoun as the subject — or as an object — in the new sentence.*
1. Es gibt viele Städte, **die** diesen Ruhm für sich in Anspruch nehmen könnten. 2. Um das Jahr 1150 erscheint das „Dorf", **das** zwischen den Armen der Düssel lag, zum ersten Mal. 3. Die Stadt, **die** vor etwa 800 Jahren gegründet wurde, ließ sich nicht mehr kurz und klein hauen. 4. Mit dem Erscheinen Napoleons, **der** die dynamischen Gedanken der französischen Revolution ausbreitete, begann in Düsseldorf der Aufstieg der modernen Zeit. 5. Im gleichen Tal entdeckte man die Fragmente eines menschlichen Skeletts, **das** uns Einsicht in die Struktur des vorhistorischen Menschen geben sollte. 6. Das große Fest des Prinzen Karneval, **das** die jungen Leute der Stadt jedes Jahr feiern, bereitet dem Karneval der Stadt New Orleans ernste Konkurrenz.

## VI. Reading, Scenes 1 and 2, Der junge Architekt

a) *Each of the sentences below gives an approximate English equivalent of a sentence or part of a sentence from the reading assignment. Locate and copy the corresponding German. Remember that since the English sentences are approximate equivalents, not literal translations, you must look for the expression of each idea, not for specific words.*
1. What do you mean by reading my mail? 2. It's just that I'm worried. 3. They're after you all the time. 4. Don't keep sticking your nose in my business! 5. Sit down and get it over with! 6. Two months ago you'd have had more than eight weeks to do it in. 7. Do you know what we have for tomorrow? 8. You mustn't take that wrong. 9. Don't you want to get ready? 10. What kind of books are they, if I may ask? 11. And that too, of all things! 12. Just don't get your hopes up! 13. You can't get at them. 14. Well — I *do* have to admit ... 15. If you're lucky.

b) *Prepare to cite passages from the scenes which support or contradict each of the following statements:*
1. Der Deutsche Verein an der High School in Salt Lake City freut sich sehr auf Thilos kleinen Aufsatz über deutsche Architektur. 2. Der Bruder und die Schwester verstehen sich immer sehr gut. 3. Familie Brüning hat eine sehr kleine Wohnung. 4. Es ist leicht, in dieser Bibliothek Bücher zu bekommen.

## VII. Reading, Scenes 3 and 4

a) *Each of the sentences below gives an approximate English equivalent of a sentence or part of a sentence from the reading assignment. Locate and copy the corresponding German.*
1. Neither do I.  2. It's true just the same!  3. You should have started on it a little sooner.  4. As far as I'm concerned . . .  5. What can I do about it?

b) *Prepare to cite passages from the scenes which support or contradict each of the following statements:*
1. Thilo bereitet sich für seine große Prüfung vor.  2. Thilos Vater und Mutter machen sich Sorgen, daß er sich überarbeitet.  3. Familie Brüning braucht eigentlich ein größeres Haus.  4. Thilo interessiert sich sehr für die offiziellen Führer im Reisebüro.  5. Frl. Tiedemann ist freundlich zu Thilo und ist ihm sehr behilflich.

## VIII. Reading, Scenes 5 and 6

a) *Each of the sentences below gives an approximate English equivalent of a sentence or part of a sentence from the reading assignment. Locate and copy the corresponding German.*
1. Don't let us disturb you.  2. I'll see what can be done.  3. Thank you very much.  4. Gerda answers the doorbell.  5. What's your name, please?  6. Please come in.  7. Wouldn't you like to take off your coat?  8. It was a pleasure.  9. It is so nice of you to call on us.  10. I can't stay long.  11. You just can't imagine how he's been keeping at it for the last few days.  12. You'll have to excuse the close quarters.

▪ Grammar Ref. §2

b) The prepositions **aus, außer, bei, mit, nach, seit, von,** and **zu** are always followed by dative case forms.

1) *Find in Scenes 5 and 6 the German phrases corresponding to the following and copy them:*
1. near the entrance (for cars)  2. near the exit (for cars)  3. with businesses  4. with a restaurant  5. with a garage  6. at sundown  7. something of space and of its extent  8. to Mr. Klatte  9. nice of you  10. a lot about his visit  11. at your office  12. kind of you  13. at our house  14. for the last several days  15. (keeping) at it.

Exercises

2) *Now make similar phrases using the same prepositions and making sure that they are followed by dative case forms.*
1. nice of him   2. with a single-family dwelling   3. for the last week
4. something about the family   5. near the door   6. at my house
7. kind of your father   8. something of the close quarters   9. at your aunt's.

### IX. Reading, Scenes 7 and 8

a) *Each of the sentences below gives an approximate English equivalent of a sentence or part of a sentence from the reading assignment. Locate and copy the corresponding German.*
1. I think I'd probably like something like that.   2. It appeals to me, too.   3. How did you figure that out?   4. I could have gotten that somewhere else just as well.   5. But you just don't do that!   6. To the west, facing the river, the living room has several large windows.   7. That's just what I like about it.   8. I think so too.   9. Please don't mention it!

b) *Prepare to cite passages from the scenes which support or contradict four of the following statements:*
1. Frau Brüning findet die Villa schöner als Herr Brüning.   2. Frau Brüning findet die Villa schöner als Herrn Brüning.   3. Thilo hat größeres Interesse an modernen Gebäuden, seitdem er seinen Aufsatz geschrieben hat.   4. Dr. Billing sagt, die Brünings hätten ihm dabei geholfen, den ersten Preis zu gewinnen.   5. Es gefällt der Mutter, daß es nur zwei Stockwerke im geplanten Haus gibt.

# Abschnitt 3

### I. Reading, p. 38, l. 17 — p. 39, l. 13 ▪ Grammar Ref. §17, and end-vocabulary.

*Break down the following compounds into their component parts, being sure to give the gender of each base-noun.*
1. die Hausfrau —   2. das Schlüsselbund —   3. der Weinschrank —
4. die Speisekammer —   5. der Staubsauger —   6. der Leinenschrank —
7. der Kohlenherd —   8. der Kohlenkasten —   9. der Kohlenstaub —
10. die Küchenmagd —

The first element of a compound noun is frequently a verb stem, as in the nouns:

Bohnermaschine = bohner(n) + Maschine
Poliermaschine = polier(en) + Maschine

*Combine similarly the following verbs with the noun* **Maschine:**
1. bauen 2. schreiben 3. waschen.


II. Reading, p. 40, l. 1 — p. 41, l. 11 ▪ Grammar Ref. §16

*Find and copy the German phrases corresponding to the following:*
1. of stainless steel  2. of shiny-white enamel  3. for two soft-boiled eggs  4. with several hooks  5. of various sizes.
Notice that all the above adjectives are in a position requiring the strong ending. Note also that the strong ending is required after all plural numerals.
*Using vocabulary from the reading assignment, put the following phrases into German.*
1. of heavy wood  2. two big, heavy iron pots (Nominative)  3. with ten soft-boiled eggs  4. for several little cooking-pot lids  5. of various kinds.


III. Reading, p. 42, l. 19 — p. 44, l. 21 ▪ Grammar Ref. §27, 32

*Following is a shortened version of the reading assignment with the verbs omitted. Copy this summary and supply the proper form of the appropriate verb in the preterit.*
Sie __ die Straße entlang und __ zur Metzgerei. Viel Neues __ es da nicht. Da __ ein paar Würste, und hinter dem Glas des Ladentisches __ ein paar Schüsseln mit Hackfleisch, etwas Mürbebraten und ein paar Hühnchen. — In der Molkerei nebenan __ sie ein Pfund Butter und eine Rolle Harzer Käse. Die __ der Verkäufer aber gut einwickeln. Milch __ ins Haus geliefert. — Ein paar Häuser weiter die Straße hinunter __ das Grünwarengeschäft von Gerstenmeier. Frisches Gemüse __ doch wirklich viel besser als all diese Konserven. Die Tomaten da __ ja großartig; sie __ erst am Morgen vom Lande gekommen. Da __ man doch, was man __! Der Kopfsalat __ auch gut aus, schön und fest. — Dann __ die gute Hausfrau noch über die Straße, um ins Obst- und Südfrüchtegeschäft zu gehen. Sie __ Verlangen nach Apfelsinen. Die __ einen so angenehmen Duft ins Haus. Und die Kinder __ sie so gerne. — Auf dem Heimweg __ sie noch in einer Konditorei vor und __ sich noch sechs Apfelschnitten.

Exercises

## IV. Reading, p. 45, l. 19 — p. 46, l. 3

*Be prepared to answer the following questions:*
1. Warum hat die Hausfrau ein paar Bedenken, wenn sie sich auch auf Wolfgangs Besuch freut?  2. Was tut sie immer am Samstag? 3. Wann wird sie dann waschen können?  4. Was wird sie aber für ihren Mann noch tun müssen?  5. Was sucht sie schnell im Leinenschrank?  6. Warum wäre es besser, wenn Wolfgang erst am Mittwoch käme?  7. Was muß die Hausfrau noch einmal am Montag tun? 8. Welche Mahlzeit erfordert einiges Nachdenken?  9. Warum möchte sie sich ein bißchen ausruhen?  10. Wo möchte sie einmal zu Abend essen?

## V. Reading, p. 48, l. 1 — p. 49, l. 19 ▪ Grammar Ref. §19, 28, 34, 35

*Certain verb forms are often used as adjectives and as nouns. Find the following phrases in the text and identify the verb form. Give the infinitive form of the verb.*
1. I was an employee  2. I am an uneducated person  3. urgent correspondence  4. pending cases  5. with a slight fear in my heart 6. the slight swaying  7. this awful rocking  8. this back-and-forth movement of the wet mop  9. in polishing  10. the trust-inspiring, more muffled clatter.

## VI. Reading, p. 48, l. 18 — p. 49, l. 38 ▪ Grammar Ref. §3

**montags = am Montag**
*Give the corresponding expressions for:*
1. am Dienstag  2. am Mittwoch  3. am Samstag.
*Similarly:*
1. am Vormittag  2. am Nachmittag  3. am Abend  4. am Morgen 5. am Mittag  6. in der Nacht.

## VII. Reading, p. 50, l. 1-36 ▪ Grammar Ref. §37, and end-vocabulary

*The following strong verbs are used in the preterit in the reading passage. Give the principal parts of these verbs and copy one clause in which each appears.*

1. werden  2. nachlassen  3. vergessen  4. zuziehen  5. bitten 6. stattfinden  7. fahren  8. sein  9. zurückfahren  10. vorbeikommen  11. sehen.

**VIII. Reading, p. 50, l. 37 — p. 52, l. 23 ▪ Grammar Ref. §16**

*Note p. 51, l. 17:* **etwas Seltsames;** *and p. 52, l. 20:* **etwas Säuerliches.** *Similarly one could say:* **nichts Seltsames, nichts Gutes.** *Using the vocabulary from this passage, put the following into German:*
1. something remarkable  2. something horrible  3. nothing solid  4. nothing certain  5. something dark  6. something clean  7. something ugly  8. nothing real.

# Abschnitt 4

**I. Reading, p. 55, l. 1-63 ▪ Grammar Ref. §11, 51**

*Make an independent sentence out of the relative clause, using the antecedent of the relative pronoun in your new sentence.*
1. Deutsche Orts- und Städtenamen unterscheiden sich von amerikanischen Städtenamen, **die** häufig zum Ausdruck bringen, wie zufällig ihre Entstehung gewesen ist.  2. In einer Zeit, in **der** das Leben auf dem Lande noch unsicher war, deutete die Bezeichnung „Burg" auf Befestigungen hin, hinter **denen** sich ein „Bürger" sicher und „geborgen" fühlen konnte. (*Two sentences*)  3. Man muß an die Zeit denken, in **der** deutsche Könige viele Burgen bauen ließen.  4. Die Menschen siedelten sich gerne am Fuß der Burg an, **deren** Nähe größeren Schutz versprach.  5. Städte mit engen Gassen und schmalen Häusern, **die** im Laufe der Zeit immer höher am Berg hinaufwuchsen, entstanden schon im frühen Mittelalter.  6. Der Name der Stadt bezeichnete ungefähr das Gleiche, **was** andere Stadtnamen mit -burg ausdrückten.

**II. Reading, p. 58, l. 26 — p. 61, l. 13**

*Answer the following questions and give examples for each. Be prepared to locate the cities on a map.*
1. What city-names are based upon natural features of landscape?  2. What city-names reflect manmade structures?  3. What ending is found very frequently in south-west Germany?  4. What endings are restricted to eastern Germany?  5. What endings are typical for north-west Germany?

## III. Reading, p. 61, l. 1-63, l. 54

*Be prepared to answer the following questions with short explanations in German:*
1. Woher kommen die Ortsnamen, die auf **-rode, -rot** enden? 2. Was ist der Ursprung der Namen, die auf **-au** enden? 3. Wo finden sich Städtenamen wie *Aachen, Wolfach* und *Lübeck*? 4. Was findet man wahrscheinlich in der Nähe von *Moosbronn*? 5. Auf was für einem Stück Land bauten die Menschen in *Kaiserswerth* oder *Werder* ihre Siedlungen? 6. Was fanden die alten Siedler von *Badenweiler* und *Wiesbaden* in ihrer Nähe? 7. Woran erinnern Namen wie *Salzburg* und *Reichenhall?* 8. Was war das erste Zentrum des Lebens im alten *München*, in *Sankt Gallen*, in *Herrenalb?* 9. Erklären Sie den Namen „*Stuttgart*"!

## IV. Reading, p. 68, l. 1 — p. 69, l. 10 ▪ Grammar Ref. §1, 2

*The genitive is a form infrequently used in conversation but more often met in technical and literary writing. Find and copy the phrases for which the English is given below and note how the genitive is used in each case:*
1. the festival of the heart  2. midnight of the 24th of December  3. the festival of the family  4. in the circle of people near and dear to me  5. with one of these lost evenings  6. in the form of a simple tale  7. among the employees of the institute  8. It was the business of every single one  9. for the sake of his contemplative, serious nature and his preference for objects of art  10. the best-liked of all (my) fellow workers  11. in detail  12. the harmonious conformity of his nature.

*Now, using the vocabulary of this reading passage, make a few phrases of your own:*
1. the festival of joy  2. the values of every day  3. the evening of the Fourth of July  4. the officers of the different branches of the service  5. for the sake of the closer connection.

## V. Reading, p. 69, l. 13 — p. 70, l. 15 ▪ Grammar Ref. §7, 12

*Using the interrogative words* **wer, wen, wem, was, wo, wie, wann, warum, wovon, woran,** *etc., make questions with the portion of the sentence in bold face as your target.*

EXAMPLES: Der Erzähler wartete **auf seinen Freund** in der Gaststube.
(*Your question*): Auf wen wartete der Erzähler in der Gaststube?
Der Erzähler wartete auf seinen Freund **in der Gaststube.**
(*Your question*): Wo wartete der Erzähler auf seinen Freund?
1. **Nach etwa einer Stunde** erschien endlich sein Kamerad. 2. **An seinem Mantel** merkte er, daß unterdessen ein Schneetreiben eingesetzt hatte. 3. An seinem Mantel merkte er, **daß unterdessen ein Schneetreiben eingesetzt hatte.** 4. Er wird **seinem Freund** alles erklären. 5. Er sollte vorerst **sein Essen** bestellen. 6. Die Freunde sprachen zunächst **von anderen, belanglosen Dingen.** 7. **Als sie beim Wein saßen,** kam der Freund zur Sache. 8. Der junge Leutnant hatte **bei der alten Quartierfrau** gewohnt, als er noch ledig war. 9. Der junge Leutnant hatte bei der alten Quartierfrau gewohnt, **als er noch ledig war.** 10. Die alte Frau hatte **nur die gute Stube** in Ordnung zu halten. 11. Sie verkehrte **fast mit niemandem.** 12. Sie benahm sich **durchaus als Dame.**


VI. Reading, p. 70, l. 16 — p. 72, l. 11 ▪ Grammar Ref. §46, 47, and end-vocabulary

a) *In this section you will find prefixed verbs formed from the following base-verbs. Give the infinitive and the principal parts of these prefixed verbs.*
1. brechen 2. finden 3. schließen (2) 4. fassen 5. tanzen 6. sprechen 7. suchen 8. fallen.

b) *You will find compound verbs formed from the following base-verbs. Give the infinitive and principal parts of these compound verbs:*
1. weisen 2. sehen 3. zwinkern 4. lächeln 5. schlagen 6. stieben 7. ziehen 8. fahren 9. bringen.

c) *In speaking and reading aloud it is always necessary to differentiate by means of stress between prefixed and compound verbs. In the case of prefixed verbs the stress is on the prefix, with compound verbs the stress is on the base part of the verb:* hin-**aus**-sah, zu-**rück**-ge-zo-gen; be-**fan**-den, ent-**schlie**-ßen. *Now practice reading the following sentences aloud until you can read them smoothly:*
1. Wir schlugen den Mantelkragen **hoch,** ein eisiger Nord um**faß**te uns mit hartem Griff, Millionen Flocken um**tanz**ten uns im Licht der Laternen und stoben in dichten Schleiern die Gassen ent**lang.**
2. Es über**fiel** mich mit visionärer Eindringlichkeit und war nicht mehr **weg**zubringen.

Exercises

## VII. Reading, p. 72, 1. 12 — p. 73, 1. 12 ▪ Grammar Ref. §13-16

a) *Find the noun phrases corresponding to the following English equivalents. Identify them according to case, gender, and number and note particularly the adjective endings.*

1. the old woman   2. the whole monstrous seriousness   3. of this lonely life   4. of this evening   5. on the coming Christmas Eves   6. some poor child   7. some other needy-looking person   8. this Christmas-Eve visit   9. to my old residence   10. on the narrow, winding stairs   11. the dreary gas flame   12. far from all Christmas cheer.

b) *Now fill in the blanks in the following sentences by translating the words in parentheses. Note that you will almost always have to change the form to fit the case required for use in the new sentence.*

1. Der Hauptmann hatte früher bei __ (the old woman) gewohnt. 2. Mit __ (this lonely life) war sie zufrieden. 3. (On the coming Christmas Eve) __ will er zu ihr gehen. 4. Die Eltern __ (of some poor child) werden sich freuen, wenn es das Päckchen bekommt. 5. Wenn ich __ (a needy-looking child) finde, gebe ich ihm das Päckchen. 6. (This Christmas-Eve visit) __ war seiner Frau zu sentimental. 7. (In my old residence) __ fand ich noch die alte Frau.

## VIII. Reading, p. 73, 1. 13 — p. 74, 1. 5 ▪ Grammar Ref. §17

*Compound nouns can be formed in many different ways in German. Break down the following nouns into their component parts.*

1. Augenblick   2. Feingefühl   3. Oberleutnant   4. Schreibtisch   5. Biedermeiersofa   6. Bücherkasten   8. Viertelstündchen   9. Quartierherr   10. Weihnachtsgemäßes.

## IX. Reading, p. 74, 1. 6 — p. 76, 1. 17 ▪ Grammar Ref. §6

a) *Find and copy the clauses for which the English equivalents are given below. Note the uses of the reflexive pronoun.*

1. Should I be untrue to myself?   2. When the door opened, . . .   3. You can imagine how surprised I was.   4. I didn't know how to explain it all to myself.   5. I have to go there shortly.   6. She took the package with her.   7. He looked thoughtfully into space (in front of himself).   8. I had not deceived myself.   9. Two hearts had found each other on strange paths.

b) *Now, using similar constructions, make new sentences:*
1. Should you (du) be untrue to yourself?  2. I can't imagine how that all happened.  3. He didn't know how to explain it all to himself.  4. I took the package with me.  5. We found each other on strange paths.


# Abschnitt 5

I. **Reading, p. 79, l. 1 — p. 80, l. 11 ▪ Grammar Ref. §41**
*Speakers of German use* **werden** + *the past participle only when the action expressed is regularly done by human beings. They use* **sein** + *the past participle when a condition is being described. In the following sentences, which are variants of sentences you will find in your reading passage, supply the correct form of either* **werden** *or* **sein.**
1. Hier __ Deutsch gesprochen.  2. Diese Länder __ durch ihre Sprache voneinander getrennt.  3. Auf dieser Weise __ die einfachsten Sachen des täglichen Lebens gemessen und bewertet.  4. In Rußland __ früher eine Entfernung in Wersten gemessen.  5. In ältesten Zeiten __ viele Maße vom menschlichen Körper abgeleitet.

II. **Reading, p. 81, l. 6 — p. 82, l. 10**
*Practice reading aloud the four sentences:* „So ist z. B. der Mt. Everest... eine Höhe von 442 Metern." *Now make a copy of these four sentences, substituting the abbreviation* **"m"** *for* **"Meter"**. *Prepare to read your copy aloud in class, being careful as you are reading to distinguish between* **"Metern"** (*dative plural*) *and* **"Meter"** (*all other cases*).

III. ▪ **Grammar Ref. §17**
*Some abstract nouns are formed from adjectives by the addition of the ending* **-e**. *Notice that* **a, o, u** *always "umlaut". In this chapter are nouns formed thus from the following adjectives:* **flach, lang, groß, hoch**(!), **dicht**. *What are these nouns?*
*Give in the same way the nouns formed from the following adjectives:* **weit, breit, schwer, stark, fern, nah, kurz.**

Exercises

## IV. • Grammar Ref. §21

*Compare the following pairs of things, for example:*
Ein Fuß ist kürzer als ein Meter — oder: Ein Fuß ist nicht so lang wie ein Meter. 104 Grad Fahrenheit ist so warm wie 40 Grad Celsius.
*For your comparisons you may need the following:*

lang, länger, längst-
kurz, kürzer, kürzest-
groß, größer, größt-
klein, kleiner, kleinst-
warm, wärmer, wärmst-
kühl, kühler, kühlst-
heiß, heißer, heißest-

kalt, kälter, kältest-
hoch, höher, höchst-
leicht, leichter, leichtest-
schwer, schwerer, schwesest-
wenig, weniger, wenigst-
viel, mehr, meist-

1. Eine Meile ist . . . ein Kilometer. 2. Ein Fuß ist . . . ein Meter. 3. Ein Zoll ist . . . ein Zentimeter. 4. Sechs Fuß ist . . . ein „Klafter". 5. Eine Unze ist . . . ein Gramm. 6. Ein Viertelliter ist . . . eine „pint". 7. Der Washington-Obelisk ist . . . das Ulmer Münster. 8. Der Mont Blanc ist . . . der Feldberg. 9. Der Eiffelturm ist . . . der Fernsehturm in Stuttgart. 10. Ein Yard ist . . . ein Meter. 11. Ein amerikanisches Pfund ist . . . ein deutsches Pfund. 12. Ein Wohnzimmer ist gewöhnlich . . . ein Schlafzimmer. 13. Ein Zimmer mit 6x9m ist . . . ein Zimmer mit 19x21 Fuß. 14. Ein „acre" ist . . . ein Hektar. 15. 75 ha ist . . . 600 „acres". 16. Eine Gallone ist . . . 4 Liter. 17. 90° Fahrenheit ist . . . 32° Celsius. 18. 60° Fahrenheit ist . . . 21° Celsius. 19. −10° Fahrenheit ist . . . 12° unter Null Celsius. 20. Mt. Everest ist . . . Berg der Welt. 21. Das Empire State Building ist . . . Gebäude der Welt. 22. Mont Blanc ist . . . Berg in den Alpen.

## V. Reading, p. 90, 1. 1-22 • Grammar Ref. §25, 27

*For each of the following clauses (which are not necessarily independent clauses), copy the subject and the verb, arranging them in columns.*
EXAMPLE: In dem Heer befand sich ein Kapitän N.

| SUBJEKT | VERBUM |
|---|---|
| Kapitän | befand |

1. das Napoleon 1796 auf Befehl des Direktoriums in Paris übernahm.
2. der jähzornig und von hastigem Temperament, in Dingen des Dienstes aber unerbittlich und ein tapferer Soldat war. 3. wie eben solche Leute mitunter zu sein pflegen. 4. Nun war dieses Heer nicht gerade das. 5. das damals in der Gegend von Genua lag. 6. was man eine stolze Armee nennt. 7. es mangelte an vielem. 8. von den Offizieren besaß mancher nicht mehr als ein Paar Stiefel. 9. auch die waren zerrissen oder geflickt. 10. Den Kapitän N. hielt der jämmerliche Zustand seines Äußeren nicht davon ab, seinen Verkehr in den Kreisen zu suchen. 11. die seinem Stande entsprachen. 12. Er geriet dort eines Tages in einen Ehrenhandel mit einem jungen Mann aus einer einheimischen Familie. 13. der ihn wegen seines Anzugs hänselte. 14. Der junge Mann nahm die Forderung des Kapitäns an. 15. Er zog es aber vor, zu dem Duell nicht zu erscheinen. 16. so daß N. nach Hause ging, ohne sich geschlagen zu haben. 17. nachdem er mit seinem Sekundanten zwei Stunden gewartet hatte. 18. Es gelang ihm nicht, dessen Aufenthaltsort zu erfahren. 19. Kurz danach übernahm, wie gesagt, Napoleon die Armee. 20. mit der er den Marsch über den Tessin nach Lodi antrat.

## VI. Reading, p. 90, l. 22 — p. 91, l. 18 ▪ Grammar Ref. §45

a) *List the nine verb forms in these three paragraphs that are in the quotative. (Note that* **gelänge,** *l. 37, is not a quotative.) Notice the circumstances in which you find these verbs, especially the kind of verb in the main clause on which the verbs depend.*

b) *Make an independent statement of each of the following dependent clauses.*
EXAMPLE: Er schwor, daß er diese neue Beleidigung strafen werde.
Er wird diese neue Beleidigung strafen.
1. Er hörte, der Gast komme aus Genua. 2. Er erzählte, dort habe er ebenfalls Freunde. 3. Er sagte, es liege bei einem Dorfe. 4. Er äußerte zu einem Kameraden, er fühle sich nicht wohl. 5. Er meinte, daß er ins Stroh kriechen wolle. 6. Er erfuhr von einem Bauern, daß es keine Furt gebe.

b) *Now reproduce the words of the speaker quoted, thus:*
Er schwor, daß er diese neue Beleidigung strafen werde.
„Ich werde diese neue Beleidigung strafen."

### VII. Reading, p. 91, l. 19 — p. 92, l. 27 ▪ Grammar Ref. §2

*Note in the following sentences uses of the italizided prepositions. What is peculiar about this group of prepositions? Prepare to explain why the accusative or the dative is used in each case.*

1. Der Kapitän hätte nun mit seiner unbefriedigten Rache *im* Herzen umkehren können. 2. Vielleicht finde ich doch eine Stelle, *an* der ich hinüberkomme. 3. Er ritt einige Schritte *in* den Fluß. 4. Der Fluß stieg dem Reiter bis *an* den Leib. 5. Der Feind hatte *in* dieser Gegend offenbar keine Posten mehr ausgestellt. 6. Er erfuhr *in* einem Dorf, er befinde sich *auf* dem richtigen Wege. 7. Der junge Mann stand *auf* einer Estrade und hielt ein Glas *in* der Hand, er rief etwas *in* den Saal, worüber die Gäste lachten. 8. Seine Finger standen krampfhaft *in* der Luft, als suchten sie dort Halt, während er aber schon *ins* Bodenlose stürzte. 9. Er fand sogar die Zeit, dem Diener ein Geldstück *in* die Hand zu drücken. 10. Der Angriff *auf* die Brücke *über* die Adda kam nicht vorwärts. 11. Der Brückenkopf *auf* dem Westufer der Adda wurde vom Gegner hartnäckig verteidigt. 12. Verstärkungen wurden *über* die Brücke *auf* das Westufer gezogen. 13. Er stand *auf* einem Hügel bei dem Ort. 14. Der Kapitän hielt sich *in* der Nähe des Generals auf.

### VIII. Reading, p. 92, l. 28 — p. 94, l. 18 ▪ Grammar Ref. §44, 45

*Find in the text the sentences in direct discourse which correspond to the following statements in indirect discourse. Note the differences in the form and position of the verb and other adjustments made.*

1. Der General antwortete, es gäbe keine Furt. 2. Napoleon bestimmte, daß der Kapitän an diesem Tage das Regiment führen solle. 3. Er sagte auch, der Kapitän solle mit dem Regiment durch die Furt gehen. 4. Der General fragte den Kapitän, wieso er die Gegend so ausgezeichnet kenne. 5. Er fragte schließlich, wer dieser Mann sei. 6. Der General fragte, wo das Schloß der Familie liege. 7. Er fragte den Kapitän, in welcher Nacht er das sonderbare Erlebnis gehabt habe. 8. Der Gouverneur sagte, daß keiner von den Gästen das gewußt habe.

# Abschnitt 6

**I. Reading, p. 97, l. 1 — p. 98, l. 8 ▪ Grammar Ref. §13, and end-vocabulary**

*Give the nominative plural of each of the following singular nouns.*

1. das Kind
2. das Jahr
3. das Land
4. der Umstand
5. das Gesetz
6. der Staat
7. die Nation
8. das Schulsystem
9. die Einrichtung
10. die Konfession
11. das Talent
12. das Dorf
13. das Klassenzimmer
14. der Schüler
15. die Schulbank
16. die Generation
17. der Neubau
18. der Junge
19. das Mädel
20. das Mädchen

**II. Reading, p. 98, l. 9 — p. 100, l. 8**

*Some noun-verb relationships are not quite so apparent as that between* **entscheiden** *and* **Entscheidung**. **Das Gesicht**, *for example, is related to the verb* **sehen**. *This relationship becomes clear in the usage:* **Es kommt mir zu Gesicht = ich bekomme es zu sehen.** *Find the nouns in this passage related to the following verbs:*
1. aufnehmen 2. geschehen 3. bedürfen 4. denken 5. durchschneiden 6. wissen.

   b) *Adjectives may be formed from nouns by adding a suffix for example:* **-bar, -ig, -isch, -lich, -los, -mäßig, -sam**. *Find the adjectives formed from the following nouns:*
1. Künstler 2. Sport 3. Amerika 4. Tag 5. Zweck 6. Gesellschaft 7. Realist.

**III. Reading, p. 100, l. 27 — p. 101, l. 29**

*Be prepared to give a short oral report in which you compare your schedule* (**Stundenplan**) *with the schedule on page 101. In the course of your report you may want to answer the following questions:*
1. Wann fängt Ihre Schule an, und wann ist sie aus? 2. Wie viele Stunden pro Woche verbringen Sie in der Schule? 3. Wie viele Stunden verbringt ein deutscher Schüler in der Schule? 4. Wie

viele freie Stunden haben Sie? (Wie viele hat er?) 5. Wie viele Fächer haben Sie? (Wie viele hat er?) 6. Welche Fächer haben Sie? 7. Wie viele Stunden müssen Sie abends an Ihren Hausaufgaben arbeiten?

### IV. Reading, p. 101, 1. 30 — p. 102, 1. 33 ▪ Grammar Ref. §20

a) *Study the following phrases taken from the reading passage:*
1. der scheinbare Nachteil *eines solchen Lehrplans* 2. die Erdkunde *Deutschlands* 3. die Geographie *Europas und der übrigen Kontinente* 4. auf einer *der oberen Stufen* 5. beim Studium *der Geschichte* 6. das Studium *der Geschichte des Altertums* 7. das *des Mittelalters* 8. das *der Neuzeit* 9. wendet sich der Betrachtung *der Antike* zu 10. den ganzen Lauf *der Geschichte* 11. die Probleme *der Geschichte menschlicher Kultur* 12. ein Schüler *der Höheren Schule* 13. in den Dienst *der Schule* 14. das Ziel *der Klasse* 15. den ganzen Lehrplan *der Klasse*.

*Be prepared to answer the following questions:*
1. What case are all the nouns in italics? 2. Which of these are plural? 3. Which are feminine? 4. What ending is common to the masculine and neuter singulars?

Note also the phrase: durch die Lektüre **von „Geschichten" und Sagen.** In formal writing you might expect a genitive here as well. However, when a noun stands alone in the plural it cannot be used as a genitive and must appear as a dative with **von**.

b) *Using the above principles, translate the following into German:*
1. the progress of the sixth class 2. the study of the geography of Germany 3. the study of languages 4. the subjects of the next class.

### V. Reading, p. 103, 1. 21 — p. 104, 1. 37 ▪ Grammar Ref. §55

a) *Look at the first sentence of the reading passage:*
Ist mit der Absolvierung des Abiturs die „goldene Jugendzeit" vorüber, dann beginnt der „Ernst des Lebens". This sentence would have the same meaning if it were expressed thus: **Wenn mit der Absolvierung des Abiturs die „goldene Jugendzeit" vorüber ist, dann beginnt der „Ernst des Lebens".** Note, then, that **wenn** may be omitted; but when it is, the verb takes the initial position in the sentence.

*Find in the next paragraph another sentence that is constructed in the same way. Rewrite this sentence, using* **wenn** *to introduce the first clause. Rewrite the following sentences, omitting* **wenn:**
1. Wenn sie Ingenieure oder Architekten werden wollen, so gehen sie zur Technischen Hochschule oder Technischen Universität. 2. Wenn sie dieses Examen bestanden und zwei Jahre probeweise als Lehrer gedient haben, dann müssen sie noch ein zweites Examen machen.

b) The word **da** can be confusing unless the reader is conscious of verb position. When the word **da** comes first in a clause (except for **und, denn, aber**) and the verb is at the end of that clause, it is a conjunction and corresponds to English "since, because, in view of the fact that". Otherwise **da** is an adverb and corresponds to "there" or "then".
*Find in these two paragraphs four examples of the word* **da** *and tell whether it is a conjunction or an adverb.*

## VI. Reading, p. 104, l. 38 — p. 106, l. 31 ▪ Grammar Ref. §54

*Look at the last four sentences in the first paragraph, starting with* **Diesem Zweck dienen** *... and each of the sentences in the second. How many of these sentences start with the subject? Point out the subject of each one. Does the subject necessarily stand immediately after the verb — if it does not stand before the verb? What kinds of words and phrases are likely to stand between the verb and the subject: adverbs? — prepositional phrases? — reflexive pronouns? — personal pronouns? — noun objects?*

*Rewrite the following sentences, beginning with the subject:*
1. Seit Jahrhunderten ist in Deutschland der Besuch der Volksschulen und der Berufsschulen gebührenfrei. 2. Aber bis 1945 waren in manchen Ländern die Mittelschule und die Höhere Schule nur solchen Schülern zugänglich, deren Eltern finanziell im Stande waren, das Schulgeld und die Lernmittel für ihre Kinder zu bezahlen. 3. Da übernahm der Staat die Verantwortung für die Ausbildung minderbemittelter aber höchst begabter Kinder. 4. Heute ist auch in den Höheren Schulen das Schulgeld verschwunden. 5. In manchen Ländern zahlt der Staat auch für Schulbücher und andere Lernmittel. 6. In Höheren Schulen kosten diese natürlich viel mehr als in den

Volksschulen. 7. An den Universitäten werden allerdings immer noch Gebühren verlangt. 8. Aber auch hier ist man bemüht, die Hochschulen durch finanzielle Unterstützung möglichst vielen jungen Menschen zugänglich zu machen.

## VII. Reading, pp. 109-110

*Find in this section expressions which correspond to the following:*
EXAMPLE: kann . . . verstehen und sprechen = beherrscht
beinahe = fast
1. einer, der in Hamburg geboren ist  2. die zwölfte Klasse  3. eines Hamburger Gymnasiums  4. in der Straßenbahn  5. sahen mich scharf an  6. Schuldirektor  7. im Kopf  8. behauptete  9. hundert Pfund  10. direkt  11. Kerle  12. Angst  13. sprach er weiter  14. befreit.

## VIII. Reading, pp. 111-112 ▪ Grammar Ref. §40

a) *Find the equivalents for the following sentences:*
1. Have you ever been able to sleep well before an exciting event?
2. Otherwise none of us could have survived the next celebrations.
   b) *Now form a few new sentences, using the words in this section.*
1. One could have compared the Prom with a German "Abiturientenball". 2. What should I have put on? (*use* **sollen**) 3. I have not been able to solve the problem. 4. He could have brought me flowers! 5. We should have slept all day.

## IX. Reading, pp. 113-114 ▪ Grammar Ref. §12, 52

a) *Find the corresponding German expressions for the following:*
1. Mike is now a student, and he is very proud of that fact. 2. I remembered how "mighty Mike" played soccer for the very first time in his life. 3. When I wanted to put on airs about it, I promptly landed in the water.
   b) *Form a few new sentences:*
1. Mike is proud of the fact that he is now a student. 2. I thought of the fact that the time with them had been fine. 3. I remembered that Detlev had given a speech in the style of Cicero.

### X. Reading, pp. 115-116 ▪ Grammar Ref. §31, 32

a) *Find and copy the expressions corresponding to the following, noting especially the use of* **wollen** *and* **werden**.
1. . . . who wants to become a filling-station attendant.  2. One of us wanted to know exactly.  3. When Jürgen is finished with his apprenticeship, he will work as filling-station attendant.  4. But Jürgen will learn that too.

b) *Using words to be found in this section, put these sentences into German:*
1. His apprenticeship will last three years.  2. Jürgen wants to help out drivers who have discovered little things wrong with their cars.  3. After finishing elementary school, Jürgen wants to begin his apprenticeship.  4. After finishing elementary school, Jürgen will begin his apprenticeship.

# Abschnitt 7

### I. Reading, p. 119, l. 1-22 ▪ Grammar Ref. §32

a) *Notice the use of* **zu** *with the infinitive in the following phrases and clauses taken from your reading:*
1. . . . das eine stärker elektrisierende Wirkung auf Hörer oder Leser aus*zu*üben vermag . . .  2. Um Erfolg *zu* haben.  3. . . . daß er auf dem Wege ist, ein berühmter Mann *zu* **werden**.  4. . . . ohne sich den Hals oder ein Bein *zu* **brechen**.

*Notice, on the other hand, those instances where the infinitive stands alone:*
1. . . . läßt sich ein junger Mann eine besondere Creme in sein Haar **reiben** . . .  2. Erfolgreich **sein** heißt Glück **haben**.  3. . . . das jeder Mensch **haben** möchte.  4. Eine Unternehmung könnte ja „schief **gehen**".  5. Wenn mal ein Student ein Examen **machen** muß.

b) *Using vocabulary from this section, translate the following sentences or phrases into German:*
1. Not every person would like to be a hero.  2. That is capable of opening doors.  3. Without being successful . . .  4. Someone has to undertake something new.  5. In order to overcome difficulties . . .

## II. Reading, p. 120, l. 6-24 ▪ Grammar Ref. §16

*Fill in blanks with adjectives from the list below — watch endings! — and make meaningful statements:*

1. Der ⎯ Banklehrling hat sich einen ⎯ Anzug angeschafft. 2. Der ⎯ Rivale darf am Sonntag mit einem ⎯ Mädchen zum Tanzen gehen. 3. Ihr ⎯ Schulfreund muß traurig zu Hause sitzen. 4. Der ⎯ Schulfreund hat den Nobelpreis in Chemie bekommen.

| | |
|---|---|
| erfolgreich | echt |
| siegreich | dumm |
| glattgekämmt | glücklich |
| prächtig | früher |
| hübsch | traurig |
| arm | stolz |
| wirklich | |

## III. Reading, p. 120, l. 25 — p. 121, l. 14 ▪ Grammar Ref. §1, 8, 11, 51

*Find the antecedent of the pronoun in bold face. Substitute this noun for the pronoun. Then make an independent statement out of the clause.*

EXAMPLE: Man findet manchmal, daß ein Fabrikbesitzer, **der** in einem schönen großen Haus wohnt, . . .
Your new sentence: Der Fabrikbesitzer wohnt in einem schönen großen Haus.

1. In Deutschland findet man noch viele solcher Landsitze. Wenn **einer** einmal verkauft werden muß, . . . 2. Dabei erinnert man sich an die Prunkschlößchen, **die** vor hundert oder zweihundert Jahren von deutschen Fürsten und Bischöfen in lieblicher Landschaft erbaut wurden, . . . 3. Man weiß nicht, ob König Ludwig II. von Bayern sich dieses Schloß bauen ließ, weil **er** sich für besser als andere Menschen hielt. 4. Wenn man das Schloß heute sieht, dann erscheint **es** wie eine stolze Geste, etwas kalt und leer. 5. Adolf Hitler ließ sich in den Alpen phantastische Schlösser bauen, **die** inzwischen längst im Schutt der Vergangenheit verschwunden sind. 6. Nicht immer braucht der Stolz auf den persönlichen Erfolg solche großen Dimensionen anzunehmen. In Deutschland findet man **ihn** auch in kleinen harmlosen Formen, **die** aber im täglichen Leben ungeheure Bedeutung annehmen. (*2 sentences*)

**IV. Reading, p. 123, 1. 38 — p. 125, 1. 14 ▪ Grammar Ref. §55**

*Find the four sentences in this paragraph which start with* **wenn** *and rewrite them, omitting* **wenn**.


**V. Reading, p. 125, 1. 15 — p. 126, 1. 5 ▪ Grammar Ref. §4, 8, 11**

*Be prepared to identify each of the pronouns in the following sentences, telling whether they are personal, emphatic, or relative. Rewrite the clause in which each pronoun occurs, using the antecedent instead of the pronoun and making the clause independent.*
1. Der kleine Volkswagen da vorne bemüht sich eifrig, den Lastwagen, **der** vor **ihm** fährt, endlich in die Fahrbahn nach rechts hinüberzuzwingen; denn **er** möchte **ihn** überholen. 2. Kaum hat **er ihn** überholt, da blinkt hinter **ihm** ein Opel Caravan mit heller Lichthupe. (*In your two new sentences, omit* **kaum** *and* **da**.) 3. Als der Opel links am Volkswagen vorbeifährt, da schaut die Fahrerin mit gehobenem Kinn nach rechts in die Landschaft. Und kaum hat **sie ihn** überholt, da zieht links von **ihr** ein Mercedes vorbei. 4. Der Schönste von allen ist doch der „Große Mercedes Typ 600". **Der** ist gänzlich in einer Klasse für sich, in einer Welt für sich. 5. Diese Welt ist nicht **die** des gewöhnlichen Menschen, **der** durch seinen Wagen eine große Persönlichkeit vorstellen möchte.


**VI. Reading, p. 127, 1. 7-38 ▪ Grammar Ref. §20**

  a) *Find the 16 examples of the genitive case in this reading passage. Identify each one as to gender, number and case.*
  b) *Find the three examples of a paraphrase of the genitive with* **von**.


**VII. Reading, p. 134 ▪ Grammar Ref. §44, 45**

*Rewrite the letter from Frau Sigrid, quoting her indirectly as though you were reporting what she wrote:* **Frau Sigrid M. aus Bochum schreibt, ihr Mann sei Arzt, und sie . . .**

## VIII. Reading, p. 135, l. 1 — p. 137, l. 5

*Be prepared to retell the story*, **Liebe war es nicht,** *in your own words. In preparation for the oral presentation, make an outline, setting down the words that will jog your memory, for example:*

I. zwanzig Jahre alt
   A. das Fahrrad — klapperig, verbraucht
   B. der Mann — neu, jung, stark

## IX. Reading, p. 139, l. 1 — p. 140, l. 20 ▪ Grammar Ref. §31, 41

Notice in the second sentence of the first paragraph two uses of the verb **werden:** ... **die Reifen werden spröde, die Metallteile werden durch Rost angefressen, das Chrom wird stumpf.** (What is the third common use of this verb? — What are the clues to these three uses?) *Find the additional examples of* **werden** *in this article and be prepared to tell how it is used in each case.*

# Abschnitt 8

## I. Reading, p. 144, l. 1 — p. 145, l. 14 ▪ Grammar Ref. §2

   a) *Find the prepositional phrases corresponding to the following English:*
1. in his seat  2. in the hall  3. on the table  4. in May  5. a hundred years ago  6. on their parked cars  7. at the corner  8. behind her flowers  9. to his nose  10. into the streetcar.

   b) *Translate into German the following sentences and phrases:*
1. He sits down in his seat (*use* **sich hinsetzen**)  2. They go into the hall.  3. The mignonettes are standing on the table.  4. In January; in September  5. A thousand years ago  6. The first snow is already lying on their parked cars.  7. Please put the table in the corner.  8. He rides home on the streetcar.

## II. Reading, p. 147, l. 1-148, l. 7 ▪ §37, 47, and end-vocabulary

*Find all compound verbs in this paragraph and give their principal parts.*
*Use four of these verbs in new sentences, employing a different form from the one you found in the text. Be prepared to read your sentences aloud, being careful to place the stress correctly.*

## III. Reading, p. 149

*Memorize the poem,* **Mailied,** *by Goethe.*

## IV. Reading, p. 150, l. 1-22 ▪ Grammar Ref. §37, 47, and end-vocabulary

*Find all the prefixed verbs in this paragraph and give the principal parts. Be prepared to read aloud the sentences in which you have found these verbs.*

## V. Reading, p. 151, l. 14-24 ▪ Grammar Ref. §1, 3

Notice how the dative is used in the following:
**Es muß einem auffallen** . . . (One has to notice . . .)
**Sie sind ihnen zugetan.** (They are devoted to them.)
**Man kann einem großen Hund begegnen** . . . (One can encounter a big dog . . .)
*Following the above patterns, put into German:*
1. I have always noticed . . . 2. He is devoted to his hunting dog. 3. The dog encountered a completely strange person. 4. The little lap dog encountered a Siamese cat and barked at it. (*use* **anbellen**) 5. German families are devoted to their pets.

## VI. Reading, p. 155, l. 9-17 ▪ Grammar Ref. §16, 34, 35

   a) *Find the German equivalents for the following English phrases:*
1. dear house-companions 2. with green plants 3. with flowing water 4. in majestic peace 5. in electrified haste 6. with great questioning eyes.
Notice that all the above adjectives stand alone before their nouns and therefore take the strong endings. Notice also that in this paragraph there are two present participles used as adjectives: **fließendem, fragenden;** and one as an adverb: **schweigend;** further that there are two past participles used as adjectives: **elektrisierter** and **erleuchteten.** This last participle also has its own adverb: **magisch erleuchteten** — magically illuminated.

   b) *Now, using the vocabulary of this paragraph, put the following phrases into German:*
1. with quietly flowing water  2. a wonderfully illuminated focal point 3. in rare haste 4. in silent haste 5. with loving eyes.
*Using the vocabulary of this paragraph, make up at least three additional phrases which demonstrate your understanding of these grammatical principles.*

## VII. Reading, pp. 156-157

a) *Retell the first three paragraphs of the story as though you were a friend of Jürgen's:*
Es ist schon geraume Zeit her, daß Jürgen seinen Sperber Frechdachs kennenlernte.

b) *Retell the same part of the story as though you were the hawk.*

## VIII. Reading, pp. 162 - 164 ▪ Grammar Ref. §22, 23

*Find all the different examples of comparatives and superlatives in this article and give all three forms of each:*
EXAMPLE: die meisten: viel, mehr, meist-.

# Abschnitt 9

## I. Readings, p. 167, l. 1-17

*Answer the following questions in complete sentences:*
1. Von wem wurden viele der ersten Städte in Deutschland gegründet? 2. Wo gab es besonders viel Verkehr und Handel? 3. Was für natürliche Bedingungen boten den besten Schutz für die Einwohner? 4. Nennen Sie einige deutsche Städte, in denen eine Burg auf einem Hügel steht. 5. Was für Giebel und was für Dächer haben die alten Häuser in diesen Städten? 6. Worin besteht der Unterschied zwischen einem Dorf und einer Stadt? 7. Was erhob schon vor tausend Jahren kleine Landgemeinden zu reichen und mächtigen Städten? 8. Was verleiht heute noch den deutschen Städten ihr charakteristisches Aussehen?

## II. Reading, p. 167, l. 18 — p. 169, l. 12 ▪ Grammar Ref. §13, and end-vocabulary

*Find all the plural nouns in this paragraph, list them as they stand, indicate their case, and give the singular form with its article.*
EXAMPLE: Verkaufsständen: Dativ — der Verkaufsstand.

## III. Reading, p. 173, l. 1-20 ▪ Grammar Ref. §50

*In the following sentences, the main clause precedes the subordinate clause. Rewrite these sentences, beginning with the subordinate clause.*

1. Ein Richtfest wird gefeiert, wenn auf einem Neubau der „Dachstuhl" errichtet ist. 2. Alle, die mit dem Bau zu tun hatten, kommen zusammen, bevor die feinere Arbeit an einem Hause beginnt. 3. Es geht an das Mauern der Außenwände, wenn die Grundmauern fertig sind und das äußere Gerüst errichtet ist. 4. Der Zimmermann kommt schon, bevor das innere Treppenhaus vollendet ist. 5. Er errichtet auf der höchsten Spitze des Hauses das Symbol des „Richtfestes", sobald es ihm gelungen ist, die Balken im Dachfirst miteinander zu verbinden und zu befestigen.

## IV. Reading, p. 173, l. 21 — p. 174, l. 21

*With what verb is each of the following nouns — or one element of the noun, if it is a compound — connected?*

1. der Bauherr 2. die Errichtung 3. der Erdarbeiter 4. das Zuflußrohr 5. das Abflußrohr 6. der Dachdecker 7. der Maler 8. der Tapezierer 9. die Überwindung 10. der Schritt 11. der Schreibtisch.

## V. Reading, p. 175-176 ▪ Grammar Ref. §44, 45

Reread this passage and notice the verb forms. Note how the reporter varies his style by quoting a sentence directly from a speech and following that with several indirect statements. The German reporter does not have to introduce his indirect discourse with remarks like "The mayor said," or "Brauchle contended that": the verb form gives the clue.

*Write about eight sentences giving the main facts reported in the news article. Use at least two of the direct statements from the mayor's speech, but quote him indirectly.*

## VI. Reading, p. 177, l. 1 — p. 178, l. 18 ▪ Grammar Ref. §37, and end-vocabulary

*Find all the strong verbs in these two paragraphs and give the principal parts. Group these according to the groupings in the grammar section and give another verb that belongs to the same group.*

Exercises

## VII. Reading, p. 179, l. 16 — p. 182, l. 12 ▪ Grammar Ref. §36: Note

A common construction in technical and literary German occurs three times toward the end of this paragraph:

1. . . . dieses aus den drei Kuppeln zusammengewachsenen Gewölbes . . .
2. . . . ein aus farbigen Glasblöcken hergestelltes rundes Oberlicht . . .
3. . . . das von oben kommende Licht . . .

If a German speaker wanted to express these ideas in a less concentrated, more conversational way, he would probably say:

1. . . . dieses Gewölbes, das aus den drei Kuppeln zusammengewachsen ist, . . .
2. . . . ein rundes Oberlicht, das aus farbigen Glasblöcken hergestellt ist, . . .
3. . . . das Licht, das von oben kommt.

(Note that a present participle converts to the present.)

*Rewrite the following phrases, using the above pattern:*

1. das durch die großartig geschwungene Linie des Balkons emporgehobene Auge   2. der aus der Wandelhalle in den großen Konzertsaal der Liederhalle in Stuttgart eintretende Mensch   3. ein aus den Ruinen der Rochuskirche in Düsseldorf entstandener neuer Kirchenbau.

*Now reverse the process:*

1. die großen Gebäude, die zur Abwicklung des täglichen Lebens notwendig sind,   2. diese Bauten, die mehr in die Breite gehen,   3. diese Bauten, die durch das Material und den Zweck des Gebäudes bestimmt sind,

# Abschnitt 10

**I. Reading, p. 189, l. 1-33 ▪ Grammar Ref. §25, 27, 39**

*Be prepared to read these two paragraphs, changing the preterit into the present. (Note that the pluperfects will become perfects.)*

**II. Reading, p. 190, l. 8 — p. 191, l. 12 ▪ Grammar Ref. §19**

*Find the German for the following phrases:*
1. the visit of a stranger  2. An unknown person wanted to know . . .
3. The gray stranger  4. The statue of a dead man.
Note that many nouns are formed from adjectives. (In the examples, Nos. 1 and 2 are formed from **unbekannt**, 3 from **fremd**, 4 from **tot**). These nouns take exactly the same endings as the adjectives they were formed from.
EXAMPLE: **tot:**
the dead man — der Tote
a dead man — ein Toter
a dead woman — eine Tote
*Form the indicated nouns from the following adjectives:*
angestellt:  1. the employee (woman)
             2. an employee (man)
             3. the employee (man)
groß, klein: 1. a tall man
             2. the little girl
             3. big ones and little ones

**III. Reading, p. 193, l. 1-10 ▪ Grammar Ref. §42-45**

*Read the first four sentences of this paragraph and answer the following questions with **Yes** or **No**:*
1. Did Mozart go to London?  2. Did someone offer him 300 pounds sterling?  3. Was he freed from his debts?  4. Did Konstanze get the benefit from this trip?  5. Did he see his friend Haydn again?
*Now change all subjunctives to regular perfect forms. How does this change the answers to the above questions? Which answer was not changed? Why not?*

## IV. Reading, p. 195, l. 8 — p. 196, l. 24 ▪ Grammar Ref. §18

*Find the German for the following phrases:*
1. Wolfgang climbed up on her lap. 2. He put his arms around her neck. 3. When a king tapped him on the shoulder, . . . 4. Wolfgang and his wife Konstanze fell into each other's arms.

*Similarly, put the following phrases into German:*
1. My wife and I fell into each other's arms. 2. He tapped me on the shoulder. 3. She put her arms around my neck. 4. Did the little boy climb up on your lap? 5. She looked into his face. (das Gesicht)

## V. Reading, p. 198, l. 21 — p. 199, l. 4 ▪ Grammar Ref. §16, 19

*Find the German for the following phrases and note how the German speaker makes a noun from an adjective:*
1. the remarkable (thing) 2. no great (man) 3. something impossible.

*Using the vocabulary of this paragraph, make new nouns:*
1. the fabulous (thing) 2. something unusual 3. a famous (man) 4. something permitted 5. the wonderful (thing).

# Grammar References

# Contents of Grammar References

- §1. Cases: general uses
- §2. Cases with prepositions
- §3. Cases: special uses
- §4. Pronouns
- §5. Personal pronouns
- §6. Reflexive object pronouns
- §7. Interrogative pronouns
- §8. Emphatic pronouns
- §9. „Derjenige" as antecedent of relative pronouns
- §10. Indefinite pronouns
- §11. Relative pronouns
- §12. Pronouns and prepositions
- §13. Noun plurals
- §14. Case forms of singular nouns
- §15. Noun modifiers
- §16. Adjective forms
- §17. Compound nouns and noun suffixes
- §18. Parts of the body and clothing
- §19. Nominalizations
- §20. Table of case-gender-number forms
- §21. Comparisons: equality and difference
- §22. Comparative degree
- §23. Superlative degree
- §24. Verb forms
- §25. Present
- §26. Imperatives
- §27. Preterit
- §28. Infinitive
- §29. Infinitive with „zu"
- §30. Infinitive with auxiliaries
- §31. „Futurum"
- §32. Modal auxiliaries
- §33. Participles
- §34. Present participles
- §35. Past participles
- §36. Future passive participles
- §37. Principal parts of strong verbs
- §38. „Perfektum"
- §39. Pluperfect

§40. „Perfektum" with the modal auxiliaries
§41. Passive
§42. Subjunctive
§43. Conditional sentences
§44. Indirect discourse
§45. Quotative forms
§46. Prefixed verbs
§47. Two-word compound verbs
§48. Dependent clauses
§49. Indirect questions
§50. Subordinating conjunctions
§51. Relative clauses
§52. „Da(r)"- + preposition antecedents
§53. Word order
§54. Verb in second position
§55. Verb in first position
§56. Verb in last position
§57. Word order in dependent clauses
§58. "Final" sentence elements
§59. Time, place, manner
§60. German punctuation

# Cases

## §1. General uses:

николаевNOMINATIVE: Subject of a clause; the verb has an ending in agreement with the person (first, second, third) and the number (singular, plural) of the subject. See §24, 27.

ACCUSATIVE: Object of a verb.

★ **Examples:** Düsseldorf hat **ein ganz eigentümliches Gepräge, eine besondere Atmosphäre und einen gewissen Geist.** — Ich will **ihn** rufen. — Wann kann ich **die Bücher** bekommen?

DATIVE: Indirect object of a verb. When a verb has two objects, the noun or pronoun referring to somebody or something indirectly affected is dative.

★ **Examples:** Darf ich **Ihnen** etwas Kaffee anbieten? — Die Stadt öffnete **dem Verkehr** mit der näheren und ferneren Umgebung ihre Tore. — Hier predigte ein irischer Mönch **den heidnischen Sachsenbauern** die Lehre vom Neuen Testament.

There are some verbs (like **antworten, begegnen, helfen, sagen**) whose only object is dative.

★ **Examples:** So wird **jedem respektlosen Frager** geantwortet. — Deine Schwester hat **dir** am meisten geholfen.

GENITIVE: A noun which limits or describes in some detail another noun is genitive. The genitive noun can name an owner, or a producer, or a relative, or a group of things, or a characteristic. The genitive is also used to limit the meaning of a general abstract noun.

★ **Examples:** Das war der Anfang **der heutigen Stadt.** — ... am rechten Ufer **des Rheins** ... — So etwas kam in der Barbarei **des frühen Mittelalters** zuweilen vor. — Das Land Nordrhein-Westfalen war einer **der Staaten,** die sich 1949 zur Bundesrepublik Deutschland zusammenschlossen.

## §2. With prepositions:

Every German pronoun or noun-phrase has to be in one of the four cases. This is true when a pronoun or noun is used with a preposition.

DATIVE forms of pronouns and noun-phrases are used after **aus, außer, bei, mit, nach, seit, von, zu.** Contractions with **dem** are **beim, vom, zum; zu + der = zur.**

ACCUSATIVE forms are used after **durch, für, gegen, ohne, um, wider.** Contractions with **das** are **durchs, fürs, gegens, ums.**

DATIVE OR ACCUSATIVE: There is an interesting group of prepositions: **an, auf, hinter, in, neben, über, unter, vor, zwischen.** These are usually followed by dative forms of pronouns and nouns and noun-modifiers. But when the preposition + pronoun or noun refers to a destination, a goal, or a target of some kind, then the accusative form is used.

The prepositions **an, in** are often contracted with **dem: an + dem = am; in + dem = im.**

Most of the prepositions of this group can combine with **das** when a neuter singular accusative refers to a destination, goal, or target: **ans, aufs, hinters, ins, übers, unters, vors.**

GENITIVE: There are some prepositions — not very often used — which are followed by genitive forms of nouns and noun modifiers. The most common of these is **während**, 'during, in the course of': "Ich war schon einmal im Schwarzwald gewesen, im Februar, **während** der Faschingszeit."

In formal German, the preposition **wegen** *because of, on account of* is often followed by genitive forms: "Thekla war besonders **wegen ihres erstaunlichen Appetits** berühmt." (But in general use, **wegen** is likely to be followed by a dative form.)

There is a formula **um** + genitive + **willen** with a meaning similar to the English *for ---'s sake, for the sake of, because of*.

## §3. Special uses of the cases:

Accusative forms are used with nouns referring to distance or duration, to indicate the extent of space or of time.

★ **Examples:** Der Dom ist nur **einen Kilometer** von der Universität entfernt. — Jeden Abend soll er **drei Stunden** über seinen Büchern sitzen.

Dative forms are used in connection with adjectives and adjective phrases to indicate a person involved in or affected by a situation.

★ **Examples:** Dieser Koffer ist **mir** zu schwer. — Ich bin **Ihnen** dankbar.

A few expressions in the genitive refer to a unit of time to indicate a regular or habitual happening: **abends, vormittags, freitags.**

Genitive expressions consisting of an adjective or participle with a noun refer to the manner in which an individual acts or an action occurs.

★ **Example:** Nach Mitternacht gehen sie müde und etwas **schwankenden Schrittes** nach Hause.

## §4. Pronouns

Pronouns are words whose meaning depends entirely on the situation in which they are spoken or written.

"First person singular" pronouns refer to the speaker or writer. "First person plural" pronouns refer to the speaker or writer and some other person or persons.

"Second person" pronouns refer to the listener(s) or reader(s). German has "familiar" second person pronouns with singular and plural forms; it has a "formal" second person pronoun which is the same for one or several listener(s) or reader(s).

"Third person" pronouns refer to other persons or things. The reference is made clear either by the actual situation, or by some earlier noun referring to a person or thing or to persons or things.

## §5. Case Forms of Personal Pronouns

|  |  | Singular | | | Plural |
| --- | --- | --- | --- | --- | --- |
| 1. Person | Nom. | ich | | | wir |
|  | Acc. | mich | | | uns |
|  | Dat. | mir | | | uns |
|  | Gen. | meiner | | | unser |
| 2. Person (familiar) | Nom. | du | | | ihr |
|  | Acc. | dich | | | euch |
|  | Dat. | dir | | | euch |
|  | Gen. | deiner | | | euer |
| 2. Person (formal) | Nom. | Sie | | | Sie |
|  | Acc. | Sie | | | Sie |
|  | Dat. | Ihnen | | | Ihnen |
|  | Gen. | Ihrer | | | Ihrer |
|  |  | Masc. | Fem. | Neut. | Plural |
| 3. Person | Nom. | er | sie | es | sie |
|  | Acc. | ihn | sie | es | sie |
|  | Dat. | ihm | ihr | ihm | ihnen |
|  | Gen. | seiner | ihrer | seiner | ihrer |

## §6. Reflexive Object Pronouns

Some sentences have an object (direct or indirect) referring to the same person(s) or thing(s) as the subject. These sentences are called reflexive, and the object is a reflexive object pronoun.
(In English the first and second person reflexive objects consist of possessive + *-self/-selves: myself, ourselves, yourself, yourselves.* The third person reflexive objects have the regular object pronoun + *-self/-selves: himself, herself, itself, themselves, oneself.*)
In German the regular object pronouns are used as reflexive objects for the first person and the familiar second person: **mich, mir, dich, dir, uns, euch.**

★ **Examples:** Ich kann **mich** nicht lange aufhalten. — Ich mache **mir** nur Sorgen. — Willst du **dich** nicht fertig machen? — Da sieh **dir** bloß mal den Thilo an! — Wir können **uns** nicht lange aufhalten.

For third person reflexive objects there is a special form **sich,** which serves as both accusative and dative, both singular and plural, and for masculine, feminine, and neuter. It is also used when the subject is the formal second person **Sie.**

★ **Examples:** Die Jungens verbeugen **sich** von der Hüfte aus. — Er fühlt **sich** beleidigt. — Da machen Sie **sich** nur keine Hoffnungen!

Note that when there is an accusative object of the verb, the dative form of a reflexive is used; but when there is no other object, the accusative is used.
Reflexive constructions are commoner in German than in English, being used for many meanings which English expresses without a reflexive:

| | |
|---|---|
| sich (dat.) etwas ansehen | *take a look at something* |
| sich aufhalten | *stop over, stay (for a visit)* |
| sich beeilen | *hurry up, keep up the pace* |
| sich dranhalten | *persist, keep at it* |
| sich erkälten | *catch cold* |
| sich fühlen | *feel [a bodily or mental condition]* |
| sich gewöhnen an | *get used to* |
| sich kümmern um | *bother about, concern oneself with* |
| sich unterhalten | *have a chat* |
| sich versammeln | *gather, come together* |
| es versteht sich | *it's obvious, it goes without saying* |

Grammar References

## §7. Interrogative Pronouns

The interrogative pronouns are used in questions asking about identification (like English *who?* and *what?*).

|      | Masc. Fem. | Neut. |
|------|------------|-------|
| Nom. | wer        | was   |
| Acc. | wen        | was   |
| Dat. | wem        |       |
| Gen. | wessen     |       |

There are no special plural forms for the interrogative pronouns. The neuter interrogative is used normally only in the nominative and accusative.

## §8. Emphatic Pronouns

For emphasis or contrast, there are special third-person pronouns, which are always accented in speech.

|      | Masc.  | Fem.  | Neut.  | Plur.  |
|------|--------|-------|--------|--------|
| Nom. | der    | die   | das    | die    |
| Acc. | den    | die   | das    | die    |
| Dat. | dem    | der   | dem    | denen  |
| Gen. | dessen | deren | dessen | derer  |

To refer to a single person or thing there is an emphatic pronoun **ein-**. The negative is **kein-**. As emphatic pronouns, **ein-** and **kein-** are normally accented in speech. The endings are:

|      | Masc.  | Fem. | Neut.  | Plur.  |
|      | (ein-, | kein-) |      | (kein-) |
|------|--------|------|--------|--------|
| Nom. | -er    | -e   | -es, -s | -e    |
| Acc. | -en    | -e   | -es, -s | -e    |
| Dat. | -em    | -er  | -em     | -en   |
| Gen. | -es    | -er  | -es     | -er   |

Grammar References

## §9. „Derjenige"

A pronoun which is the antecedent of a relative pronoun (see §51) has a special compound form:

|      | Masc.      | Fem.      | Neut.      | Plur.      |
|------|------------|-----------|------------|------------|
| Nom. | derjenige  | diejenige | dasjenige  | diejenigen |
| Acc. | denjenigen | diejenige | dasjenige  | diejenigen |
| Dat. | demjenigen | derjenigen| demjenigen | denjenigen |
| Gen. | desjenigen | derjenigen| desjenigen | derjenigen |

## §10. Indefinite Pronouns

The general indefinite pronouns refer to unnamed human beings (**man, einen, einem**) and to anything non-human (**es**). These general indefinite pronouns are normally unaccented:

|      | Human | Other |
|------|-------|-------|
| Nom. | man   | es    |
| Acc. | einen | es    |
| Dat. | einem |       |

To refer to an indefinite but individual person or thing, **jemand** and **etwas** are used. The negatives are **niemand** and **nichts**.

|      | Human    |           | Other |        |
|------|----------|-----------|-------|--------|
| Nom. | jemand   | niemand   | etwas | nichts |
| Acc. | jemanden | niemanden | etwas | nichts |
| Dat. | jemandem | niemandem | etwas | nichts |
| Gen. | jemandes | niemandes |       |        |

## §11. Relative Pronouns

A set of pronoun forms are used as conjunctions introducing relative clauses (see §51). The regular forms are:

|      | Masc.  | Fem.  | Neut.  | Plur.  |
|------|--------|-------|--------|--------|
| Nom. | der    | die   | das    | die    |
| Acc. | den    | die   | das    | die    |
| Dat. | dem    | der   | dem    | denen  |
| Gen. | dessen | deren | dessen | deren  |

In formal German, **welch-** is sometimes used as a relative pronoun in the nominative, accusative, and dative:

|      | Masc.   | Fem.    | Neut.   | Plur.   |
|------|---------|---------|---------|---------|
| Nom. | welcher | welche  | welches | welche  |
| Acc. | welchen | welche  | welches | welche  |
| Dat. | welchem | welcher | welchem | welchen |

The missing genitive forms are supplied from the other relative pronoun: **dessen, deren, dessen; deren.**

When the antecedent is a neuter pronoun (**alles, etwas, nichts, vieles**) or a neuter superlative adjective (**das Schlimmste, das Beste** — see §23), then **was** is used in place of **das** or **welches**.

★ **Examples:** Es sagte mir etwas, **was** ich nicht ganz verstand. — Vieles, **was** man liest, ist weder wichtig noch wahr.

When the antecedent is an entire clause, **was** is also used as a relative pronoun.

★ **Example:** Thilo hat neulich einen Schulpreis gewonnen, **was** seine Schwester überrascht hat.

German has indefinite relative pronouns: **wer, wen, wem, wessen** used in constructions parallel to English *whoever, whomever, whosoever, anyone who;* **was** parallel to English *whatever, anything that.*

§12. **Pronouns and Prepositions; da(r)- and wo(r)-**

German has formulas that use an unaccented **da-** or **dar-**, **wo-** or **wor-**, before a preposition. The unaccented **da-** and **wo-** are used before prepositions beginning with a consonant sound to form **dabei, wobei, dafür, wofür, dazu, wozu,** etc.; **dar-** and **wor-** are used before vowels to form **daran, woran, darauf, worauf, darin, worin,** etc.

The **da(r)-** + preposition formula can replace preposition + pronoun, when the pronoun would refer to some thing or things, or a general idea, or another sentence or sentence-part. But the formula is not used when the replaced pronoun would refer to a human being. German has sentences like: „Ich warte auf Karl; wartest du auch **auf ihn?**" „Ich freue mich auf das Fußballspiel heute nachmittag; freust du dich nicht auch **darauf?**"

An important difference between English and German grammars appears in combinations of verbs and prepositions.

★ **Examples:** (English *depend on, think about, insist on, believe in, wait for*) **abhängen von, denken an, bestehen auf, glauben an, warten auf.**

English can use the neuter object pronoun *it* with such verb + preposition combinations; German uses the **da(r)-** + preposition formula; **Es hängt davon ab. Er denkt gar nicht daran. Aber ich bestehe darauf!**

Similarly with questions (*What do they believe in? What are you waiting for?*) **Woran glauben sie? Worauf wartest du?**

In general, forms like **'wofür, womit, woran, worüber'** can be question-words, asking about things or ideas (but not about human beings).

The **"wo(r)-** + preposition" words can be used as attaching-words for subordinate clauses, like the other question-words; see §50.

• **Note:** The **da(r)-** compounds are used as "anchors" in certain complex sentences involving verbs + prepositions; see §52.

## §13. Noun Plural Forms

Nearly all German nouns have a plural form which is different from the singular. The difference may consist of a plural ending, or a vowel difference, or both.

ENDINGS: In German, instead of just one regular ending like the English -s, there are several plural endings: **-n, -e, -er;** a few nouns have plural endings **-s;** and some nouns have no plural ending.

VOWEL DIFFERENCES ("Umlaut"): Some nouns have different vowels in their singular and plural forms:

| Singular | a | o | u | au |
|----------|---|---|---|----|
| Plural   | ä | ö | ü | äu |

DATIVE PLURAL: Nearly all German nouns add a dative-plural ending **-n.** The exceptions are the nouns that have a nominative plural form ending in either **-n** or **-s.**

The usual way of reciting the plural form of a particular German noun is to use the definite article in the nominative form along with the noun in its singular and plural forms. The word for 'hill, mountain' would be given as **der Berg, die Berge;** for 'glass' it would be **das Glas, die Gläser.** In dictionaries and vocabularies, the same two nouns would be printed **der Berg -e, das Glas ⁻er,** to convey the same information.

★ **Examples:**

**-n, -en, -nen:** Die Sprache -n, die Tatsache -n, die Kartoffel -n; die Gewohnheit -en, die Tür -en, die Mischung -en; die Lehrerin -nen, die Freundin -nen. Der Staat -en, der Bauer -n, der Doktor -en. Das Bett -en, das Auge -n, das Ohr -en. [Weak masculines: see §14] Der Mensch (-en) -en, der Philosoph (-en) -en, der Fürst (-en) -en.

**-e:** Das Stück -e, das Werk -e, das Schiff -e. Der Tag -e, der Abend -e, der Teil -e.

**⁻e:** Der Stuhl ⁻e, der Ton ⁻e, der Anfang ⁻e. Die Stadt ⁻e, die Hand ⁻e, die Frucht ⁻e.

**⁻er:** Das Land ⁻er, das Haus ⁻er, das Tuch ⁻er. Der Mann ⁻er, der Gott ⁻er.

**-er:** Das Bild -er, das Ei -er, das Feld -er. Der Geist -er.

**-:** Das Fenster -, das Gemälde -, das Mädchen -. Der Wagen -, der Titel -, der Ausländer -.

**⁻:** Die Tochter ⁻, die Mutter ⁻. Der Bruder ⁻, der Laden ⁻, der Vogel ⁻.

**-s:** Das Auto -s, das Hotel -s.

§14.  ## Case Forms of Singular Nouns

Feminine singular nouns have no special case forms.

Neuter singular nouns have a special genitive case form with the ending **-s** (or **-es** with many one-syllable neuter nouns). The noun **Herz** has an irregular genitive singular form (**Herzens**) and dative singular form (**Herzen**).

Formerly, many one-syllable masculine and neuter nouns had a dative singular ending **-e;** this is rarely used today.

Most masculine singular nouns have a genitive ending **-s** or **-es**. However, many masculine nouns have an ending **-en** in the genitive singular, and also in the accusative and dative singular. These are traditionally called "weak masculine" nouns; they all belong to the **-n** plural type.

A very few weak masculine nouns have an irregular genitive singular ending **-ens: Namens, Gedankens, Friedens.**

§15.  ## Case Forms of Noun Modifiers

The principal noun modifiers are:
    the definite article: **der, die, das**
    the **dies-** words: **dies-, jed-, jen-, manch-, solch-, welch-**
    the indefinite article: **ein**
    the negative article: **kein**
    the possessives: **mein, dein, sein, ihr, unser, euer, Ihr, ihr**

When one of these modifies a noun, it has an ending depending on:
    the case that fits that noun's use in the sentence or after a preposition;
    the number (singular or plural) of the noun;
    if the noun is singular, its gender.

### The definite article

|      | Masc. | Fem. | Neut. | Plural |
|------|-------|------|-------|--------|
| Nom. | **der**   | **die**  | **das**   | **die**    |
| Acc. | **den**   | **die**  | **das**   | **die**    |
| Dat. | **dem**   | **der**  | **dem**   | **den**    |
| Gen. | **des**   | **der**  | **des**   | **der**    |

**dies-, jed-, jen-, manch-, solch-, welch-**

|      | Masc. | Fem. | Neut. | Plural |
|------|-------|------|-------|--------|
| Nom. | -er   | -e   | -es   | -e     |
| Acc. | -en   | -e   | -es   | -e     |
| Dat. | -em   | -er  | -em   | -en    |
| Gen. | -es   | -er  | -es   | -er    |

**ein, kein, mein, dein, sein, ihr, unser, euer, Ihr, ihr**

|      | Masc. | Fem. | Neut. | Plural |
|------|-------|------|-------|--------|
| Nom. | --    | -e   | --    | -e     |
| Acc. | -en   | -e   | --    | -e     |
| Dat. | -em   | -er  | -em   | -en    |
| Gen. | -es   | -er  | -es   | -er    |

- **Note:** the **-r** or **-er** of **ihr, unser, euer, Ihr, ihr** is not an ending. It is part of the stem of the possessive, like the -r in English "her, our, your, their".

## §16. Case Forms of Adjectives

Adjectives are descriptive modifiers of nouns, like **nett, grün, ganz, neu, berühmt.** When a German adjective modifies a following noun, it has an ending.

Adjectives are most often found in a position AFTER an article, **dies**-word, or **ein**-word and BEFORE a noun.

Adjectives in this position are "enclosed" between the preceding noun-modifier and the following modified noun. The commonest ending of an enclosed adjective is **-en.**

However, enclosed adjectives have the ending **-e** if they are preceded by nominative or accusative singular **der, die, das; dieser, diese, dieses** (and also **jed-, jen-, manch-, solch-, welch-** + **-er, -e, -es**); the feminine singular **eine, keine, meine, deine, seine, ihre, unsere, eure, Ihre, ihre.**

Adjectives that are preceded by the endingless forms of **ein, kein, mein, dein, sein, ihr, unser, euer, Ihr, ihr** have an ending **-er** before masculine nouns, **-es** before neuter nouns. These endings **-er** and **-es** are called "strong adjective endings".

A chart for adjective endings in the enclosed position would be:

|  | Singular | | | Plural |
|---|---|---|---|---|
|  | Masc. | Fem. | Neut. | |
| Nom. | der / dieser **-e** <br> ein **-er** | **-e** | das / dieses **-e** <br> ein **-es** | **-en** |
| Acc. | **-en** | **-e** | das / dieses **-e** <br> ein **-es** | **-en** |
| Dat. | **-en** | **-en** | **-en** | **-en** |
| Gen. | **-en** | **-en** | **-en** | **-en** |

- **Note:** Except for the strong endings **-er** and **-es,** the adjective endings in the enclosed position are called "weak adjective endings".

When an adjective modifies a following noun, and when there is NO article, **dies**-word, or **ein**-word before the adjective, the adjective has the so-called strong endings.

|  | Singular | | | Plural |
|---|---|---|---|---|
|  | Masc. | Fem. | Neut. | |
| Nom. | **-er** | **-e** | **-es** | **-e** |
| Acc. | **-en** | **-e** | **-es** | **-e** |
| Dat. | **-em** | **-er** | **-em** | **-en** |
| Gen. | **-en**\* | **-er** | **-en**\* | **-er** |

\*Except for these rare masculine and neuter genitive endings, which occur in only a few idioms, the strong adjective endings are like those of the **dies**-words.

One special type of strong adjective is shown in the following sentences:

> Gab's da etwas **Interessantes?** Sobald du etwas **Genaueres** weißt, schick mir doch eine Postkarte! Melanie kann an den Schwänen nichts **Besonderes** finden. Seine Freunde können sich nichts **Schöneres** denken als diesen Sport.

In these examples, the adjective follows either **etwas** or **nichts,** and it does not directly modify any following noun. The adjective is treated partly as a strong adjective (so it has the neuter singular **-es** ending) and partly as a noun (so it is written with a capital first letter).

## Weak and Strong Adjective Endings

- **General note:** The general theory that determines the use of weak or strong endings is clear: If the adjective is preceded by one of the principal noun modifiers *with an ending*, the adjective itself has a weak ending. Otherwise, the adjective has a strong ending.

However, present-day writers and speakers of German do not entirely conform to that distinction. Some frequent usages that run counter to the general theory are:

(1) Use of strong adjective endings even though preceded by some of the principal noun-modifiers: after
  **manch-** (in all cases of the plural)
  **solch-** (occasionally in the dative and genitive singular feminine, and in the plural)
  **welch-** (occasionally in the plural).
These three **dies**-words are sometimes used without any ending, in the simple stem forms **manch, solch, welch.** When this happens, any following adjective has a strong ending.

(2) Use of weak adjective endings even though a preceding word is not one of the principal noun-modifiers: after
  **all-** (quite generally)
  **beid-** (quite generally)
  **einig-** (occasionally in the singular)
  **mir, dir, wir, uns, ihr** (plural familiar pronoun), **euch**

## §17. Compound Nouns

Like English, German makes new nouns by combining two or more nouns. Unlike English, German spelling habits provide for writing and printing compound nouns without spaces or hyphens. Otherwise the two languages have similar principles; once a reader has "broken up" a compound noun and recognized its parts, the meaning of the whole is usually clear.

Often German compound nouns have an extra sound at the connecting point between two elements. The commonest of these are **-s** (Weihnachtsbesuch), **-n** (Küchentür), **-e** (Tagebuch). But it is also common to join two elements in their simple singular or plural form (Kartoffelschäler, Buchladen, Bücherschrank).

The grammar of compound nouns: The last element of a compound noun controls its grammar. The gender of the entire compound is that of the last element. The plural ending (or vowel difference) of the last element is used to form the plural of the entire compound. (There are two exceptions: **die Woche**, but **der Mittwoch; das Wort**, but **die Antwort**.)

## Noun Suffixes

German has many noun suffixes, parallel to such English suffixes as "-ness, -tion, -ence, -ity" in "tidiness, action, prominence, rapidity". A useful feature of noun suffixes in German is that nearly every suffix has a particular gender and a particular plural ending. Some of the commonest noun suffixes are:

### Neuter suffixes:

**-chen, -lein.** These refer to nice or small things or people. The **-chen** and **-lein** nouns often have **ä, äu, ö, ü.** This suffix belongs to the plural class without an ending.

### Feminine suffixes:

**-in** indicates feminine (of people) and female (of animals), like **Lehrerin, Kaiserin; Löwin.** The plural ending is **-nen.**

**-heit, -keit.** These two suffixes are closely related: **-heit** is added directly to nouns to refer to a large collection (**Menschheit**) and to adjectives to refer to a general quality (**Schönheit**). **-keit** is added to adjectives ending in **-bar, -ig, -lich, -sam.** The plural ending for both **-heit** and **-keit** is **-en.**

**-schaft** is usually suffixed to nouns, and the derived noun refers to a general group or collection, or to a general quality: **Landschaft, Freundschaft.** Its plural ending is **-en.**

**-ung** is added chiefly to verb stems to refer to an action, like **Warnung.** The plural ending is **-en.**

**-e** is a very common suffix. It forms nouns from verbs (**Gabe** from **geben, Sprache** from **sprechen**) and from adjectives (**Größe** from **groß**). The **-e** suffix is often accompanied by a vowel difference. Its plural ending is **-n.**

### Masculine suffixes:

**-er, -ler, -ner** refer to someone who does or is something, like **Lehrer, Künstler, Gärtner.** Nouns formed with these suffixes often have umlaut. These nouns belong to the plural class without ending.

**-ist** appears as a masculine suffix of many "international" nouns, like **Pianist, Kommunist, Optimist.** All **-ist** nouns are weak masculines; that is, only the nominative singular ends in **-ist,** and all other cases end in **-isten.**

(All of these masculine nouns with the suffixes **-er, -ler, -ner, -ist** have corresponding feminines with the **-in** suffix: **-erin, -lerin, -nerin, -istin.**)

## §18. Parts of the Body, and of Clothing

English and German differ in referring to parts of the body and articles of clothing.

English normally uses a possessive: *Jack broke his left arm. The princess put a coin in his pocket.*

German normally uses the definite article with the noun, and a dative to show the possessor: **Hans hat sich den linken Arm gebrochen. Die Prinzessin steckte ihm ein Geldstück in die Tasche.**

## §19. Nominalizations

German grammar provides for ways to convert adjectives and various verb forms into nouns.

An adjective can be used as a noun. It keeps its regular weak or strong ending (see §16) depending on the number, case, gender, and any noun-modifier that precedes it. Adjectives in any degree (see §21-23) can be used as nouns. In writing and printing, an adjective used as a noun has a capital letter.

★ **Examples:** der Rothaarige *the red-haired one* (masc.) — die Rothaarige *the red-haired one* (fem.) — ein Großer *a tall one* (masc.) — das Ganze *the entire thing* (neut.) — im Freien *in the open, out of doors* (neut.) — ein Langsamer *a slow one* (masc.) — von diesem Weisen *from this wise one* (masc.) — der Fleißigere *the more industrious one* (masc.) — die Schönste *the most beautiful one* (fem.) — etwas Außergewöhnliches *something extraordinary* — die Einsamen *the lonely ones* — Das Zimmer war ins Behagliche, ja Vornehme verschönt. *The room had been beautified into something comfortable, indeed elegant.*

The various adjective-like forms derived from verbs (see §33-36) are convertible into nouns, just like ordinary adjectives.

### Past participles:

[an-stellen] der Angestellte, ein Angestellter; die Angestellte, eine Angestellte; zum Angestellten, zur Angestellten. — Ich war damals Angestellter.
[an-sprechen] die Angesprochenen *the ones spoken to*
[sagen] das Gesagte *what was said*
[versäumen] Das Versäumte ist nicht mehr nachzuholen. *What has been neglected can no longer be made up.*

### Present participles:

[pflügen] die Pflügenden *the ones who are/were plowing*
[sprechen] die Worte des immer langsamer Sprechenden *the words of the one who is/was speaking slower and slower*

### Future participles:

das Nachzuholende, das nicht mehr Nachzuholende

### Infinitive:

An infinitive (see §28) can be used as a neuter singular noun.

★ **Examples:** Das macht längeres Warten unvermeidlich. Dieses Hin- und Herbewegen des Scheuerlappens. Die Restaurants laden zum Eintreten ein. Da muß sie also zum Einholen. Mit dem Erscheinen Napoleons . . . . . . des Denkens und Fühlens.

## §20. Case—Gender

| | Noun | Def. Art. | Indef. Art. | kein etc. | dies- etc. | Str. Adj. | Wk. Adj. | 3rd Pers. | 1st Pers. |
|---|---|---|---|---|---|---|---|---|---|
| **Nominative** | | | | | | | | | |
| Masc. Sg. | -- | der | ein | -- | -er | -er | -e | er | ich |
| Fem. Sg. | -- | die | eine | -e | -e | -e | -e | sie | ich |
| Neut. Sg. | -- | das | ein | -- | -es | -es | -e | es | |
| Plural | * | die | | -e | -e | -e | -en | sie | wir |
| **Accusative** | | | | | | | | | |
| Masc. Sg. | -, -en | den | einen | -en | -en | -en | -en | ihn | mich |
| Fem. Sg. | -- | die | eine | -e | -e | -e | -e | sie | mich |
| Neut. Sg. | -- | das | ein | -- | -es | -es | -e | es | |
| Plural | * | die | | -e | -e | -e | -en | sie | uns |
| **Dative** | | | | | | | | | |
| Masc. Sg. | -, -en | dem | einem | -em | -em | -em | -en | ihm | mir |
| Fem. Sg. | -- | der | einer | -er | -er | -er | -en | ihr | mir |
| Neut. Sg. | -- | dem | einem | -em | -em | -em | -en | ihm | |
| Plural | *n | den | | -en | -en | -en | -en | ihnen | uns |
| **Genitive** | | | | | | | | | |
| Masc. Sg. | -es, -en | des | eines | -es | -es | -en | -en | seiner | meiner |
| Fem. Sg. | -- | der | einer | -er | -er | -er | -en | ihrer | meiner |
| Neut. Sg. | -es | des | eines | -es | -es | -en | -en | seiner | |
| Plural | * | der | | -er | -er | -er | -en | ihrer | unser |

* for various plural endings and vowel differences, see §13.

## §21. Comparisons: Equality and Difference

When two people, things, events, or situations are compared with each other, their relation may be expressed in terms of equality or of difference.

Equality: *as large as, not as large as, not so large as.*
Difference: *larger than, not larger than.*

### Equality

The basic formulas are: **so . . . wie, nicht so . . . wie.** Hans ist **so** alt **wie** ich. Berlin ist **nicht so** groß **wie** Neuyork. The formula **ebenso . . . wie** is often used: Joachim studiert **ebenso** gut **wie** die anderen jungen Leute, aber er lernt langsamer.

## —Number Forms

| 2nd Pers. famil. | 2nd Pers. form. | Relative | Interrog. | Indef. | Negative | General | Reflexive |
|---|---|---|---|---|---|---|---|
| Nominative | | | | | | | |
| du | Sie | der | wer | jemand | niemand | man | |
| du | Sie | die | wer | jemand | niemand | man | |
|  |  | das | was | etwas | nichts | es | |
| ihr | Sie | die | | | | | |
| Accusative | | | | | | | |
| dich | Sie | den | wen | jemanden | niemanden | einen | mich, dich, sich |
| dich | Sie | die | wen | jemanden | niemanden | einen | mich, dich, sich |
|  |  | das | was | etwas | nichts | es | sich |
| euch | Sie | die | | | | | uns, euch, sich |
| Dative | | | | | | | |
| dir | Ihnen | dem | wem | jemandem | niemandem | einem | mir, dir, sich |
| dir | Ihnen | der | wem | jemandem | niemandem | einem | mir, dir, sich |
|  |  | dem |  | etwas | nichts | es | sich |
| euch | Ihnen | denen | | | | | uns, euch, sich |
| Genitive | | | | | | | |
| deiner | Ihrer | dessen | wessen | jemandes | niemandes | | |
| deiner | Ihrer | deren | wessen | jemandes | niemandes | | |
|  |  | dessen | | | | | |
| euer | Ihrer | deren | | | | | |

## §22. The Comparative Degree

When a comparison is expressed in terms of difference, German uses the suffix **-er**: **kleiner** *smaller*; **gefährlicher** *more dangerous*; **netter** *nicer*; **dicker** *fatter*; **interessanter** *more interesting*; **schöner** *finer*; **neuer** *newer*. Adjectives with this **-er** suffix are called "comparative forms" and are said to be in the "comparative degree".

Some adjectives also have umlaut vowels in this comparative **-er** form: **älter** *older*; **größer** *larger*; **jünger** *younger*; **kälter** *colder*; **stärker** *stronger*; **wärmer** *warmer*. A few comparative form adjectives have quite different stems from those of the simple adjectives: (gut) **besser** *better*; (viel) **mehr** *more*. The adjective **hoch** has a comparative form **höher**.

An adjective with the comparative suffix **-er** is treated grammatically like a simple adjective, so far as the adjective endings are concerned.

When a comparative adjective is used as a noun modifier, it has the usual adjective endings, which are added after the comparative **-er** suffix: ein **kleineres** Kind, mit diesem **älteren** Bruder, durch **wärmere** Tage, seines **schöneren** Hauses, die **höhere** Schule, meine **bessere** Hälfte, ein **interessanteres** Buch, die **interessantere** Stadt, unser **jüngerer** Sohn, **kälteres** Wetter.

When a comparative form is used in a predicate there is no further suffix: Er ist **älter** als ich. Die Tage werden jetzt **wärmer.** Ich finde es hier viel **schöner** als in den Bergen. Sein letztes Buch ist **interessanter** als alles, was er vorher geschrieben hat. Sie fahren **schneller** als ich. Er hätte uns nicht **herzlicher** begrüßen können.

Note that German comparative adjectives and adverbs have the **-er** suffix regardless of the length of the adjective stem. The comparative of **interessant** is **interessanter**. That is, German does NOT have any compound comparative like the English *more interesting.*

With a following comparative, **noch** = *even, still, yet:* Hier ist es **noch ruhiger** als bei uns. **Noch langsamer,** bitte. Nachher fuhr er **noch schneller.**

Traditional German grammar requires **wie** in expressions of equality (**so groß wie**) and **als** in expressions of inequality (**größer als**). However, in the actual spoken language, this distinction is being broken down, and you will often hear expressions like **größer wie.**

A common German idiom is the combination of **immer** and the comparative form of an adjective-adverb; **immer besser** *better and better.* **Er fährt immer schneller.** *He's driving faster and faster.* **Gerhard sieht immer schlimmer aus.** *Gerhard looks worse and worse.* **Im Monat April werden die Tage immer länger. Seine Antworten wurden immer kürzer.** — A related idiom is **immer wieder** *again and again.*

An idiom parallel to English "the more the merrier; the bigger they come, the harder they fall" consists of two comparative forms, in a construction with **je —, desto —. Je knuspriger, desto besser. Je höher die Klasse aufrückt, desto mehr Fächer werden hinzugefügt.**

Grammar References

## §23. The Superlative Degree

The superlative degree is an adjective or adverb form (like English *oldest, quickest, most quickly, best*) which refers to the outstanding or extreme example(s) of some characteristic.

The superlative suffix in German is -(e)st-: **kleinste, interessanteste, schnellste, schlimmste, freundlichste**. Some adjectives have vowel change (umlaut) in the superlative: **älteste, kälteste, jüngste, größte, nächste**.

Notice that all the superlative adjectives in the examples have an ending. In general, all superlative adjectives have to have an adjective ending in German.

In this respect, superlative adjectives are treated differently from simple adjectives and comparative adjectives. Even predicate adjectives and adverbs—which are suffixless in the simple and comparative forms—have endings in the superlative form.

In the superlative form, it is necessary to distinguish sharply between predicate adjective use and adverb use.

The predicate adjective is linked to a noun or pronoun via a verb: They're all good but this one is *best*. Of all the Brahms symphonies she considers the Fourth the *finest*. His Porsche is *speediest*. Steve **is** tall, Jim is *taller*, and Bill is *tallest*. — The superlative predicate adjective in German is transformed into a combination of definite article + superlative adjective with a weak ending: Sie sind alle **gut**, aber dies ist **das beste**. Von allen Symphonien von Brahms hält **sie** seine Vierte für **die schönste**. Sein Porsche ist **der schnellste**. Stefan ist groß, Jakob ist noch größer, und Willi ist **der größte** von allen dreien.

The superlative adverb modifies a verb directly without being linked to a noun or pronoun: They all study well but Fritz studies *best*. Of all violinists I know, he plays *most understandingly*. Clara drives fast, Gretchen drives faster, and Mitzi drives *fastest* of all. — The formula for superlative adverbs is **am . . . -sten: am besten, am schönsten, am schnellsten**.

A few superlative adverbs, chiefly used as adjective modifiers, are without endings: **höchst** gefährlich *most highly* dangerous; **äußerst** angenehm *extremely* pleasant, **möglichst** bald, as soon *as possible*. Most adverbs have a superlative form to indicate an extreme extent: **aufs innigste** verbunden *extremely intimately* attached.

§24. # Verb Forms

German verbs have endings depending on the number and the person of the subject. In addition, a verb has two sets of tense-forms — present and preterit — depending on the time being talked about.

§25. # The Present

Nearly all German verbs have the regular present tense endings, as follows:

|  | Singular |  | Plural |  |
|---|---|---|---|---|
| First person | (ich) | -e | (wir) | -en |
| Second person, familiar | (du) | -st | (ihr) | -t |
| Second person, formal | (Sie) | -en | (Sie) | -en |
| Third person |  | -t |  | -en |

The two -t endings are expanded to -et if the verb stem ends in "t" or "d", so that the ending can be heard. Examples: **wartet, findet.**

STRONG VERBS: One group of German verbs has different vowels in the present and preterit tenses, and certain other special features. These vowel-changing verbs are called "strong". Some strong verbs also have a vowel change in the "**du**-form" and in the third person singular of the present tense. The changes are:

Regular present tense vowel: **a  e  e**
**du** and 3rd.-pers. sing. vowel: **ä  i  ie**

★ Examples: **ich fahre, du fährst, er fährt**
**ich spreche, du sprichst, er spricht**
**ich sehe, du siehst, er sieht**

If a verb has a stem-change in the third person singular, and if the stem ends in "t" or "d", the third-person singular ending is usually dropped.

★ Examples: **ich halte, er hält**
**ich werde, er wird**
**ich trete, er tritt**

Four important verbs have the following present-tense forms:

|  | Infinitive **sein** |  |  |
|---|---|---|---|
| (ich) | **bin** | (wir) | **sind** |
| (du) | **bist** | (ihr) | **seid** |
| (Sie) | **sind** | (Sie) | **sind** |
| (3 Sg.) | **ist** | (3 Pl.) | **sind** |

|  | Infinitive **haben** |  |  |
|---|---|---|---|
| (ich) | **habe** | (wir) | **haben** |
| (du) | **hast** | (ihr) | **habt** |
| (Sie) | **haben** | (Sie) | **haben** |
| (3 Sg.) | **hat** | (3 Pl.) | **haben** |

|  | Infinitive **werden** |  |  |
|---|---|---|---|
| (ich) | **werde** | (wir) | **werden** |
| (du) | **wirst** | (ihr) | **werdet** |
| (Sie) | **werden** | (Sie) | **werden** |
| (3 Sg.) | **wird** | (3 Pl.) | **werden** |

|  | Infinitive **wissen** |  |  |
|---|---|---|---|
| (ich) | **weiß** | (wir) | **wissen** |
| (du) | **weißt** | (ihr) | **wißt** |
| (Sie) | **wissen** | (Sie) | **wissen** |
| (3 Sg.) | **weiß** | (3 Pl.) | **wissen** |

There are six very irregular verbs which have unusual present-tense forms: **darf/dürfen; kann/können; mag/mögen; muß/müssen; soll/sollen; will/wollen.** These are described in §32.

## §26. Imperatives

German has verb forms used in making suggestions or requests or giving orders; these are the imperative forms. Just as there are three pronouns which refer to the person spoken to (**du, ihr, Sie**), there are three corresponding imperative forms of a verb.

Second person singular, familiar (du): Usually with no ending; in slower speech, with the ending **-e**. The strong verbs with vowel change **e** to **i** or **ie** in the second and third persons singular have the same change in the "**du**" imperative: **Gib mir etwas zu essen! Sieh da!**

Second person plural, familiar (ihr): The ending is **-t** or **-et**.

Second person, formal: The imperative form has the ending **-en** ALWAYS followed by the pronoun **Sie**.

The imperative forms corresponding to English 'be' (like 'Be careful'!) are rather irregular:
   (du) **Sei vorsichtig,** Hans!
   (ihr) **Seid vorsichtig,** Kinder!
   (Sie) **Seien Sie vorsichtig,** Frau Doktor!

First person, plural: Parallel to the "**Gehen Sie!**" imperative, German has a first person plural imperative: "**Gehen wir!**" — *Let's go.*

In recipes and complicated instructions German uses a formula "**Man ——e**": **Jetzt schäle man die Kartoffeln, wasche sie und lege sie auf einen Suppenteller.**

In official instructions addressed to the public, an infinitive form may be used as an imperative. **Endstation! Alles aussteigen!** *Last stop. Everybody get out.*

Commands addressed to a group by a superior are sometimes put into the past participle form, to suggest that the order is to be carried out instantly: **Ausgestiegen!**

In German writing and printing, imperative sentences very often have the punctuation "!" at the end of the sentence. This does not necessarily indicate any special loudness or emphasis — just that the sentence is an imperative.

## §27. The Preterit

There is a set of special verb forms known as the "preterit". These preterit forms tell a story about connected happenings, or about several things that happened at the same time.

The preterit form of a verb is always different from the present form. There is a set of endings for the preterit, which differ from those of the present in the first and third singular.

|  |  |  |  |
|---|---|---|---|
| (ich) | -- | (wir) | -n, -en |
| (du) | -st, -est | (ihr) | -t, -et |
| (Sie) | -n, -en | (Sie) | -n, -en |
| (3 Sg.) | -- | (3 Pl.) | -n, -en |

The first and third person singular have no endings. The other endings are added to the preterit **-te-** extension for weak verbs. For strong verbs, the endings are added directly to the preterit stem.

In addition, the preterit stem of a verb is always different from the present stem. There are three types of differences in Strong Verbs, Regular Verbs and Irregular Weak Verbs.

STRONG VERBS. The vowel of the preterit verb stem is different from that of the present.

Some important patterns of strong-verb vowel differences are illustrated by the following comparisons. The forms are first-person singular (ich):

| Present | Preterit | Present | Preterit |
|---|---|---|---|
| schreibe | schrieb | nehme | nahm |
| reite | ritt | bitte | bat |
| fliege | flog | komme | kam |
| beginne | begann | fahre | fuhr |
| helfe | half | falle | fiel |

(A list of common strong verbs is given in §37.)

REGULAR WEAK VERBS. There is a special preterit extension to the verb stem: **-te-**, to which the preterit endings are added. (With verb stems ending in "t" or "d", the extension is **-ete-**.)

| Present | Preterit | Present | Preterit |
|---------|----------|---------|----------|
| blicke  | **blickte**  | pflegen | **pflegte** |
| hole    | **holte**    | reise   | **reiste**  |
| höre    | **hörte**    | suche   | **suchte**  |
| arbeite | **arbeitete** | lande  | **landete** |
| koste   | **kostete**  | rede    | **redete**  |

IRREGULAR WEAK VERBS. These have both a vowel difference in the stem and the **-te-** extension.

| bringe | **brachte** | denke | **dachte** |
|--------|-------------|-------|------------|
| brenne | **brannte** | renne | **rannte** |
| kenne  | **kannte**  | sende | **sandte** |
| nenne  | **nannte**  | wende | **wandte** |

The modal auxiliaries (see §32) also have irregular preterit stem forms.

The four verbs whose irregular present-tense forms were given in §25 have the following preterit forms:

| sein | | | |
|------|--|--|--|
| ich | **war** | wir | **waren** |
| du  | **warst** | ihr | **wart** |
| Sie | **waren** | Sie | **waren** |
| (3 Sg.) | **war** | (3 Pl.) | **waren** |

| haben | | | |
|-------|--|--|--|
| ich | **hatte** | wir | **hatten** |
| du  | **hattest** | ihr | **hattet** |
| Sie | **hatten** | Sie | **hatten** |
| (3 Sg.) | **hatte** | (3 Pl.) | **hatten** |

|  | werden | | |
|---|---|---|---|
| ich | **wurde** | wir | **wurden** |
| du | **wurdest** | ihr | **wurdet** |
| Sie | **wurden** | Sie | **wurden** |
| (3 Sg.) | **wurde** | (3 Pl.) | **wurden** |

|  | wissen | | |
|---|---|---|---|
| ich | **wußte** | wir | **wußten** |
| du | **wußtest** | ihr | **wußtet** |
| Sie | **wußten** | Sie | **wußten** |
| (3 Sg.) | **wußte** | (3 Pl.) | **wußten** |

## §28. Infinitive

Each German verb has a form called "infinitive". Almost all infinitives end in **-en**. Verbs with stem forms ending in an unaccented **-el** or **-er** have an infinitive ending **-n: ändern, sammeln, wandern**. There is one very irregular infinitive: **sein** *be*.

The infinitive form of compound verbs (see §47) is written and printed in German as a single word, without any space between the two parts of the verb: **abholen, hinfahren, vorbeifahren**.

An infinitive usually occurs at or near the end of its sentence part.

## §29. Infinitive with "zu"

One common use of an infinitive is with a preceding **zu** to complete a statement or question: **Es freut uns sehr, Sie bei uns zu sehen. Es ist menschlich zu irren. Meine Frau hat versucht, Sie telefonisch zu erreichen. Ist es schon Zeit zu gehen?**

When the infinitive of a compound verb is used with **zu**, the three parts of the construction are written or printed as one word, without spaces: **abzufahren, mitzuspielen, vorbeizukommen, zuzusehen**. A special construction, **sein** + **zu** + infinitive, is illustrated by such sentences as: **Wo ist Dr. Krauß zu finden? Hunde sind an der Leine zu führen. Der Koffer ist gleich nach dem Hotel zu bringen. Hier sind die Werke von vielen Meistern zu sehen.**

This construction refers to something that can be, should be, or must be done. Its closest equivalent in English is a construction like "is to be found, are to be led, is to be taken, are to be seen".

## §30. Infinitive with Auxiliaries

An important use of an infinitive is to form part of a verb-phrase. The present and preterit tense forms are simple one-word verbs. But German also has verb-phrases — like English "have gone, can understand, should be, were rewarded, will arrive".

## §31. "Futurum"

One important verb-phrase formula in German is used in making or asking for reliable predictions about something that is scheduled or firmly expected to happen in the future. This predicting verb-phrase formula is called *Futurum* in German.

In the future verb-phrase involving prediction of something firmly scheduled or expected, there are two grammatical parts: 1) The auxiliary helping verb **werden.** 2) The infinitive form of another verb.

The form of the future auxiliary **werden** depends on its subject.

| Singular | | Plural | |
|---|---|---|---|
| (ich) | **werde** | (wir) | **werden** |
| (du) | **wirst** | (Ihr) | **werdet** |
| (Sie) | **werden** | (Sie) | **werden** |
| (3 pers.) | **wird** | (3 pers.) | **werden** |

★ **Examples:** Ich **werde** dir alles **erklären.** — Er **wird** sich enorm darüber **freuen.** — Die Gewohnheit, Lebensmittel „um die Ecke" zu kaufen, **wird** nicht bald aus dem täglichen Leben **verschwinden.** — Verlassen Sie sich darauf: wir **werden** das Zimmer fertig **machen.** — Ihr **werdet** keine Gelegenheit **haben,** das Volumen der Waren zu prüfen. — Dieses Jahr **werden** Tausende von Touristen das Heidelberger Schloß **besuchen.**

## §32. Modal Auxiliaries

There are six auxiliary verbs known as the modal auxiliaries. They are extremely irregular, both in their endings and in their stem forms.

| | Present | | | | | Preterit Stems |
|---|---|---|---|---|---|---|
| | Singular | | | Plural | | |
| (ich) | darf kann mag | muß soll will | (wir) | dürfen können mögen | müssen sollen wollen | durft- |
| (du) | darfst kannst magst | mußt sollst willst | (ihr) | dürft könnt mögt | müßt sollt wollt | konnt- mocht- |
| (Sie) | dürfen können mögen | müssen sollen wollen | (Sie) | dürfen können mögen | müssen sollen wollen | mußt- sollt- |
| (3 Sg.) | darf kann mag | muß soll will | (3 Pl.) | dürfen können mögen | müssen sollen wollen | wollt- |

The modal auxiliaries are most commonly used with an infinitive at the end of the clause.

★ **Examples:** Man **darf** sich dann nicht nach dem Badezimmer **erkundigen.** — Es gibt Apparate, mit denen man die schlanke Linie **bewahren** oder wieder **herstellen kann.** — Keine solche Stadt **mag** als typisch bezeichnet **werden.** — Den Harzer Käse **muß** der Verkäufer gut **einwickeln.** — Diese Maschinen **sollen** das Leben einfacher und angenehmer **machen.** — Weißt du, wo wir heute nachmittag Fenster **putzen sollen?** — **Müssen** die Leute den großen Umweg **machen,** wenn sie **abfahren wollen?**

Grammar References 277

Ich **wollte** bloß **fragen.** — Düsseldorf **mußte** nach 1945 zur Hälfte neu aufgebaut **werden.** — Die Hausfrau gab der Köchin Anweisungen, was an diesem Tag zubereitet **werden sollte.** — Die Hausfrau **mußte** sich darum **bekümmern,** ob die Vorräte für die Familie ausreichen würden. — Dann **durfte** er **erwarten,** daß jedermann ihn als „Herr Oberpostinspektor" ansprach.

Less commonly, a modal auxiliary is used without an infinitive.

★ **Examples:** Trude **mag** Apfelsinen am liebsten. — Heute **mag** ich kein Frühstück. — Ich **konnte** nicht anders. — **Mögen** Sie Hunde?

An infinitive of a verb referring to motion need not be used after a modal auxiliary if the meaning of motion is otherwise indicated in the sentence.

★ **Examples:** Aber jetzt muß ich nach Hause! Ein paar von uns wollten nächsten Sommer nach Spanien. Morgen muß sie fort.

Note that an infinitive is not preceded by **zu** when it is used with the future auxiliary **werden** or with any of the six modal auxiliaries. Strictly speaking, there should be a preceding **zu** when an infinitive is used with any verb except these auxiliaries. However, there are a few other verbs which in some expressions act like auxiliaries, with an infinitive without **zu: helfen, lassen, hören, sehen.**

★ **Examples:** Helft uns doch abwaschen! — Wir hörten Fräulein Ebbecke einige Lieder von Schubert singen. — Lassen wir ihn nur reden! — Ich würde meine Tochter nie allein gehen lassen. — Dann wirst du ihn den Friseuren den Kamm und die Schere und die Bürste reichen sehen.

In present-day German there is an increasing use of **brauchen** as an auxiliary, especially in negative sentences.

★ **Example:** Der junge Wolfgang brauchte auch nicht zur Schule gehen.

The modal auxiliaries have a special grammar in connection with the "Perfektum." See §40.

## §33. Participles

There are adjective-like forms derived from verbs; they are called "participles". English participles appear in *a* **changing** *situation* (The situation changes); *a* **changed** *plan* (Somebody changed the plan).

Participles can be used like adjectives to modify a following noun. A German participle in this use has the regular weak or strong ending.

## §34. The Present Participle

The present participle is formed by adding **-d** to the infinitive. In its original basic function, a present participle is an adjective modifying a noun which would be the subject of the corresponding verb:

> eine **zusammenhängende** Form (Die Form hängt zusammen.)
> in den **kommenden** Jahrhunderten (Die Jahrhunderte kommen.)
> die Mehrzahl der **geldverdienenden** Bevölkerung (Die Bevölkerung verdient Geld.)
> bei der **verarbeitenden** Industrie
> eine **führende** Rolle

## §35. The Past Participle

The past participle has an ending: **-t** or **-et** with weak verbs, **-en** with strong verbs. Strong verb past participles may have a stem vowel different from that of the present or preterit or both; see §27. Most past participles have a prefix **ge-**. The exceptions are: (1) verbs with an infinitive ending in **-ieren**, (2) verbs with the unaccented prefixes **be-, emp-, ent-, er-, ge-, miß-, ver-, zer-**; see §46.

A past participle was originally an adjective modifying a noun which would be the object of the corresponding verb, usually in a past form.

> mit seinem **wohlverdienten** Titel (Er hat seinen Titel verdient.)
> auf der über dem alten Stadtgraben **angelegten** Königsallee (Man legte die Königsallee an.)
> in ihrem **ausgezeichneten** Theater (Man zeichnete ihr Theater aus.)
> zwei **weichgekochte** Eier (Man kochte zwei Eier weich.)
> alle anderen so stark **bevölkerten** Städte
> eine **untergeordnete** Rolle

## §36. Future Passive Participle

German occasionally uses a future passive participle, referring to something that can or should or must be done. It consists of **zu** + the present participle form: ein **zu verkaufendes** Haus; dieser leise **zu singende** Vers.

- **Note:** The participles of compound verbs are written and printed as a single word without space: **zusammenhängend, angelegt**.
- **Note:** If a modifying participle is itself modified, its modifiers precede it: **über dem alten Stadtgraben angelegt; so stark bevölkert; leise zu singende**.

## §37. Principal Parts of Strong Verbs

Strong verbs always have a different vowel in the preterit from that in the present form; and some of them have changes in the consonants as well. In addition, some strong verbs have different vowels in the participle from those of the present, or preterit, or both. And some strong verbs have a different vowel in the present for the second and third person singular from the one they have in the rest of the present and the infinitive. — There are less than 150 commonly used strong verbs in German, about the same number as in English. To help in learning and remembering all the vowels of strong verbs, it is usual to line up the so-called "principal parts". These are the forms (never more than four) from which all other forms of the verb can be made by ordinary regular changes.

The most complicated vowel differences are with the strong verbs that have a separate vowel in the second and third person singular of the present. These differences are illustrated by **brechen** as an example:

**brechen**   Infinitive, from which some present forms can be made.
**bricht**   Third person singular present, from which the second person singular and the familiar imperative can be made.
**brach**   First person singular preterit, from which all the other preterit forms can be made.
**gebrochen** Past participle.

(In the end-vocabulary and in most dictionaries the vowel changes only are indicated, unless a consonant change also takes place. The verb above will be found listed thus: **brechen (i), a, o.**)

Some lists of strong verbs with their principal parts will illustrate the most important varieties of strong verbs:

| Infinitive | 1. Sg. Pret. | Past participle |
|---|---|---|
| bleiben | blieb | geblieben |
| preisen | pries | gepriesen |
| reiben | rieb | gerieben |
| scheiden | schied | geschieden |
| scheinen | schien | geschienen |
| schreiben | schrieb | geschrieben |
| schreien | schrie | geschrien |
| | | |
| schweigen | schwieg | geschwiegen |
| steigen | stieg | gestiegen |
| treiben | trieb | getrieben |
| verleihen | verlieh | verliehen |
| vermeiden | vermied | vermieden |
| verzeihen | verzieh | verziehen |
| weisen | wies | gewiesen |
| | | |
| beißen | biß | gebissen |
| gleiten | glitt | geglitten |
| greifen | griff | gegriffen |
| leiden | litt | gelitten |
| reiten | ritt | geritten |
| reißen | riß | gerissen |
| schleichen | schlich | geschlichen |
| schneiden | schnitt | geschnitten |
| schreiten | schritt | geschritten |
| streiten | stritt | gestritten |
| vergleichen | verglich | verglichen |
| weichen | wich | gewichen |

| Infinitive | 1. Sg. Pret. | Past Participle |
|---|---|---|
| biegen | bog | gebogen |
| bieten | bot | geboten |
| fliegen | flog | geflogen |
| fließen | floß | geflossen |
| frieren | fror | gefroren |
| genießen | genoß | genossen |
| gießen | goß | gegossen |
| kriechen | kroch | gekrochen |
| riechen | roch | gerochen |
| schieben | schob | geschoben |
| schießen | schoß | geschossen |
| schließen | schloß | geschlossen |
| sprießen | sproß | gesprossen |
| stieben | stob | gestoben |
| verlieren | verlor | verloren |
| wiegen | wog | gewogen |
| ziehen | zog | gezogen |
| | | |
| heben | hob | gehoben |
| schwören | schwor | geschworen |
| vergären | vergor | vergoren |
| wägen | wog | gewogen |
| | | |
| beginnen | begann | begonnen |
| gewinnen | gewann | gewonnen |
| schwimmen | schwamm | geschwommen |
| sinnen | sann | gesonnen |
| | | |
| binden | band | gebunden |
| dringen | drang | gedrungen |
| finden | fand | gefunden |
| gelingen | gelang | gelungen |
| klingen | klang | geklungen |
| ringen | rang | gerungen |
| singen | sang | gesungen |
| sinken | sank | gesunken |
| springen | sprang | gesprungen |

| | | |
|---|---|---|
| trinken | trank | getrunken |
| überwinden | überwand | überwunden |
| verschwinden | verschwand | verschwunden |
| zwingen | zwang | gezwungen |

| Infinitive | 3. Sg. Pres. | 1. Sg. Pret. | Past Participle |
|---|---|---|---|
| bergen | birgt | barg | geborgen |
| brechen | bricht | brach | gebrochen |
| empfehlen | empfiehlt | empfahl | empfohlen |
| gelten | gilt | galt | gegolten |
| helfen | hilft | half | geholfen |
| nehmen | nimmt | nahm | genommen |
| sprechen | spricht | sprach | gesprochen |
| stechen | sticht | stach | gestochen |
| sterben | stirbt | starb | gestorben |
| treffen | trifft | traf | getroffen |
| verderben | verdirbt | verdarb | verdorben |
| werben | wirbt | warb | geworben |
| werden | wird | wurde | geworden |
| | | | |
| essen | ißt | aß | gegessen |
| fressen | frißt | fraß | gefressen |
| geben | gibt | gab | gegeben |
| messen | mißt | maß | gemessen |
| | | | |
| treten | tritt | trat | getreten |
| vergessen | vergißt | vergaß | vergessen |
| | | | |
| geschehen | geschieht | geschah | geschehen |
| lesen | liest | las | gelesen |
| sehen | sieht | sah | gesehen |
| | | | |
| einladen | lädt . . . ein | lud . . . ein | eingeladen |
| fahren | fährt | fuhr | gefahren |
| graben | gräbt | grub | gegraben |
| schlagen | schlägt | schlug | geschlagen |
| tragen | trägt | trug | getragen |
| wachsen | wächst | wuchs | gewachsen |
| waschen | wäscht | wusch | gewaschen |
| schaffen | schafft | schuf | geschaffen |

| Infinitive | 3. Sg. Pres. | 1. Sg. Pret. | Past Participle |
|---|---|---|---|
| braten | brät | briet | gebraten |
| fallen | fällt | fiel | gefallen |
| fangen | fängt | fing | gefangen |
| halten | hält | hielt | gehalten |
| hangen | hängt | hing | gehangen |
| lassen | läßt | ließ | gelassen |
| raten | rät | riet | geraten |
| schlafen | schläft | schlief | geschlafen |
| laufen | läuft | lief | gelaufen |
| stoßen | stößt | stieß | gestoßen |
| hauen | haut | hieb | gehauen |
| rufen | ruft | rief | gerufen |

| Infinitive | 1. Sg. Pret. | Past Participle |
|---|---|---|
| bitten | bat | gebeten |
| liegen | lag | gelegen |
| sitzen | saß | gesessen |
| kommen | kam | gekommen |
| gehen | ging | gegangen |
| stehen | stand | gestanden |
| tun | tat | getan |
| heißen | hieß | geheißen |
| sein (bin, etc.) | war | gewesen |

## §38. "Perfektum"

The preterit tense forms are used in telling about past events or situations that are connected with others in the past. For statements and questions about past events considered as single happenings, or happenings which have some importance for the present situation, German has a two-word verb-phrase known as "Perfektum". The perfect verb-phrase has two grammatical parts: an auxiliary (**haben** or **sein**) and a past participle. The auxiliary **haben** has forms depending on the subject:

|  |  |  |  |
|---|---|---|---|
| ich | **habe** | wir | **haben** |
| du | **hast** | ihr | **habt** |
| Sie | **haben** | Sie | **haben** |
| (3 Sg.) | **hat** | (3 Pl.) | **haben** |

★ **Examples:** Du **hast** schon drei Briefe von ihnen **bekommen.** — Ich **habe** viel länger davon **gewußt.** Aber bis jetzt **hab'** ich keine Zeit dazu **gehabt.** — Ich **habe** dir meine Wünsche oft genug **mitgeteilt.** — Warum **haben** wir keinen Plan **bekommen?** — So etwas **hab'** ich in Amerika auch **gesehen.** — **Habt** ihr **gesehen,** was Herr Dr. Billing mir **gebracht hat?** — Da **hab'** ich sogar **gewohnt.**

Whenever a perfect verb-phrase has a direct object in the accusative, the auxiliary is **'haben'**. Re-read the examples above, and notice that most of them contain accusative objects. In addition, some sentences without an accusative object also have **'haben'** as the auxiliary. We may regard **'haben'** as the more common auxiliary in perfect verb-phrases.

The forms of the auxiliary **sein** are:

|  |  |  |  |
|---|---|---|---|
| ich | **bin** | wir | **sind** |
| du | **bist** | ihr | **seid** |
| Sie | **sind** | Sie | **sind** |
| (3 Sg.) | **ist** | (3 Pl.) | **sind** |

★ **Examples:** Der letzte Bilderprospekt **ist** vor ein paar Tagen an die Presse-Agentur **gegangen.** — Das **ist** gerne **geschehen.** — Dann **ist** er mit dem ganzen Wagen voll Blumen **losgefahren.** — Seitdem der Gustav **weggegangen ist,** ist alles hier so einsam. — Er **ist** auch inzwischen ein bißchen älter **geworden.**

A perfect verb-phrase has **sein** as its auxiliary if (1) there is no accusative object, AND (2) it expresses a change from one position to another or change from one condition to another. — Exceptions: **sein** is the perfect auxiliary with the participles **gewesen** and **geblieben.**

★ **Examples:** Der Briefträger **ist dagewesen.** — Düsseldorf **ist** bis auf den heutigen Tag eine Stadt des Handels und der Verwaltung **geblieben.**

A verb, like **folgen,** which is used with a dative object and which indicates change of position or condition, has **sein** as its perfect auxiliary: Du **bist** einem Drang des Herzens **gefolgt.**

## §39. Pluperfect

Occasionally it is important to indicate that, of two past happenings, one significantly preceded the other, as in English "The temperature *had fallen* rapidly during the night, and the roads were icy when we started at dawn." The German pluperfect construction is a two-word verb-phrase, consisting of the preterit forms of **haben** or **sein** + a past participle. See §27.

★ Examples: Ich **hatte** mich damals in ein kleines Gasthaus **zurückgezogen** und erwartete dort meinen Kameraden Hauptmann Wigand. — Kein Wunder, daß er krank wurde! Er **hatte** ja sechsundzwanzig Kartoffelpfannkuchen mit Kompott und Apfelmus **verzehrt**. — Manchmal entwickelte sich eine Ortschaft an einer Stelle, wo eine Brücke über den Fluß geschlagen **worden war**. — Mein Kamerad wies auf den Kellner hin, der den Vorhang vom Fenster **geschoben hatte**.

## §40. „Perfektum" with the Modal Auxiliaries

Just as the modal auxiliaries have great irregularities in their endings and stem-forms, so also their grammar with the perfect construction is quite exceptional.

Each of the modal auxiliaries has two past participle forms which are used in the Perfektum with the auxiliary **haben**. One of these is identical in form with the infinitive of the modal auxiliary: **dürfen, können, mögen, müssen, sollen, wollen**; these are used when there is another infinitive in the construction.

★ Examples: Der irische Mönch hat Altsächsisch **lernen müssen**. — Wann hat Thilo seinen Aufsatz **schreiben können**? — Viele Menschen haben dem jungen Schüler **helfen wollen**. — Warum hast du die Aufnahme nicht **bekommen dürfen**? Die anderen hatte ich auch **mitnehmen wollen**. — Du hast einem alten, einsamen Menschen eine kleine Freude **machen wollen**.

The resulting formula is called a double infinitive. The verbs **helfen, lassen, hören, sehen, (nicht) brauchen** also occur in the double infinitive construction; see §32.

★ Examples: Herr Pettenkofer hat sich einen Anzug **schneidern lassen**. — Das hätte ich mir nicht **träumen lassen**. — Endlich hat man den alten Wagen langsam aus dem Wald **kommen sehen**. — Die deutsche Hausfrau hat schon lange nicht mehr Brot **kneten** und **backen brauchen**.

A common construction consists of the subjunctive (see §42) form
hätt- + infinitive + sollen.

★ **Examples:** Sie hätte ihre braunen Straßenschuhe mit den abgelaufenen Absätzen **mitbringen sollen**. — Du hättest ein bißchen früher damit **anfangen sollen**.

The other past participle of the modal looks like an ordinary weak verb past participle: **gedurft, gekonnt, gemocht, gemußt, gesollt, gewollt**. This is used when there is no infinitive. Commonly the object of this construction is a neuter pronoun like **es, das, dies**.

★ **Examples:** So haben wir es doch gewollt! — Er wäre lieber länger bei euch geblieben, aber er hat es nicht gedurft. — Das haben Sie gemußt! — Sie hat gewiß nicht anders gekonnt.

## §41. The Passive Verb-Phrase

In a passive sentence, the subject refers to something produced or done, or some activity, or somebody who has something happen to him. — English examples: "The candidate was greeted by the governor. The candidate was greeted with applause. This play is praised by most critics. Will we all be invited? Have these glasses been washed? Some cars are driven fifty thousand miles a year."

The German passive has the formula: auxiliary **werden** + past participle. The present passive has the forms:

| (ich) | **werde** | (wir) | **werden** | |
|---|---|---|---|---|
| (du) | **wirst** | (ihr) | **werdet** | ....Past Participle |
| (Sie) | **werden** | (Sie) | **werden** | |
| (3 Sg.) | **wird** | (3 Pl.) | **werden** | |

The preterit passive:

| (ich) | **wurde** | (wir) | **wurden** | |
|---|---|---|---|---|
| (du) | **wurdest** | (ihr) | **wurdet** | ....Past Participle |
| (Sie) | **wurden** | (Sie) | **wurden** | |
| (3 Sg.) | **wurde** | (3 Pl.) | **wurden** | |

The perfect passive:

| | | | | |
|---|---|---|---|---|
| (ich) | **bin** | (wir) | **sind** | |
| (du) | **bist** | (ihr) | **seid** | .... Past Participle + **worden** |
| (Sie) | **sind** | (Sie) | **sind** | |
| (3 Sg.) | **ist** | (3 Pl.) | **sind** | |

The future passive:

| | | | | |
|---|---|---|---|---|
| (ich) | **werde** | (wir) | **werden** | |
| (du) | **wirst** | (ihr) | **werdet** | .... Past Participle + **werden** |
| (Sie) | **werden** | (Sie) | **werden** | |
| (3 Sg.) | **wird** | (3 Pl.) | **werden** | |

★ **Examples:** PRESENT PASSIVE: Im Norden **wird** Niederdeutsch ge**sprochen**. — Namen wie Berlin und Stettin **werden** auf der letzten Silbe **betont**. — **Werden** Sie dort **erwartet**? — In Deutschland **werden** oft Menschen nach Platznamen **benannt**. — In Amerika **werden** die Namen von Menschen auf Städte **übertragen**. — Größere Mengen von Kartoffeln und Äpfeln **werden** nach Zentnern **berechnet**.

PRETERIT PASSIVE: Vielfach **wurden** die festen Burgen auf Bergen ge**baut**. — Nur wenige von diesen Kochtopfdeckeln **wurden gebraucht**. — Und das **wurde** nicht **verstanden**. — Könige, Erzherzöge, Großherzöge und Fürsten — sie **wurden** alle von der Revolution von 1918 **weggefegt**.

PERFECT PASSIVE: **Ist** die Vorbestellung schon **ausgefüllt worden**? — Das Projekt, wie es in meinem Büro **ausgearbeitet worden ist,** hat den ersten Preis bekommen. — ... das neue Café, das erst vorgestern am Kreuzweg **eröffnet worden ist.**

FUTURE PASSIVE: Unser Lehrer fürchtet, in kleineren Dörfern **werden** wir oft nicht **verstanden werden**.

The passive can be used with modal auxiliaries. The formula is:

| | |
|---|---|
| Person-and-number form of a modal auxiliary, depending on the subject | ...Past participle + **werden.** |

★ **Examples:** Düsseldorf **mußte** nach 1945 zur Hälfte neu **aufgebaut werden**. — Die Industrie **durfte** nur in einem weiten Bogen um die Stadt herum **angelegt werden**. — Die Hausfrau gab der Köchin Anweisungen, was an diesem Tag **zubereitet werden sollte**.

In a passive sentence the actual doer, performer, or producer is referred to by a phrase with **von** + a dative form.

★ **Examples:** Der Hauptmann wurde **von einem jungen, blonden Fräulein** gebeten, einzutreten. — **Vom nächsten Bauer** wird die gleiche Antwort gegeben.

In passive sentences, an instrument or method by which something is done to the subject is indicated by **durch** + an accusative form.

★ **Example:** Düsseldorf war die zweite Stadt in Westdeutschland, die **durch eine Eisenbahn** mit der Außenwelt verbunden wurde.

There is a subjectless passive formula in German. It is used to describe an activity being performed by an indefinite someone: „**man**".

★ **Examples:** Im ganzen Dorf **wird** darüber **geredet!** — Immer wieder mußte **geputzt** und **abgewaschen werden.**

Some verbs, like **antworten, begegnen, helfen, sagen,** have only dative objects. Passive sentences with these verbs have no subject; the dative object is dative in the passive sentence also: "Dative remains dative."

★ **Example: Diesem Mann** kann geholfen werden.

§42.  **Subjunctive Forms**

German has a set of verb forms called "Konjunktiv" in German, "subjunctive" in English. They are used in sentences that somehow involve something that isn't real and actual. They express a meaning that goes all the way from uncertainty or guessing to highly improbable or even impossible happenings.

The subjunctive endings are:

| | | | |
|---|---|---|---|
| (ich) | **-e** | (wir) | **-en** |
| (du) | **-est** | (ihr) | **-et** |
| (Sie) | **-en** | (Sie) | **-en** |
| (3 Sg.) | **-e** | (3 Pl.) | **-en** |

The subjunctive is most usually found with the nine auxiliary verbs. With them, the endings are added to the following subjunctive stems:

| | | |
|---|---|---|
| **würd-** | **dürft-** | **müßt-** |
| **hätt-** | **könnt-** | **sollt-** |
| **wär-** | **möcht-** | **wollt-** |

Occasionally other verbs are used with subjunctive forms. The subjunctive stem of a strong verb is based on its preterit stem. Strong verbs whose preterit stems contain **a**, **o**, or **u** have subjunctive stems with **ä**, **ö**, **ü**.

| Infinitive | 1. Sg. Pret. | Subjunctive |
|---|---|---|
| kommen | kam | käm- |
| geben | gab | gäb- |
| nehmen | nahm | nähm- |
| bieten | bot | böt- |
| ziehen | zog | zög- |
| graben | grub | grüb- |
| wachsen | wuchs | wüchs- |

Subjunctive forms of regular weak verbs are rarely found in present-day German. They are identical with the ordinary preterit tense forms, and the only way to identify them as subjunctive forms is by the grammar of the rest of the sentence.

## §43. Conditional Sentences

Conditional sentences have two main parts, an IF-part and a THEN-part. Such sentences refer to what happens or is true if (on the condition that) something else happens or is true. There are several kinds of IF-THEN sentences, depending on whether they deal with

real conditions ("If it rains, then the flowers grow better. If it rained, then the flowers grew better.");

more-or-less possible conditions ("If it rained, then the flowers would grow better.");

contrary-to-fact conditions ("If it had rained, then the flowers would have grown better.").

Real conditions are expressed in German with regular present or preterit forms.

★ **Examples:** Wenn Grabowski die Mappe vergißt, so (dann) bekommt er eine Warnung. Wenn Grabowski die Mappe vergaß, so (dann) bekam er eine Warnung. — Wenn sie fliegen, so (dann) kommen sie am nächsten Morgen in Frankfurt an. Wenn sie flogen, so (dann) kamen sie am nächsten Morgen in Frankfurt an.

More-or-less possible conditions have a subjunctive in the IF-clause; in the THEN-clause there may be either a subjunctive of the verb or **würd-** + infinitive.

★ **Examples:** Wenn Grabowski die Mappe vergäße, so bekäme er eine Warnung. Wenn Grabowski die Mappe vergäße, so würde er eine Warnung bekommen. — Wenn sie flögen, so kämen sie am nächsten Morgen in Frankfurt an. Wenn sie flögen, so würden sie am nächsten Morgen in Frankfurt ankommen.

There are four common formulas for contrary-to-fact conditions, made by combining either of two IF-clause constructions with either of two THEN-clause constructions.

| IF-clause | THEN-clause |
|---|---|
| Wenn . . . past participle **hätt-,** / **wär-,** | so / dann **würd-** . . . past participle **haben.** / **sein.** |
| **Hätt-** / **Wär-** . . . past participle, | so / dann **hätt-** / **wär-** . . . past participle. |

★ **Examples:** Wenn Grabowski die Mappe vergessen hätte, so würde er eine Warnung bekommen haben. Hätte Grabowski die Mappe vergessen, so würde er eine Warnung bekommen haben. Wenn Grabowski die Mappe vergessen hätte, so hätte er eine Warnung bekommen. Hätte Grabowski die Mappe vergessen, so hätte er eine Warnung bekommen. — Wenn sie geflogen wären, so würden sie am nächsten Morgen in Frankfurt angekommen sein. Wären sie geflogen, so würden sie am nächsten Morgen in Frankfurt angekommen sein. Wenn sie geflogen wären, so wären sie am nächsten Morgen in Frankfurt angekommen. Wären sie geflogen, so wären sie am nächsten Morgen in Frankfurt angekommen.

Contrary-to-fact conditions may begin with the THEN-clause. In such sentences, there is no *so/dann* link. The formula is:

| (Subject) **würd-** . . . past participle **haben,** / **sein,** wenn . . . past participle **hätt-.** / **wär-.** |
|---|

★ **Examples:** Grabowski würde eine Warnung bekommen haben, wenn er die Mappe vergessen hätte. — Sie würden am nächsten Morgen in Frankfurt angekommen sein, wenn sie geflogen wären.

## §44. Indirect Discourse

There are two ways of reporting what somebody said. DIRECT DISCOURSE quotes his exact words; in writing and printing, quotation marks are used for direct discourse. In INDIRECT DISCOURSE the content of the quotation is given but is recast according to certain grammatical changes.

★ **Example:** DIRECT: Martin said: "Doris won't be at the meeting. Her sister told me that Doris has a cold and can't leave the house." INDIRECT: Martin said that Doris *wouldn't* be at the meeting. Her sister told him that Doris *had* a cold and *couldn't* leave the house.

Notice that in English an indirect discourse may be introduced with "that" or without "that". A parallel situation exists in German. With **daß**, the dependent-clause word order is required; without **daß** the normal word order is used. See §48, 54, 56, 57.

Quite commonly in indirect discourse in German, the verbs are in subjunctive forms: see §42.

★ **Example:** Martin sagte: „Doris wird nicht bei der Versammlung sein." — Indirect, with subjunctive forms: Martin sagte, Doris **würde** nicht bei der Versammlung sein. (*or*) Martin sagte, daß Doris nicht bei der Versammlung sein **würde**.

A direct-discourse imperative has a corresponding indirect-discourse form using **sollen**.

★ **Example:** Fritz hat uns zugerufen: „Kommt doch herein!" — Fritz hat uns zugerufen, wir **sollten** doch **hereinkommen**.

Two of the modal auxiliaries are used in a kind of very general indirect discourse: **sollen, wollen**.

In reporting a general opinion or rumor, **sollen** is used.

★ **Example:** Sie **soll** sowohl intelligent wie auch hübsch sein. *She is said to be (is supposed to be) both intelligent and pretty.*

Somebody's claim or assertion, which is not necessarily to be believed, is reported with **wollen**. — Der neue Student **will** ein Millionär sein. *The new student claims to be a millionaire.* — Compare this usage with: Der neue Student **möchte** ein Millionär **sein**. Der neue Student **will** ein Millionär **werden**.

§45. ## Special Quotative Forms

In formal prose and poetry there are special verb forms which may be used instead of the subjunctive in indirect discourse.

For nearly all German verbs, only the third-person singular has a quotative form. This consists of the present (infinitive) stem with the ending **-e**.

★ **Example** (*from the preceding section*): Martin sagte, Doris **werde** nicht bei der Versammlung sein. Ihre Schwester **habe** ihm gesagt, Doris **habe** sich erkältet und **könne** das Haus nicht verlassen.

The irregular verb **sein** has a complete set of quotative forms:

| (ich) | sei | (wir) | seien |
|---|---|---|---|
| (du) | sei(e)st | (ihr) | seiet |
| (Sie) | seien | (Sie) | seien |
| (3 Sg.) | sei | (3 Pl.) | seien |

The modal auxiliaries have special quotative forms in the singular:

| | | | | | | |
|---|---|---|---|---|---|---|
| (ich) | dürfe | könne | möge | müsse | solle | wolle |
| (du) | dürfest | könnest | mögest | müssest | sollest | wollest |
| (3 Sg.) | dürfe | könne | möge | müsse | solle | wolle |

Some traditional wishes use the quotative **sei** and **-e**:

Er ruhe in Frieden. *May he rest in peace.*
Es lebe die Freiheit! *Long live freedom!*
Gott bewahre! *God forbid!*
Edel sei der Mensch! *Let Man be noble!*
Der Teufel hole dich! *May the devil take you!*
Gott segne euch! *May God bless you!*

§46. ## Prefixed Verbs

There are eight prefixes which are attached to base verbs in German: **be-, emp-, ent-, er-, ge-, miß-, ver-, zer-**. Commonly the meaning of the prefixed verb is quite different from that of the base verb alone; the meaning has to be learned for each prefixed verb quite independently.

These prefixes are always unaccented in speech. It is a peculiarity of the prefixed verbs that they do not have a **ge-** prefix in their past participle forms: see §35.

"Doubtful" prefixes: The prepositions **durch, über, um, unter, wider** sometimes are used as unaccented prefixes with verbs. In this usage they normally have an imaginative or figurative meaning.

★ **Examples: durchschauen** *see through (a problem, a pretense);* **überholen** *overtake;* **überwinden** *conquer;* **umgeben** *surround;* **unterscheiden** *distinguish;* **widersprechen** *contradict.* In a literal meaning these "doubtful" prefixes are sometimes used as associated words in compound verbs; see the next paragraph.

## §47. Two-Word Compound Verbs

Many German verbs are closely associated with another word: one of the common prepositions (**an, aus, bei, nach, vor, zu,** etc.), or an adverb (**ab, weg, zusammen,** etc. — especially **hin, her** and their compounds). In combination the verb and the associated word have a meaning, different from that which the verb alone would have and often with no very obvious connection with the meaning of the associated word. For example: **fangen** *catch*, but **fangen + an** *start;* **hören** *hear,* but **hören + auf** *stop*. The associated words in these compound verbs are always accented in speech. They are full, independent words, and are among those important sentence elements that have a "final" position in word order: see §58.

## "Separable Prefixes"

The associated word, being one of the final elements, is separated from the rest of the verb when that verb-form is in the first or second position in the clause: Ich **fange** jetzt **an.** Endlich **hörte** der Bürgermeister **auf. Kommen** Sie doch alle gleich **herein!** — Otherwise, both the associated word and the verb form are final elements, when the verb is in a dependent clause or is in the infinitive or participle form. In such cases, the whole compound is written and printed as one single word: **anfängt, anfangen, anzufangen, angefangen.** For these reasons, the associated word in a compound verb is often referred to as a "separable prefix".

## §48. Dependent Clauses

A dependent clause is a subject + verb combination (often along with other sentence parts) which is attached to another subject +

verb combination. In German, dependent clauses have a special word-order (for more details see §57).

They begin with an attaching-word, called a "conjunction".
Next comes the subject of the dependent clause.
Any other sentence parts come between the subject and the verb.
The verb comes last in the dependent clause.

## §49. Indirect Questions

A dependent clause may be a report of a question.
If the question contains one of the interrogative words like **Wann? Wie? Wo? Warum? Was? Wer? Wen? Wem? Wessen? Welch-?**, the interrogative word serves as the conjunction.

★ **Examples:** Jedermann weiß, wie die Stadt Pisa zu erkennen ist. — Können Sie mir sagen, wo der Leihscheinkasten ist? — Er möchte wissen, wann sein Mercedes geliefert werden kann. — Der Unbekannte fragte, wann Mozart die Totenmesse beenden könne und welchen Preis er dafür fordere. — Ich habe keine Ahnung, was Pauline jetzt vorhat. — Wir haben eben gelernt, wer die Kartoffel in Europa einführte. — Sie fragt sich, warum dieser verrückte Amerikaner mitten am Tag ein Bad nehmen möchte.

The other kind of question — the **"Ja/Nein"** question — can also be transformed into a dependent clause. For this purpose, there is a general question-conjunction **"ob"**. The word-order in such dependent question clauses is:

> **ob** + Subject + ... + Verb

★ **Examples:** Sie fragt sich auch, ob ihr ältester Sohn den Fußboden aufgewischt hat. — Weißt du, ob es in diesen neuen Häusern ein Eßzimmer gibt? — Sie ist unsicher, ob sie Datteln kaufen sollte.

## §50. Subordinating Conjunctions

German has a group of words that are pure "subordinating" conjunctions. These are attaching-words which begin a dependent clause and link it, with a particular kind of linkage-meaning, to the rest of the sentence. After any of these conjunctions the verb comes last, as it regularly does in dependent clauses.

Some of the important subordinating conjunctions are:
   **als** when
   **als ob** as if, as though
   **bis** until
   **da** since, considering the fact that
   **damit** so that
   **daß** that, the fact that (see §44)
   **ehe** before
   **indem** while, as, -ing
   **nachdem** after
   **ob** whether, if (see §49)
   **obgleich** although
   **obwohl** although
   **seitdem** since
   **während** while, during the time that
   **weil** because, as a result of the fact that
   **wenn** if; whenever
   **wenn** (+ **auch**) even if, even though

Interrogative words are also used as subordinating conjunctions.
   ★ **Examples: wo** (where, at the place where, wherever) — **was** (what, a thing which, whatever) — **wie** (how, as)

Quite often a dependent clause with a subordinating conjunction begins the sentence. When this happens, the following main clause has the inverted order, with its subject following its verb; see §54. In this type of sentence, the entire dependent clause is treated as "some other sentence part" for purposes of inversion.

In formal German, sentences often begin with a **"daß"**-clause. Such an initial **"daß"** corresponds closely to English "The fact that . . ."

Two of the conjunctions refer to time: **als** and **wenn.**
   **Als** connects in time two events at the same past time, like English *when.*
   **Wenn** connects in time two events at several past times, like English *whenever.* **Wenn** also connects two events in the present or future, like English *when* or *if.*
   • Note: German has a special interrogative word **wann.** In modern German **wann** is used only as a question-word; **wenn** is never used interrogatively.

§51.  **Relative Clauses**

Relative clauses are a special kind of dependent clause. They are attached to a noun rather than to the entire main clause. The noun is called the antecedent; the attaching-word is a relative pronoun; see §11.

To understand the grammar of relative clauses, practice building them up, step-by-step.

STEP ONE. Start with two sentences, where the second one has a pronoun or a possessive referring to a noun in the first sentence, its antecedent.

Düsseldorf ist eine Stadt.
Sie [die Stadt] hält viel auf sich.

Immer noch spricht man von der „Benrather Linie".
Sie [die Benrather Linie] hat im deutschen Sprachgebiet eine so große Bedeutung erworben.

Die Tränen kommen aber nicht nur vom Staub und von der Asche des Kohlenherds.
Sie [die Tränen] drängen sich diesem Mägdlein in die Augen.

Wenn man gute Ausstellungen sehen möchte, dann denkt man an Düsseldorf.
Die Früchte solider Arbeit werden auf ihnen [den Ausstellungen] gezeigt.

Es war ein pensionierter Oberst.
Seine [des Obersten] Tochter ist hier in Wien verheiratet.

So entstanden die Städte.
Ihre [der Städte] Namen enden auf die Silbe -*berg*.

STEP TWO. Replace the pronoun or possessive in the second sentence with a relative pronoun, as follows:

| er ⎯ **der** | ihn ⎯ **den** | ihnen ⎯ **denen** |
| sie ⎯ **die** | ihm ⎯ **dem** | sein ⎯ **dessen** |
| es ⎯ **das** | ihr ⎯ **der** | ihr ⎯ **deren** |

(the "ihr ⎯ **der**" is the dative singular feminine; the "ihr ⎯ **deren**" is the possessive.)

STEP THREE. Put the relative pronoun at the beginning of the relative clause.

STEP FOUR. Put the verb at the end of the relative clause.

STEP FIVE. Insert the relative clause after (or soon after) the noun it is related to.

Düsseldorf ist eine Stadt, **die** viel auf sich hält.

Immer noch spricht man von der „Benrather Linie", **die** im deutschen Sprachgebiet eine so große Bedeutung erworben hat.

Die Tränen, **die** sich diesem Mägdlein in die Augen drängen, kommen aber nicht nur vom Staub und von der Asche des Kohlenherds.

Wenn man gute Ausstellungen sehen möchte, **auf denen** die Früchte solider Arbeit gezeigt werden, dann denkt man an Düsseldorf.

Es war ein pensionierter Oberst, **dessen Tochter** hier in Wien verheiratet ist.

So entstanden die Städte, **deren Namen** auf die Silbe -*berg* enden.

## §52. Da(r)- + Preposition Antecedents

The combination verb + preposition (like English *depend on, insist upon, think about*) may be followed by a dependent clause. In English the whole dependent clause may be a kind of object of the preposition ("That depends on whether it rains.") or object of the verb ("Anne insisted that we should dance after dinner.") or of an expanded construction ("Jack probably won't think about the fact that the flight time is now 5:30.").

In German the preposition is always used, with **da-, dar-,** in such constructions: Das hängt davon ab, ob es regnet. Anna bestand darauf, daß wir nach dem Abendessen tanzen sollten. Hans denkt wohl nicht daran, daß die Abflugzeit jetzt $17^{30}$ ist.

## §53. Word Order

German has its own special ways of putting sentences together. To understand them, we can begin by thinking of an ordinary statement-sentence in German: It consists of a subject and a predicate; the predicate consists of a verb and usually one or more "other sentence parts".

In discussions of German word order, "the verb" refers to "the inflected verb" — that word in the predicate which has a present or preterit ending agreeing with the person and number of the subject. This includes an inflected auxiliary verb. Other special verb forms such as infinitives and participles have their own positions in the word order.

§54. **Verb in Second Position**

In ordinary statements and in questions with an interrogative word (**Wo? Wann? Wie? Warum? Was?** etc.) the verb is the second major sentence part.

NORMAL WORD ORDER: A very common order is

> Subject + **verb** + other sentence parts

The subject may be a pronoun, a noun, a noun phrase, or even a noun with an attached relative clause.

★ **Examples:** *Ich* **lese** *doch nicht deine Post!* — *Du* **hast** *es mir doch selber gesagt.* — *Das* **war** *der Anfang der heutigen Stadt. Diese Entwicklung* **spiegelt** *sich noch heute in der Kontur des Stadtbilds wider.* — *All die andern Jungs in meiner Klasse* **werden** *in diesem Sommer aus Deutschland wegfahren.* — *Die Stadt, die danach gegründet wurde,* **ließ** *sich nicht mehr kurz und klein hauen.*

INVERTED WORD ORDER: Another common order has one of the "other sentence parts" at the beginning: an interrogative word, an object, an expression of time, place, or manner (which may be a single word, a phrase, or even a dependent clause: see §**50**). The verb is the second major sentence part. It is usually followed by the subject. Then come(s) any other sentence part(s).

> "Other sentence part" + **verb** + subject + other sentence parts

★ **Examples:** *Wo* **hätte** *ich den Aufsatz schreiben können?* — *Was* **meinen** *Sie damit?* — *Wie* **kannst** *du nur so reden?* — *Den* **wollten** *sie für ihren Deutschen Verein haben.* — *Regen* **mag** *ich einfach nicht.* — *Darüber* **hab'** *ich noch nicht nachgedacht. Nur meinen Bücherkasten* **hatte** *ich beim Auszug mitgenommen.* — *In acht Wochen* **muß** *ich das Abitur machen.* — *Also um siebzehn Uhr* **ist** *das Wasser gewärmt.* — *Als nach dem Zweiten Weltkrieg auch der Staat Preußen verschwand,* **wurde** *Düsseldorf die Hauptstadt des Landes Nordrhein-Westfalen.*

There is one exception to the regular sequence of Verb + Subject in inverted order. If the subject is a noun or noun phrase, there may come between verb and subject:

(a) one of the object pronouns **mich, mir, dich, dir, ihn, ihm, sie, ihr, es, sich, uns, euch, sie, ihnen, Sie, Ihnen;** or

(b) one of the sentence modifiers like **doch, ja, wohl, nämlich, aber, eben, noch, schon;** or

(c) a short adverb or prepositional phrase.

§55.  Verb in First Position

"Ja/Nein" questions: Questions asking simply whether something is true or not begin with the verb. Normally the subject comes next. (But an object pronoun or a sentence modifier may come between the verb and a noun subject; see the preceding paragraph.)

★ **Examples: Weißt** *du*, was wir für morgen aufhaben? — **Darf** *ich* für heute abend wohl ein warmes Bad bestellen? — **Geben** *sie* dir ein gutes Trinkgeld? — **Ist** denn *die Bezahlung* so gut? — **Gefällt** Ihnen *Ihr Zimmer?*

Imperatives: In requests, suggestions, and commands the verb comes first. For the familiar imperative forms like **Geh!** and **Geht!** there is no subject. With the second-person formal imperative the subject is always given: **Gehen Sie!** The same is true of the first-person plural imperative: **Gehen wir!**

Conditional: One form of "if-clause" (see §43) has the sequence Verb + Subject at the beginning of a sentence. (Here too an object pronoun or prepositional phrase or sentence modifier may come between the verb and a noun subject.)

★ **Examples: Geht** *man* abend an der „Kö" entlang, so spürt man das eigentliche Leben der Gegenwart. — **Wäre** *ich* an Ihrer Stelle, so würde ich Julia in die Realschule gehen lassen. — **Hätte** uns *der Arzt* die Situation erklärt, dann würden wir diese Reise nicht unternommen haben. — **Ist** mit der Absolvierung des Abiturs *die goldene Jugendzeit* vorüber, dann beginnt der Ernst des Lebens.

§56.  Verb in Last Position

A characteristic of dependent clauses is that the verb (the inflected verb) comes at the end. There is only one general exception to this final position of the inflected verb in dependent clauses: In a dependent clause with a double infinitive (see §40) the inflected auxiliary **haben** or **werden** comes before the double infinitive.

★ **Examples:** Es ist komisch, daß der irische Mönch Altsächsisch hat lernen müssen. — Man darf wohl fragen, wann Thilo seinen Aufsatz hat schreiben können. — Daß so viele Menschen dem jungen Schüler haben helfen wollen, spricht für die Freundlichkeit der Düsseldorfer. — Schade, daß du die Aufnahme nicht hast bekommen dürfen. — Was halten Sie vom neuen Anzug, den sich Herr Pettenkofer hat schneidern lassen? — Das Zimmer ist besser, als ich es mir hätte träumen lassen.

## §57. Word Order in Dependent Clauses

BEGINNING: A dependent clause regularly begins: Connecting word (conjunction or relative pronoun) + Subject. If a relative clause has a nominative relative pronoun, that is of course both the connecting word and the subject.

The only exception is that an object pronoun regularly comes between the connecting word and a noun subject; a short adverb, or prepositional phrase, or a sentence modifier is often inserted before a noun subject.

END: The end of a dependent clause is the regular position for the inflected verb; see §48. (However, there is a tendency in German writing and speaking nowadays to relax the "rule" about the final position of the inflected verb in a dependent clause. Even in fairly formal prose we find dependent clauses where the verb is moved toward, but not all the way to, the end of the clause. So long as some other major sentence element comes between the subject and the inflected verb, this seems to satisfy the grammatical sense of many writers and speakers of German today.)

★ **Examples:** Wir haben oft gehört, daß man Ausländer nur verstehen **kann,** wenn man ihre Sprache **versteht.** Mit gleichem Recht kann man sagen, daß man eine fremde Sprache nur verstehen **kann,** wenn man das Land **kennt,** wo sie gesprochen **wird,** und die Menschen, die dort **leben,** ihre Gewohnheiten und ihre Einrichtungen, ihre Geschichte und ihr Denken. Wie verschieden diese Dinge von unseren eigenen Anschauungen **sind,** wird schon an Äußerlichkeiten sichtbar: an der Tatsache, daß die Deutschen sich immer die Hände **schütteln,** wenn sie sich **begrüßen** oder **verabschieden:** daß es drüben an den Türen keine runden Türgriffe **gibt,** sondern Klinken, die man herunter**drückt;** daß in Deutschland weniger Menschen in Einfamilienhäusern **wohnen** als bei uns; daß ihre Gärten immer von Zäunen umgeben **sind.**

OMISSION OF FINAL AUXILIARY: In formal German, particularly in earlier times, a final auxiliary form of **haben** or **sein** (present forms in Perfektum, preterit forms in pluperfect, or subjunctive forms) could be omitted, if the context left no chance for confusion.

★ **Examples:** Die drei Briefe, die wir von ihm bekommen[1], haben nichts davon erzählt. — Da ich dir meine Wünsche oft genug mitgeteilt[2], darf ich erwarten, daß du endlich deinen Wanderungen ein Ende machen wirst. — Seitdem der Gustav weggegangen[3], ist alles hier so einsam. — Augenblicke, nachdem der Kapitän den Saal verlassen[4], stand er wieder unten, aber er war nun ganz ruhig; er fand sogar die Zeit, dem Diener, der das Pferd gehalten[5], ein Geldstück in die Hand zu drücken. Dann jagte er hinaus. Er fand, leichter als er gedacht[6], den Weg durch den Fluß.

[1]haben. [2]habe. [3]ist. [4]hatte. [5]hatte. [6]hätte.

## §58. "Final" Sentence Elements

The end of the clause in German has a firmly fixed word-order structure. There are several types of grammatical elements which are assigned to or toward the end of the clause. If a clause contains two or more "final" elements, their order at the end is fixed as follows — the larger the number, the closer to the end:

7. Double infinitive; see §40, 56.
6. Inflected verb in a dependent clause; see §48, 57.
5. Infinitive; see §28, 31, 32.
4. **zu** used with infinitive; see §29, 47.
3. Past Participle; see §35, 38, 41.
2. "Separable prefix" of a compound verb; see §47.
1. **nicht** negating the entire predicate.

## §59. Time, Place, Manner

Normally an expression of time comes ahead of expressions of place or manner in German.

★ **Examples:** So kam ich gegen neun Uhr an ihrem Hause wieder vorbei. — Ich fuhr viermal hin und zurück. — Ich hatte mich damals in ein kleines Gasthaus zurückgezogen. — Es gehört seit Jahren zu meiner Gepflogenheit ... — Also befanden wir uns bald darauf auf der winterlichen Straße. — Ich habe mich seit Monaten nicht um sie bekümmert. — So saß ich also ein Viertelstündchen bei der alten Frau.

## §60. Features of German Punctuation

SENTENCES AND PARAGRAPHS: In good English writing, the paragraph is the "unit of responsibility". That is, a paragraph should present completely and reliably what an author has to say about one aspect of his subject. Within the paragraph he may make a statement in one sentence which is corrected or limited or given a needed emphasis in the next sentence. Thus, any one single sentence in an English paragraph may not by itself be a complete expression of the writer's thought, and should not be "quoted out of context". — In German, the sentence is the normal unit of responsibility; a good German writer feels obligated not to end a sentence until it has clearly expressed all his essential ideas or information about the topic. Hence German sentences tend to be longer than English sentences, and more complicated, because they have to take care of corrections or limitations or special emphasis which in English could be put into a following sentence.

THE COMMA: German often uses a comma where English would use a semicolon, between two independent clauses without a connecting word.

★ **Example:** Tante Ursula kommt morgen früh, wir müssen sie um halb sieben vom Flugplatz abholen.

German uses a comma to set off from the rest of the sentence all dependent clauses, including many whose English parallels would have no separation:

ALL dependent subject + verb clauses: Ich habe dir alles gesagt, was ich davon weiß. Rotraut würde Hadubrand nicht heiraten, und wenn er der letzte Mann auf der Erde wäre. — Leute, die weit im Norden wohnen, müssen sich wärmere Kleider kaufen oder machen.

ALL sentence parts containing an infinitive with **zu** (see §**29**), when the infinitive has a modifier or an object: Es ist jetzt Zeit, nach Hause zu gehen. — Wünschen Sie, den Fernsehturm zu besuchen? — Jeden Samstag vormittag in die Schule zu gehen, würde vielen jungen Amerikanern und Amerikanerinnen nicht gefallen.

QUOTATION MARKS: These are used about as in English, although the shapes of the punctuation marks are different. Within a quotation, if the speaker begins to talk to a different person, a dash [—] is generally used.

EXCLAMATION POINT: This is used to indicate excited speech, as in English. In German, it can also be combined with the question mark ?! to indicate an excited question. — Imperatives in German are generally followed by an exclamation point; see §26.

HYPHEN: German usage requires writing and printing compound nouns and verbs without spaces: see §17, 28, 29, 36 note, 47. Whenever combinations of two or more compounds have a shared element, a hyphen is used, as follows:

Es sah nicht so aus, als ob dort viele Gäste ein- und ausgingen. [= eingingen und ausgingen]

dieses Hin- und Herbewegen [= dieses Hinbewegen und Herbewegen]

Feuer- und Unfallversicherung *fire and accident insurance* [= Feuerversicherung und Unfallversicherung]

Kraftwagen und -räder *cars and motorcycles* [= Kraftwagen und Krafträder]

PUNCTUATION WITH NUMERALS: There are three major differences between German and English usage here:

Where English uses a decimal point, German uses a comma: 3,1416 and 365,24 and 2,71828.

Where English uses a comma to mark off large numbers, German uses a space: Die Geschwindigkeit des Lichtes im Vakuum beträgt ca. 186 000 Meilen/Sekunde, d.h. in km je Stunde etwa 1 080 000 000.

German uses the period to indicate an ordinal numeral ("first, eighteenth, thousandth"): am 4. Juli.

DATES: In referring to a specific day, month, and year, German normally uses the formula „am neunundzwanzigsten Februar neunzehnhundert achtundsechzig". This would be written as „am 29. February 1968". In German, as in most European usage, the number of the day is given before the name (or number) of the month. Thus in abbreviated form, that date would be written as „29.2.68" or „29.II.68".

In dating a letter the accusative masculine singular of the definite article is used („Tag" is a masculine noun): „den 3. Mai 1969" or „den 3.5.69". Note that unless you were aware of this European usage, you might mistake „3.5.69" as being like the common American "3/5/69" — which would be the fifth of March instead of the third of May!

# Index of Grammar References

accusative §1, 2, 3, 6, 20, 38, 41
adjective §3, 16, 19, 20
antecedent §9, 11, 51, 52
articles §15, 20
auxiliaries §25, 27, 30, 31, 32, 38, 39, 41, 42, 56
cases §1, 2, 3, 20; see **Nom., Acc., Dat., Gen.**
comma §60
commands: see Imperative
comparative §22
comparison §21
compound nouns §17, 60
compound (two-word) verbs §28, 29, 36, 47, 58
conditional sentences §43, 55
conjunctions §48, 49, 50, 57
contractions §2
dash §60
dates §60
dative §1, 2, 3, 6, 14, 18, 20, 38, 41
dependent clauses §48-52, 56, 57, 60
destination §2
"dies-" words §15, 20
diminutives §17
double infinitive §40, 56, 58
"ein" words §15, 20
emphatic pronouns §8, 20
equality §21
exclamation point §26, 60
extended construction §36, note
familiar forms §4, 5, 20, 26
feminine §14, 17
formal forms §4, 5, 20, 26
future verb phrase (Futurum) §31, 41
gender §14, 17, 20
genitive §1, 2, 3, 14, 20
hyphen §60
imperative §26, 44, 55, 60
indefinite pronouns §10, 11, 20
indirect discourse §44, 45, 49
infinitive §19, 26, 28-32, 37, 40, 58, 60
inflected verb §53-58
interrogative §7, 12, 20, 49, 50, 55
irregular verbs §25, 27

masculine §14, 17, 20
modal auxiliaries §25, 27, 32, 40, 41
modifiers §15, 20
negative §10, 15, 20, 58
neuter §4-12, 16, 17, 19, 20, 40
nominalizations §19
nominative §1, 20
noun §1-3, 13, 14, 17, 20
omission of final auxiliary §57
participles §3, 19, 26, 33-39, 41, 58
passive §41
past verb forms: see **Perfect, Pluperfect, Preterit**
perfect verb phrase (Perfektum) §32, 38, 40, 41
period §60
personal pronouns §4, 5, 20
pluperfect §39
plural (nouns) §13, 17, 20
possessives §15, 18, 20, 51
prefixed verbs §46
prefixes §35, 46
prepositions §2, 12, 52
present §24, 25, 37, 41
preterit §24, 27, 37, 39, 41
pronouns §4-12, 20
punctuation §60
quotation marks §60
quotative §45
reflexive §6, 20
relative clauses §51, 57
relative pronouns §9, 11, 20, 51, 57
"separable prefixes" §28, 29, 36, 47, 58
singular noun forms §14
strong adjective endings, §16, 19, 20
strong verbs §25, 27, 37, 42, 45
subjunctive §40, 42, 43, 44
suffixes §17
superlative §23
umlaut §13, 17, 22, 23, 42
verb forms §24-27
weak adjective endings, §16, 19, 20
weak nouns §14, 20
weak verbs §25, 27, 35, 42, 45
word order §36, 43, 44, 49, 50, 53-59

Grammar References                                                 305

# Vocabulary

## Note to the Student

This end-vocabulary is somewhat different from the ones you have found in earlier textbooks. It will be worth your while to read this note with some care and look up the examples, as preparation for your effective use of the end-vocabulary throughout the course.

This end-vocabulary includes the German words of this book, with the exception of the pronouns and the noun-modifiers in Grammar References §4-11, 15, 20, and the names of fictitious characters and places in conversations and stories.

Grammatical information is provided for nouns (gender, plural form), for verbs (principal parts of strong and irregular verbs), the base form of adjectives and irregularities in their comparative and superlative forms. Compound verbs (§47) are indicated by separating the two parts by a hyphen. A list of "separable prefixes" used with a verb is given (see **brechen, breiten, bringen**).

This end-vocabulary is to be used — occasionally even studied — but not memorized. It is NOT designed merely for a quick looking-up of unfamiliar German words, but as an important part of the course to expand your knowledge of German and give practice in developing your skill in comprehension of meaningful German phrases and sentences.

Information as to the meaning of the words is provided on four levels:

(1) Many of the German words are similar in form to English words of sufficiently similar meaning so that a reader's guess in the context is a reliable clue. For these words, the reader's only reason for using the end-vocabulary is to get some grammatical information; and no special clue as to the meaning of the word is given. See **Drama, elektronisch, Industriezentrum.**

(2) The end-vocabulary contains "clusters" of German words related to one another by normal compounding or other grammatical connections. Within such a cluster, some of the German words can be guessed at on the basis of relationship with a word that is explained just above or below. The relationship may be that of a compound (see **Liebling, Seide**); or one of the common noun suffixes (see **Entscheidung, Fahrerin, Häuschen, Krankheit**); or a common adjective suffix like *-bar*, *-haft*, *-ig*, *-isch*, *-los*, *-sam* (see **farbig, heimatlich, menschlich, rheinisch**).

ii

(3) For many of the German words whose meanings may not be familiar at first sight, a clue to the meaning is given by a German paraphrase or explanation. (Such explanation in German is regularly provided for the names of places and people.) This device of explanation of German in German is a part of the practice and review of the course. It requires spending a little more time consulting the end-vocabulary than if an English explanation were given, but it is worth that extra time to become as independent as possible of English and to confirm German-thinking habits. Every now and then it will turn out that one of the words in a German explanation is itself unfamiliar or hazy, and it will be necessary to look up that word. When this happens, it is not a waste of time or anything to regret. This is one more opportunity to meet that word and take one more step toward mastering its meaning. The only way to increase vocabulary control is to meet words again and again in different meaningful combinations. These German explanations increase your opportunities to do this, especially with the words that are not yet firmly mastered. For examples, see **Einzelgänger, fassen, Gasse, kürzlich**.

(4) The remaining German words are provided with English "glosses" — English words or phrases which should help the reader understand the meaning of the German passage. These glossings are only the beginning of a student's learning the meaning of a German word, and he should never think of an English word (or even a set of English words) as "being the meaning" of anything in German. The English glosses are not meant as aids in the composition of a good English translation of any German text, since this is not a course in translation. The function of the glosses is to give protection and guidance in the fairly rare instances where a first guess about a German word leads to an unlikely or impossible meaning for a passage (see **Chef, Dose, Konfession, Kunststück, Unternehmer**), or where the reader momentarily can make no intelligent guess as to the meaning of an apparently key word in a sentence (see **Degen, ein-pauken, Fleiß, nahrhaft**). After using an English gloss in such cases, the learner should read and think about the entire German sentence, and focus on the new German word: this reading and thinking about the German is what begins his learning of that word. The least valuable information about the meaning of a German word is an English word. As an emergency clue to the understanding of a sentence, an English gloss may be better than nothing, but it is no more than a starting point.

# A

**a** = Ar
**Aachen** Stadt im Rheinland, in Nordwestdeutschland
**Aarau** Stadt an der Aare, Fluß in der Schweiz
**ab** *off, down, away*
das **Abbild** -er *reflection, image*
**ab-brechen** (i), a, o *break off*
der **Abend** -e Tagesende, Dämmerung
das **Abendessen** - die letzte Mahlzeit des Tages
**abendlich** am Abend
der **Abendmantel** ⸗ der Mantel, den man am Abend trägt
**abends** am Abend
der **Abendtisch** -e der Tisch fürs Abendessen
das **Abenteuer** - *adventure*
**aber** *but, however*
**ab-fahren** (ä), u, a anfangen zu fahren; einen Ort verlassen; (beim Skilaufen) die Talfahrt machen
die **Abfahrt** -en *departure (of a train or bus); driveway marked "Exit"*
die **Abfahrtszeit** -en Zeit der Abfahrt
**ab-fassen** komponieren, schreiben
**ab-fliegen**, o, o anfangen zu fliegen
das **Abflußrohr** -e *sewer pipe*
die **Abgabe** *output*
**abgestuft** *staggered, divided by gradual steps*
**ab-halten** (ä), ie, a *hold, hold back*; *conduct*
**ab-hängen**, i, a (**von**) *depend (on)*
**abhängig** (**von**) *dependent (on)*
**ab-heben**, o, o (**sich**) anders sein (als), sich unterscheiden (von)
**ab-holen** *go to meet, bring (home) from the station; come to meet; call for*
das **Abitur** Reifezeugnis: großes Schlußexamen, mündlich und schriftlich, am Ende des neunten Jahres der deutschen „höheren Schule"
der **Abiturient** (-en) -en Schüler, der das Abitur macht
der **Abiturientenball** ⸗ großer Tanz für die Abiturienten
das **Abkommen** - *agreement*
**ab-kürzen** kürzer machen
die **Abkürzung** -en *abbreviation*
**ab-laden** (ä), u, a vom Wagen oder vom Schiff nehmen
**ab-laufen** (äu), ie, au sein Ende erreichen; zu Ende kommen; **abgelaufene Absätze** *run-over heels*
**ab-lecken** *lick (off)*
**ab-legen** den Mantel ausziehen; (ein Examen) vollbringen
**ab-leiten** (**von**) *derive (from)*
die **Ableitung** -en
**ab-lenken** auf andere Gedanken bringen; in eine andere Bahn führen
**ab-lesen** (ie), a, e erkennen
**ab-machen** einen Plan mit anderen machen
**ab-nehmen** (nimmt), nahm, genommen *take off; decrease; lose weight*
**ab-putzen** sauber machen, rein machen
die **Abrechnung** -en *account; settlement*
die **Abreise** -n Wegfahrt
**ab-ringen**, a, u (einem etwas) *take by force, wrest*
**ab-rollen** *roll down, roll away*
**ab-runden** *round off, even up*
der **Absatz** ⸗e *heel (of a shoe)*
**ab-saugen** *suck, siphon off*
**ab-schicken** wegsenden
der **Abschied** -e *departure; dismissal; farewell*
die **Abschiedsfeier** -n
**ab-schließen**, o, geschlossen fest zumachen; beenden, fertig machen
der **Abschluß** ⸗sse Ende; Resultat
der **Abschlußball** ⸗e Tanz am Ende des Schuljahrs
das **Abschmieren** *grease job*
**ab-schneiden**, schnitt, geschnitten *cut off*; **schlecht abschneiden** *come out badly*
der **Abschnitt** -e *section; chapter; paragraph*
**ab-schreiben**, ie, ie eine Kopie machen
die **Abschrift** -en Kopie
**absehbar** nicht allzu groß; **in absehbarer Zeit** bald
der **Absender** - derjenige, der (den Brief) geschickt hat
**ab-setzen** *set off*
die **Absicht** -en Plan, Zweck; das, was man vorhat
**absolut** für sich betrachtet, unbedingt, vollkommen
die **Absolvierung** -en das Bestehen (einer Prüfung)
**ab-spielen** (sich) *occur; run its course*
**ab-springen**, a, u *jump off*

# Alter

der **Abstand** ⸗e Entfernung
  **ab-statten: jemandem einen Besuch abstatten** jemanden besuchen
  **ab-stechen (i), a, o** *contrast*
  **ab-stehen, stand, gestanden** *be distant; stick out; spoil (because of standing too long)*
  **ab-steigen, ie, ie** *dismount; stay (at a hotel, with friends)*
  **ab-stellen** abdrehen
der **Abstieg** -e *descent; decline*
  **abstrakt**
  **ab-stürzen** herunterfallen
die **Abteilung** -en *department*
der **Abteilungsleiter** - Chef einer Abteilung
die **Abteilungssekretärin** -nen
  **ab-transportieren** wegbringen
  **ab-trocknen** *dry (dishes)*
  **ab-verlangen** *demand, require*
die **Abwandlung** -en die Variation
  **ab-warten** geduldig bleiben, bis etwas geschehen ist
  **ab-waschen (ä), u, a** *wash (dishes)*
  **abwechslungsreich** *of great diversity*
die **Abwehr** *defense*
die **Abwesenheit** -en das Fernbleiben, das Fehlen
die **Abwicklung** -en *performance of scheduled activities*
  **ab-wiegen, o, o** *weigh*
  **ab-wippen** *tip over*
  **ab-zählen** *count off*
der **Abzug** ⸗e: **in Abzug bringen** *deduct*
das **Abzugsloch** ⸗er *drainage hole*
  **ach** *oh*
  **acht** *eight*
der **Achtuhrzug** ⸗e der Zug, der um acht Uhr abfährt oder ankommt
die **Achtung** *respect*
  **achtzehn** *eighteen*
  **achtzehnt-** *eighteenth*
  **achtzig** *eighty*
der **Ackerboden** *tillable soil*
das **Ackerland** Ackerboden
die **Adda** Fluß in Norditalien
  **addieren** hinzulegen, hinzunehmen
  **adelig (adlig)** *noble, of the nobility*
  **ade = adieu** (franz.) *farewell*
die **Adresse** -n
  **aerodynamisch**
  **Afrika**
  **AG = Aktiengesellschaft** -en *incorporated company*
die **Agentur** -en *agency*

  **Agrippinensis** der Kaiserin Agrippina gehörend
  **ägyptisch**
  **ah**
  **aha** *so that's it!*
  **ähnlich** ungefähr so aussehend, wie etwas anderes
  **ahnen** vermuten, nicht ganz sicher wissen
die **Ahnung** -en Vermutung, Vorgefühl
  **ahnungslos** ohne Ahnung
die **Akademie** -n
der **Akademiker** - *person with a university education*
  **akademisch**
der **Aktenschlepper** - *toter of documents*
die **Aktentasche** -n *briefcase*
die **Aktie** -n *share, stock*
  **aktuell** *of present urgency*
  **akustisch**
  **akzeptabel** annehmbar
  **alarmieren**
  **all**
  **allein** einzig, einsam; aber
das **Alleinsein** für-sich-Sein; Einsamkeit
  **allerdings** *to be sure, of course; indeed*
  **allererst-** von allen der erste
  **allerhand** ausgezeichnet; sehr viel
  **allerlei** *all kinds of*
  **allgemein** *general*
  **allmählich** *gradual*
der **Alltag** Werktag, Wochentag; jeden Tag
  **allweihnachtlich** an jeder Weihnacht
  **allzu** *too*
  **allzulange**
  **allzuleicht**
  **allzusehr** *too much*
  **allzuweit** *too far away*
die **Alpen** (*pl.*) das höchste Gebirge Europas
das **Alpental** ⸗er Tal in den Alpen
das **Alpenveilchen** - *cyclamen*
der **Alpinist** (-en) Bergsteiger
der **Alptraum** ⸗e *nightmare*
  **als** *when, as; than*
  **also** *so, and so, therefore*
die **Alster** Nebenfluß der Elbe, der in der Mitte von Hamburg einen kleinen See bildet
  **alt** bejahrt (ein alter Mann); nicht mehr frisch (altes Brot); gebraucht (altes Buch); aus früheren Zeiten
  **altern** alt werden
das **Alter** - Lebenszeit (Er erreichte ein Alter von 90 Jahren.)

# Altersstufe

die **Altersstufe -n** Gruppe von Menschen, die gleich alt sind
das **Altertum** Antike, die große Zeit der Griechen und Römer; die älteste Zeit eines Volkes
**Alt' Heidelberg:** Heidelberg, Universitätsstadt im Neckartal, in Südwestdeutschland
**altmodisch** nicht modern; aus früheren Zeiten
**altsächsisch** *Old Saxon*
**altsprachlich: ein altsprachliches Gymnasium** eine höhere Schule, wo die Schüler besonders Griechisch und Latein lernen
die **Altstadt** Innenstadt; der älteste Teil einer Stadt
das **Aluminium** silberweißes Leichtmetall
**am** = an dem
die **Amaryllis -len** Belladonnalilie
der **Ameisenhaufen -** *ant hill*
**Amerika**
der **Amerikaner -**
**amerikanisch**
**an** *at, by, to, alongside, near, on, of*
**an-bauen** *till, cultivate*
**an-belangen** *concern, relate to*
**an-bieten, o, o** fragen, ob jemand etwas haben oder tun möchte; offerieren
der **Anblick -e** *sight, view*
**an-blicken** das Auge auf etwas richten
**an-bringen, brachte, gebracht** *bring about; attach, mount*
das **Andenken -** *memory, remembrance; souvenir*
**ander-** *other*
**andererseits** *on the other hand*
**ändern** anders machen; einer Sache eine andere Form geben
**anders** *different, else; otherwise*
**anderswo** an anderer Stelle, nicht am gleichen Ort
**anderthalb** eineinhalb
**an-deuten** *indicate; hint, suggest*
die **Andeutung -en** *indication, hint, suggestion*
**an-drängen (sich)** *crowd, press*
**an-drehen** *turn on*
**an-erkennen, erkannte, erkannt** *recognize, acknowledge; admit*
die **Anfahrt -en** *driveway marked "Entrance"*
die **Anfahrtsrampe -n**
der **Anfang ⸚e** der Beginn
**an-fangen (ä), i, a** beginnen
**anfangs** am Anfang

**an-feuern** *inflame; stimulate; cheer, root for*
**an-fletschen** die Zähne zeigen
**an-fressen (i), a, e** *corrode; eat away; decay*
die **Angabe -n** *information, indication*
**an-geben (i), a, e** *indicate, specify; put on airs*
**angeboren** *inborn, innate; hereditary*
**an-gehen, ging, gegangen** *(lights) come on; approach; concern*
**an-gehören** *belong to, be a member of*
der **Angehörige (-n) -n** Verwandter (Eltern, Onkel, Kusinen, usw. sind Verwandte)
die **Angelegenheit -en** *concern, matter, affair*
**angeln** Fische fangen; suchen, etwas zu bekommen
**angelsächsisch** *Anglo-Saxon*
**angemessen** *suitable, adequate, appropriate*
**angenehm** was gefällt; was man gerne hat
der **Angestellte (-n) -n** ein Mann, der für eine Firma arbeitet
die **Angestellte -n** eine Frau, die für eine Firma arbeitet
**an-greifen, griff, gegriffen** *attack*
der **Angriff -e**
die **Angst ⸚e** Furcht; **Angst haben** sich fürchten
**ängstlich** *timid(ly)*
der **Anhänger -** *supporter; hanger-on; trailer*
**anhänglich** *devoted, attached*
**an-hören (sich etwas)** *listen (carefully) to;* **man hört es ihm an** *you can tell by listening to him*
der **Anker -** *anchor*
die **Anklage -n** *accusation, indictment*
**an-klagen**
**an-kommen, kam, gekommen** eintreffen; sich nähern
der **Ankömmling -e** Neugekommener; einer, der eben oder neulich gekommen ist
die **Ankündigung -en** *announcement*
die **Ankunftszeit -en** *time of arrival*
**an-lächeln** *smile at*
die **Anlage -n** *park, grounds; layout; installation, arrangement*
**an-langen** ankommen
**an-läuten** *ring a doorbell, call by phone*
**an-legen** *lay out, establish, install*
**an-lehnen** *lean against*
die **Anleitung** *instructions, directions*
**an-machen** *fasten*
der **Anmarsch ⸚e** *approach, arrival*
**an-maßen (sich)** *presume, claim*
**annehmbar** *acceptable*

# ärgerlich

**an-nehmen (nimmt), nahm, genommen** *accept, assume*
die **Annonce -n** *announcement, advertisement*
die **Anordnung -en** *order, directive*
**an-passen** *suit, adapt, adjust*
die **Anrede -n** Titel
**an-reden** ansprechen
**an-regen** *stimulate, encourage*
**an-reiten, ritt, geritten** *start riding*
die **Anrichte -n** *cupboard*
**an-richten** *regulate; prepare, serve up, dish up*
**ans = an das**
**an-sammeln (sich)** *collect, accumulate, assemble*
**an-saugen** *draw in, suck in*
**an-schaffen (sich etwas)** (etwas) kaufen
**an-schauen** ansehen
die **Anschaulichkeit -en** *vividness, liveliness*
die **Anschauung -en** *opinion, view*
**an-schließen, o, geschlossen** *join, connect*
der **Anschluß ⸗sse** *connection; junction; annexation*
**an-schmiegen (sich)** *cling to; nestle against*
**an-schwellen, o, o** *swell; increase;* **anschwellend** *crescendo*
**an-sehen (ie), a, e** *look at;* **man sieht es ihm an** *you can tell by looking at him*
**an-sehen (ie) a, e (sich etwas)** etwas genau betrachten
das **Ansehen** *respect, esteem*
**an-setzen** *fasten, apply; begin; stick to*
die **Ansicht -en** *view, opinion*
**an-siedeln (sich)** *settle, establish a colony*
**ansonsten** *otherwise; besides*
**an-spielen** *begin to play; allude to, hint at*
die **Anspielung -en** *allusion*
die **Ansprache -n** *speech, address*
**an-sprechen (i), a, o**
**an-springen, a, u** *jump at; start*
der **Anspruch ⸗e** *claim*
**anspruchsvoll** *demanding*
**anstatt** *instead of*
**an-steigen, ie, ie** *rise*
**anstelle** *instead of*
**an-stellen** *appoint, employ; turn on*
die **Anstellung -en**
**an-strengen (sich)** *make an effort*
die **Antenne -n**
**antik** alt, altertümlich
die **Antike** das Altertum, die griechisch-römische Welt
die **Antiquität -en** das alte, wertvolle, teuere Stück

der **Antiquitätenladen ⸗**
**an-treffen (i), traf, o** *meet with; hit upon*
**an-treten (tritt), a, e** beginnen
**an-tun, tat, getan** *do to; inflict on; cast a spell over*
die **Antwort -en** Erwiderung
**antworten** entgegnen, erwidern
**an-vertrauen (sich)** *confide in*
**an-wehen** *blow upon; seize*
die **Anweisung -en** *instruction, order; advice*
**an-wenden, wendete, gewendet; wandte, gewandt** *employ, use;* **(auf)** *apply (to)*
**anwesend** *present*
die **Anwesenheit -en** *presence*
die **Anzahl** Menge
**an-zeigen** *announce; advertise; point out*
**an-ziehen, zog, gezogen** *draw; attract*
**an-ziehen, zog, gezogen (sich)** *get dressed; dress up*
der **Anzug ⸗e** *suit of clothes*
**an-zünden** *light (a fire)*
der **Apfel ⸗** *apple*
das **Apfelmus** *apple sauce*
die **Apfelschnitte -n** eine Art Apfelkuchen
die **Apfelsine -n** *orange*
der **Apparat -e** *appliance; machine; camera; telephone*
das **Appartementhaus ⸗er**
**appetitlich** *appetizing*
**applaudieren**
der **Applaus**
**apporte** (franz.) bring her!
**apud monachos** (lat.) *at the monks'*
**Aqua** (lat.) Wasser
das **Aquarium -ien**
der **Äquator**
das **Äquivalent -e**
das **Ar -e** Flächenmaß, 100 qm
die **Arbeit -en** *work*
**arbeiten** [aus-, mit-, vor-]
der **Arbeiter -**
die **Arbeiterschar -en** eine Menge Arbeiter
der **Arbeitsraum ⸗e** Zimmer, in dem man arbeitet
die **Arbeitsweise -n** wie man arbeitet
der **Architekt (-en) -en**
**architektonisch** *architectural*
die **Architektur -en**
das **Architekturbüro -s**
**arg** schlimm; sehr
der **Ärger** *annoyance, anger*
**ärgerlich** *annoying*

# ärgern

**ärgern (sich)** *become annoyed, angry*
das **Argusauge -n** *all-seeing eye*
**aristokratisch**
der **Arm -e**
**arm** *nur wenig besitzend*
die **Armee -n** *Heer*
das **Arpeggio -ien** (ital.) *arpeggio, "broken chord, run"*
die **Art -en** *kind, type, sort; manner*
der **Artgenosse (-n) -n** *member of the same species*
der **Arzt ⸚e** *physician, doctor of medicine*
die **Asche -n** *ash, cinder*
das **Aspirin**
der **Assistent (-en) -en**
die **Aster -n**
das **Atelier -s** *Künstlerwerkplatz*
der **Atem** *was durch die Nase in die Lungen geht und aus den Lungen kommt*
**atemlos**
**Athen** *die Hauptstadt von Griechenland*
**athletisch**
die **Atlasschleife -n** *satin bow*
**atmen** *Luft durch die Lungen einziehen und ausstoßen*
die **Atmosphäre -n**
der **Atomzerfall** *atomic decay or fission*
die **Au -en** *grüne Flußlandschaft; schöne Wiese*
**auch** *ebenfalls, sogar*
**Auerstedt** *kleine Stadt in Thüringen, bei Jena*
**auf** *on, upon; up; open*
der **Aufbau** *construction, reconstruction*
**auf-bauen**
die **Aufbauschule -n** *eine Art deutsche Oberschule*
**auf-brechen (i), a, o** *break open; start moving, go away; plow*
der **Aufenthaltsort -e** *Ort, wo man wohnt*
**auf-fallen (ä), fiel, a** *strike;* **es fällt mir auf** *I notice (with some surprise)*
**auffällig** *striking, remarkable*
die **Auffassungsgabe -n** *capacity for understanding*
**auf-finden, a, u** *locate, discover*
**auf-fordern** *einladen*
die **Aufforderung -en**
**auf-führen** *ein Stück auf dem Theater spielen*
die **Aufführung -en**
die **Aufgabe -n** *Arbeit, besonders Schularbeit; Pflicht*
**auf-geben (i), a, e** *etwas nicht mehr haben oder tun wollen; ein Gepäckstück auf eine bestimmte Zeit einem Beamten geben*
**auf-gehen, ging, gegangen** *sich öffnen; über dem Horizont erscheinen;* **sie gingen in ihrem Werk auf** *they identified themselves with their work*
**aufgeweckt** *lively, bright*
**auf-haben (hat), hatte, gehabt** *zu tun haben*
**auf-halten (ä), ie, a (sich)** *bleiben*
**auf-hören** *zu Ende gehen; etwas nicht mehr tun*
**auf-krempen** *turn up, roll up*
**auf-laden (ä), u, a** *load up, burden*
**auf-liegen, a, e** *be available*
**auf-machen** *öffnen*
**aufmerksam** *attentive, observant*
die **Aufmerksamkeit**
**auf-nähen** *sew up*
die **Aufnahme -n** *Bild, das man mit einem Photoapparat macht*
das **Aufnahme-Examen** *entrance examination*
die **Aufnahmeprüfung -en** *entrance examination*
**auf-nehmen (nimmt), nahm, genommen** *empfangen; ein Bild mit einem Photoapparat machen*
**auf-opfern** *give up, devote*
**auf-passen** *genau auf eine Sache hinsehen*
**auf-plustern (sich)** *ruffle the feathers*
**aufrecht** *upright; honorable*
**auf-regen** *unruhig und ungeduldig machen*
**auf-regen (sich)** *unruhig und ungeduldig werden*
die **Aufregung -en** *excitement*
**aufrichtig** *sincere, honest*
**auf-rücken** *advance, pass (to the next grade)*
**aufs** = **auf das; aufs neue** *wieder, noch einmal*
der **Aufsatz ⸚e** *eine geschriebene Arbeit über ein bestimmtes Thema*
**auf-schließen, schloß, geschlossen** *öffnen, aufmachen*
**aufschlußreich** *informative*
der **Aufschnitt -e: kalter Aufschnitt** *cold cuts*
**auf-schreiben, ie, ie** *write down*
die **Aufschrift -en** *label*
der **Aufschwung ⸚e** *rapture*
**auf-sehen (ie), a, e** *look up (to)*
der **Aufseher -** *ein Mann, der aufpassen muß: z.B. in einem Museum*

die **Aufsicht -en** *supervision; control*
    **auf-sperren** öffnen, aufschließen, aufmachen
    **auf-spielen (sich)** *pose, pretend to be*
    **auf-stehen, stand, gestanden** sich erheben; das Bett verlassen
    **auf-stellen** *set up, place*
der **Aufstieg -e** das Höherkommen
    **auf-teilen** *divide up; distribute*
der **Auftrag ⸚e** *commission, order; errand*
der **Auftraggeber -** *employer*
    **auf-treffen (i), traf, o** *strike, hit*
    **auf-wachsen (ä), u, a** *grow up*
    **auf-wecken** *waken, rouse*
    **auf-weisen, ie, ie** besitzen, verfügen über, haben
    **auf-werfen (i), a, o** zur Sprache bringen; einen Hügel bauen; plötzlich öffnen
    **auf-wischen** *wipe up*
der **Aufzug ⸚e** *elevator*
    **auf-zwingen, a, u** *force upon*
das **Auge -n** das Sehwerkzeug: das Organ, mit dem man sieht
der **Augenaufschlag ⸚e** plötzlicher Blick
der **Augenblick -e** kurze Zeit, Zeitpunkt; **im Augenblick** gleich, blitzschnell; **in diesem Augenblick** jetzt
    **augenblicklich** sofortig; jetzt; vorübergehend
das **Augenlid -er** *eyelid*
der **Augenschein: in Augenschein nehmen** genau betrachten
der **Augenwinkel -** *corner of the eye*
    **Augsburg** Stadt in Bayern, in Süddeutschland
der **August** der achte Monat des Jahres
    **Augusta** Titel der römischen Kaiserin
die **Aula -len** *great hall*
    **aus** *out of, from; finished*
    **aus-arbeiten** fertig machen
    **aus-bauen** *complete, bring to completion*
    **aus-bessern** reparieren
    **aus-bilden** *train, instruct*
die **Ausbildung -en** Unterricht, Schulung in einem Beruf
der **Ausblick -e** *prospect; view*
    **aus-brechen (i), a, o** *break out, burst forth*
    **aus-breiten (sich)** *spread out*
    **aus-dehnen (sich)** *stretch out*
    **aus-denken, dachte, gedacht** zu Ende denken
    **aus-denken, dachte, gedacht (sich etwas)** sich etwas vorstellen

der **Ausdruck ⸚e** *expression*
    **aus-drücken**
die **Ausdrucksweise -n** die Art, wie man sich ausdrückt
    **auseinander-reißen, i, gerissen** *tear apart*
    **auserkoren** *chosen; of the elect*
    **aus-fahren (ä), u, a** *drive out*
    **ausfindig machen** finden, aber erst nach langem Suchen
der **Ausflug ⸚e** kürzere Wanderfahrt
    **aus-führen** auf ein Vergnügen mitnehmen, spazieren führen; (einen Plan) vollenden
die **Ausführung -en** *performance*
    **aus-füllen** *fill out*
der **Ausgang ⸚e** *exit*
der **Ausgangspunkt -e** *point of departure*
die **Ausgangstür -en**
    **aus-geben (i), a, e** *distribute; start a rumor*
    **aus-gehen, ging, gegangen** einen Gang außer Hause machen; immer geringer werden und zuletzt ganz verschwinden; seinen Anfang haben (bei); ausgedacht werden (von)
    **ausgenommen** *except for*
    **ausgepicht** *hardened, seasoned*
    **ausgerechnet** *of all times! of all places! of all things! etc.*
    **ausgeschlossen** *excluded; out of the question*
    **ausgezeichnet** vorzüglich
    **aus-halten (ä), ie, a** ertragen; so tun, als ob man etwas Unangenehmes nicht merkt
    **aus-heben, o, o** ausgraben
der **Aushilfsenglischlehrer -** *substitute English teacher*
    **aus-kommen, kam, o** *manage, get by; get along*
die **Auskunft ⸚e** *information*
das **Ausland** alle Länder außer dem Heimatland
der **Ausländer -** Fremder, ein Mensch von einem anderen Land
    **aus-lassen (läßt), ließ, gelassen** *leave out; release; give vent to*
der **Auslauf ⸚e** *run (for chickens)*
    **aus-legen** *spend (money); furnish*
die **Ausleihe** *check-out desk (in a library)*
    **aus-machen** *amount (to)*
das **Ausmaß -e** *extent, proportion*
die **Ausnahme -n** *exception*
    **aus-nehmen (nimmt), nahm, genommen** *take out; except, exclude*

# Auspuffgase

die **Auspuffgase** (*pl.*) *exhaust fumes*
**aus-reichen** *genügen, genug sein*
der **Ausreißer** - *runaway*
**aus-ruhen** *seine Ruhe haben; nichts tun brauchen*
**aus-schlagen** (ä), u, a *strike out; refuse; break out*
**aus-schließen, schloß, geschlossen** *aussperren; erklären, daß etwas unmöglich ist*
**ausschließlich** *exclusively*
**aus-sehen** (ie), a, e *look, seem (like)*
**außen** *in einem Raum nicht eingeschlossen, nicht drinnen*
die **Außenwand** ⸗e *outside wall*
die **Außenwelt** *Umgebung, Öffentlichkeit, Publikum*
**außer** *except for; outside of; out of; besides*
**äußer-** *outer, external*
**außerdem** *noch dazu*
**außergewöhnlich** *exceptional, unusual*
**außerhalb** *outside of*
die **Äußerlichkeit** -en *superficiality; (pl.) externals*
**äußern** (sich) *express, declare*
**außerordentlich** *extraordinary, exceptional*
**äußerst** *sehr groß, sehr*
**aus-setzen** *display; expose; find fault with*
die **Aussicht** -en *Ausblick; bestimmte Hoffnung*
**aus-sprechen** (i), a, o *pronounce; express*
**aus-sprechen** (i), a, o (sich) *express an opinion*
**aus-statten** *furnish, equip; give a dowry to*
die **Ausstattung** -en
**aus-steigen, ie, ie** *aus einem Zug oder aus einem Bus herauskommen*
**aus-stellen** *zur Schau bieten*
die **Ausstellung** -en *eine Sammlung von Dingen in einem besonderen Gebäude*
**aus-stoßen** (ö), ie, o *eject, expel, emit*
**aus-strecken** *stretch (out); extend*
der **Austauschschüler** - *exchange student*
**aus-toben** (sich) *let off steam*
**aus-trocknen** *dry out*
**aus-üben** *exercise; carry on*
**aus-wählen** *choose, select*
**aus-waschen** (ä), u, a *wash out; rinse*
**auswendig lernen** *learn by heart*
**aus-werten** *get the best use out of*
**aus-wischen** *wipe out, rub off*
der **Auswuchs** ⸗e *protuberance, growth*
**aus-zeichnen** *mark with distinction*

die **Auszeichnung** -en *distinction; mark of respect*
**aus-ziehen, zog, gezogen** *move out, pull out*
**aus-ziehen, zog, gezogen** (sich) *undress*
der **Auszug** ⸗e *departure; moving out*
das **Auto** -s
die **Autobahn** -en *super-highway*
der **Autofahrer** - *der Mann, der das Auto fährt*
**automatisch**
das **Automobil** -e
der **Autoschlüssel** -
der **Autoverkehr**
**Ave verum corpus** (lat.) *Hail to the Sacrament, i.e., the True Body (of Christ)*
die **Azalee** -n *azalea*

## B

der **Bach** ⸗e *ein kleiner Fluß*
**backen** (ä), buk, a *bake*
der **Backofen** ⸗ *Ofen, in dem man backen kann*
das **Bad** ⸗er *bath*
**baden** *ein Bad nehmen*
**Badenweiler** *Kurort im südlichen Schwarzwald*
der **Badeofen** ⸗ *Ofen, in dem man Wasser zum Baden warm machen kann*
der **Badeort** -e *spa, watering place; resort*
der **Badestrand** ⸗e *sandiges, flaches Meeres- oder Flußufer, wo man schwimmen gehen kann*
die **Badewanne** -n *bathtub*
das **Badezimmer** - *der Raum, in dem eine Badewanne steht*
die **Bahn** -en *way, path; railroad; runway*
der **Bahndamm** ⸗e *railroad right-of-way (sometimes elevated)*
der **Bahnhof** ⸗e *Halteplatz für Züge; Station*
**bald** *in kurzer Zeit, wenig später; manchmal*
in **Bälde** *bald*
der **Balken** - *beam, rafter*
der **Balkon** -e *balcony*
der **Ball** ⸗e *Tanzabend*
die **Ballentrockenheit** *dried-up condition of earth of a potted plant*
das **Ballkleid** -er *Tanzkleid*
die **Ballsaison** -s *Tanzsaison*
das **Ballspielen** *playing ball*
der **Ballzauberer** - [**Zauberer** *magician*]
**Bamberg** *Stadt in Bayern*
der **Bammel** *Angst*

# Befestigung

der **Band** ⸗e *volume*
das **Band** ⸗er *ribbon*
**bang(e)** furchtsam, besorgt, angstvoll
das **Bangen** Angst, Furcht, Sorge
die **Bank -en** *bank*
der **Bankbeamte (-n) -n** Mann, der in einer Bank arbeitet
der **Bankier -s**
der **Banklehrling -e**
das **Bankwesen** *banking*
**bannen** *banish, expel*
der **Bär (-en) -en** *bear*
die **Barbarei** *uncivilized condition*
**Barbarossa** (= Rotbart) italienischer Name eines mittelalterlichen deutschen Kaisers (12. Jahrhundert)
**Bardowiek** kleine Stadt in Norddeutschland
**Barmen** (siehe **Elberfeld**)
der **Barock** ein Stil mit vielen Kurven und runden Linien in der Architektur des siebzehnten und achtzehnten Jahrhunderts
der **Bart** ⸗e *beard*
**Basel** Stadt in der Schweiz
das **Basketballspiel -e**
die **Basketballtruppe -n** [**Truppe** *team*]
der **Baß Bässe** tiefe Stimme (männlich)
**basteln** *construct things as a hobby*
**Batava** römischer (lateinischer) Name für Passau, Stadt an der Donau in Bayern
die **Batterie -n**
der **Bau -ten** Bauarbeit, Errichtung; Gebäude
die **Bauabteilung -en** *construction division*
die **Bau-Akademie** *School of Architecture*
die **Bauanlage -n** *construction project*
die **Bauarbeit -en**
der **Bauch** ⸗e *belly; stomach; paunch*
**bauen** *build, construct;* [**an-, auf-, aus-, ein-**]
der **Bauer -n** Landwirt; Mann, der auf einem Bauernhof lebt
die **Bauernfrau -en** Frau vom Lande
der **Bauernhof** ⸗e *farm*
die **Bauform -en** *architectural form, style*
das **Baugewerbe -** *building trade, construction industry*
das **Bauhandwerk -e** *building trade, building profession*
der **Bauherr (-n) -en** Mann, der sich ein Haus bauen läßt
die **Bauindustrie -n**
der **Baukörper -** Gebäude
die **Baukunst** Architektur
der **Baum** ⸗e *tree*

das **Baumaterial -ien** [**Bau-Material**]
der **Baumeister -** [**Bau-Meister**]
der **Bauplatz** ⸗e
der **Baustil -e**
der **Baustoff -e** Material, womit gebaut wird
die **Bautätigkeit -en**
die **Bauunion -en** *construction combine*
das **Bauwerk -e** Gebäude
das **Bauwesen -** *engineering; construction industry*
die **Bauzeit -en**
**Bayern** eins der Länder von West-Deutschland. München ist die Hauptstadt von Bayern.
**bayrisch**
der **Beamte (-n) -n** *official; employee*
**beantworten** jemandem eine Antwort auf etwas geben
die **Beantwortung -en**
**beben** *tremble, quake, quiver*
**Bebra** kleine Stadt in Mitteldeutschland
der **Bedarf** was man zu etwas braucht
**bedauern** *regret; pity; sympathize*
**bedecken** *cover*
das **Bedenken -** Zweifel an einer Sache
**bedenken** *take into account, consider*
**bedeuten** *mean; have significance*
**bedeutend** wichtig
die **Bedeutung -en** *meaning, importance*
**bedienen** *serve*
**bedienstet** in Dienst, beschäftigt
der **Bedienstete (-n) -n** Beamte
**bedingen** *limit, restrict*
die **Bedingung -en** *condition, prerequisite*
**bedrücken** traurig machen
die **Bedrücktheit** trübe Stimmung
das **Bedürfnis -se** *need, lack, necessity*
**bedürftig** arm; etwas oder jemanden brauchend
**beeindrucken** *impress*
**beeinflussen** *influence*
**beenden** (etwas) fertig machen, mit etwas Schluß machen
die **Beendigung -en** *completion*
**beerdigen** *bury*
die **Beerdigung -en** *funeral*
**Beethoven, Ludwig van** (1770-1827) deutscher Komponist
**befassen (sich)** sich beschäftigen
der **Befehl -e** *order, command;* **zu Befehl** *at your service*
**befehlen (ie), a, o** *command*
**befestigen** *fasten, fix, strengthen, fortify*
die **Befestigung -en** *fortification*

xi

# Befestigungsanlage

die **Befestigungsanlage -n** [Anlage *system*]
**befinden, a, u** (**sich**) anwesend sein; sich fühlen
**befördern** fortbringen, transportieren
**befragen** (von jemandem etwas) wissen wollen, (an jemanden) eine Frage stellen
**befreien** frei machen
der **Befreiungswille** (**-ns**) **-n** der Wille, sich frei zu machen
**befreunden** (**sich mit jemandem**) sein Freund werden
**befreundet** in Freundschaft verbunden
**begabt** *talented*
die **Begabung -en**
**begeben** (**i**), **a, e** (**sich**) hingehen; [hin-]
**begegnen** *encounter, come across, run into, meet (by chance)*
**begehen, beging, begangen** *perform; commit; celebrate*
**begehren** *strongly desire*
**begeistert** *enthusiastisch*
die **Begeisterung**
das **Begeisterungsmittel -** *means of inspiration*
**begießen, o, begossen** *sprinkle, water*
der **Beginn -e** der Anfang
**beginnen, a, o** anfangen
**begleiten** mitgehen; mitkommen; mitspielen
der **Begleiter -**
die **Begleitung: in Begleitung von** *accompanied by*
**beglückt** *happy, blessed*
**begnadet** *favored, talented*
**begraben** (**ä**), **u, a** beerdigen
**begreifen, begriff, begriffen** verstehen
**begrenzen** *limit, frame*
der **Begriff -e** *concept; comprehension, conception*
**begründen** *found, establish; substantiate*
**begrüßen** willkommen heißen, grüßen
das **Begrüßungsgeprassel** [Geprassel *crackling, clatter*]
**behaglich** gemütlich; angenehm
**behalten** (**ä**), **ie, a** in sich aufnehmen; nicht fortlassen, nicht hergeben
**behandeln** *treat; manage; manipulate; deal with*
**behaupten** eine Meinung aussprechen
**beheben, o, o** *eliminate, do away with*
**beherrschen** *control, dominate, master*
die **Beherrschung -en**
**behilflich: einem behilflich sein** helfen
die **Behörde -n** *authority, governing body*
**bei** *by, with, near, at*

**bei-bringen, brachte, gebracht** lehren
**beide** alle zwei; **die beiden** die zwei
**beieinander** nahe zusammen
der **Beifall** Applaus, Händeklatschen
**beiläufig** *offhand, casual*
**beim = bei dem**
das **Bein -e** *leg; bone*
**beinahe** *almost*
der **Beinbruch ⸚e** *fracture of the leg;* **Hals- und Beinbruch! „Viel Glück!"**
das **Beinchen -**
die **Beinkleider** (*pl.*) die Hose
das **Beispiel -e** Exempel
**beispielsweise** zum Beispiel
**beißen, i, gebissen** *bite; burn, itch*
**bei-tragen** (**ä**), **u, a** *contribute; assist*
**bejahen** „Ja" sagen oder mit dem Kopf nicken
**bekannt** *known; acquainted, familiar, well-known*
der **Bekannte** (**-n**) **-n** *acquaintance, friend*
**bekanntlich** *as is well known*
die **Bekanntschaft -en**
**bekennen, bekannte, bekannt** *admit, confess*
**beklagen** (**sich**) *complain*
**bekleiden** *clothe; hold (an office)*
das **Bekleidungsgeschäft -e**
**bekommen, bekam, bekommen** *receive; get, obtain*
**bekümmern** (**sich um etwas**) *bother about, be anxious about*
**beladen** (**ä**), **u, a** schwere Dinge in ein Schiff, in ein Flugzeug oder auf einen Wagen setzen, stellen oder legen
**belangen** [an-]
**belanglos** unwichtig
**belegen** *"take"* (*a subject*), *register for*
die **Belegschaft -en** *personnel, staff*
das **Belegschaftsmitglied -er** [Mitglied *member*]
**beleibt** dick, fett
**beleidigen** *insult*
die **Beleidigung -en**
die **Beleuchtung -en** *illumination*
**beliebig** *as is agreeable, any way you choose*
**beliebt** von allen gern gesehen, populär
**bellen** *bark*
**bemalen** *paint, stain*
**bemerkbar** *noticeable, perceptible*
**bemerken** *remark; notice*
die **Bemerkung -en**

**bemühen (sich)** *take the trouble, make an effort*
**benachbart** *neighboring*
**benehmen, (benimmt), benahm, benommen (sich)** *conduct oneself, behave*
**benennen, benannte, benannt** einen Namen geben
**benötigen** *need urgently, be in want of*
**Benrath** kleine Gemeinde mit einem Schloß in der Nähe von Düsseldorf
**benutzen** verwenden, gebrauchen, damit arbeiten
**Benz, Carl** (1844-1929), Ingenieur, schuf 1885 ein von einem Benzinmotor angetriebenes Automobil.
die **Benzolgewinnung** *production of benzol, derivative of benzine*
**beobachten** genau und lange betrachten
**bequem** *comfortable*
die **Bequemlichkeit -en** *comfort*
**berechnen** kalkulieren
**berechtigen** das Recht dazu geben
der **Bereich -e** *area; area of influence, domain*
**bereit** fertig
**bereiten** *cause, create;* [**vor-, zu-**]
**bereits** schon
**bereitwillig** *willingly, gladly*
der **Berg -e** *mountain, hill*
**bergab** einen Berg hinunter; nach unten
**bergen (i), a, o** *contain; conceal; shelter*
das **Bergland** *hill country*
das **Bergwerk -e** *mine*
der **Bericht -e** sachliche Erzählung, Beschreibung
**berichten** unpersönlich und objektiv erzählen
**Berlin** frühere Hauptstadt von Deutschland
**berücksichtigen** *consider, take into consideration*
der **Beruf -e** *calling, profession; trade, occupation*
der **Berufskamerad (-en) -en**
das **Berufsleben**
die **Berufsschule -n** *trade school*
der **Berufsspieler -** *professional player*
**beruhen (auf)** *be based on; be due to*
**beruhigen** zur Ruhe bringen
**berühmt** weit bekannt, hochangesehen, unvergessen
**berühren** *touch; allude (to)*
die **Berührung -en** *contact; allusion*
**beschädigen** *injure; damage*
**beschaffen** *procure; supply*

**beschäftigen (sich)** *occupy oneself, concern oneself*
**bescheiden** *modest; simple; slight*
die **Bescheidenheit**
**beschenken** ein Geschenk geben
die **Bescherung -en** Überreichung von Geschenken, besonders zu Weihnachten
**beschließen, o, beschlossen** *conclude; decide*
**beschränken** *limit, confine*
**beschränken (sich)** *be confined (to)*
**beschreiben, ie, ie** *describe*
die **Beschuldigung -en** *accusation, recrimination*
die **Beschwerde -n** *trouble*
**beseitigen** wegbringen; aus der Welt schaffen
**besetzen** *occupy (with troops)*
**besiegen** *conquer, defeat*
**besinnen, a, o (sich)** *reflect, ponder; remember*
**besinnlich** *reflective, contemplative*
der **Besitz -e** *possession; property*
**besitzen, besaß, besessen** *possess; own*
der **Besitzer -**
die **Besitzung -en**
**besonder-** *special*
**besonders** *especially*
**besorgen** Einkäufe machen, einkaufen; erledigen, machen
**besorgt (um)** *worried (about)*
**besprechen (i), a, o (sich)** *talk over; have an appointment*
**bespritzen** *splash, bespatter*
**besprühen** *sprinkle*
**besser** (siehe **gut**)
**bessergestellt** *higher ranking, better paid*
**bessern** [**aus**]
**best-** (siehe **gut**)
**beständig** *continual (ly); lasting, durable*
die **Bestandsaufnahme -n** *inventory, stock-taking*
**bestätigen** *confirm; verify; authorize*
**bestaunen** *look at with astonishment*
**bestehen, bestand, bestanden** *be, exist; pass (an examination);* **bestehen (aus)** *consist (of);* **bestehen (in)** *consist (in)*
**besteigen, ie, ie** in (den Wagen) einsteigen
**bestellen** *order, make reservations for; deliver;* [**voraus-**]
**besticken** *embroider*
**bestimmen** *determine; ascertain*
**bestimmt** *certain (ly), definite (ly), fixed*

# Bestimmung

die **Bestimmung** -en *destiny, fate; ultimate purpose*
die **Bestrafung** -en *punishment*
die **Bestrebung** -en *effort, attempt*
der **Besuch** -e *visit; guest*
   **besuchen** Gast sein; oft dort sein; die Schule besuchen Schüler sein
der **Besucher** -
   **betagt** *alt*
   **beteiligen** (sich) *take part in, share*
   **beten** *pray*
der **Beton** *reinforced concrete*
der **Betonarbeiter** -
die **Betonmauer** -n
   **betonen** *emphasize, stress*
die **Betonung** -en
   **betören** *infatuate, delude*
   **Betracht: in Betracht ziehen** *take into consideration*
   **betrachten** *consider, regard*
die **Betrachtung** -en *detailed study, observation*
der **Betrag** ⸚e *amount, sum (of money)*
   **betragen** (ä), u, a *amount to*
   **betrauen** *entrust*
   **betreffen** (i), betraf, o *concern*; **was mich betrifft** *as far as I am concerned*
der **Betrieb** -e *operation, management; plant, factory; activity, bustle*
die **Betriebsabteilung** -en *maintenance division*
   **betrüblich** *traurig*
das **Bett** -en *Nachtlager*
die **Bettwäsche** *bed linens*
   **beugen** *bow, bend;* [nieder-]
   **beugen** (sich) *bend low; bow down; submit*
   **beurteilen** *judge*
   **bevölkert** *populated*
die **Bevölkerung** -en alle Menschen, die in einer Stadt oder in einem Land wohnen
die **Bevölkerungsdichte** Zahl der Bevölkerung per qkm
die **Bevölkerungsgruppe** -n
   **bevor** *before;* **bevor ... nicht** *until*
   **bewahre!** *keineswegs!*
   **bewahren** *preserve, keep*
   **bewähren** (sich) *prove oneself*
   **bewalden** *cover with forest*
die **Bewaldung** -en *wooded cover*
   **bewegen** *move;* [hin-, her-]
   **bewegen** (sich) *move*
   **beweglich** *alive, mobile, movable*
die **Bewegung** -en *movement, motion*
   **bewerten** *assess, evaluate*
die **Bewertung** -en
   **bewohnen** in oder auf etwas wohnen

   **bewundern** *admire, marvel at*
der **Bewurf** ⸚e *plastering; stucco*
   **bewußt** *known; conscious; aware*
das **Bewußtsein** *consciousness; knowledge; awareness*
   **bezahlen** Geld geben für den Preis einer Sache
die **Bezahlung** -en
   **bezeichen** *designate, call*
die **Bezeichnung** -en
   **beziehen, bezog, bezogen** *receive, obtain; bring into relation (with)*
   **beziehen, bezog, bezogen** (sich) *refer, relate (to)*
die **Beziehung** -en *reference, relation*
   **beziehungsweise** *oder;* in besonderen Fällen
der **Bezirk** -e *district*
der **Bezirkschef** -s
der **Bezug** ⸚e: **in Bezug auf** *with regard to*
   **bezüglich** *relative (to)*
   **bezwingen**, a, u *conquer*
die **Bibliothek** -en *library*
das **Biedermeiersofa** -s Sofa aus der Biedermeierzeit (ca. 1830-1850)
   **bieten**, o, o *offer;* [an-, dar-]
die **Bilanz** -en *balance*
das **Bild** -er *picture*
   **bilden** *form, shape; educate;* [aus-, ein-]
   **bilden** (sich) *form*
der **Bilderprospekt** -e [Prospekt *prospectus*]
der **Bildhauer** - *sculptor*
die **Bildung** *education*
die **Bildungsanstalt** -en [Anstalt *institution*]
das **Billard** -s *billiards*
   **billig** *nicht teuer*
   **binden**, a, u *tie, bind;* [zurück-]
die **Bindung** -en *tie, connection*
die **Biologie**
   **bis** *until, up to*
der **Bischof** ⸚e *bishop*
   **bisher** *bis jetzt*
   **Bismarck, Otto von** (1815-1898) preußischer Staatsmann, der das „zweite" deutsche Reich (1871-1918) geschaffen hat
   ein **bißchen** ein klein wenig, etwas
   **bissig** gerne beißend
die **Bitte** -n Aussprechen eines Wunsches
   **bitten, bat, gebeten** einen Wunsch aussprechen
   **bitter**
   **blamabel** *disgraceful*

**Blanc: Mont Blanc** höchster Berg in den Alpen
**blank** *shiny, bright*
**Blasien: Sankt Blasien** kleine Stadt mit einem Kloster, im Schwarzwald
die **Blasmusik** *music made with wind instruments*
**blaß** *pale; faint, light*
das **Blatt** ⸚er *leaf; newspaper, periodical*
das **Blattgewächs -e** [Gewächs *growth; plant*]
**blau** *blue*
**blau-äugig** *mit blauen Augen*
das **Blauäuglein -**
**bläulich** *bluish*
**blauseiden** [Seide *silk*]
das **Blei -e** *lead*
**bleiben, ie, ie** *remain, stay*
**bleich** *blaß*
**blendend** *dazzling, brilliant*
der **Blick -e** *look, glance; view; appearance*
**blicken** *schauen, sehen; glänzen;* [an-, auf-, hindurch-, nach-, um-, zu-]
**blinken** *signal (with a light)*
das **Blinklicht -er**
**blinzeln** *blink*
der **Blitz -e** *(flash of) lightning*
**blitzen**
**blitzschnell**
der **Block** ⸚e *block, (rectangular) mass*
**blond**
die **Blondine -n** eine Frau oder ein Mädchen mit blonden Haaren
**bloß** *bare; mere(ly); sole(ly)*
**blühen** *bloom, blossom*
die **Blume -n** *flower*
die **Blumenausstellung -n**
das **Blumenbort -e**
das **Blumenfenster -** Fenster, wovor Blumen gestellt werden
das **Blumengeschäft -e**
der **Blumenkohl** *cauliflower*
die **Blumenpflege**
der **Blumenschmuck -e**
der **Blumenstrauß** ⸚e [Strauß *bouquet*]
der **Blumentopf** ⸚e
die **Blumenwelt -en**
**blumig**
das **Blut** *blood*
die **Blüte -n** *blossom, bloom*
der **Blütendampf** ⸚e *fragrance of blossoms*
die **Blütezeit -en** *period of flowering, climax*
die **Blutwurst** ⸚e
**Bocholt** Stadt in Westfalen
**Bochum** Stadt im Ruhrgebiet, in Westfalen

der **Boden** ⸚ *ground; floor; attic*
die **Bodenfläche** *area*
**bodenlos** unendlich tief
die **Bodenschicht -en** *layer of earth*
der **Bogen** ⸚ *curve, arc*
die **Bogenlampe -n** *arc-lamp*
**Böhmen** *Bohemia; western part of Czechoslovakia*
**böhmisch**
die **Bohne -n** *bean*
der **Bohnensalat**
die **Bohnermaschine** [bohnern *to wax and polish*]
**Böll, Heinrich** (1917- ), Schriftsteller: Romane, Erzählungen
**bomben** [drauflos-]
**Bonn** Stadt am Rhein, Hauptstadt der Bundesrepublik
das **Boot -e** *boat*
**Borbetomagus** keltischer Name für die heutige Stadt Worms
**borgen** *borrow*
das **Bort -e** *shelf*
**bösartig** *malicious, mean*
**böse** schlecht, unangenehm; unartig; zornig
**böslich** bösartig, nicht nett
der **Boß** (eng.) Chef
die **Botanik**
der **Bote** (-n) **-n** *messenger, carrier*
**Brandenburg** ehemaliger Staat in Ostdeutschland, der Berlin umgibt
**braten (ä), ie, a** *roast; fry*
der **Braten -** *roast (meat)*
die **Bratpfanne -n** *frying pan*
der **Brauch** ⸚e *custom*
**brauchen** nötig haben, haben müssen, tun müssen
**braun** *brown*
**bräunlich** *brownish*
**Braunschweig** Stadt in Niedersachsen
die **Braut** ⸚e *fiancée; bride (but only on the day of the wedding)*
das **Brautgewand** ⸚er [Gewand = Kleid]
**brav** *well-behaved, obedient, good*
**Bravo!**
**brechen (i), a, o** *break;* [ab-, auf-, aus-, hervor-, los-, zusammen-]
der **Brei -e** *mash, pulp*
**breit** *broad, wide*
die **Breite -n** *width; latitude*
**breiten** [aus-]
**brennen, brannte, gebrannt** *burn*

# Brett

das **Brett** -er *board*
der **Brief** -e *letter*
der **Briefkasten** ⸚ *mailbox*
die **Briefschaft** -en *piece of mail*
der **Briefstempel** - *postmark*
der **Briefträger** - *postman*
das **Brikett** -s in Form gepreßte Kohle
**brillant** glänzend, ausgezeichnet
**bringen, brachte, gebracht:** zum Ausdruck bringen *express;* in Abzug bringen *deduct;* [an-, bei-, durch-, fertig-, fort-, hervor-, hinaus-, hinüber-, mit-, unter-, vor-, vorbei-, weg-, zu-]
**brodeln** *bubble, boil*
**bronzen** *made of bronze*
das **Brot** -e *bread*
die **Bruchbude** -n *dilapidated little house*
die **Brücke** -n *bridge*
der **Brückenkopf** ⸚e
der **Bruder** ⸚ *brother*
die **Brühe** -n *brew, mixture*
der **Brunnen** - *spring; well; fountain*
die **Brust** ⸚e *breast, bosom; chest*
**brüten** *brood, hatch*
das **Buch** ⸚er *book*
das **Bücherbort** -e
der **Bücherkasten** ⸚ *portable bookshelf (in sections)*
das **Bücherregal** -e [Regal = Bort]
der **Bücherschrank** ⸚e [Schrank *case*]
der **Buchhalter** - *bookkeeper*
der **Buchladen** ⸚
der **Buchstabe** (-n) -n *letter (of the alphabet)*
die **Bucht** -en *bay, inlet*
**bücken** (sich) sich beugen
**buddeln** *dig, grub up, burrow*
das **Bügelbrett** -er *ironing board*
**bügeln** *iron (clothes)*
die **Bühne** -n *stage*
das **Bukett** -s Blumenstrauß
die **Bulldogge** -n
der **Bund** ⸚e *federation, federal government*
das **Bündel** - *bundle*
die **Bundesbahn** -en *Federal Railway (West Germany)*
der **Bundesbürger** - *citizen of the Federal Republic of West Germany or of the United States*
die **Bundesregierung** *Federal Government*
die **Bundesrepublik** *Federal Republic*
**bunt** farbig (nicht nur schwarz und weiß); mehrfarbig
die **Burg** -en *castle; stronghold*

der **Bürger** - *citizen*
der **Bürgerbau** -ten *city building erected (by citizens) in past centuries*
**bürgerlich** *civic; bourgeois*
der **Bürgermeister** - *mayor*
**bürgern** [ein-]
die **Bürgersfrau** -en
die **Burgruine** -n
das **Büro** -s *office*
der **Büroangestellte** (-n) -n
die **Büroangestellte** -n
das **Bürofräulein** -s eine Büroangestellte
das **Bürohaus** ⸚er [Haus: Gebäude]
die **Bürste** -n *brush*
der **Busch** ⸚e *bush*
die **Butter**
das **Butterbrot** -e *bread and butter, sandwich*
**bzw.** = beziehungsweise

## C

**ca.** = circa
das **Café** -s (franz.) Kaffeehaus
**Caravan** (siehe **Opel**)
**Casa Grande** Indianersiedlung zwischen Phoenix und Tucson
**Celsius, Anders** (1701-1744), schwedischer Astronom, der 1742 die Einteilung der Temperaturskala in 100 Grad zwischen Gefrier- und Siedepunkt des Wassers vorschlug
der **Cercle** -s (franz.) *reception*
der **Charakter** -e
**charakterisieren**
**charakteristisch**
der **Charakterzug** ⸚e *characteristic feature*
der **Chef** -s (franz.) *boss, foreman, manager*
die **Chemie** *chemistry*
der **Chemielehrer** -
die **Chemiestunde** -n
der **Chemieunterricht**
**chemisch**
**-chen** die Endung an einem Wort, die klar macht, daß etwas klein oder lieb ist
der **Cherusker** - *Teuton belonging to an ancient Germanic tribe which settled in North Central Germany*
**chic** (franz.) *well-groomed*
die **Chirurgie** *surgery*
**Chopin, Frédéric** (1810-1849) Komponist
der **Chor** ⸚e Sanges- oder Sprechgruppe; Gesangswerk für mehrere Stimmen; Hauptaltarraum einer Kirche
**Chr.** = **Christus** *Christ*

der **Christbaum** ⸚e Weihnachtsbaum
das **Christentum** *Christianity*
**Christi** (lat.) *of Christ*
**christlich**
**Christus**
das **Chrom**
**Cicero, Marcus Tullius** (106-43 v. Chr.), römischer Staatsmann und bedeutendster römischer Redner
**circa** ungefähr
das **Cis** *C sharp*
(die) **Clemenza** (ital.) *clemency*
**cm** = Zentimeter
(die) **Colonia** (lat.) Siedlung
(die) **Confluentes** (lat.) Zusammenfluß
(das) **Corpus** (lat.) Körper
der **Cousin** -s (franz.) Vetter
die **Creme** -n *lotion*

### D

**da** *there; then; since, because, in view of the fact that; when*
**dabei** *in connection with it; in so doing;* **dabei sein** *be present, on hand*
das **Dach** ⸚er *roof*
**Dachau** kleine Stadt in Bayern
der **Dachdecker** - *roofer*
der **Dachfirst** -e *ridgepole*
der **Dachshund** -e
der **Dachstuhl** ⸚e *rafters*
der **Dackel** - kurze Form für Dachshund
**dadurch** *because of it, through it*
**dafür** *for it, for that*
**dagegen** *against it, by comparison*
**daher** *therefore, on that account; for that reason*
**daher-kommen, kam, o** *come along;* **das kommt daher, weil** *that is because*
**dahin** *there, to that place*
**Daimler, Gottlieb** (1834-1900), Ingenieur; neben Benz Schöpfer des modernen Kraftwagens
**Daimler-Benz** *German automobile manufacturing company in Stuttgart (passenger cars) and Gaggenau (trucks)*
**damalig** *in jener Zeit*
**damals** früher; zu der Zeit, von der wir sprechen
die **Dame** -n Frau oder Mädchen aus gutem Hause, besonders Frau der feinen Gesellschaft
der **Damenfriseur** -e *beauty operator, hair dresser*
das **Damenfriseurgeschäft** -e
der **Damengruß** ⸚e *effeminate gesture of greeting*

**damit** *with it, with that; so that*
**dämmerig** halbdunkel
das **Dämmerlicht** halbe Helligkeit
**dämmern** Tag werden; hell werden
die **Dämmerung** Halbdunkel; Zeit von Sonnenuntergang bis zum Sichtbarwerden der Sterne und vom Verblassen der Sterne bis zum Sonnenaufgang
der **Dämon** -en böser Geist
der **Dampf** ⸚e *steam, vapor*
**danach** *after that, about it, about the fact*
**daneben** *next to that; near it*
**dänisch**
das **Dänisch** die dänische Sprache
der **Dank** *thanks*
**danken** *thank; be thankful to*
**dann** *then*
**Danzig** alte deutsche Stadt in Polen
**daran** *about it, on it, of it*
**darauf** *on it; about it*
**daraus** *out of it, from it*
**dar-bieten, o, o** *offer, present*
**darin** *in it*
**darinnen** = **drinnen**
**Darmstadt** Stadt in Westdeutschland, im Lande Hessen
**dar-stellen** *describe; represent; display, exhibit*
die **Darstellung** -en *presentation;* **zur Darstellung kommen** *be expressed*
**darüber** *over it; about it;* **darüber hinaus** *beyond that, moreover*
**darum** *therefore; that is why*
**darunter** *under that; among them*
das **Dasein** *existence, being*
**da-sein (ist), war, gewesen** *be there; exist*
**da-sitzen, saß, gesessen**
**daß** *that*
**da-stehen, stand, gestanden**
die **Dattel** -n *date (fruit)*
das **Datum** -ten kalendermäßige Bezeichnung eines bestimmten Tages
die **Dauer: auf die Dauer** (auf) lange Zeit
**dauerhaft** *lasting, durable*
**dauern** in der Zeit fortfahren, ohne sich zu ändern
**dauernd** *constant, continuous*
der **Daumen** - *thumb*
**davon** *of it, from it, about that*
**davor** *in front of it, of it*
**dazu** *to it, to that, for that; with it; moreover, besides*
**dazwischen** *in between*
die **Decke** -n *ceiling*

# decken

**decken** *cover;* **den Tisch decken** *set the table*
der **Degen** - *sword*
**dehnen** [**aus-**]
**delikat**
**demokratisch**
die **Demonstration -en**
**demonstrieren**
**denken, dachte, gedacht** *think;* [**aus-, hinein-, nach-**]
der **Denker** -
das **Denkmal** ⸚**er** *monument, memorial*
**denn** *for, because*
**dennoch** *trotzdem, doch*
**derart** *so, so sehr*
**dergleichen** *von solcher Art*
**derjenige** *the one (those) who/which* [see Gram. Ref. §9]
**derselbe** *the same*
**derselbige** *derselbe*
**deshalb** *on that account, that being so*
**desto: je ... desto** *the ... the*
**deswegen** *on account of that, because of that*
das **Detail -s**
**Detmold** Stadt in Westdeutschland, im Lande Niedersachsen
**deuten** *erklären; mit dem Finger zeigen;* [**an-, hin-**]
**deutlich** *klar*
**deutsch** *German*
das **Deutsch** *die deutsche Sprache*
der **Deutsche (-n) -n** *ein deutscher Mann*
die **Deutsche -n** *eine deutsche Frau*
die **Deutschamerikanerin -nen**
**Deutschland**
der **Deutschlehrer** - *Mann, der die deutsche Sprache lehrt*
der **Dezember** *der zwölfte Monat*
**dezentralisiert**
der **Dezimeter** - *ein Zehntel eines Meters*
**d. h. = das heißt** *that is*
der **Dialekt -e**
**dicht** *close; dense, thick*
die **Dichte** *density*
der **Dichter** - *ein Mensch, der poetische Dinge (Gedichte) schreibt*
**dick** *thick, fat*
die **Diebstahlsgefahr -en** *danger of theft*
die **Diele -n** *vestibule, entry; corridor*
**dienen** *serve; be of service to*
der **Diener** - *servant*
der **Dienst -e** *service*
der **Dienstag -e** *Tuesday*
**dienstlich** *official*

das **Dienstmädchen** - *maid, servant girl*
die **Dienstvorschrift -en** *official announcement*
**Diesel, Rudolf** (1858-1913), Erfinder des Dieselmotors
**dieser** *this; the latter*
**diesmal** *this time*
der **Diktator -en**
die **Dimension -en**
das **Ding -e (-er)** *Gegenstand, Sache, etwas; Mädchen*
das **Diplom -e** *diploma*
die **Diplomatentasche -n** *attaché case*
**direkt**
der **Direktor -en**
das **Direktorium -ien** *directorate; highest civil authority during the French Revolution (1795-99)*
der **Dirigent (-en) -en** *conductor (of an orchestra)*
**dirigieren** *direct*
der **Diskant** *treble, high notes*
**diskret** *discreet*
die **Dissertation -en**
die **Disziplinierung -en** *disciplining, training*
das **Divertimento -i** *entertaining piece*
**DM = D-Mark = Deutschmark**
der **Dobermann -s** Hundeart, die besonders schnell und wachsam ist; in Deutschland oft als Polizeihund gebraucht
**doch** *however, though, indeed, on the contrary*
die **Dogge -n** *any of several breeds of large dogs—Great Dane, mastiff, for example*
der **Doktor -en: den Doktor machen** *take a doctor's degree*
der **Doktorgrad -e** *doctor's degree*
der **Doktorhut** ⸚**e** *academic head-dress;* **er trägt den Doktorhut** *er hat seinen Doktor gemacht*
die **Dolde -n** *cluster*
der **Dom -e** *cathedral*
**Don Juan** Don Giovanni, Held einer Oper von Mozart
die **Donau** der zweitgrößte Fluß Europas, der in Süddeutschland seine Quelle hat, durch Süddeutschland und Österreich fließt und ins Schwarze Meer mündet
der **Donnerstag -e** *Thursday*
der **Donnerstagnachmittag -e**
der **Donnerstagsplan** ⸚**e**
das **Doppelglück** [**doppel** *double*]
das **Doppelkinn -e**
der **Doppelzentner** - zwei Zentner ( = 100 kg)
das **Dorf** ⸚**er** *village*
der **Dorn -en** *thorn*
**dort** *there*

die **Dose** -n *tin-can*
**Dr.** = **Doktor**
der **Drache** -n *dragon* ( = *nasty person*)
die **Drahtziege** -n [Draht *wire;* Ziege *goat*]
das **Drama** -en
    **dran** = **daran:** das **Drum und Dran** *hullaballoo*
der **Drang** *urge*
    **drängen** *push, crowd; urge;* [an-, ein-, herein-]
    **drauflos-bomben** *fire away*
    **draus** = **daraus**
    **draußen** *outside;* **weiter draußen** *farther down the road*
der **Drehsessel** - *(revolving) piano stool*
    **drehen** *turn;* [an-, um-]
    **drehen (sich)** *go around, rotate*
    **drei** *three*
die **Dreieinigkeit** *trinity*
    **dreijährig**
der **Dreikäsehoch** *kleiner Kerl*
    **dreimal**
    **drein** = **darein**
    **drein-schauen** *vor sich hin schauen*
    **dreißig** *thirty*
    **dreiviertel** *three-fourths*
    **dreizehn** *thirteen*
    **drin** = **darin**
    **dringen** *push in, penetrate; urge; sprout;* [ein-, herab-, hinein-]
    **dringend** *urgent*
    **drinnen** *inside*
    **dritt-** *third*
die **Dritteltasse** -n [das **Drittel** *third*]
    **drohen** *threaten*
    **drüben** *over there (on the other side of the Atlantic Ocean)*
    **drucken** *print*
    **drücken** *press; clasp; oppress; depress;* [aus-, herunter-]
die **Druckerei** -en *print shop*
die **Drucksache** -n *printed matter*
    **drum** = **darum**
das **Drum und Dran** *hullaballoo, noisy preparations*
das **Duell** -e
der **Duft** ⁓e *fragrance, perfume*
    **duften** *be fragrant, smell sweet*
der **Dukaten** - *ducat (an old coin)*
    **dumm** *unklug, nicht intelligent*
    **dumpf** *muggy; stifling; muffled*
    **düngen** *fertilize*
der **Dungguß** ⁓sse *fluid fertilizer*

die **Düngung** -en *fertilization*
    **dunkel** *mit wenig oder keinem Licht*
    **dunkelbraun**
die **Dunkelheit** -en
    **dünken: es dünkt mir** *es scheint mir*
    **dünn** *nicht dick; nicht dicht; wässerig*
    **dünnflüssig** [flüssig *fluid*]
    **durch** *through*
    **durchaus** *völlig, unbedingt, absolut;* **durchaus nicht** *ganz und gar nicht; keineswegs*
    **durch-bringen, brachte, gebracht** *get through; squander*
    **durchdringen, durchdrang, durchdrungen** *penetrate; push through*
das **Durcheinander** *Unordnung, Verwirrung*
    **durcheinander-mischen** *mix together*
    **durcheinander-rücken** *push out of place*
der **Durchfluß** *rate of flow*
    **durch-führen** *accomplish, carry out*
    **durch-kommen, kam, o**
    **durchlaufen (durchläuft), durchlief, durchlaufen**
der **Durchmesser** - *diameter*
    **durch-nehmen (nimmt), nahm, genommen** *go through; discuss, take up, treat*
    **durchqueren** *cross; go across*
die **Durchreise** -n
    **durch-reiten, ritt, geritten**
    **durchs** = **durch das**
    **durchschauen** *see through*
    **durch-schlagen (ä), u, a** *be apparent; be successful, telling*
    **durchschlagend** *complete, undeniable*
der **Durchschnitt** -e *cross-section; average*
    **durchschreiten, durchschritt, durchschritten** *go through, traverse*
    **durch-sehen (ie), a, e** *scrutinize, look over*
    **durch-setzen (sich)** *be successful, make one's way*
    **durchwurzeln** *push roots through*
    **durchzittern** *gleam (through)*
    **Düren** *Stadt in West-Deutschland, im Lande Nordrhein-Westfalen*
    **dürfen (darf), durfte, gedurft** *be allowed to; can; may;* **nicht dürfen** *mustn't*
    **dürftig** *poor; shabby; scanty*
    **durstig** *thirsty*
die **Düssel** *Nebenfluß des Rheins*
    **Düsseldorf** *Hauptstadt von Nordrhein-Westfalen; Kunst- und Industriestadt am Rhein zwischen Köln und Duisburg*
    **düster** *dunkel*

# Dutzend

das **Dutzend -e** zwölf Stück
**Dyck, Anthonis van** (1599-1641), flämischer Maler
**dynamisch**
**dynastisch** zu einer Dynastie gehörend

### E

**eben** *flat, even; just; just so, that's what I mean*
die **Ebene -n** *plain; flat country; level*
**ebenfalls** auch, genau so
**ebenso** genau so, auch
**ebensoviel** genau soviel
der **Eber -** *boar*
**echt** wirklich und natürlich; durchaus nicht imitiert
die **Ecke -n** *corner*
**eckig** *awkward*
**edel** *noble, refined*
das **Edelfräulein -** *young lady of the nobility*
**eene** = **eine**
**eens** = **eins**
**egal** gleich; ohne Unterschied
**eh** = **ehe; eh und je** früher und immer noch
**ehe** bevor
die **Ehe -n** *marriage; matrimony*
**ehemalig** früher
**eher** früher; lieber; mehr
die **Ehre -n** *honor*
**ehren**
der **Ehrengast ⸚e**
der **Ehrenhandel** *affair of honor, duel*
der **Ehrenhof** *Court of Honor*
**ehrfurchtgebietend** *demanding respect*
**ehrlich** *honest*
**ehrwürdig** *venerable*
das **Ei -er** *egg*
der **Eifer** *zeal, passion*
der **Eiffelturm** 300 m hoher Stahlgitterturm in Paris, 1885-89 erbaut von dem französischen Ingenieur Alexandre Gustave Eiffel (1832-1923)
**eifrig** *eager, zealous*
**eigen** was ein Mensch besitzt
die **Eigenart -en** *peculiarity, individuality*
das **Eigenkompliment -e** *compliment one pays to oneself*
**eigens** nur, ausschließlich
die **Eigenschaft -en** Qualität; alles, was man an einer Person oder einer Sache dauernd bemerkt
**eigentlich** *really, actually; as a matter of fact*

das **Eigentum ⸚er** was einem gehört
**eigentümlich** merkwürdig, sonderbar
der **Eilbote (-n) -n** *messenger; special delivery postman*
die **Eilbotengebühr -en** *special delivery charge*
der **Eilbrief -e** *special delivery letter*
die **Eile** *haste, hurry*
**eilen** [hinaus-]
**eilig** *hurriedly;* **es eilig haben** *be in a hurry*
**einander** *one another*
**ein-bauen** *build in, install*
**ein-bilden (sich)** *imagine;* **eingebildet sein** *be conceited*
der **Einblick -e** *glance into; insight*
der **Einbrecher -** *burglar*
**ein-bürgern (sich)** *become a custom*
**eindeutig** klar, unmißverständlich
**ein-drängen (sich)** *crowd in*
**ein-dringen** *penetrate, break in, enter into*
die **Eindringlichkeit -en** *forcefulness, urgency*
der **Eindruck ⸚e** *impression*
**eindrucksvoll** *impressive*
**einerseits** *on the one hand*
**einfach** *simple; modest*
die **Einfachheit** *simplicity*
**ein-fahren (ä), u, a** *drive in*
der **Einfall ⸚e** *notion, sudden idea*
**ein-fallen (ä), fiel, a** *occur to (someone)* **was fällt (dir) ein!** *what's the big idea?*
das **Einfamilienhaus ⸚er**
**ein-finden, a, u (sich)** *make an appearance; meet (by appointment)*
**ein-flößen** *fill with;* **Mut einflößen** *encourage;* **Widerwillen einflößen** *disgust, fill with repugnance*
der **Einfluß ⸚sse** *influence*
die **Einflüsterung -en** *hint, suggestion*
**ein-fügen** *adopt; join together*
**ein-führen** *introduce; bring in*
die **Einführung -en** *introduction*
der **Eingang ⸚e** Haupttür; Öffnung zum Hineingehen
**eingebildet** *conceited*
**eingeboren** *native; innate*
**eingebungsvoll** *piously*
**eingehend** *exhaustive; in detail*
**ein-händigen** *hand in; deliver*
**ein-hegen** *hedge in; fence in*
**einheimisch** *native*
die **Einheit -en** *unit*
**einheitlich** *unified*
**ein-holen** Einkäufe machen
**einig** *in agreement*

# Empfindlichkeit

einige ein paar, mehr als zwei bis drei, aber nicht sehr viele
einigermaßen *to some extent, rather*
ein-jagen: Furcht einjagen *frighten*
der Einkauf ⸚e *purchase;* Einkäufe machen *go shopping*
ein-kaufen
ein-kommen, kam, o *come in*
das Einkommen *income*
ein-laden (ä), u, a *invite*
die Einladung -en
einmal: auf einmal *plötzlich;* alles auf einmal *alles zugleich;* noch einmal *wieder*
einmalig *einzig, ohne Wiederholung*
einmütig *unanimous; of one mind*
die Einnahme -n *receipts; capture, occupation*
ein-packen *pack up*
ein-passieren *ankommen*
ein-pauken *cram, concentrate*
ein-richten *arrange, organize, furnish (a house)*
die Einrichtung -en *institution, custom*
ein-rücken *march in, invade*
einsam *alone; lonely*
die Einsamkeit -en
der Einsatz ⸚e *deployment*
einschichtig *(oberd.) einsam; ledig*
ein-schließen, schloß, geschlossen *include; enclose*
die Einschränkung -en *limitation, restriction*
ein-schreiben, ie, ie *register (a letter)*
ein-schreiben, ie, ie (sich) *matriculate, enroll*
einseitig *nur auf einer Seite*
ein-senken *set (plants)*
ein-setzen (sich) *stand up for*
die Einsicht -en *insight*
ein-spannen *harness up*
einst *früher, in ferner Vergangenheit*
ein-steigen, ie, ie *get on (a bus, train, etc.)*
Einstein, Albert (1879-1955), Physiker. Professor in Zürich und Prag; 1914-33 Leiter des Kaiser-Wilhelm-Instituts in Berlin; danach Professor in Princeton. Er entwickelte 1905 die spezielle, 1916 die allgemeine Relativitätstheorie.
ein-stellen *place; stop, cease, suspend*
ein-stellen (sich) *show up*
die Einstellung -en *attitude; stoppage*
einstöckig *aus einem Stockwerk bestehend*
ein-teilen: *divide up, distribute*
eintönig *monotonous*
ein-treten (tritt), a, e *enter, step in*
einverstanden *agreed*

der Einwand ⸚e *objection; protest*
ein-wandern *sich in einem fremden Land eine neue Heimat suchen*
einwickeln *wrap up*
ein-wirken *influence, have an effect on*
der Einwohner - *inhabitant*
die Einwohnerzahl *size of population*
der Einzelgänger - Mensch, der meistens allein ist
die Einzel-Garage -n [einzel: *von allen anderen getrennt*]
die Einzelheit -en *detail; individuality*
einzeln *für sich allein, von allen anderen getrennt*
das Einzelwesen - *individual personality*
das Einzelwohnhaus ⸚er *Einfamilienhaus*
ein-ziehen, zog, gezogen *move in*
einzig *nur einmal vorhanden*
einzigartig *unique*
das Eisen - *iron*
die Eisenbahn -en *railroad*
der Eisenbahninspektor -en *railroad official*
der Eisentopf ⸚e
das Eisenwerk -e
eisern *(of) iron; inflexible*
eisgrau *ice-gray, very old, aged*
eisig *icy*
der Eiskaffee
ekelhaft *disgusting*
die Elbe *einer der Hauptströme Mitteleuropas*
Elberfeld *Industriestadt im Lande Nordrhein-Westfalen, heute mit Barmen zu der Stadt Wuppertal vereinigt*
der Elefant (-en) -en
elegant
der Elektriker - *electrician*
elektrisch
elektrisieren
die Elektrizität
die Elektronentechnik *electronics*
elektronisch
das Element -e
die Elementarschule -n
elf *eleven*
elft- *eleventh*
der Elfuhrzug ⸚e *eleven o'clock train*
die Eltern (*pl.*) *Vater und Mutter*
das Email -s *enamel*
empfangen (ä), i, a *receive, welcome*
empfehlen (ie), a, o *recommend*
empfinden, a, u *feel, perceive*
empfindlich *sensitive, susceptible*
die Empfindlichkeit -en

# Empirekranz

der **Empirekranz** ⸚e *ornamental wreath from the Empire period, beginning of 19th century*
**empor** *up, upwards*
**empören** (sich) *rebel; be furious*
**empor-führen**
**empor-heben, o, o**
**empor-klappen** *turn up*
**empor-klettern**
**empor-schießen, o, geschossen**
das **Ende -n**
**enden**
die **Endhaltestelle -n** *last stop on the (street-car) line, terminal*
**endigen** enden
**endlich** am Ende, zuletzt
**endlos** ohne Ende
die **Energie -n**
die **Energieerzeugung** [Erzeugung *production*]
die **Energieversorgung** [Versorgung *supply*]
**energisch**
**eng** schmal, nicht breit; dicht gedrängt
die **Enge -n**
**England** gewöhnlich: das Britische Weltreich oder Großbritannien; eigentlich nur: der südliche Teil der Hauptinsel Großbritanniens
**englisch**
**enorm** ungeheuer, außergewöhnlich
die **Entbehrung -en** *self-denial, privation*
**entdecken** zum ersten Mal etwas finden
die **Entdeckung -en**
**entfallen** (ä), **entfiel, a** *vanish from (one's) memory*
**entfernen** (sich) weggehen
**entfernt** nicht in der Nähe; weit weg
die **Entfernung -en** *distance*
**entführen** *carry away, lead astray*
die **Entführung -en** *abduction*
**entgegen** *toward*
**entgegen-bringen, brachte, gebracht** *offer, show*
**entgegen-sehen** (ie), a, e *look forward to*
**enthalten** (ä), ie, a *contain, hold*
**enthusiastisch**
**entlang** *along*
**entlassen** (entläßt), entließ, entlassen *dismiss, discharge*
**entlegen** *remote, isolated*
**entlehnen** *borrow*
**entriegeln** *unbolt*
**entschädigen** *compensate (for injury or loss)*
**entscheiden, ie, ie** *decide*

**entscheiden, ie, ie** (sich) *make up one's mind, decide*
die **Entscheidung -en**
**entschließen, entschloß, entschlossen** (sich) sich entscheiden
der **Entschluß** ⸚sse innere Entscheidung
**entschuldigen** *excuse, justify*
**entschuldigen** (sich) *apologize*
die **Entschuldigung -en**
**entschwinden, a, u** verschwinden
**entsetzen** (sich) *be horrified, amazed*
**entsprechen** (i), a, o *correspond to, conform with*
die **Entsprechung -en** *equivalent, parallel*
**entstehen, entstand, entstanden** anfangen zu existieren, ins Leben kommen
die **Entstehung -en**
**entsteigen, ie, ie** *get out of, climb out of*
**enttäuschen** *disappoint*
**entwachsen** (ä), u, a *outgrow*
**entweder** *either*
**entwickeln** (sich) *develop, evolve*
die **Entwicklung -en**
**entzückend** *charming, delightful*
**erbauen** *build, construct; edify*
der **Erbauer** - *builder; founder*
die **Erbauung** *edification*
**erbeben** *tremble, quiver*
die **Erbse -n** *pea*
der **Erdarbeiter** - *excavator, digger; laborer working on an excavation job*
die **Erdbeere -n** *strawberry*
die **Erde -n** *earth*
der **Erdglobus -globen** *globe*
die **Erdkugel -n** [Kugel *ball*]
die **Erdkunde** *Geographie*
die **Erdmasse -n** [Masse *heap, mass*]
die **Erdoberfläche -n** [Oberfläche *surface*]
die **Erdölgewinnung -en** *production of petroleum*
das **Erdreich** *earth*
der **Erdteil -e** *Kontinent*
**ereignen** (sich) *happen, occur*
das **Ereignis -nisse** *event, occurrence*
**ereignisvoll**
**erfahren** (ä), u, a *find out; experience*
die **Erfahrung -en**
**erfassen, erfaßte, erfaßt** *seize; comprehend*
**erfinden, a, u** *invent*
die **Erfindung -en**
die **Erfindungsgabe** [Gabe *talent*]
der **Erfolg -e** *success*
**erfolgen** *result from, ensue*

erfolglos ohne Erfolg
erfolgreich mit vielem Erfolg
erforderlich notwendig, nötig
erfordern *need, require; demand*
erfreuen einem eine Freude machen
erfreuen (sich) sich freuen (über)
die Erfrischung -en *refreshment*
die Erfrischungsbar -s
erfüllen *fill completely; fulfill*
ergänzen *complete*
ergeben (i), a, e *yield, result*
ergeben (i), a, e (sich) *yield, result; surrender*
das Ergebnis -se *result, consequence*
ergehen passieren
ergreifen, ergriff, ergriffen erfassen; nehmen
erhalten (ä), ie, a bewahren; bekommen, kriegen
erheben, o, o (sich) *rise; stand up*
erheblich wichtig
die Erhebung -en *elevation*
erhellen beleuchten
erhitzen heiß machen
erhöhen *heighten, increase*
erholen (sich) *recover, recuperate*
die Erholung *relaxation, recuperation*
erinnern etwas sagen, so daß jemand an etwas denkt
erinnern (sich) wieder an etwas denken, was man inzwischen vergessen hat
die Erinnerung -en
erkämpfen durch Kampf gewinnen
erkennen, erkannte, erkannt *recognize;* [an-]
erklärbar verständlich; daß man es erklären kann
erklären klar und deutlich machen; mit Bestimmtheit sagen
erklärlich verständlich
die Erklärung -en
erkoren erwählt
erkundigen (sich) fragen nach
erlangen erreichen, durch eigenes Bemühen oder Bitten bekommen
erlauben sagen, daß jemand etwas tun darf
die Erlaubnis -se *permission*
erleben *experience;* [mit-]
das Erlebnis -se
erledigen zu Ende bringen; fertig machen
erleichtern leichter machen; Sorgen abnehmen
erlernen ganz lernen

die Erlernung
erlesen (ie), a, e *select, choose, elect;* erlesen *chosen, selected*
erleuchten in helles Licht setzen
erlöschen, o, o ausgehen, aufhören zu brennen; matt und still werden
erlösen befreien, frei machen
Ermangelung: in Ermangelung eines Titels da ein Titel fehlt
ermöglichen möglich machen
ermüden müde werden; müde machen
ernennen, ernannte, ernannt *appoint, designate*
erneuern *renovate, refurbish*
ernst *serious, earnest, sincere*
der Ernst *earnestness, sincerity;* jemandem Ernst sein *take (something) seriously*
die Ernte -n *harvest, yield*
eröffnen *open, start, inaugurate*
erregen *stir up, stimulate; agitate*
die Erregung -en *excitement*
erreichen *reach, attain*
errichten *build, construct, put up*
die Errichtung -en
erringen, a, u mit vielen Mühen erreichen
erröten rot werden
der Ersatz was anstelle einer anderen Sache gebraucht werden kann
erscheinen *appear, come out*
das Erscheinen *appearance*
die Erscheinung -en *appearance*
erschießen, erschoß, erschossen *kill by shooting*
erschöpfen *exhaust, wear out*
die Erschöpfung
erschrecklich *terribly, frightfully*
ersetzen *substitute*
erst zuerst, als erstes; nur, nicht früher als
erst- *first*
erstaunen *astonish; be astonished*
erstaunlich *surprisingly, remarkably*
erstenmal: zum erstenmal *for the first time*
erstens *in the first place*
ersticken *suffocate, choke*
erstklassig *first-class*
erstmal ( = erst einmal) *once, just*
erstrahlen *shine out, radiate*
erstrecken (sich) *extend, reach*
erstürmen *take by storm*
ersuchen höflich bitten
erteilen geben
ertragen (ä), u, a *bear, suffer, endure*

## erwachen

erwachen *wake up*
erwachsen *grown up*
der Erwachsene (-n) -n ein Mann, der erwachsen ist
die Erwachsene -n eine Frau, die erwachsen ist
erwählen *choose, select*
erwähnen kurz von einer Sache sprechen
erwarten *await; expect*
erweisen, ie, ie *prove; show*
erweisen, ie, ie (sich) *render*
erwerben (i), a, o *acquire*
die Erwerbung -en
erwidern *reply*
erzählen *tell, narrate*
die Erzählung -en
der Erzbischof ⸚e *archbishop*
erzeugen ins Leben setzen; machen, produzieren
der Erzherzog ⸚e *archduke*
erziehen, erzog, erzogen *bring up, educate*
der Erzieher -
die Erziehung -en
das Erziehungswesen - *educational system*
erzielen *obtain, attain*
erzwingen, a, u *obtain by force*
essen (ißt), aß, gegessen *eat*
Essen Stadt im Ruhrgebiet
der Essig -e *vinegar*
der Eßlöffel - *tablespoon*
das Eßzimmer - *dining room*
Esterhazy: Nikolas Joseph, Fürst von Esterhazy (1714-1790), österreichischer Feldmarschall, Patron von Haydn
die Estrade -n erhöhter Teil des Fußbodens
et (franz.) und
die Etagenwohnung -en Wohnung in einem Appartementhaus mit mehreren Stockwerken
die Etikette -n *label, tag*
Ettlingen kleine Stadt in Baden-Württemberg
die Etude -n *kind of musical composition*
etwa ungefähr
etwas *something*
die Eule -n *owl*
Europa
europäisch
Everest: Mount Everest der höchste Berg der Erde, im östlichen Himalaja, 8848 m hoch
ewig nie endend, unendlich lange dauernd; zeitlos, endlos

das Examen -ina Prüfung
exekutieren *execute, perform*
exerzieren *practice*
existieren sein, leben
extra-ordinarius (lat.) *professor without a "chair"*
die Extraportion -en *special portion*
die Exzellenz -en *Excellency (title)*

### F

die Fabelblume -n *fanciful flower*
fabelhaft wunderbar; ungewöhnlich glänzend
die Fabrik -en *factory*
der Fabrikarbeiter -
der Fabrikbesitzer -
fabrikneu
das Fach ⸚er *subject, specialty, area, field*
der Facharzt ⸚e *specialist*
die Fachärztin -nen
das Fachgebiet -e *specialized area*
der Fachmann -leute *specialist, expert*
fachmännisch
das Fachwerk *half-timber construction, frame work, wood work*
der Fachwerkbau
das Fachwerkhaus ⸚er *building with externally visible woodwork construction*
die Fahrbahn -en *roadway*
der Fahrdienstwagen - *company car*
fahren (ä), u, a *drive, ride, travel, go;* [ab-, aus-, ein-, fort-, los-, mit-, vorbei-, weg-, zurück-]
Fahrenheit, Gabriel Daniel (1686-1736) Physiker; verbesserte das Thermometer und führte die Fahrenheit-Skala ein, die heute noch in den englischsprachigen Ländern benutzt wird
der Fahrer - *driver*
die Fahrerin -nen
der Fahrgast ⸚e ein Mensch, der mit der Eisenbahn, Straßenbahn oder einem Omnibus fährt und für die Fahrt bezahlen muß
das Fahrgestell -e Unterbau von Fahrzeugen
der Fahrplan ⸚e *schedule, timetable*
das Fahrrad ⸚er *bicycle*
der Fahrradwitz -e [Witz *joke*]
der Fahrstuhl ⸚e Aufzug, Lift
die Fahrt -en *journey, trip*
die Fahrtrichtung -en *direction in which traffic is moving*
das Fahrzeug -e *vehicle*

# finden

die **Fakultät -en** *division at a German university, "college"*
der **Fall ⸚e** *fall; case, instance*
  **fallen (ä), fiel, a;** [**auf-, ein-**]
  **fallen-lassen (läßt), ließ, gelassen** *let fall, drop*
  **falls** *in case*
  **falsch** *false, wrong*
die **Faltgarage -n** *plastic cover for an automobile*
die **Familie -n**
das **Familienhaus ⸚er**
der **Familienname (-ns) -n**
der **Familiensinn -e** *sense of family*
der **Familienstand ⸚e** *marital status*
der **Familienumstand ⸚e** *family circumstance*
der **Familienvater ⸚**
  **fangen (ä), i, a** *catch, hook, take prisoner;* [**an-**]
  **Fantaisie** [franz.] = die **Fantasie -n** *fantasy*
die **Farbe -n** *color*
der **Farbfilm -e**
  **farbig**
das **Farbwerk -e** *dye-factory, chemical plant*
das **Faß ⸚sser** *barrel*
die **Fassade -n** *Vorderfront, Vorderseite*
  **fassen, faßte, gefaßt** *ergreifen, in die Hand nehmen; verstehen;* [**ab-**]
das **Fassungsvermögen** *capacity*
  **fast** *beinahe*
  **fatal** *unfortunate*
die **Faulheit** *laziness*
die **Faust ⸚e** *fist*
  „**Faust, eine Tragödie**", Hauptwerk von Johann Wolfgang Goethe (1749-1832)
  **Favorit:** Schloß **Favorit**, Rokokoschloß (18. Jahrhundert), südlich von Rastatt in Baden
die **Feder -n** *feather*
das **Federkleid -er**
  **fegen** *sweep;* [**weg-**]
  **fehlen** *nicht da sein; es fehlt einem* man hat nicht
der **Fehler -** *defect, flaw; mistake*
die **Feier -n** *ceremony, celebration*
der **Feierabend -e** *quitting time*
  **feierlich** *solemn*
  **feiern** *celebrate, take a holiday*
die **Feierstunde -n** *assembly hour*
  **fein** *fine*
der **Feind -e** *enemy, foe*
  **feindlich**
das **Feingefühl** *tact*
der **Feinschmecker-** *gourmet*

**feinsinnig** *sensitive*
**feist** *dick, fett, wohlgenährt*
das **Feld -er** *field*
der **Feldberg** höchster Berg im Schwarzwald (ca. 1500 m)
das **Fenster -** Lichtöffnung (in Gebäuden)
das **Fensterbrett -er** [Brett *board, sill*]
das **Fensterleder -** *chamois*
der **Fensterstreifen -** *glass strip*
die **Ferien** (*pl.*) *vacation*
die **Ferienzeit -en**
  **fern** *nicht in der Nähe; ganz weit weg;* **von ferne** *von weit weg*
die **Ferne -n**
  **ferner** *furthermore; farther away*
der **Fernsehapparat -e** *television set*
  **fern-sehen (ie), a, e** *watch television*
die **Fernsehgebühr -en** [Gebühr *fee, tax*]
die **Fernsehkamera -s**
das **Fernsehprogramm -e**
der **Fernsehturm ⸚e**
die **Fernsprechtechnik** *telephone technology*
  **fertig** *ready, finished*
  **fertig machen (sich)** *get ready*
das **Fertigbauelement** *prefabricated section*
  **fertig-bringen, brachte, gebracht** *etwas wirklich tun, was man vorgehabt hat*
die **Fertigkeit -en** *skill*
  **fertig-stellen** *complete*
die **Fessel -n** *fetter, bond*
  **fest** *firm, solid*
das **Fest -e** *festival, celebration*
  **fest-halten (ä), ie, a** *hold fast, detain, seize*
  **festigen** *consolidate, confirm*
  **fest-legen** *determine, define, fix*
  **festlich** *festive, ceremonial*
die **Festmusik -en** *festival music*
  **fest-saugen (sich)** *become attached*
das **Festspiel -e** *festival*
  **fest-stellen** *establish, ascertain*
der **Festzug ⸚e** [Zug *parade*]
das **Feudalsystem -e**
das **Feuer -** *fire*
  **feuern** [**an-**]
das **Fieber -** *fever*
  **fieberhaft** *feverish*
  „**Figaros Hochzeit**" Oper von Mozart
der **Filmschauspieler -** [Schauspieler *actor*]
die **Filmschauspielerin -nen**
  **finanziell**
der **Finanzrat** *Treasury Official*
  **finden, a, u** *find; consider, think*

# finden

finden, a, u (sich) seinen Weg finden; sich befinden, sein; [auf-, ein-, heraus-, zurecht-, zusammen-]
der **Finger** -
die **Fingerfertigkeit** -en *manual skill*
die **Fingerspitze** -n [Spitze *tip*]
**finster** *dunkel*
die **Firma** -en
der **Firmenvertreter** - [Vertreter *representative*]
**Firmian:** Graf Firmian, aristokratischer Bekannter von Mozart
der **First** -e *ridge (of a roof)*
der **Fisch** -e
**fischen**
der **Fischer** -
die **Fischersleute** (*pl.*) *the fisherman and his wife*
**fix** *fixed, alert, quick*
**flach** *eben; ohne Erhebungen und Tiefen*
die **Fläche** -n *surface, area*
das **Flächenmaß** -e *area measure*
das **Flachland**
die **Flamme** -n
**flammneu** *brand new*
die **Flanke** -n *Seite*
die **Flasche** -n *bottle*
**flattern** *flutter*
das **Fleisch** *flesh, meat*
**fleischlich** nicht bekleidet oder halb bekleidet
der **Fleiß** *diligence, industry*
**fleißig**
**fletschen** [an-]
**flicken** *patch, repair*
**fliegen**, o, o *fly;* [ab-]
**fließen, floß, geflossen** *flow, run (water)*
**flitzen** *rennen, sausen*
die **Flocke** -n *flake*
**flößen** [ein-]
**flöten** *whistle; play the flute*
die **Flucht** -en *flight, escape*
der **Flügel** - *wing; grand piano*
der **Flughafen** ⸚ *airport*
das **Flugzeug** -e *airplane*
der **Flur** -e *Diele, Gang, Korridor*
die **Flur** -en *Wiese, Landschaft*
der **Fluß** ⸚sse *river*
**flüstern** *ohne Stimme sprechen*
**fluten** *flood, pour*
die **Folge** -n *series; result;* **Folge leisten** *follow*
**Folgelast** -en *burden in consequence of (something)*
**folgen** *follow, ensue*
**folgendermaßen** *as follows*

die **Folgerung** -en *inference, conclusion*
**fordern** *demand, require, challenge;* [auf-, heraus-]
**fördern** *promote, encourage*
die **Forderung** -en *challenge*
die **Form** -en
die **Formalität** -en
die **Formel** -n *formula*
**förmlich** "*so to speak*"; *formal*
das **Formular** -e *form*
**forschen** [nach-]
die **Forschung** -en *wissenschaftliche Untersuchungs- oder Entdeckungsarbeit*
die **Forschungsarbeit** -en Arbeit in der Wissenschaft, auf wissenschaftlichem Gebiet
der **Förster** - Beamter, der in einem Forst (Wald) die Autorität besitzt
der **Forstrat** ⸚e *official in the administration of state forests*
**fort** *weg; weiter*
die **Fortbildungsschule** -n *continuation school, trade school*
**fort-bringen, brachte, gebracht** *wegbringen*
**fort-fahren** (ä), u, a *weiter machen*
der **Fortgang** ⸚e *Weitergehen, weitere Entwicklung oder Arbeit*
**fort-gehen** *weggehen*
der **Fortschritt** -e *Höherentwicklung, sichtbare Besserung*
**fort-setzen** *continue, resume*
die **Frage** -n *question, query*
**fragen** [nach-]
der **Frager** - *jemand, der eine Frage stellt*
die **Fragestellung** -en *formulation of a question*
das **Fragment** -e
**fragwürdig** *questionable*
der **Franken** - *schweizerisches Geldstück*
**Frankfurt** Städte am Main und an der Oder
**Frankreich** Großstaat in Westeuropa, Deutschlands westliches Nachbarland
der **Franzose** (-n) -n *Bewohner von Frankreich*
das **Französisch** *die Sprache der Franzosen*
**französisch** *von (aus) Frankreich*
**Frater** (lat.) *Bruder*
der **Fratz** -e *grotesque creature*
die **Frau** -en *woman*
das **Frauchen** - *a dog's owner (fem.)*
**Frauenalb** *village with a medieval abbey in the Black Forest*
das **Frauenkloster** ⸚ *nunnery*

## Fußpflege

der **Frauenturm** ⸗e Turm der Frauenkirche, berühmter Kirche in München
das **Fräulein** - *young woman, miss*
**frech** *impudent, bold*
der **Frechdachs** ⸗e *ein frecher Kerl*
**frei** *ledig, ungebunden*
**Freiburg** Stadt in Südwestdeutschland, zwischen Rhein und Schwarzwald
die **Freiheit** -en *liberty*
**freilich** *indeed, to be sure*
die **Freiluftjoppe** -n *loose-fitting jacket*
die **Freiluftübernachtung** *spending the night in the open; keeping (a vehicle) in the open air during the night*
**frei-machen** (**sich**) *free oneself*
der **Freimaurer** - *freemason*
der **Freiplatz** ⸗e *complimentary seat*
der **Freitag** -e *sechster Tag der Woche*
**freitags** *am Freitag*
die **Freitreppe** -n *outside staircase (without bannister or side walls)*
**fremd** *aus einem anderen Land, aus einer anderen Stadt oder Familie; unbekannt*
die **Fremdsprache** -n *Sprache eines anderen Volkes*
**fressen** (**frißt**), **fraß**, **gefressen** *eat (of animals); consume, corrode;* [**an-**]
die **Freude** -n *joy, pleasure*
**freudig**
die **Freudigkeit** -en *joyousness*
**freuen** (**sich über etwas**) *be happy, rejoice (about)*
**freuen** (**sich auf etwas**) *look forward (to)*
der **Freund** -e *friend*
die **Freundin** -nen
**freundlich**
die **Freundschaft** -en
der **Friede** (-ns) *peace*
die **Friedenslandkarte** -n *peace-time map*
**friedlich**
**frieren**, o, o *freeze; feel very cold*
die **Frikadelle** -n *meat ball*
**frisch** *fresh, cool*
die **Frische**
**frischgebacken**
die **Frischluft**
der **Friseur** -e *Haarschneider und -pfleger*
die **Frisur** -en *hair-style*
**Frl.** = **Fräulein**
**froh** *happy, glad*
**fröhlich** *cheerful, joyful*
der **Frohsinn** *cheer, cheerfulness*
**fromm** *pious, devout*

das **Fronleichnamsfest** *Festival of Corpus Christi*
die **Front** -en
**frösteln** *shiver (with cold)*
das **Frottiertuch** ⸗er *Turkish towel, bath towel*
die **Frucht** ⸗e *fruit*
**früh** *early*
das **Frühjahr** -e *Frühling*
der **Frühling** -e *spring*
**frühmorgens** *früh am Morgen*
das **Frühstück** -e *die erste Mahlzeit des Tages*
**frühzeitig**
die **Fuchsie** *fuchsia*
die **Fuge** -n *joint, seam*
**fügen** (**sich**) *join, add; resign oneself;* [**ein-, hinzu-**]
die **Fügung** -en *submission, resignation*
**fühlen** *feel, perceive, sense*
**fühlen** (**sich**) *feel, have a feeling;* [**wohl**]
**führen** *lead, manage, direct; guide;* [**auf-, aus-, durch-, ein-, empor-**]
der **Führer** - *leader; guide (book)*
der **Führerschein** -e *driver's license*
die **Führung** -en *management*
**Fulda** Stadt in Hessen; alte Bischofsstadt mit Dom (751 geweiht, 1704-12 neu erbaut)
die **Fülle** *fullness, abundance*
**füllen** [**aus-, über-**]
der **Füller** - *fountain pen*
das **Fundament** -e *foundation, basis*
**fünf** *five*
**fünfjährig-**
**fünft-** *fifth*
**fünfzehn** *fifteen*
**fünfzig** *fifty*
der **Funke** (-ns) -n *spark, sparkle, flash*
**funkeln** *glitter, flash*
die **Funktion** -en
**für** *for, instead of, for the sake of, in return for*
die **Furcht** *fear, terror*
**furchtbar** *terrible, horrible, awful*
**fürchten** *fear*
**fürchten** (**sich**) *be afraid*
**fürs** = **für das**
der **Fürst** -en *prince*
die **Furt** -en *ford*
der **Fuß** ⸗e *foot; base;* **zu Fuß** *on foot*
der **Fußball** *football, soccer*
das **Fußballtor** [**Tor** *goal*]
der **Fußboden** ⸗ *floor*
der **Fußpfad** -e [**Pfad** *path*]
die **Fußpflege**

# Fußweg

der **Fußweg** -e
**füttern** Tieren etwas zu fressen geben

## G

g = **Gramm**
die **Gabe** -n *present, gift; talent*
**gackern** *cackle, cluck*
das **Gala-Winterkonzert** -e *big formal concert during the winter season*
die **Galanterie** -n
die **Galerie** -n *art gallery*
**Gallen: Sankt Gallen** die Hauptstadt des Kantons Sankt Gallen, Schweiz, an der Steinach
die **Gallone** -n
der **Galopp**
der **Gang** ⸚e *corridor, entry way; way; walk, gait;* **in Gang bringen** *set in motion*
das **Gängeviertel** - *section of an old city with narrow streets*
**Ganghofer, Jörg**, Baumeister, errichtete die Frauenkirche in München; Grundsteinlegung 1468
die **Gangrichtung** -en *direction of motion*
das **Gänseblümchen** - *daisy*
**ganz** *whole, complete*
**gänzlich** *completely*
**gar** *entirely;* **ganz und gar** *absolutely;* **gar nicht** *not at all*
die **Garage** -n
der **Garagenbau** -ten
die **Garagentür** -en
die **Garderobe** -n *check-room*
die **Gardine** -n *Fenstervorhang*
der **Garten** ⸚
das **Gartenhäuschen** -
die **Gartenkolonie** -n eine Gegend vor einer großen Stadt, wo viele Menschen kleine Gärten haben
der **Gartenzaun** ⸚e
die **Gasflamme** -n
der **Gasherd** -e
die **Gasse** -n sehr enge Straße in einer alten Stadt
das **Gäßchen** - *kleine Gasse*
der **Gast** ⸚e ein Mensch, der zu Besuch kommt; **zu Gast sein** *eingeladen sein*
der **Gastgeber** - ein Mensch, der einen Gast eingeladen hat
das **Gasthaus** ⸚er *inn with a restaurant*
der **Gasthof** ⸚e *inn with guest rooms*
der **Gasthörer** - *auditor*
die **Gaststube** -n *Eßzimmer eines Gasthauses*

der **Gatte** (-n) -n *husband*
die **Gattin** -nen *wife*
**gaukeln** [**herum-**]
das **Gebäude** - *building*
**geben** (i), a, e *give;* **es gibt** *there is (are);* [**an-, auf-, aus-, hin-, hinein-, über-, vor-, wieder-, zu-, zurück-**]
das **Gebiet** -e *territory, district; province, department, area*
**gebieten**, o, o *command, order*
**geboren** *born*
das **Gebot** -e *command, order*
der **Gebrauch** ⸚e *use, usage, custom*
**gebrauchen** *use, employ*
**gebräuchlich** *customary*
die **Gebühr** -en *tax, fee, dues*
**gebührenfrei** *exempt (from dues)*
die **Gebundenheit** -en *bondage*
**gebürtig: ein gebürtiger Hamburger** wer in Hamburg geboren ist
die **Geburtsstadt** ⸚e
der **Geburtstag** -e
das **Gedächtnis** *memory*
die **Gedächtnisfeier** -n *memorial service*
der **Gedanke** (-ns) -n *Idee; das, was man denkt*
**gedankenlos** *ohne Gedanken*
die **Gedankenlosigkeit** -en
die **Gedenktafel** -n *memorial plaque*
das **Gedicht** -e *poem*
das **Gedränge** - eine große Menge von Menschen oder Tieren in großer Unordnung
die **Gefahr** -en *danger*
**gefährlich**
das **Gefährt** -e *alles, worin man fahren kann: Wagen, usw.*
**gefallen** (ä), **gefiel**, a *please;* **es gefällt mir** *I like it*
**gefällig** *agreeable*
**gefälligst** *if you please*
der **Gefangene** (-n) -n *prisoner*
das **Gefieder** - *plumage*
die **Geflügelschau** -en *poultry show*
das **Geflüster** - *leises Sprechen*
**gefrieren**, o, o *erstarren, zu Eis werden*
der **Gefrierpunkt** *Temperaturpunkt, an dem das Wasser zu Eis wird*
das **Gefühl** -e *feeling, sentiment*
**gegen** *against, towards, contrary to, compared with*
die **Gegend** -en *region*
**gegeneinander** *against each other*
die **Gegenfrage** -n *counter-question*
der **Gegensatz** ⸚e *contrast*

**gegenseitig** *reciprocal, mutual*
der **Gegenstand** ⸚e *Ding, Objekt*
das **Gegenteil -e** *opposite;* **im Gegenteil** *on the contrary*
**gegenüber** *auf der anderen Seite*
die **Gegenwart** *presence, present time*
der **Gegenzug** ⸚e *train from the other direction*
der **Gegner -** *opponent*
**geheim** *secret, in secret*
das **Geheimnis -se** *secret*
**geheimnisvoll** *mysterious*
**gehen, ging, gegangen** *go, walk; be possible;* [an-, auf-, aus-, fort-, heim-, herunter-, hervor-, hinauf-, hinein-, los-, über-, unter-, verloren-, vor-, vorüber-, weg-]
die **Gehirnzelle -n** *brain cell*
**gehören** *belong to, be a member of;* [zu-]
der **Geigenspieler -** [die Geige *violin*]
der **Geist -er** *spirit; ghost; intellect*
**geistig** *mental, intellectual*
**gekennzeichnet** *marked, having a sign*
das **Gekreisch** *screech*
das **Gelände -** *area, countryside*
**gelangen** *bis zu etwas kommen, erreichen*
**gelassen** *relaxed, calm, serene*
**gelb** *yellow*
das **Geld -er** *money*
der **Geldbeutel -** *purse*
die **Geldbörse -n** *Geldbeutel*
die **Geldeinheit -en**
der **Geldschein -e** [Schein *bill*]
das **Geldstück -e** *coin*
**geldverdienend** *wage-earning*
der **Geldverleiher -** *money lender, loan company*
**gelegen** *situated*
die **Gelegenheit -en** *der Augenblick, in dem sich etwas gut machen läßt*
**gelegentlich** *occasional*
der **Gelehrte (-n) -n** *scholar*
das **Gelenk -e** *joint*
**gelind** *gentle, slight*
**gelingen, a, u** *Erfolg haben;* **es gelingt mir** *es geht, wie es soll*
**Gelsenkirchen** *Stadt im Ruhrgebiet, im Lande Nordrhein-Westfalen; bedeutende Kohlenstadt*
**gelten (i), a, o** *einen Wert haben*
das **Geltungsbedürfnis -se** *das Bedürfnis, als Person einen Wert zu haben*
**gemächlich** *ruhig, behaglich-langsam*
**gemahnen** *erinnern*
das **Gemälde -** *painting*

die **Gemäldesammlung -en**
die **Gemeinde -n** *community*
**gemeinsam** *common, joint*
die **Gemeinsamkeit -en** *community feeling*
die **Gemeinschaft -en** *common interest, community*
**gemeinschaftlich** *common, joint*
die **Gemeinschaftskunde -n** *civics*
der **Gemeinschaftsunterricht** *co-educational instruction*
das **Gemüse -** *vegetables*
der **Gemüseladen** ⸚
die **Gemüsesuppe -n**
das **Gemüt -er** *heart, soul*
**gemütlich** *behaglich; zwanglos*
**genau** *just; exact(ly)*
**genauso** *just the way, just as*
**genehmigen** *offizielle Erlaubnis geben*
der **General -e/⸚e**
der **Generaldirektor -en** *general manager, director general*
die **Generation -en**
**genießen, genoß, genossen** *Freude an etwas haben; essen; zu sich nehmen*
**Genua** *Stadt in Norditalien, an der Küste des Mittelmeers*
**genug** *enough*
**genügend** *sufficient*
die **Geographie** *Erdkunde*
**geographisch**
der **Geometer -** *surveyor*
die **Gepflogenheit -en** *Gewohnheit*
das **Gepräge -** *Kennzeichen, deutliche Eigenart*
das **Gepränge** *pomp, splendor*
das **Geprassel** *clatter*
**gerade** *eben;* **eine gerade Zahl** *durch zwei ohne Rest teilbar (2, 4, 6, 8, 10, 12 usw.);* **fünf gerade sein lassen** *es nicht so genau nehmen*
**geradeaus** *immer in der gleichen Richtung*
**geradeswegs** *direkt*
**geradezu** *ohne weiteres, durchaus*
die **Geranie -n** *geranium*
**geraten (ä), ie, a** *get into, blunder into*
**geräuchert** *smoked*
**geraum: geraume Zeit** *eine gute Weile*
das **Geräusch -e** *bustle, clamor, noise*
**geräuschvoll** *noisy*
**gerecht** *just, right*
das **Gericht -e** *court*
**gering** *nicht sehr groß, nicht schwer oder bedeutend; oft: klein, leicht;* **nicht im geringsten** *gar nicht*

# Germanenhäuptling

der **Germanenhäuptling -e** *Teutonic chieftain*
**germanisch** *Teutonic*
**gern(e), lieber, am liebsten** *gladly, willingly, with pleasure;* **gern haben** *like*
**Gernrode** kleine alte Stadt im Harzgebirge
die **Gerste -n** *barley*
der **Geruch ⸚e** *odor, fragrance*
das **Gerücht -e** *rumor*
das **Gerüst -e** *framework, scaffolding*
der **Gesang ⸚e** Singen; Lied
das **Geschäft -e** wo man etwas kauft und verkauft; wo man mit Geld zu tun hat
das **Geschäftsgeheimnis -se**
das **Geschäftshaus ⸚er**
das **Geschäftsleben**
der **Geschäftsmann -leute**
die **Geschäftsreise -n**
der **Geschäftssinn** [Sinn *sense, feeling for*]
die **Geschäftsstraße -n**
das **Geschäftsviertel -**
**geschehen (ie), a, e** *passieren, sich ereignen*
**gescheit** *intelligent; klug*
das **Geschenk -e** *gift, present*
die **Geschichte -n** was früher geschehen ist; eine Erzählung
**geschichtlich** *historical*
das **Geschick -e** *fate, lot*
die **Geschicklichkeit -en** *skill, dexterity*
**geschickt** *clever, skillful*
der **Geschmack ⸚er** *taste*
das **Geschmier** *mess*
das **Geschwätz** *empty chatter*
der **Geschwindigkeitsmesser -** *speedometer*
die **Geschwister** (*pl.*) Brüder und Schwestern
die **Geschwulst ⸚e** *swelling*
**geschwungen** *curved, rounded*
der **Geselle (-n) -n** *companion, fellow*
**gesellen (sich)** *join*
die **Geselligkeit -en** *sociability; company*
die **Gesellschaft -en** *society, company, party*
**gesellschaftlich** *social*
der **Gesellschaftsabend -e**
der **Gesellschaftskreis -e**
das **Gesetz -e** *law*
die **Gesetzgebung -en** *legislation*
**gesetzlich** *legal*
die **Gesetzmäßigkeit -en** *legality; regularity, orderliness*
das **Gesicht** *sight, eyesight*
das **Gesicht -er** *face, countenance*
das **Gesicht -e** *vision, second sight*
das **Gespann -e** *team (of horses, etc.)*

**gespannt** *excited, tense*
das **Gespenst -er** *ghost, phantom*
das **Gespräch -e** *conversation*
der **Gesprächspartner -**
die **Gestalt -en** *form, figure*
die **Gestaltung -en** *formation*
**gestanden** (siehe **stehen, gestehen**)
**gestatten** *erlauben*
die **Geste -n** *gesture*
**gestehen, gestand, gestanden** *admit, confess;* **offen gestanden** *I must frankly admit;* [**zu-**]
**gestern** *yesterday*
das **Gesträuch -e** *shrubbery, thicket*
**gestreift** *striped*
**gestrig** *von gestern*
**gesund, gesünder, gesündest-** *healthy*
die **Gesundheit**
die **Gesundheitsferienpflicht -en** *duty performed during vacation for the sake of health*
das **Getränk -e** was man trinkt: Kaffee, Milch usw.
**getreu** *faithful, true*
**getrost** *confident(ly)*
das **Getuschel** *Geflüster*
**gewährleisten** *guarantee, assume responsibility for*
**gewaltig** *mächtig; sehr groß*
das **Gewand ⸚er** Kleid
**gewärtig** *awaiting*
das **Gewebe -** *weaving, fabric*
das **Gewerbe -** *trade, vocation*
die **Gewerbeschule -n**
die **Gewerbesteuer -n** *tax on profits; corporation tax*
**gewesen** (siehe **sein**)
das **Gewicht -e** *weight*
**gewichtslos** *ohne Gewicht*
der **Gewinn -e** *profit, winnings*
**gewinnen, a, o** *win, gain*
die **Gewinnrechnung -en** [Rechnung *calculation*]
**gewiß** *certain, sure(ly)*
das **Gewissen** *conscience*
**gewissenhaft** *conscientious(ly)*
**gewissermaßen** *to a certain extent*
die **Gewißheit -en** *certainty*
**gewöhnen (sich)** zur Gewohnheit machen
die **Gewohnheit -en** was man gewöhnlich tut
**gewöhnlich** *usual, customary*
**gewohnt** *accustomed*
das **Gewölbe -** *arch, vault*
das **Gewühl -e** *Durcheinander*

# Griechenknabe

der **Giebel** - *gable*
**gießen, goß, gegossen** *pour*
das **Gießwasser** *water for watering plants*
die **Giftschlange** -n *poisonous snake*
**gigantisch**
das **Gildehaus** ⸚er [die **Gilde** *guild*]
**Ginzkey, Franz Karl** (1871– ), Schriftsteller; Verfasser von Gedichten und Erzählungen
der **Gipfel** - höchste Spitze (eines Berges, Baumes, eines Ereignisses)
der **Gipfelpunkt** -e *allerhöchster Punkt*
der **Gipser** - *plasterer*
das **Gitter** - *grating, grid; fence*
der **Glanz** *brightness, splendor*
**glänzen** *shine, gleam*
das **Glas** ⸚er
der **Glasblock** ⸚e *glass brick*
das **Gläsertuch** ⸚er [**Tuch** *towel*]
die **Glasindustrie** -n
der **Glasstreifen** - [**Streifen** *strip*]
**glatt** *smooth, slippery*
**glätten** *glatt machen*
**glattgekämmt** [**kämmen** *comb*]
die **Glatze** -n *bald head*
der **Glaube** (-ns) *belief, faith*
**glauben**
**gläubig** *devout*
**gleich** *right away, immediately; same, equal;*
  **das sieht ihm gleich** *that's just like him;*
  **das ist mir gleich** *it's all the same to me*
**gleichaltrig** *of the same age*
**gleichfalls** *likewise, also*
die **Gleichförmigkeit** -en *uniformity*
**gleichgültig** *indifferent*
**gleich-kommen, kam, o** *be equivalent to*
**gleichmäßig** *constant, regular*
der **Gleichmut** *equanimity*
**gleichsam** *so to speak, you might say*
**gleichviel** *no matter*
**gleichzeitig** *zur gleichen Zeit*
**gleiten, glitt, geglitten** *glide, slide, slip*
das **Gleitschalverfahren** - *process by which the scaffolding is gradually shifted forward as the concrete hardens and before additional concrete is poured*
**Gleiwitz** Industriestadt im oberschlesischen Kohlengebiet, jetzt polnisch Gliwice
das **Glied** -er *member, limb;* **in Reih und Glied** *in parade formation*
die **Glocke** -n *bell*
**glossieren** *comment on*

**glotzen** *mit dummen oder großen Augen blicken*
das **Glück** *good luck; happiness*
**glücken** *gelingen*
**glücklich** *happy, fortunate*
die **Glühlampe** -n *electric bulb*
**GmbH** = **Gesellschaft mit beschränkter Haftung** *Inc., Ltd.; corporation*
**Goethe, Johann Wolfgang** (1749–1832), der größte deutsche Dichter
das **Gold**
**golden**
der **Goldfisch** -e
**goldig** *golden*
die **Gotik** *Gothic style; Gothic architecture*
**gotisch**
der **Gott** ⸚er *God; god*
**Göttingen** Universitätsstadt in Niedersachsen
**Gottogott** (*exclamation of dismay*)
der **Gouverneur** -e *governor*
das **Grab** ⸚er *grave, tomb*
**graben (ä), u, a** *dig*
das **Grabgebäude** -
der **Grabgesang** ⸚e *dirge, requiem*
die **Grabstätte** -n *burial place*
der **Grabstein** -e
der **Grad** -e *degree, rank*
der **Graf** (-en) -en *count*
**Grafenwörth** Stadt in Bayern
**grämlich** *morose, sullen*
das **Gramm** -e *gram*
das **Gras** ⸚er
**gräßlich** *schrecklich, ekelhaft*
**gratis** *kostenlos*
**gratulieren** *congratulate*
**grau** *gray*
das **Grauen** *horror; disgust*
**grauenerregend** *dreadful, ghastly*
die **Grazie** -n *grace*
**graziös** *graceful*
**grecque** (franz.) *griechisch*
**greifen, griff, gegriffen** *in die Hand nehmen, erfassen;* [**an-, vor-**]
**greinen** *mit breitem Mund weinen*
**grell** *shrill, sharp, penetrating*
die **Grenze** -n *border, limit, boundary*
**grenzenlos** *ohne Grenzen*
die **Grenzfestung** -en [**Festung** *stronghold*]
die **Grenzlinie** -n
der **Greuel** - *horror; outrage*
der **Grieche** (-n) -n *Greek*
der **Griechenknabe** (-n) -n

## griechisch

griechisch
der **Griff** -e *grip, hold; handle*
**Grindelberg** Wohnungsviertel in Hamburg, nicht weit von der Universität
**grinsen** *grin; sneer*
**grob** *coarse; impolite*
**groß, größer, größt-** *big, great, tall*
**großartig** herrlich, prachtvoll
die **Größe** -n *size, greatness*
die **Größenklasse** -n *class according to size of model*
die **Großgarage** -n
der **Großherzog** ⸚e *Grand Duke*
die **Großstadt** ⸚e Stadt mit über 100 000 Einwohnern
die **Großwohnung** -en Appartementhaus, in dem sechs oder mehr Familien wohnen
**großzügig** *generous, grandiose*
das **Grübchen** - *dimple; small indentation*
**grübeln** *brood, rack one's brains;* [**nach-**]
**grün** *green*
die **Grünanlage** -n *landscaping*
der **Grund** ⸚e *ground, basis; reason*
der **Grundbesitz** -e *property, real estate*
die **Grundeinheit** -en *basic unit*
**gründen** *establish, found*
**Gründgens, Gustaf** (1899-1963), deutscher Schauspieler und Theaterleiter, Direktor der Bühne in Berlin, Düsseldorf und Hamburg
die **Grundkonzeption** -en *basic conception*
die **Grundlage** -n *foundation, basis, fundamentals*
**gründlich** *basic, fundamental*
das **Grundmaß** -e *basic measurement*
die **Grundmauer** -n *foundation wall*
der **Grundriß** -sse *ground plan*
**grundsätzlich** *based on principle*
die **Grundschule** -n *elementary school*
die **Grundsteinlegung** -en *cornerstone laying*
die **Gründung** -en *founding*
der **Grundwert** -e *basic value*
die **Grünfläche** -n
das **Grünwarengeschäft** -e Gemüseladen
die **Gruppe** -n *group*
das **Gruppendenken**
**grüßen** *greet*
**gucken** blicken, schauen
**gültig** *valid*
die **Gültigkeit** -en
der **Gummischuh** -e *overshoe*
**günstig** *favorable*
die **Gurke** -n *cucumber*
der **Gurkensalat** -e

**gut, besser, best-** *good; well*
das **Gut** ⸚er Grundbesitz; landwirtschaftlicher Betrieb
**gutartig** *well-behaved, good-natured*
der **Güterwagen** - *freight car*
**gutgehend** *prosperous*
**gütig** *kind, kind-hearted*
das **Gymnasium** -ien Höhere Schule in Deutschland
die **Gymnastik** *gymnastics*
**gymnastisch**

### H

**ha** = Hektar
das **Haar** -e *hair*
die **Haarpflege**
**haben** (hat), hatte, gehabt *have;* [**auf-, wahr-**]
**Habsburg, Rudolf von** (1218-1291) schweizerischer Baron; wurde 1273 zum deutschen Kaiser gewählt.
**hacken** *hack, chop*
das **Hackfleisch** *hamburger*
der **Hafenarbeiter** - [der **Hafen** *harbor*]
die **Haftung** *financial liability*
**hager** mager
der **Hahn** ⸚e *rooster*
der **Haken** - *hook*
**hal** [griech.] Salz
**halb** in zwei gleiche Teile geteilt
die **Hälfte** -n der halbe Teil
die **Halle** -n großer Raum; teilweise offener Saal
**Halle an der Saale** Stadt in Ost-Deutschland
**Hallstadt** Stadt in den österreichischen Alpen, bei Salzburg
der **Hals** ⸚e *neck;* **Hals- und Beinbruch!** viel Glück!
die **Halsfeder** -n
der **Halt** -e *hold, support*
**halt** eben, nun einmal
**halten** (ä), ie, a stehenbleiben; in der Hand haben; nicht loslassen; **davon halten** eine Meinung darüber haben; [**ab-, auf-, aus-, fest-, maß-, rein-, zurück-**]
der **Haltepunkt** -e Stelle, wo der Zug hält
**halt-machen** *stop; stop in*
**Hamburg** zweitgrößte Stadt in West-Deutschland; berühmter Seehafen
**hämmern** *hammer*
die **Hand** ⸚e

# heiter

der **Handel** *trade, commerce*
    **handeln** *behave, act; treat;* **es handelt sich um** *it is a question of*
die **Handelshochschule -n** *School of Commerce*
der **Handelsweg -e** *trade route*
das **Händeschütteln**
das **Handgelenk -e** *wrist* [Gelenk *joint*]
die **Handhaltung** *way of holding the hand*
    **händigen** [ein-]
der **Handrücken -** [Rücken *back*]
die **Handschrift -en** *handwriting; manuscript*
der **Handschuh -e** *glove*
die **Handtasche -n** *(woman's) purse, handbag*
das **Handtuch ⸗er** [Tuch *towel*]
das **Handumdrehen: im Handumdrehen** blitzschnell
das **Handwerk -e** *handicraft, trade*
der **Handwerker -** *artisan*
der **Hänfling -e** *linnet (small bird of the finch family)*
der **Hang ⸗e** *slope, incline; inclination*
    **hängen, i, a** *hang;* [ab-, hinab-]
**Hannover** Hauptstadt von Niedersachsen
    **hänseln** *tease*
der **Hanswurst -e** *clown*
    **hantieren** sich beschäftigen, arbeiten
    **harmlos** *innocent, inoffensive*
die **Harmonie -n**
    **harmonisch**
    **hart, härter, härtest-** *hard, firm, solid*
    **hartgefroren**
    **hartnäckig** *stubborn*
der **Harz** norddeutsches Mittelgebirge
**Harzer Käse** *a kind of cheese*
der **Haß** *hate*
    **häßlich** unschön; greulich
die **Hast** Eile
    **hastig** eilig, überschnell
die **Haube -n** *cap, hood*
    **hauen, hieb, gehauen** schlagen, mit dem Schwert schlagen
der **Haufen -** *pile; a great deal*
    **häufig** oft vorkommend, oft wiederholt
das **Haupt ⸗er** Kopf; **Haupt-** der wichtigste
der **Hauptbahnhof ⸗e**
das **Hauptbüro -s**
das **Hauptfach ⸗er**
der **Hauptmann -leute** *captain*
der **Hauptort -e**
    **hauptsächlich** *principal*
die **Hauptstadt ⸗e** *capital*
die **Hauptstraße -n**

das **Haus ⸗er**
die **Hausarbeit -en** *homework*
die **Hausbesitzerswitwe -n** [Witwe *widow*]
das **Häuschen -**
der **Häuserblock ⸗e**
die **Hausfrau -en**
der **Hausgenosse (-n) -n** [Genosse *companion*]
der **Haushalt -e** *household; housekeeping*
der **Hausherr (-n) -en** Familienoberhaupt
das **Haustier -e** *pet*
die **Haustür -en**
die **Hauswirtin -nen** *landlady*
die **Haut ⸗e** *skin*
die **Hautpflege**
**Haydn, Josef** (1732-1809), Komponist
die **Hebauffeier -n** *ceremony of raising a tree on the roof of a new building when the framework of the roof is completed*
    **heben, o, o** *raise, lift;* [ab-, aus-, empor-, heraus-]
das **Heer -e** *army*
die **Heeresleitung -en** *army command*
das **Heereswesen** *army organization*
    **heftig** *violent, intense*
    **hegen** [ein-]
**Heidelberg** Universitätsstadt in Baden-Württemberg
    **heidnisch** *heathen, pagan*
    **heilig** *holy, sacred*
    **heilsam** *healing; wholesome, beneficial*
das **Heim -e** Wohnung einer Familie
    **heim** nach Hause
die **Heimat** der Ort, wo man zu Hause ist; der Wohnort und seine Umgebung oder der Geburtsort
die **Heimatkunde** Geschichte und Geographie der Heimat
    **heimatlich**
    **heim-gehen, ging, gegangen** nach Hause gehen
die **Heimkehr -en** Rückkehr in die Heimat oder ins eigene Heim
    **heim-kommen, kam, o** nach Hause kommen
    **heimlich** *secret*
der **Heimweg -e** Weg nach Hause
**Heine, Heinrich** (1797-1856), Dichter
die **Heirat -en** *wedding*
    **heiser** *hoarse*
    **heiß** *hot*
    **heißblütig**
    **heißen, ie, ei** *be named, called*
    **heiter** *gay, merry; calm; clear*

# Heiterkeit

die **Heiterkeit** -en *gaiety, merriment*
**heizen** *heat*
das **Heizrohr** -e [Rohr *pipe*]
die **Heizung** -en
die **Heizungsluft** ⸚e
das **Heizwerk** -e *heating plant*
das **Hektar** -e 10 000 Quadratmeter
der **Held** (-en) -en *hero*
die **Heldentat** -en [Tat *deed*]
**helfen** (i), a, o *help, be helpful*
**hell** *bright, light*
die **Helle**
der **Heller** - kleines Geldstück in Österreich
**Helmstedt** kleine Stadt in Niedersachsen, an der Grenze von Ost-Deutschland
das **Hemd** -en *shirt*
**her** *here*
**herab** *down, down here*
**herab-dringen**, a, u *come down*
**herab-wünschen** *call down (blessings, curses) upon*
**heran** *on, up, up to*
**heran-kommen**, kam, o
**heran-wachsen** (ä), u, a
**heran-ziehen**, zog, gezogen *raise (plants)*
**herauf** *up, up here*
**heraus** *out, out here*
**heraus-finden**, a, u
**heraus-fordern** *challenge*
**heraus-heben** *lift out, make conspicuous*
**heraus-lassen** (läßt), ließ, gelassen
**heraus-ziehen**, zog, gezogen *move out*
**herbei** *here, on, this way*
**her-bewegen**: hin- und herbewegen *move back and forth*
der **Herbst** -e *autumn, fall*
der **Herd** -e *stove*
die **Herde** -n *herd, crowd*
der **Herdenführer** -
**herein** *in, in here*
**herein-drängen** *crowd in*
**herein-dringen**, a, u *penetrate in*
**herein-kommen**, kam, o
**herein-treten** (tritt), a, e
**hernieder** *down, downward*
**heroisch**
der **Herr** (-n) -en *man, gentleman, master, lord; Mr.*
das **Herrchen** - *a dog's master*
**Herrenalb** Dorf im Schwarzwald, mit einem mittelalterlichen Männerkloster, nicht weit von Frauenalb, einem Frauenkloster

der **Herrgott** *the Lord*
die **Herrin** -nen *mistress of the house*
**herrlich** wunderbar, prächtig
die **Herrschaft** -en Macht
**herrschen** Herr sein, regieren
der **Herrscher** - Herr, besonders ein Fürst
**her-stellen** erzeugen, machen, produzieren, hervorbringen
die **Herstellung** -en
**herum** *around*
**herum-gaukeln** [gaukeln *play, waste time*]
**herum-laufen** (äu), ie, au
**herum-stehen**, stand, gestanden
**herum-suchen**
**herunter** *down, downward*
**herunter-drücken**
**herunter-gehen**, ging, gegangen
**herunter-kommen**, kam, o *deteriorate*
**hervor** *out, forth*
**hervor-brechen** (i), a, o *rush out, break through*
**hervor-bringen**, brachte, gebracht *bring forth, produce*
**hervor-gehen**, ging, gegangen *proceed (from)*
**hervor-jubeln**: hervorgejubelt werden *receive a curtain call*
**hervor-kommen**, kam, o
**hervor-ragen** *stand out, surpass*
der **Hervorruf** -e *curtain call*
**hervor-sprießen**, sproß, gesprossen [sprießen *sprout*]
**hervor-springen**, a, u *project*
**hervor-stehen**, stand, gestanden
**hervor-treten** (tritt), a, e *come forward, be prominent*
das **Herz** (-ens) -en *heart*
**herzhaft** *courageous, stout-hearted; capable*
**herzig** lieblich; innig geliebt
**herzlich** vom Herzen kommend, aufrichtig und liebevoll
**Hessen** ein Land der Bundesrepublik; Hauptstadt: Wiesbaden
**hessisch**
**heuer** dieses Jahr
**heulen** *howl*
**heute** an diesem Tage; die Zeit, in der wir leben
**heutig**
**heutzutage** wie es jetzt ist, gegenwärtig
**Hibou** (franz.) Eule, Uhu
**hier** *here*
**hierauf** *hereupon*

# Hoechst

hierher *this way, here, to me*
Hildesheim Stadt in Niedersachsen
die Hilfe -n *help, aid*
hilflos ohne Hilfe
der Himmel - *sky, heaven*
der Himmelduft ⸚e
himmlisch
hin *there, away*
hinab *down*
hinab-hängen, i, a
hinab-steigen, ie, ie *step down, walk down*
hinauf *up, upward*
hinauf-gehen, ging, gegangen
hinauf-schieben, o, o
hinauf-springen, a, u
hinauf-wachsen, (ä), u, a
hinaus *out*
hinaus-bringen, brachte, gebracht: es über (etwas) hinausbringen *manage to get beyond*
hinaus-eilen
hinaus-kommen, kam, o (über etwas) *get beyond*
hinaus-sehen (ie), a, e
hinaus-treten (tritt), a, e *step out; flow out*
hinaus-wagen (sich) wagen hinauszugehen
hin-begeben (i), a, e (sich) hingehen
Hindenburg, Paul von (1847-1934), in der obersten Heeresleitung im Ersten Weltkrieg; 1925-34 Reichspräsident
hin-deuten *point, show the way; hint at*
hindurch *through*
hindurch-blicken
hindurch-reichen *extend (through)*
hinein *in, in there*
hinein-denken, dachte, gedacht (sich) *think one's way into*
hinein-geben (i), a, e hinzufügen
hinein-gehen, ging, gegangen
hinein-reden: ins Blaue hineinreden *talk nonsense*
hinein-schreiten, schritt, geschritten
hinein-spielen (sich) *play one's way into*
hinein-stellen
hinein-stürzen
hinein-ziehen, zog, gezogen
die Hingabe *abandonment, submission; devotion*
hin-geben (i), a, e (sich) *devote oneself*
die Hingebung *submission; resignation, devotion*
hingegen *on the other hand*
hinken *limp, be lame*
hin-kommen, kam, o hingehen

hin-legen *lay down*
hin-setzen (sich) Platz nehmen
die Hinsicht -en *reference, respect, regard*
hinsichtlich *with respect to, as to*
hinten *at the back, at the rear*
hinter *behind*
das Hinterabteil -e *back section*
die Hinterfront -en Hinterseite
der Hintergrund ⸚e *background*
hinterher *behind; afterwards*
hinüber *over, over there, across*
hinüber-bringen, brachte, gebracht
hinüber-kommen, kam, o *get across*
hinüber-zwingen, a, u
hinunter *down, down there*
der Hinweis -e *indication, hint*
hin-weisen, ie, ie *gesture toward*
hin-werfen (i), a, o *throw to, throw away*
hin-ziehen, zog, gezogen *draw, attract*
hinzu *to, toward; in addition*
hinzu-fügen *add*
hinzu-kommen, kam, o *be added*
Hitler, Adolf (1889-1945) deutscher Diktator, im zweiten Weltkrieg (1939-1945) besiegt
hlaf-dige (altenglisch) „Lady": Herrin, die den Laib knetet
hoch, höher, höchst- *high, tall; noble*
die Hochdruckklimaanlage -n *high pressure air conditioning*
die Hochform -en *top condition*
das Hochhaus ⸚er ungewöhnlich hohes Gebäude
die Hochhausmassenwohnung -en großes Appartementhaus
hochherrschaftlich *very refined, very distinguished*
hoch-klettern hinaufklettern
hoch-kriegen *be able to lift*
hochnasig dumm und stolz
der Hochruf -e *cheer*
die Hochschule -n Universität
höchst *extremely*
höchstens *at the most; at best*
die Höchstgeschwindigkeit *top speed; speed limit*
der Höchstleistungswadenmuskel -n *leg muscle geared to top efficiency*
das Höchstmaß -e *maximum*
hoch-trimmen *decorate, adorn*
die Hochzeit -en *wedding*
Hoechst Stadt bei Frankfurt am Main, Sitz einer wichtigen chemischen Fabrik

# Hoechster

Hoechster von (aus) Hoechst
der **Hof** ⸚e *court, courtyard, yard*
die **Hofdame** -n *courtly lady, lady-in-waiting*
**hoffähig** *acceptable at court*
**hoffen** *hope*
**hoffentlich** *I hope, it is to be hoped*
die **Hoffnung** -en *hope*
der **Hofgarten** ⸚ *palace garden*
**höflich** *courteous, polite*
der **Hofmusikus** *court musician*
der **Hofrat** ⸚e *Privy Councillor*
die **Höhe** -n *height;* **das ist die Höhe!** *that's the limit!*
die **Hoheit** -en *Highness*
**Hohenlohe** alte aristokratische Familie in Deutschland
**Hohenschwangau** Schloß bei Füssen im Allgäu
**hohl** *hollow*
das **Hohlmaß** -e *cubic measure*
**hold** *charming, lovely*
**holen** hingehen, um es herzubringen; bekommen; [**ab-, ein-, nach-**]
die **Hölle** -n *hell*
das **Holstentor** -e in Lübeck, Backsteinbau mit zwei Flankentürmen, 1478 vollendet
das **Holz** ⸚er Baumaterial, das vom Baum kommt
der **Holzbock** ⸚e [Bock *prop, support*]
das **Holzgestell** -e [Gestell *frame*]
**holzig**
der **Holzlöffel** -
die **Holzstruktur** -en
der **Holzverschlag** ⸚e [Verschlag *crate*]
**hören** *hear, listen to;* [**an-, auf-, zu-**]
der **Hörer** -
der **Hörsaal** -säle *auditorium*
der **Horst** -e Nest von Raubvögeln
das **Höschen** - eine kleine Hose
die **Hose** -n *trousers*
das **Hotel** -s
der **Hotelbediente** (-n) -n [Bediente *servant*]
der **Hubraum** *cylinder capacity*
**hübsch** *pretty*
der **Huf** -e *hoof*
die **Hüfte** -n *hip*
der **Hügel** - *hill*
das **Huhn** ⸚er *chicken*
der **Hühnerhof** ⸚e
der **Hühnerhund** -e *pointer; setter*
**huldigen** *pay allegiance to, subscribe to*
**humanistisch**
der **Humor** -e

der **Hund** -e *dog*
der **Hundebesitzer** -
die **Hundefreundlichkeit** -en [Freundlichkeit *demonstration of affection*]
die **Hunderasse** -n [Rasse *breed*]
**hundert** *hundred*
das **Hundertgradsystem**
**hunderttausend**
der **Hunger: Hunger haben** *hungrig sein*
**hungrig**
**hupen** *honk, sound the horn*
**hüpfen** *hop, skip*
**hurtig** *agile, nimble*
**husten** *cough*
der **Hut** ⸚e *hat*
**hüten** *protect;* spare **hüten** (**sich**) *take care, watch out, be on one's guard*
die **Hyäne** -n *hyena*
die **Hyazinthe** -n eine Art von Blume
**hygienisch**
die **Hymne** -n
der **Hymnus** -nen (griech.) Hymne

# I

das **Ideal** -e *Wunschbild*
die **Idee** -n *Gedanke, Vorstellung*
**identisch**
die **Illustration** -en *Bild, Aufnahme*
die **Illustrierte** -n *illustrated paper*
**im** = **in dem**
der **Imbiß** -sse *kleine Mahlzeit*
**immer** *always*
**immerfort** *ununterbrochen*
**immerhin** *trotzdem, dennoch, auf jeden Fall*
**imposant** *impressive*
der **Impresario** -s
der **Impresariokuß** ⸚sse
die **Improvisation** -en
**in** *in, at, into, to, within*
**inbrünstig** *ardent, fervent*
**indem** *dadurch, daß; weil, da; während; inzwischen*
**indes, indessen** *aber, hingegen, dennoch; unterdessen, währenddem*
der **Indianer** - Ureinwohner von Amerika
der **Indianerkrieg** -e
**indianisch**
**individuell**
die **Industrie** -n
das **Industriegebiet** -e
**industriell**

das **Industriezentrum** -ren
**ineinander** *into one another*
**informiert**
**ing.** = **Ingenieur: Dr. ing.** *Doctor of Engineering*
der **Ingenieur** -e *engineer*
der **Inhalt** -e *contents*
**inmitten** *in the middle of*
**innen** *within, inside*
die **Innenwand** ⸚e
**inner** = *internal, inner*
das **Innere** *inside*
**innerhalb** *within*
**innerlich** *inward, profound*
**innewohnend** *innate, inherent*
**innig** *intimate*
**Innsbruck** Stadt in Österreich, in den Alpen
**inoffiziell**
**ins** = **in das**
die **Inschrift** -en *inscription*
das **Insekt** -en
die **Insel** -n *island*
**insgesamt** *all together, collectively*
**insoweit** *to the extent*
die **Inspiration** -en
der **Installateur** -e *fitter*
**installieren**
das **Institut** -e
die **Institution** -en
die **Instrumentalmusik**
der **Insulaner** Trümmerberg in West-Berlin; auf diesem neuen Hügel hat man einen schönen Park angelegt
**intellektuell**
die **Intelligenz**
**interessant** *interesting*
das **Interesse** -n
**interessieren**
**international**
die **Introduktion** -en
**inwendig** im Innern
**inzwischen** *meanwhile*
**irdisch** *earthly*
**irgend** *some*
**irgendein** *some*
**irgendwelch** *some*
**irgendwer** *someone, someone or other*
**irgendwie** *somehow*
**irgenwdo** *somewhere, somewhere or other*
das **Iridium**
**irisch** *Irish*
**ironisch** *ironical*

**irre-führen** *mislead*
**irren (sich)** *be mistaken*
die **Isar** südlicher Nebenfluß der Donau
das **Isarhochufer** [Hochufer *high bank*]
**Italien** südeuropäischer Staat
**italienisch**

## J

**ja** *yes; indeed, surely*
das **Jäckchen** - kleine Jacke
die **Jacke** -n *jacket*
**Jacobi, Friedrich Heinrich** (1743-1819), Philosoph; sein Landsitz bei Düsseldorf war Treffpunkt von Dichtern und Denkern
die **Jagd** -en *hunt*
der **Jagdhund** -e
**jagen** auf die Jagd gehen; eilen, galoppieren; [**ein-**]
der **Jäger** - einer, der auf die Jagd geht
das **Jahr** -e *year*
der **Jahreswechsel** - Neujahr
die **Jahreszeit** -en einer der vier Abschnitte des Jahres: Frühling, Sommer, Herbst und Winter
der **Jahrgang** ⸚e *age group, year's class*
das **Jahrhundert** -e *century*
**jährlich** jedes Jahr geschehend
das **Jahrtausend** -e *millennium*
das **Jahrzehnt** -e *decade*
**jähzornig** *easily angered*
**jämmerlich** *pitiable, wretched*
**jammern** *complain*
**Jan Wellem** = Kurfürst Johann Wilhelm
**jawohl** verstärktes ja
**jawoll** (norddeutsch) = **jawohl**
der **Jazz**
**je** *ever; each one; per;* **je ... desto** *the ... the*
**jedenfalls** *in any case*
**jeder** *each; each one*
**jedermann** *each one, every one*
**jedesmal** *every time*
**jedoch** *however*
von **jeher** seit immer
**jemals** *ever, at any time*
**jemand** irgendeiner
**Jena** Stadt in Thüringen, mit einer Universität
**jener** *that; the former*
**jenseitig** von (auf) der anderen Seite
das **Jesuskind** das Kind Jesus
**jetzt** *now*

**jeweilig** *of any moment*
**jeweils** *at any given time*
**Johann Wilhelm „Jan Wellem"** (1679-1716), Kurfürst von der Pfalz und Herzog von Jülich-Kleve, wohnte in Düsseldorf
die **Josefstadt** ein Stadtteil von Wien
**Juan; Don Juan** Oper von Mozart
der **Jubel** lauter Freudenausbruch
**jubeln** Freude äußern; [**hervor-**]
**jubilieren** jubeln; fröhlich feiern
**Juchhe** Jubelruf
die **Jugend** *youth*
das **Jugendlager** - [Lager *camp*]
**jugendlich**
die **Jugendzeit** -en
**Jugoslawien** Staat in Südosteuropa
der **Juli** der siebte Monat
**jung, jünger, jüngst-** *young*
der **Junge** (-n) -n, -ns *boy*
**Junge** (*pl.*) *a litter (of pups or kittens)*
der **Jünger** - *disciple*
der **Junggeselle** (-n) -n ein Mann, der nicht verheiratet ist
das **Junggesellenquartier** [Quartier *lodging*]
die **Junggesellenzeit**
der **Jüngling** -e junger Mann
**jüngst** *very recently*
der **Juni** der sechste Monat
der **Junitag** -e
**jur: Dr. jur.** *Doctor of Laws*
der **Jurist** (-en) -en *lawyer*
**juristisch** *legal;* **juristische Fakultät** *law faculty*
der **Justizrat** ⸚e *councillor in an administrative state office*
das **Juwel** -en *jewel*

## K

das **Kabarett** -e *cabaret*
die **Kachel** -n *glazed tile*
das **Kachelmuster** - [Muster *pattern*]
der **Kaffee** -s *coffee*
das **Kaffeehaus** ⸚er *Café*
der **Kaffeetisch** -e
der **Käfig** -e *cage*
**kahl** nicht bedeckt; **ein kahler Berg** ein unbewaldeter Berg; **ein kahler Kopf** eine Glatze
der **Kaiser** - *emperor*
der **Kaiserhof** ⸚e
die **Kaiserin** -nen
die **Kaiserstadt** ⸚e

**Kaiserswerth** Stadtteil von Düsseldorf, ursprünglich auf einer Insel im Rhein—heute ist keine Insel mehr da
der **Kaktus** -teen
das **Kälbchen** - *little calf*
der **Kalender** - Liste der Tage des Jahres
**kalt, kälter, kältest-** *cold*
die **Kälte**
das **Kamel** -e
der **Kamerad** (-en) -en *comrade*
der **Kamm** ⸚e *comb*
die **Kammermusik** [die Kammer *chamber*]
das **Kammerspiel** -e *name for a small theater*
der **Kampf** ⸚e *struggle, battle*
**kämpfen**
**kampfeslustig** *belligerent*
**kanadisch** aus Kanada
der **Kanal** ⸚e
der **Kanarienvogel** ⸚ *canary*
der **Kandidat** (-en) -en
die **Kantate** -n *cantata*
die **Kante** -n *edge*
die **Kapelle** -n *chapel; band*
der **Kapitän** -e Hauptmann
das **Kapitel** - *chapter*
**Karl der Große** [franz. Charlemagne] (742-814). Der Papst krönte ihn 800 zum Römischen Kaiser. Er wohnte meistens in Aachen.
**Karlsruhe** große Stadt in Baden-Württemberg
der **Karneval** -e Fasching [*mardi gras*]
das **Kartenspiel** -e *card game*
die **Kartoffel** -n *potato*
der **Kartoffelbrei** -e [Brei *mash, pulp*]
das **Kartoffelmus** [Mus *purée, pulp*]
der **Kartoffelpfannkuchen** - [Pfannkuchen *pancake*]
der **Kartoffelpuffer** - [Puffer = Pfannkuchen]
der **Kartoffelschäler** - [Schäler *peeler*]
der **Käse** - *cheese*
das **Käsebrot** -e *cheese sandwich*
der **Kassenbericht** -e *report on receipts*
der **Kastanienbaum** ⸚e [die Kastanie *chestnut*]
die **Kastanienblüte** -n
der **Kasten** ⸚ *box*
die **Kathedrale** -n Dom
die **Katze** -n *cat*
die **Katzenkralle** -n
der **Kauf** ⸚e *purchase*
**kaufen** *buy;* [**ein-**]
das **Kaufhaus** ⸚er *department store*
der **Kaufmann** -leute *merchant*

kaufmännisch
kaum nur mit Mühe; beinahe nicht, nicht ganz
die Kegelbahn -en *bowling alley*
kehren [um-, zurück-]
der Keim -e *germ; nucleus; origin*
kein nicht ein
keinerlei von keiner Art
keinesfalls bestimmt nicht
keineswegs unmöglich, ganz und gar nicht
der Keller - *cellar*
der Kellner - *waiter*
keltisch *Celtic*
kennen, kannte, gekannt *know, be acquainted with*
kennen-lernen Bekanntschaft machen
die Kenntnis -se Wissen und Erfahrung
das Kennzeichen - *characteristic, distinguishing feature*
der Kerl -e *fellow*
der Kern -e *kernel, essence; center*
die Kerze -n *candle*
keuchen *pant, gasp*
kg = Kilogramm
das Kilo kurze Form für Kilogramm
das Kilogramm tausend Gramm
das, der Kilometer tausend Meter
das Kind -er *child*
das Kindergesichtchen -
das Kinderhändchen -
das Kinderspiel -e
die Kinderstimme -n
das Kinderstück -e
kindisch *childish*
kindlich *childlike*
das Kinn -e *chin*
das Kino -s *movie*
die Kirche -n *church*
der Kirchenbau -ten
das Kirchenbauwerk -e
das Kirchenlied -er
der Kirchenraum ⁼e *nave*
die Kirchenwand ⁼e
der Kirchhof ⁼e *cemetery*
der Kirchturm ⁼e
die Kirsche -n *cherry*
das Kissen - *pillow*
das, der Klafter - *fathom*
die Klage -n *complaint, lamentation*
klagen [an-]
die Klammer -n *parenthesis mark*
klammern *grasp, clutch*
der Klang ⁼e *ring, tone*

klappen *blink, flap;* [empor-]
klapperig *rickety*
klappern Lärm erzeugen
der Klapptisch -e *folding table*
klar *clear*
die Klarinette -n
die Klasse -n
der Klassenkamerad (-en) -en
der Klassenlehrer -
der Klassensprecher - der Schüler, der die Klasse vertritt
das Klassenzimmer -
klatschen die Hände zusammenschlagen, besonders als Zeichen des Beifalls
das Klavier -e *piano*
das Klavierkonzert -e [Konzert *concerto*]
die Klavierlehrerin -nen
die Klaviersonate -n
das Klavierspiel
das Klavierspielen
das Kleid -er *dress*
kleiden (sich) sich anziehen
die Kleidung -en *clothing*
klein nicht groß
die Kleinigkeit -en *trifle*
der Klempner - *plumber*
klettern mit Armen und Beinen an etwas hoch steigen; [empor-, hoch-]
die Kletterpartie -n
die Klimaanlage -n *air conditioning*
klingeln *ring, tinkle*
klingen *ring, sound*
der Klingklang *"sweet music"*
die Klinik -en Krankenhaus
die Klinke -n *latch, handle*
klopfen *knock, tap*
die Klostersiedlung -en [das Kloster *monastery*]
der Klub -s
klug intelligent, verständig
der Klumpen - *lump*
km = Kilometer
der Knabe (-n) -n Junge
knacken *crack*
der Knacks *break;* Knacks machen *crack up*
knallrot *bright red*
knapp beschränkt, dürftig; gering
der Knecht -e *servant*
kneten *knead*
knicken *crack, break*
der Knicks -e *curtsy*
das Knie -
knien *kneel*

# Knirps

der **Knirps** -e kleiner Kerl
der **Knöchel** - *ankle*
der **Knochen** - *bone*
der **Knochenhauer** - Metzger
der **Knochenmann** der Tod
**knollig** *bulbous, lumpy*
der **Knopf** ⸚e *button*
**knöpfen** [zu-]
das **Knopfloch** ⸚er
**knüpfen (sich an etwas)** mit etwas verbunden sein
das **Knusperhäuschen** - *little house with too much ornamentation = house of the witch in the fairy tale of Hansel and Gretel*
**knusprig** *crispy, crunchy*
die **Kö** Abkürzung für die Königsallee, wichtige Geschäftsstraße in Düsseldorf
**Koblenz** Stadt am Rhein, wo die Mosel in den Rhein mündet; daher der römische (lateinische) Name „confluentes" = Koblenz
**kochen** *cook, boil*
die **Köchin** -nen
der **Kochtopf** ⸚e
der **Kochtopfdeckel** - [Deckel *cover, lid*]
der **Koffer** - Gepäckstück, worin man Kleidung einpacken kann
der **Kohl** -e *cabbage*
die **Kohle** -n *coal*
der **Kohlenherd** -e
der **Kohlenkasten** ⸚
der **Kohlenstaub**
die **Kohlenstoffverarbeitung** *processing of carbon*
der **Kohlrabi**
der **Kolben** - *piston*
der **Kollege** (-n) -n *colleague*
die **Kollegin** -nen
das **Kollegium** -ien *faculty, college, school (of a university)*
**Köln** Großstadt am Rhein, mit einem berühmten Dom
die **Kombination** -en
**komisch**
das **Komma** -s/-ta
**kommen, kam, gekommen** *come, go; get;* [an-, aus-, daher-, durch-, ein-, gleich-, heim-, heran-, herein-, herunter-, hervor-, hin-, hinaus-, hinüber-, hinzu-, mit-, nahe-, näher-, vor-, vorbei-, zu-, zurück-]
der **Kommilitone** (-n) -n Mitstudent: junger Mann, der mit einem studiert

die **Kommunikation** -en
**komplex**
**kompliziert** *complicated*
**komponieren** *compose*
der **Komponist** -en *composer*
die **Komposition** -en
das **Kompott** -e *(fruit) sauce, dessert of (cooked) fruits*
die **Konditorei** -en *bakery shop where only cakes and cookies are sold; often combined with a café*
der **Konferenzsaal** -säle
die **Konfession** -en *denomination, creed*
die **Kongreßhalle** *auditorium, hall for large meetings*
der **König** -e *king*
die **Königin** -nen
die **Königinstadt**
**königlich** *royal, regal*
die **Königsallee** schöne, breite Straße in Düsseldorf
**konkret**
die **Konkurrenz** -en *rivalry, competition*
**können (kann), konnte, gekonnt** *be able, can;* ['ran-]
**konsequent** *consistent*
die **Konserve** -n *canned food*
die **Konservenbüchse** -n [Büchse = Dose]
die **Konstruktion** -en
der **Kontinent** -e Festland, z.B. das europäische zum Unterschied von England; Erdteil
die **Kontur** -en *outline, contour*
die **Konvention** -en *usage; agreement*
**konzentrieren (sich)** *concentrate*
der **Konzern** -e mehrere wirtschaftliche Unternehmungen unter einheitlicher Leitung
das **Konzert** -e *concert; concerto*
die **Konzerthalle** -n
der **Konzertmeister** - *concert master, leader of a section of instruments in an orchestra*
die **Konzertreise** -n *concert tour*
der **Konzertsaal** -säle
der **Kopf** ⸚e *head*
-**köpfig**: eine vierköpfige Familie *a family consisting of four persons*
der **Kopfsalat** -e *head lettuce*
der **Korb** ⸚e *basket*
**Kornwestheim** ein Ort in der Nähe von Stuttgart
der **Körper** - *body*
**körperlich** *physical*
**korrekt**

# Lackierung

die **Korrespondenz** -en der Briefwechsel
der **Korridor** -e Gang, Flur
die **Koseform** -en *affectionate nickname*
**kostbar** wertvoll, teuer
die **Kosten** (*pl.*)
  **kosten** *cost; taste*
  **kostenlos** ohne Kosten
das **Kotelett** -e *cutlet, chop*
die **Kraft** ⸚e *strength, force, energy*
die **Kraftfahrzeugkunde** Wagenkunde
  **kräftig** *strong; thoroughly*
der **Kraftstoff** -e Benzin, Öl; alles, was Kraft zum Treiben gibt
  **kraftvoll** *forceful*
der **Kraftwagen** - Wagen, Kraftfahrzeug
der **Kragen** - Halsteil an der Kleidung
  **krähen** *crow*
die **Kralle** - *claw*
  **krank** *sick, ill*
  **kränken** *insult, offend*
das **Krankenhaus** ⸚er *hospital*
das **Krankenlager** - Krankenbett
die **Krankenschwester** -n *nurse*
der **Krankenwagen** - *ambulance*
die **Krankheit** -en
der **Kranz** ⸚e *garland, wreath*
  **kratzen** *scratch*
  **kraulen** gelinde kratzen
der **Kreis** -e *circle*
  **kreisförmig**
der **Kreislauf** *rotation; cycle; circulation*
  **krempen** [**auf-**]
die **Kreuzabnahme** *Descent from the Cross*
die **Kreuzung** -en *intersection; crossing; crossroads*
  **kriechen, o, o** sich dicht am Boden hin bewegen, fast oder ganz auf dem Bauche liegend
der **Krieg** -e *war;* der **Erste Weltkrieg** (1914-18); der **Zweite Weltkrieg** (1939-45)
  **kriegen** bekommen; [**hoch-, mit-**]
die **Kritik** -en *criticism*
der **Kritiker** -
  **kritisch**
die **Krone** -n *crown (also a coin)*
die **Krönung**
  **krumm, krümmer, krümmst** gebogen, nicht gerade
das, der **Kubikmeter** -
der **Kubus** -ben *cube*
die **Küche** -n *kitchen*
der **Kuchen** - *cake*
das **Küchenbort** -e

die **Küchengabel** -n [Gabel *fork*]
das **Küchengerät** -e [Gerät *equipment*]
die **Küchenmagd** ⸚e
das **Küchenregal** -e
die **Küchentür** -en
  **kühl** *cool*
die **Kühle**
der **Kühlschrank** ⸚e *refrigerator*
das **Kühlwasser** *water in the radiator*
  **kühn** *bold, daring*
der **Kuli** -s *a fountain pen (brand-name)*
  **Kulmbach** Stadt in Bayern, mit einer berühmten Brauerei
die **Kultur** -en *culture, civilization*
  **kulturell**
die **Kulturgeschichte** -n
  **kümmern** (**sich um etwas**) sich Mühe darum geben; dafür sorgen
der **Kunde** (-n) -n (die **Kundin**) *customer*
die **Kunde** -n (*in compounds*) *knowledge, science*
die **Kundenkartei** -en *customer file*
die **Kündigung** -en *warning, notice (of leaving)*
die **Kundschaft** -en *clientele*
  **künftig** in Zukunft, später
die **Kunst** ⸚e *art, skill*
die **Kunstakademie** -n
das **Kunstding** -e
der **Künstler** - *artist*
  **künstlerisch**
die **Kunstsammlung** -en
der **Kunstschatz** ⸚e
das **Kunststück** -e *clever trick, feat*
die **Kuppel** -n *cupola, dome*
der **Kurfürst** (-en) -en *imperial Elector*
die **Kurpfalz** ehemaliger Name des Gebietes zwischen Rhein und Neckar, von einem Kurfürsten beherrscht.
  **kurz** nicht lang
die **Kürze** -n
  **kürzen** [**ab-**]
  **kürzlich** neulich, vor kurzem
der **Kuß** ⸚sse *kiss*
das **Küßchen** - ein kleiner Kuß
  **küssen**

## L

das **Labor** -e kurze Form für Laboratorium
  **lächeln** *smile;* [**an-, zu-**]
  **lachen** *laugh; grin; appear radiant*
das **Lachen** *laughter;* **es war zum Lachen** *it was a scream*
  **lächerlich** *ridiculous*
die **Lackierung** *varnish*

# Laden

der **Laden** ⸚ ein kleines Geschäft, wo man Dinge in kleinen Mengen kaufen kann
**laden** (ä), u, a *load; charge; invite* [**ab-, auf-, ein-**]
der **Ladentisch** -e *counter*
der **Ladenzentrum** -ren *shopping center*
die **Lage** -n *position, situation*
der **Laib** -e *loaf*
das **Lamm** ⸚er *junges Schaf*
das **Lampenbrett** -er *small round shelf to hold lamps*
das **Land** ⸚er *Erdboden; Festland (im Gegensatz zu Wasser); dörfliche Gegend (im Gegensatz zu Stadt); abgegrenztes Gebiet, Staat, besonders ein Staat der Bundesrepublik Deutschland: Hessen, Bayern, usw.*
**landen**
die **Landesgepflogenheit** -en
die **Landesmeisterschaft** -en
die **Landgemeinde** -n
der **Landmann** -leute *Landbewohner, Bauer*
der **Landrat** ⸚e *highest government official of a "Landkreis" (about equivalent to a county)*
die **Landschaft** -en *landscape, region, scenery*
**landschaftlich**
der **Landschaftsmaler** -
der **Landsitz** -e [Sitz = Besitz, Gut]
der **Landsmann** -leute *wer aus derselben Gegend stammt*
die **Landstraße** -n *highway*
der **Landwirt** -e *farmer*
die **Landwirtschaft** *agriculture*
**landwirtschaftlich**
**lang, länger, längst** - *nicht kurz*
die **Länge** -n *length; longitude*
**langen** [**an-**]
das **Längenmaß** -e
**langsam** *nicht schnell*
**längst** *seit langer Zeit*
**langweilen** *bore*
**langweilig** *boring*
der **Lärm** *noise*
das **Lärmbedürfnis** -se
**lassen** (läßt), ließ, gelassen *let, leave; have (something done);* [siehe auch **gelassen**]; [**aus-, heraus-, nieder-, weg-, zu-**]
die **Last** -en *load, burden*
**lästig** *annoying*
der **Lastwagen** - *truck*
**lat.** = **lateinisch**
das **Latein** *Latin*
das **Lateinheft** -e [Heft *notebook*]

**lateinisch**
der **Lateinlehrer** -
die **Lateinschule** -n *Gymnasium*
die **Laterne** -n *street light*
die **Laternengarage** -n *open-air garage, garage under the street-lights*
die **Laubenkolonie** -n *Gegend in oder außerhalb der Großstadt, in der man nichts als kleine Gärten findet*
der **Lauch** *leek*
**lauern** (**auf**) *lie in wait (for)*
der **Lauf** ⸚e *run, race, course*
die **Laufbahn** -en *career*
**laufen** (äu), ie, au *rennen, sich rasch bewegen; gehen;* [**ab-, herum-, zusammen-**]
die **Laune** -n *mood; whim*
**laut** *loud; noisy*
der **Laut** -e *Ton, Klang, irgend etwas Hörbares*
**läuten** *klingeln;* [**an-**]
**lauter** *nichts als, nur*
**leben** *live; dwell, reside;* [**zusammen-**]
das **Leben** - *life*
**lebendig** *am Leben befindlich, nicht tot; lebhaft*
die **Lebendigkeit**
die **Lebensauffassung** -en [Auffassung *view, conception*]
die **Lebensbedingung** -en
das **Lebensjahr** -e
die **Lebenslust** *zest for life*
**lebenslustig**
das **Lebensmittel** - *food, nourishment; (pl.) groceries*
das **Lebensmittelgeschäft** -e
der **Lebensstandard** -s
der **Lebenstag** -e: die **Lebenstage** *span of life*
die **Leber** -n *liver*
der **Lebertran** *cod-liver oil*
die **Leberwurst** ⸚e
der **Lebetag** -e *Lebenstag*
**lebhaft** *lively*
**lecken** *lick;* [**ab-**]
der **Leckerbissen** - *etwas Gutes zum Essen*
die **Lederhose** -n [das Leder *leather*]
**ledig** *frei, ungebunden; unverheiratet*
**lediglich** *nur und sonst nichts als*
**leer** *empty; senseless*
die **Leere** -n
**leeren**
**legen** *lay, put; place;* [**ab-, an-, aus-, fest-, hin-, nieder-, vor-, zusammen-**]
**legen** (**sich**) *lie down; stop*

die **Legion** -en
**lehnen** [an-]
die **Lehre** -n *instruction, precept, dogma*
**lehren** *teach*
der **Lehrer** -
die **Lehrerin** -nen
das **Lehrfach** ⁼er *school subject*
der **Lehrgang** ⁼e *course*
das **Lehrjahr** -e Jahr, in dem man Lehrling ist
der **Lehrling** -e Jugendlicher, der bei einem Meister einen Beruf, besonders ein Handwerk, erlernt
der **Lehrplan** ⁼e
der **Lehrstoff** -e
die **Lehrzeit** -en die Zeit, in der man Lehrling ist
der **Leib** -er Körper, besonders der menschliche Körper
die **Leibesübung** -en
**leibhaft** wirklich und wahrhaftig
**leicht** nicht schwer
die **Leichtigkeit** -en
das **Leid** -en Kummer, Schmerz
**leid: es tut mir leid** *I'm sorry*
**leiden, litt, gelitten** *suffer, stand, bear*
die **Leidenschaft** -en *passion*
**leidenschaftlich**
**leider** unglücklicherweise
der **Leihschein** -e *form which must be filled out to borrow a library book*
die **Leine** -n *line, rope, leash*
der **Leinenschrank** ⁼e *linen closet*
**Leipzig** Stadt in Sachsen, in Ost-Deutschland
**leise** nicht laut; zart
**leisten** *do, carry out, perform, produce*
die **Leistung** -en
**leiten** führen, Richtung geben; [ab-]
der **Leiter**
die **Leitung** -en
die **Lektüre** -n Lesestoff; etwas zum Lesen
**lenken** *steer, navigate, drive;* [ab-]
die **Lenkstange** -n *handlebars*
die **Lerche** -n *lark*
**lernen** *learn;* [kennen-]
das **Lernmittel** - Schulbücher, usw.; alles, womit man lernt
**lesen (ie), a, e** *read;* [ab-]
der **Leser** -
**letzt-** wonach nichts mehr kommt, was die Reihe beschließt
**leuchten** Licht geben, erhellen
das **Leuchtgas** -e

die **Leute** (*pl.*) Menschen, Menge, Volk; Angehörige, Familie
das **Leutehirn** -e [Hirn *brain, intellect*]
der **Leutnant** -s unterste Rangstufe der Offiziere in der Armee
**Leverkusen** Industriestadt am Rhein
das **Lexikon** -ka Sprachwörterbuch; Enzyklopädie (Sachwörterbuch)
das **Licht** -er *light*
**lichtarm** was wenig Licht hat
der **Lichterglanz**
die **Lichthupe** -n *blinker*
das **Lichtspiel** -e Film; Filmtheater, Kino
**lieb** teuer, wert; was man gern hat
die **Liebe** -n *love*
die **Liebelei** -en *flirtation*
**lieben** *love, like*
**liebenswürdig** freundlich, gefällig
**lieber** [siehe **gern, lieb**]
**liebevoll**
**lieblich** reizvoll, entzückend
der **Liebling** -e *favorite; darling*
das **Lieblingsfach** ⁼er
das **Lieblingsstück** -e
das **Lieblingstier** -e
das **Lied** -er *song*
die **Liederhalle** -n *concert hall*
die **Lieferfrist** -en Zeit von der Bestellung **bis** zur Einhändigung der Ware
**liefern** *deliver, supply*
der **Lieferwagen** -
**liegen, a, e** *lie, be situated;* [auf-]
**Liegnitz** Stadt in Schlesien, heute ein Teil von Polen
der **Liftboy** -s *elevator boy, bell-hop*
die **Lilie** -n eine Art von Blume
**lind** weich, mild
die **Linderung** Milderung
das **Lineal** -e *ruler*
die **Linie** -n *line, "figure"; streetcar line*
**link-** auf der Körperseite, wo das Herz liegt
der **Linkerläufer-** *left end*
**links** auf der linken Seite
die **Lippe** -n *lip*
die **Liste** -n
das **Liter** -
die **Literatur** -en
die **Litfaßsäule** -n *cylindrical transformer tower on street corners; the outside is used for advertising posters; named for the inventor, a printer named Litfaß*
das **Lob** -e *praise*

# Loch

das **Loch** ⁻er *hole*
**locken** *entice, allure*
**Lodi** Stadt in Norditalien
der **Löffel** - *spoon*
der **Lohn** ⁻e *reward, wages*
**lohnen** *reward;* **es lohnt sich** *it pays; it's worth the trouble*
der **Lorbeerkranz** ⁻e (der Lorbeer *laurel*]
das **Los** -e *lot; fate; stake*
**los** *loose, free;* **was ist los?** *what's the matter?* **es ist viel los** *there's a lot going on*
**los-brechen** (i), a o heftig anfangen
**lösen** *solve;* [los-]
**los-fahren** (ä), u, a anfangen zu fahren; wegfahren
**los-gehen, ging, gegangen** anfangen, beginnen
**los-lösen** *detach, set free*
**los-reißen, riß, gerissen (sich)** sich frei machen, sich trennen
die **Lösung** -en *solution*
das **Lotto** -s Zahlenlotterie
der **Löwe** (-n) -n *lion*
**Lübeck** Stadt in Norddeutschland, an der Ostsee
**Lucio Silla** Oper vom jugendlichen Mozart (1772)
**Ludwig II.**, König von Bayern (1845-1886), Mäzen Richard Wagners, erbaute die Schlösser Hohenschwangau, Herrenchiemsee, Neuschwanstein und Linderhof
die **Luft** ⁻e was als Atem in die Lungen geht; was wir nicht sehen können aber was überall um uns herum ist
der **Luftdruck** [Druck *pressure*]
**luftdurchlässig** [durchlässig *permeable*]
die **Luftfeuchtigkeit** [feucht *moist, damp*]
**luftig**
der **Luftpostbrief** -e
die **Lüftungsklappe** -n *flap allowing air in*
die **Lüge** -n *lie, falsehood*
die **Lust** ⁻e Freude, Wonne; Wunsch
**lustig** fröhlich, heiter
**Luther, Martin** (1483-1546), Reformator, Begründer des Protestantismus
der **Luxus** *luxury*
das **Luxusauto** -s
die **Lyra** -ren *lyre*

## M

**m** = Meter
**machen** *make, do;* [ab-, an-, auf-, aus-, frei-, halt-, mit-, mach-, vor-, weiter-, zu-]

die **Macht** ⁻e Kraft, Stärke
**mächtig** kraftvoll, gewaltig
**Madame** (franz.)
das **Mädchen** - *girl*
das **Mädel** -s Mädchen
der **Maestro** -s (ital.) Meister, berühmter Musiker
**Magdeburg** Stadt an der Elbe in Ostdeutschland
die **Magd** ⁻e *servant girl*
das **Mägdlein** - eine kleine Magd, Mädchen
der **Magen** ⁻ *stomach*
**mager** *very thin, lean*
**magisch**
der **Magister** - (lat.) Meister, Lehrer; Hochschulgrad
der **Magnet** -en/-e
der **Magyare** (-n) -n *Hungarian*
die **Mahlzeit** -en die Zeit, in der wir uns zum Essen hinsetzen; auch das Essen selbst
**mahnen** *remind; exhort, admonish*
der **Mai** -e der fünfte Monat
der **Maibaum** ⁻e Festbaum beim Frühlingsfest
das **Maiglöckchen** - *lily of the valley*
**Mailand** *Milan (city in Italy)*
**Mainz** Stadt am Rhein, wo der Main und der Rhein zusammenfließen
**majestätisch**
das **Mal** -e *time (point of time)*
**-mal** *time(s)*
**malen** *paint (esp. as an artist)*
der **Maler** -
**malerisch** *picturesque, artistic*
die **Mama** Mutter
die **Mammi** Mutter
die **Mammutstadt** ⁻e riesengroße Stadt
**man** *one, a person, somebody, you, they, anybody*
**managen** (eng.) leiten, unternehmen
**manch** nicht wenige; mehr als nur einzelne
**mancherlei** *of many kinds*
**manchmal** *sometimes*
der **Mangel** ⁻ *lack, incompleteness*
**mangeln** fehlen
der **Mann** ⁻er *man; husband*
**Mann, Thomas** (1875-1955), Schriftsteller: Romane, Erzählungen
der **Männerchor** ⁻e
die **Männerfaust** ⁻e
der **Männergesangverein** -e
das **Männerkloster** - [Kloster *monastery*]
**Mannesmann AG**, Düsseldorf, ein Konzern der Eisenindustrie

mannich = manch
mannigfaltig *of different kinds, of many kinds*
das **Männlein** - [-lein: see Gram. Ref. §17]
die **Mannschaft** -en *team*
die **Manschette** -n *cuff*
der **Mantel** ⸗ Übergewand, besonders zum Schutz gegen Wetter und Kälte
der **Mantelkragen** -
die **Manteltasche** -n
**Mantua** Stadt in Norditalien
die **Mappe** -n *briefcase, folder*
**Marbach** kleine Stadt nicht weit von Stuttgart; Schillers Geburtsort
**marche** (franz.) *march*
das **Märchen** - *fairy tale*
**märchenhaft**
die **Margerite** -n *daisy*
**Maria Theresia** (1717-1780), Kaiserin von Österreich, Böhmen und Ungarn; Mutter von Marie Antoinette, berühmter Königin von Frankreich
die **Mark** - die deutsche Geldeinheit
die **Marke** -n *brand-name, trade-mark*
der **Markstein** -e Grenzstein; wichtiger Punkt, oft: Abschluß oder Höhepunkt einer Entwicklung
der **Markt** ⸗e *open-air market, market place*
die **Marktfrau** -en Verkäuferin auf dem Markt
das **Marktnetz** -e *shopping bag, usually an expandable net bag*
der **Marktplatz** ⸗e Platz, oft vor der Kirche, auf dem sich der Markt befindet
das **Marktrecht** -e *privilege to hold a market*
der **Markttag** -e
die **Marquise** -n (franz.) *marchioness*
der **Marsch** ⸗e Gang zu Fuß
**marschieren** zu Fuß gehen, in gleichem Schritt gehen
**martervoll** *extremely painful, agonizing*
der **Märtyrer** - *martyr*
der **März** -e der dritte Monat
die **Maschine** -n
das **Maß** -e *measure, measurement; (pl.) limit, bounds*
die **Masse** -n *quantity, amount; (pl.) masses*
die **Maßeinheit** -en *unit of measurement*
**maßen** [an-] *presume*
**maß-halten** (ä), ie, a *observe moderation*
**mäßig** *moderate, reasonable*
**massiv**
die **Maßkleidung** -en *tailor-made clothing*
der **Maßschneider** - *custom tailor*
**maß-schneidern** *tailor to measure*

der **Maßstab** ⸗e *standard of measurement*
das **Maßsystem** -e
**maßvoll** *moderate, temperate*
das **Material** -ien Stoff; was man für eine Arbeit braucht
die **Mathematik**
**mathematisch**
**matt** schwach, erschöpft, lustlos, kraftlos; ohne Glanz
**Matthäus - Passion** Leidensgeschichte Christi; Oratorium von J. S. Bach für Chor, Einzelstimmen, Orchester und Orgel (1729)
das **Maturum** -ra Reifeprüfung, Abitur
die **Mauer** -n *wall built of stone or concrete*
**mauern** aus Stein bauen
das **Mauerwerk** -e Steinarbeiten an einem Bau
**Maulbronn** kleine Stadt in Baden-Württemberg; hier ist das besterhaltene mittelalterliche Kloster Deutschlands
der **Maurer** - einer, der mit Steinen Häuser baut
die **Maus** ⸗e *mouse*
das **Mausauge** -n Auge einer Maus
**mäuschenstill** still wie eine kleine Maus
das **Maximum** -ma
der **Mäzen** -e *patron, wealthy protector*
der **Mechanismus** -men
**Mecklenburg** ehemaliger Staat in Ost-Deutschland, an der Ostsee
**med.: Dr. med.** *Doctor of Medicine*
die **Meditation** -en Nachdenken, Betrachtung
der **Medizinalrat** ⸗e *councillor of medicine (antiquated title of district medical officer)*
der **Mediziner** - Arzt
**medizinisch: medizinische Fakultät** *Faculty of Medicine*
das **Meer** -e *sea, ocean*
der **Meeresspiegel** *sea-level*
das **Mehl** -e *flour*
**mehr** [siehe **viel**]
**mehrere** mehr als zwei, aber nicht sehr viele
**mehrfach** wiederholt, oftmals, häufig
das **Mehrfamilienhaus** ⸗er Haus, in dem mehr als eine Familie wohnt
die **Mehrzahl** *majority, larger number*
die **Meile** -n *mile*
**meinen** *think, mean*
die **Meinung** -en *opinion, idea*
**meißeln** *chisel, carve*
**meist** [siehe **viel**]

**meistens** fast immer, gewöhnlich, zum größten Teil
der **Meister** - *master*
**meistern**
das **Meisterwerk** -e *masterpiece*
**melden** *announce; inform; report*
die **Melodie** -n
die **Menge** -n viel; eine größere Gruppe; viele Menschen oder Dinge beieinander, eine große Zahl von
der **Mensch** (-en) -en *human being, person;* (*pl.*) *mankind*
die **Menschenkenntnis** *knowledge of human nature*
das **Menschenleben** -
die **Menschenliebe**
die **Menschenmasse** -n Menge, viele Menschen beieinander
**menschenmöglich** was ein Mensch irgendwie leisten kann
das **Menschentum** *humanity*
die **Menschheit** *humanity, human race*
**menschlich**
die **Mensur** -en *Studentenduell*
das **Menuett** -e *minuet*
**Mercedes-Benz** Kraftwagenmarke der Daimler-Benz AG
der **Meridian** -e imaginäre Kreislinie auf der Erde, die durch beide Pole geht
**merken** wahrnehmen, bemerken
**merkwürdig** eigenartig, auffällig
**Merseburg** alte Stadt an der Saale, südlich von Halle, in Ost-Deutschland
der **Meßbecher** - *measuring cup*
**messen** (mißt), maß, gemessen *measure*
die **Messung** -en
das **Metall** -e
der **Metallteil** -e
die **Metallwarenfabrik** -en
das, der **Meter** - Einheit der Längenmessung
**metrisch**
die **Mettwurst** ⸚e geräucherte Wurst aus Hackfleisch
der **Metzger** - *butcher*
die **Metzgerei** -en *butcher shop*
**Mexiko** Staat im nördlichen Mittelamerika
**Michelangelo: M. Buonarroti** (1475-1564), italienischer Bildhauer, Maler, Baumeister, Dichter
die **Miene** -n *Gesichtsausdruck*
**mieten** *rent (from someone)*
der **Mieter** -

die **Mietskaserne** -n trostloses Haus mit vielen Mietswohnungen
die **Miezekatze** -n *pussy cat*
die **Milch**
**mild**
**mildern** *soften, alleviate*
der **Militär** -s *Berufssoldat (besonders Offizier)*
das **Militär-Geographische Institut** *office where military maps are prepared*
**militärisch**
das **Millimeter**-ein tausendstel Meter
die **Million** -en
**millionst** - *millionth*
**minderbemittelt** wenig Geld habend
**mindestens** nicht weniger als, wenigstens
das **Mineralöl** *petroleum; mineral oil*
das **Mineralölprodukt** -e
der **Ministerialbeamte** (-n) -n *officer in a state government office (ministry)*
der **Ministerialrat** ⸚e *officer in a state government office (ministry)*
der **Minister** - Mitglied der Staatsregierung, das meist einen Zweig der Staatsverwaltung leitet
die **Minute** -n
**mischen** mehrere Dinge miteinander verbinden; [durcheinander-]
die **Mischung** -en
das **Miserere** *part of a religious mass*
**mißbilligen** *disapprove, condemn*
der **Mißerfolg** -e *failure*
das **Mißtrauen** *distrust, suspicion*
**mißvergnügt** *discontented*
der **Misthaufen** *manure pile*
**mit** *with; along*
**Mit-** (*in noun compounds*) *shared; fellow-*
**mit-arbeiten** *do one's share of the work*
**mit-bringen, brachte, gebracht**
**miteinander** *with one another, jointly*
**mit-erleben** *share in the experience*
**mit-fahren** (ä), u, a
**mit-kommen, kam, o**
**mit-kriegen** *receive (as a bonus), absorb, assimilate; understand*
das **Mitleid** *shared sorrow; sympathy*
**mit-machen** *participate in*
der **Mitmensch** (-en) -en *fellow human being*
**mit-nehmen** (nimmt), nahm, genommen
**mitsamt** *together with*
**mit-singen, a, u**
**mit-spielen**
der **Mittag** -e zwölf Uhr; die Zeit, wenn die Sonne am höchsten steht

# Musik

das **Mittagessen** - das Essen am Mittag, in den meisten Familien die Hauptmahlzeit des Tages
das **Mittagsmahl -e** Mittagessen
die **Mitte -n** *middle, center*
**mit-teilen** *tell the news*
das **Mittel -** *expedient, means*
das **Mittelalter** *Middle Ages*
**mittelalterlich** *medieval*
**mitteldeutsch** die deutsche Sprache, die in der Mitte von Deutschland gesprochen wird
**mittelgroß** nicht sehr groß, aber auch nicht klein
die **Mittellage -n** *middle range*
der **Mittelpunkt -e** *center; focus*
die **Mittelschule -n** höhere Schule
der **Mittelschüler -** ein Schüler, der eine Mittelschule besucht
der **Mittelstürmer -** *forward center*
**mitten** in der Mitte
die **Mitternacht** zwölf Uhr nachts
**mittler-** *middle*
der **Mittwoch** der vierte Wochentag
**mitunter** manchmal
das **Möbel -** *furniture*
das **Möbelgeschäft -e**
das **Modell -e**
**modern**
**modisch** *stylish*
**mögen (mag), mochte, gemocht** *want, like; may, can*
**möglich** was passieren kann oder getan werden kann
**möglicherweise** vielleicht
die **Möglichkeit -en** *possibility*
**möglichst: möglichst viele** *as many as possible*
**Mogontiacum** alter keltischer Name für die heutige Stadt Mainz
**moineaux** (franz.) (*pl.*) *sparrows*
die **Molkerei -en** Milchwirtschaft
der **Moment -e** Augenblick
die **Mona Lisa** (ital.: „Frau Lisa"), von Leonardo da Vinci 1503-06 gemalt
**apud Monachos** (lat.) bei den Mönchen
der **Monat -e** 12. Teil des Jahres
**monatig: 18-monatig** 18 Monate lang dauernd
das **Monatsende -n** Ende des Monats
der **Mönch -e** *monk*
der **Mond -e** *moon*
**monoton** eintönig
die **Monotonie**

**Mont Blanc** höchster Berg der Alpen, ca. 4800 m
der **Montag -e** zweiter Tag der Woche
die **Montagewand ⸚e** *sectional wall*
**montags** am Montag
**monumental** bedeutend, von großen Maßen
das **Moor -e** *bog, swamp*
**Moosbronn** Dorf im Schwarzwald
der **Mops ⸚e** kleiner, dicker Hund
der **Morgen -** Tagesanfang, Vormittag
**morgen** früh am Tage, vormittags; am Tag, der auf heute folgt
die **Morgenblume -n** Blume, die morgens blüht
**morgens** am Morgen
der **Morgenwind -e**
die **Morgenwolke -n**
**morgig-** *of tomorrow*
**Mörike, Eduard** (1804-1875), Dichter
die **Mosel** linker Nebenfluß des Rheins, mündet bei Koblenz in den Rhein
der **Most -e** *new wine, cider*
die **Motette -n** mehrstimmiger Gesang über einen Bibeltext
der **Motor -en**
**motorisch**
die **Motorkraft ⸚e**
das **Motorrad ⸚er** [Rad *cycle*]
**Mozart, Leopold** (1719-1787), Komponist; Vater von Wolfgang Amadeus Mozart
**Mozart, Wolfgang Amadeus** (1756-1791), Komponist
**mozartisch** von Mozart
**müde** *tired*
die **Mühe -n** *effort, trouble*
**mühevoll** schwer, mit Mühe
**Mühlhausen** Name von mehreren Städten in Deutschland, z. B. in Thüringen; auch im Elsaß, in Ostfrankreich
**mühsam** anstrengend
**multiplizieren**
**München** Hauptstadt von Bayern
der **Mund -e/⸚er** *mouth*
**münden** hineinfließen
**mündlich** *oral*
**Münster** Stadt in Westfalen
das **Münster -** Kathedrale
**munter** *lively, cheerful*
der **Mürbebraten -** *roast sirloin*
**mürrisch** *sullen, bad-tempered*
die **Musik**

# Musikalisch

musikalisch
der **Musikant** (-en) -en geborener Musiker
der **Musiker** - *musician*
der **Musiklehrer** -
musikliebend
der **Musikunterricht**
der **Muskel** -n *muscle*
die **Muskelkraft** ⸚e
der **Muskelmotor** -en
die **Muße** Freizeit; Zeit, in der man keine Arbeit tun braucht
die **Mußemütze** -n was man in der Freizeit auf dem Kopf trägt
**müssen** (muß), mußte, gemußt *must, have to*
die **Mußezeit** -en Zeit, in der man nicht arbeiten muß
das **Muster** - *pattern*
**mustern** genau betrachten
der **Mut** Tapferkeit, Überwindung der Angst
die **Mutter** ⸚ *mother*
die **Mutti** Mutter
die **Mütze** -n *cap*
der **Myrtenkranz** ⸚e [die Myrte *myrtle*]

## N

'**n** = ein oder einen
**na** *well;* **na also** *there you have it; well now, well then*
**nach** *after, to; according to*
der **Nachbar** -n der Mann, der nebenan wohnt; der neben einem sitzt
die **Nachbarin** -nen
die **Nachbarschaft** -en Nähe, Umgebung
die **Nachbarsleute** (*pl.*) die Nachbarn
**nach-blicken** *follow with the eyes; gaze after*
**nachdem** *after*
**nach-denken**, dachte, gedacht *reflect, ponder*
**nachdenklich**
die **Nachdenklichkeit**
der **Nachdruck** *stress, emphasis*
**nacheinander** *following one another*
der **Nachfolger** - *successor*
**nach-forschen** *investigate, inquire into*
**nach-fragen** *inquire, make inquiries*
**nach-grübeln** in Gedanken versunken sein
**nachher** *afterward*
**nach-holen** *make up* (*work, missed opportunity*)
die **Nachkriegszeit** -en Zeit nach dem Krieg; heute ist die Nachkriegszeit nach dem Zweiten Weltkrieg
**nachlässig** *negligent, neglectful*
**nach-machen** imitieren

der **Nachmittag** -e die Zeit von zwölf Uhr bis sechs Uhr (am Tage)
die **Nachricht** -en *news*
die **Nachrichtentechnik** -en *newsgathering techniques*
**nach-sehen** (ie), a, e *go find out; check*
**nächst-** [siehe **nah**]
**nächstfolgend** *immediately following*
die **Nacht** ⸚e die Zeit vom Abend bis zum Morgen
der **Nachteil** -e *disadvantage*
der **Nachtisch** *dessert*
die **Nachtmusik**: „Eine kleine Nachtmusik" Musikstück von Mozart
**nachts** in der Nacht
der **Nachtwächter** - *night-watchman*
die **Nachwelt** die kommende Menschheit; künftige Zeiten
der **Nachzügler** - einer, der zu spät kommt
der **Nacken** - *back of the neck*
**nah** (nahe), näher, nächst *close, near;* der **nächste** *the nearest; the next*
die **Nähe** -n Nachbarschaft, geringe Entfernung
**nahe-kommen**, kam, o
**nähen** *sew, do needlework;* [**auf-**]
**näher-kommen** kam, o
**nähern** (sich) in die Nähe kommen
**nahezu** beinahe, fast
**nahrhaft** *nourishing*
die **Nahrungsaufnahme** *absorption of nourishment*
**naiv** kindlich-unbefangen, harmlos
der **Name** (-ns) -n
**namenlos** ohne Namen; unbedeutend
die **Namensendung** -en Endung des Namens
der **Namensvetter** -n wer den gleichen Namen hat
**nämlich** denn; ich meine damit
**Napoleon Bonaparte** (1769-1821), Kaiser der Franzosen (1804-1814/15)
**Napoleonuhr** Uhr aus der Napoleonzeit
der **Narr** (-en) -en Dummkopf; **an etwas einen Narren fressen;** etwas unsinnig lieben
die **Narzisse** -n eine Art von Blume
das **Näschen** - eine kleine Nase
die **Nase** -n *nose*
die **Nation** -en Volk; Staat
**national**
die **Natur** -en
die **Naturforschung** -en
die **Naturkunde**
der **Naturlaut** -e [Laut *sound*]

natürlich gewiß, selbstverständlich
die Natürlichkeit -en
die Naturliebe
die Naturwissenschaft -en
naturwissenschaftlich
n. Chr. = nach Christus *A.D.*
'ne = eine
Neander, Joachim (1650-1680), evangelischer Kirchenlieddichter
das Neandertal Tal der oberen Düssel, nach Joachim Neander genannt
neben an der Seite von
nebenan benachbart
nebenbei *incidentally, by the way*
der Nebenbuhler - *competitor, rival*
das Nebenfach ⸚er *minor subject*
die Nebenstelle -n *branch office*
neblig *foggy*
der Neckar rechter Nebenfluß des Rheins
das Neckartal
necken *tease*
der Neffe (-n) -n der Sohn des Bruders oder der Schwester
negativ
nehmen (nimmt), nahm, genommen *take; accept;* [ab-, an-, auf-, aus-, durch-, mit-, teil-, übel-, vor-, weg-, zu-]
neidisch *envious*
nein *no*
die Nelke -n *carnation*
'nen = einen
nennen, nannte, genannt einer Sache oder einem Menschen einen Namen geben; erwähnen
nervenbetäubend *nerve-racking*
nervös
das Nest -er
nett gefällig, freundlich; angenehm, hübsch
netto *net, clear (after deduction of expenses)*
das Netz -e *net, mesh*
neu
der Neubau -ten Haus im Bau oder kurz nachdem es fertig geworden ist
die Neuigkeit -en Nachricht, noch nie Gehörtes
neulich vor einiger Zeit
neun *nine*
neunstimmig mit neun Stimmen
neunt- *ninth*
neunzehn *nineteen*
neunzehnt- *nineteenth*
neusprachlich sich auf neuere Sprachen (Englisch, Italienisch, usw.) beziehend

die Neuzeit -en der Zeitraum seit etwa 1500
nicht *not*
die Nichtachtung *disrespect*
nichts *nothing;* nichts als *nothing except*
nicken den Kopf nach vorne bewegen, als ob man „Ja" sagen wollte
nie *never*
nieder *low; down*
nieder-beugen (sich)
Niederdeutsch die deutsche Sprache, die in Norddeutschland, in der Tiefebene, gesprochen wird
die Niederlage -n Verlust einer Schlacht oder eines Krieges
nieder-lassen (läßt), ließ, gelassen (sich) sich setzen; sich ansiedeln
nieder-legen *destroy, tear down*
der Niederrhein *Lower Rhine*
niederrheinisch
Niedersachsen eins der Länder in West-Deutschland
niedersächsisch
nieder-schreiben, ie, ie
nieder-sitzen, saß, gesessen sich hinsetzen
niedrig *low*
niemals nie, zu keiner Zeit
niemand keiner; kein Mensch
nimmermehr nie wieder
das Nixchen - *little water-sprite*
der Nobelpreis -e *Nobel Prize*
noch *still, yet;* noch einmal *once more*
der Nord = Nordwind
norddeutsch *north German*
der Norden *north*
nördlich
Nördlingen mittelalterliche Stadt in Bayern
der Nordosten
nordöstlich
der Nordpol
Nordrhein-Westfalen eins der Länder in West-Deutschland
der Nordwesten
normal
normalerweise wenn alles normal ist
norwegisch *Norwegian*
die Not ⸚e *need, exigency;* zur Not *barely*
die Note -n *note, musical note; grade*
das Notenblatt ⸚er *music sheet*
das Notenheft -e [Heft *notebook*]
das Notenpapier -e *paper lined for music*

# nötig

nötig erforderlich, sehr wünschenswert, notwendig
**notwendig** *necessary, essential*
die **Novelle** -n kleinere Erzählung
der **November** der elfte Monat
**nüchtern** *sober, moderate, reasonable*
die **Null** -en *zero*
die **Nummer** -n *number*
**nun** *now; well* . . .
**nunmehr** jetzt, von jetzt an
**nur** *only, just, merely*
**Nürnberg** Stadt in Bayern
**nützen** helfen, nützlich sein
**nützlich** *useful*

## O

**O** *Oh*
**ob** *whether, if; und ob! and how! I should say so!*
der **Obelisk** (-en) -en vierkantige Spitzsäule
**oben** in der Höhe, in der Lage über uns, auf etwas
**obenan** *at the top, ahead of everything else*
**ober** - *upper*
der **Oberbürgermeister** - *Lord Mayor*
**Oberdeutsch** die deutsche Sprache, die in Süddeutschland, Österreich und der Schweiz gesprochen wird
der **Oberkörper** - *upper part of the body*
der **Oberleutnant** -s *first lieutenant*
das **Oberlicht** -er *window in the roof or ceiling; transom*
der **Oberligaverein** -e *district or state organization of a (sports) league*
der **Oberpostinspektor** -en *high postal official, often in charge of a post office*
der **Oberpostsekretär** -en *postal official of limited authority*
die **Oberschule** -n höhere Schule
**Obersendling** Stadtteil von München
der **Oberst** (-en) -en *colonel*
das **Oberstübchen** - [Stübchen = kleines Zimmer]: im Oberstübchen im Kopf
der **Oberstudiendirektor** -en *principal of a large high school*
**obgleich** *even if, although*
das **Obst** *fruits that are good to eat raw*
der **Obstbaum** ⸚e
**obwohl** obgleich
der **Ochs** (-en) -en *ox*
die **Ochsenbrücke** -n
die **Ochsenfurt** -en
**oder** *or*

**Oel** = **Öl**
der **Ofen** = *stove*
**offen** *open*
**Offenbach** am Main, Stadt in Hessen, im Westen mit Frankfurt fast zusammengewachsen
**offenbar** wie jeder sehen kann
**offensichtlich** *obvious(ly)*
**öffentlich** *public*
die **Öffentlichkeit** *public, public view*
**offiziell**
der **Offizier** -e
das **Offizierskorps** - die Offiziere eines Heeres
**öffnen** *open*
**oft** *often*
**oftmals** oft
**ohne** *without*
das **Ohr** -en das Organ, mit dem man hört
die **Oktave** -n
der **Oktober** - der zehnte Monat
das **Öl** -e *oil*
**ölen** *oil*
der **Ölstand** *condition or level of oil*
der **Ölwechsel** - *oil-change*
der **Onkel** - der Bruder des Vaters oder der Mutter
**Opel AG** = **Opel-Werke AG** Unternehmen der Kraftfahrzeugindustrie, von Adam Opel 1862 gegründet, seit 1929 mit General Motors assoziiert; **Caravan** ein Wagentyp von Opel
die **Oper** -n *opera*
der **Operationssaal** -säle
das **Opernhaus** ⸚er
das **Opfer** - *sacrifice*
**opfern** [auf]
**optisch**
das **Orchester** -
das **Orchesterkonzert** -e
**ordentlich** *orderly; really, truly*
**Ordinarius** *"full professor", appointed to a chair*
**ordnen** *put in order, arrange*
die **Ordnung** -en *classification, order*
der **Organismus** -men der lebendige menschliche, tierische, pflanzliche Körper
die **Orgel** -n *organ*
**orientalisch**
die **Orientierung** -en *orientation*
**originell**
der **Orkan** -e *hurricane*
der **Ort** -e Stelle, Platz; Gemeinde
die **Ortschaft** -en Gemeinde, Siedlung

1

der **Ortsname** (-ns) -n
die **Ortsnamenendung** -en
  **Osnabrück** größere Stadt in Niedersachsen
  **Ost-Berlin** *East Berlin*
  **ostdeutsch**
  **Ostdeutschland** *eastern Germany*
  **Ost-Deutschland** *East Germany*, Deutsche Demokratische Republik
der **Osten** *east*
die **Ostern** (*pl.*) *Easter*
  **Österreich** *Austria*
  **österreichisch**
die **Osterwoche** die Woche vor Ostern
  **östlich** *eastern*
die **Ost-Mark** die Mark, die in der Deutschen Demokratischen Republik gültig ist
die **Ostsee** *Baltic Sea*
  **oui** (franz.) ja

# P

das **Paar** -e zwei zusammengehörige oder eng verbundene Menschen oder Dinge
ein **paar** einige, wenige
das **Päckchen** - kleines Paket
  **packen** [ein-]
die **Pädagogik** *educational theory*
  **Paderborn** Stadt in Nordrhein-Westfalen
der **Page** (-n) -n junger Bote, Diener
das **Paket** -e *package*
der **Palast** ⸚e *palace*
das **Paletot** -s (franz.) Herrenmantel
der **Palmengarten** ⸚ Festsaal in einer Parkanlage
die **Papageiennase** -n [der **Papagei** *parrot*]
das **Papier** -e
die **Pappe** -n *pasteboard, cardboard*
der **Papst** ⸚e *Pope*
  **päpstlich** vom Papst
  **paradox** im Widerspruch zur allgemeinen Meinung
  **Paris** Hauptstadt von Frankreich
der **Park** -e/-s
die **Parkanlage** -n *garden-like park*
das **Parken** *parking*
  **parken**
das **Parkgelände** - *area of a park, greenery*
die **Partie** -n Teil
die **Partitur** -en *full orchestral score*
der **Passagier** -e Fahrgast
  **Passau** Stadt in Niederbayern, an der Mündung des Inns in die Donau

  **passen, paßte, gepaßt** *fit, be suitable; harmonize with;* [**an-, auf-**]
die **Paßform** *fit*
  **passieren** geschehen, vorkommen; [**ein-**]
die **Passion** das Leiden Christi
  **patriarchalisch**
der **Patron** -e Mäzen
die **Patrouille** -n *patrol*
die **Patsche: in der Patsche sitzen** *be in a fix* [**ein-**]
  **pauken** [**ein-**]
die **Pause** -n Unterbrechung; Zwischenzeit zwischen Schulstunden oder Arbeiten
  **pechschwarz** [das **Pech** *pitch*]
das **Pedal** -e
  **pedantisch**
der **Pelz** -e *fur*
der **Pelzschuh** -e
  **Pempelfort** Wohnung von F. H. Jacobi in Düsseldorf
die **Penne** = Schule
  **Penning** = Pfennig
  **pensioniert** *retired*
  **per** *by, per*
der **Perserteppich** -e [**Perser** *Persian*]
die **Person** -en Mensch
die **Personalabteilung** -en [das **Personal** *personnel*]
  **persönlich**
die **Persönlichkeit** -en
die **Perspektive**
die **Petersilie** *parsley*
  **Pf.** = Pfennig
  **Pfaffenhofen** kleine Stadt in Oberbayern
die **Pfalz** -en Schloß der mittelalterlichen deutschen Könige und Kaiser
die **Pfanne** -n *pan*
der **Pfannkuchen** - [**Kuchen** *cake*]
der **Pfeiler** - *pillar, prop*
  **pfeilschnell** [der **Pfeil** *arrow*]
der **Pfennig** -e *penny;* 100 Pf. = 1 DM
das **Pferd** -e *horse*
die **Pferdestärke** -n *horse power*
die **Pfingsten** (*pl.*) *Pentecost, Whitsunday*
der **Pfirsich** -e *peach*
die **Pflanze** -n *plant*
  **pflanzen**
das **Pflanzgefäß** -sse [**Gefäß** *vessel, container*]
die **Pflege** -n *care, attention; tending*
die **Pflegeeltern** (*pl.*) *foster parents*
  **pflegen** *care, tend; be accustomed to*
die **Pflicht** -en *task, duty*
  **pflücken** *pick, pluck*
der **Pflug** ⸚e *plow*

# Pflügen

Pflügen [um-]
die **Pfote** -n *paw*
das **Pfund** -e *pound*
**phantastisch**
**phil.** = Philosophie: **Dr. phil.** *Doctor of Philosophy, Ph.D.*
**philharmonisch**
der **Philosoph** (-en) -en
die **Philosophie**
**philosophisch**
**photographieren** Aufnahmen machen
**physikalisch**
die **Pièce** -n (franz.) Stück
**piepsen** *chirp, cheep*
**pilgern** *make a pilgrimage, go solemnly*
der **Pionier** -e *pioneer*
die **Piranha** *an extremely voracious South American fresh-water fish*
**Pisa** Stadt in Italien
die **Pistole** -n einhändig gebrauchte Handfeuerwaffe
der **Plafond** -s (franz.) Zimmerdecke
die **Plage** -n *vexation, pest*
**plagen** *torment*
das **Plakat** -e *placard, poster*
der **Plan** ⸚e
**Planck, Max** (1858-1947), Physiker, Begründer der Quantentheorie; Nobelpreis 1918
**planen**
die **Planung** -en
das **Platin** *platinum*
**Plato** (427-347 v. Chr.), griechischer Philosoph
**Plattdeutsch** Niederdeutsch
der **Plattenspieler** - [die Platte *record*]
der **Platz** ⸚e Stelle, Ortschaft
der **Platzname** (-ns) -n
**plötzlich** *sudden(ly), all at once*
**plus**
**plustern** [auf-]
das **Podium** -die Bühne
**poids** (franz.) Gewicht
der **Polier** -e *building trade foreman; spokesman*
**polieren** *polish*
die **Poliermaschine** -n
die **Politik**
**politisch**
die **Politur** -en *polish*
die **Polizei** *police*
der **Polizeiwagen** -
der **Polsterbezug** ⸚e *upholstery*

das **Polstermöbel** - *upholstered furniture*
**Pompadour, Marquise de** (1721-1764), Geliebte Ludwigs XV.
**populär** beliebt
**porös** *porous*
der **Portier** -s *doorman*
die **Position** -en Stellung
die **Post** *mail; post office*
das **Postamt** ⸚er *post office*
die **Postanweisung** -en *postal money order (personal)*
der **Postbeamte** (-n) -en
der **Posten** - *post, outpost*
die **Postkarte** -n
die **Postkutsche** -n *stage coach*
die **Postsachen** (*pl.*) *mail*
**prächtig** *magnificent, superb*
**prachtvoll** *splendid, gorgeous*
das **Prädikat** -e *predicate; title*
**Prag** Hauptstadt der Tschechoslowakei
**prägen** *stamp, imprint, impress*
**prahlerisch** groß tuend, sich wichtig machend
**praktisch**
**präsentieren**
die **Praxis: in der Praxis** *in practice*
**predigen** *preach*
der **Preis** -e *price; prize*
der **Preisempfang** ⸚e *awarding of prizes*
**preisen, ie, ie** *mention with praise*
**preiswert** nicht zu teuer
die **Presse**
die **Presse-Agentur** -en *press-agency*
**pressen** [zusammen-]
**Preußen** *Prussia*
**preußisch**
**prickeln** *prickle, tingle*
**prima** wunderbar, hervorragend
die **Primel** -n *primrose*
der **Prinz** (-en) -en
die **Prinzessin** -nen
das **Prinzip** -ien *principle, rule*
das **Prisma** -men *prism*
**privat**
die **Privatsache** -n
die **Probe** -n *test, trial; rehearsal*
**probeweise** *on approval, on trial*
**probieren** *try, taste*
das **Problem** -e
der **Professor** -en
der **Profit** -e Gewinn, Nutzen
das **Programm** -e
das **Projekt** -e Plan

der **Prokurist (-en) -en** *head clerk, entitled to sign in the name of a firm*
die **Promenade -n**
**prompt**
die **Proportion -en**
der **Prospekt -e** *prospectus*
**protestantisch**
**protzig** prahlerisch, wichtigtuend
das **Prozent -e** Hundertteil: 5% = 5 vom Hundert
**prüfen** *test, check*
die **Prüfung -en** Examen
**prunkhaft** *ostentatious, showy*
das **Prunkschlößchen** [der Prunk *pomp, show*]
**PS** = Pferdestärke
die **PS-Leistung -en** [Leistung *output*]
**P.T.** = (lat.) **praemisso titulo** *patent applied for*
das **Publikum** Öffentlichkeit, besonders die Hörerschaft (Musik, Theater)
der **Pudel -** *poodle*
**pudern** *powder*
der **Puffer** Pfannkuchen
der **Puls -e** der fühlbare „Schlag" der Arterien
**pumpen**
der **Punkt -e** *point, period*
**pünktlich** *prompt, punctual*
die **Puppe -n** *doll*
**Puškas, Ferenc** Fußballspieler, ursprünglich in Ungarn, seit 1956 in Spanien
der **Putzeimer -** *scrub bucket*
**putzen** *clean, scour;* [**ab-**]
der **Putzplan ⁔e** *cleaning schedule*
die **Pyramide -n**
**pyramidenhaft** wie eine Pyramide
**Pythia** *prophetess of the oracle at Delphi*

## Q

**qkm** = Quadratkilometer
**qm** = Quadratmeter
der **Quadrant (-en) -en** Viertelkreis, z.B. ein Viertel des Meridians
der **Quadratfuß** [das Quadrat *square*]
der **Quadratkilometer**
die **Quadratmeile -n**
der **Quadratmeter**
**qualifiziert**
die **Qualität -en**
das **Quartier -e** Wohnung, Zimmer in einer Wohnung
die **Quartierfrau -en** Zimmerwirtin
der **Quartierherr (-n) -en** Zimmermieter

die **Quästur -en** *university business office*
die **Quelle -n** *spring; source*
**quer** von der Seite her durch etwas hindurch

## R

die **Rache** *revenge*
das **Rad ⁔er** *wheel; cycle*
der **Radau** großer Lärm, lauter Unsinn
das **Rädchen -** kleines Rad
das **Radieschen -** *radish*
das **Radio -s** Rundfunk, der Rundfunkapparat
**rad-schlagen (ä), u, a** *turn cartwheels*
**ragen** *tower up, project;* [**hervor-, hinaus-**]
der **Rahmen -** *frame*
die **Rakete -n** *rocket*
die **Rampe -n** flach aufsteigende schiefe Ebene als Auffahrt für Wagen
**'ran** = heran
der **Rand ⁔er** *edge, margin*
der **Rang ⁔e** *rank, class, social position;* **ersten Ranges** *first-class*
der **Rangname (-ns) -n** Titel
die **Rangordnung -en**
der **Rangunterschied -e**
das **Rankgerüst -e** *trellis*
**'ran-können (kann), konnte, gekonnt** *be able to get at*
**rasch** schnell, mit großer Eile
**rascheln** *rustle*
die **Rasse -n** *breed*
die **Raststätte -n** Gasthaus
der **Rat, Ratschläge** *advice, counsel*
der **Rat ⁔e** Titel für höhere Beamten
**raten** *advise; guess*
das **Rathaus ⁔er** das Gebäude, wo die Stadtverwaltung ihre Büros hat
der **Rathausturm ⁔e**
**ratsam** *advisable*
**rattern** *clatter, rattle*
der **Räuber -** *thief; predatory animal*
der **Raubvogel ⁔** *predatory bird*
die **Raubvogelkralle -n**
**räuchern** *smoke (as meat)*
der **Raum ⁔e** *space; room*
der **Rauminhalt -e** *volume, capacity*
der **Rausch ⁔e** *intoxication; ecstasy*
**rauschen** *rustle*
**rauschend**
die **Rax** kurz für die Raxalpen, ein Gebirge südlich von Wien
**real** sachlich, dinglich, — im Gegensatz zu persönlich

## realistisch

realistisch
die **Realschule** -n Schule, in der die Betonung auf das „Praktische", Mathematik und Naturwissenschaften, gelegt wird
die **Rechenmaschine** -n Maschine, womit man kalkulieren kann
**rechnen** kalkulieren; **mit etwas rechnen** denken, daß etwas möglich ist; [**um-**]
das **Rechnen** *arithmetic*
der **Rechner** - *computer*
die **Rechnung** -en ein Stück Papier mit dem Preis einer Sache, die man gekauft hat; **für Rechnung** *for the account*
**recht** *right, right-hand; suitable, proper*
**rechts** zur rechten Seite
**recken** (**sich**) sich strecken
die **Rede** -n was einer spricht; **eine Rede halten** feierlich sprechen
**reden** sprechen, etwas sagen; [**an-, hinein-**]
**reduzieren** kleiner machen
der **Referent** (-en) -en hoher Beamter oder Vertreter
die **Reform** -en
**regelmäßig** *regular*
der **Regen** - *rain*
**regen** (**sich**) sich bewegen; [**an-, auf-**]
**Regensburg** bedeutende mittelalterliche Stadt an der Donau in Bayern
**regieren** herrschen; verwalten, leiten
das **Regiment** -er
die **Region** -en
**regnen: es regnet** der Regen fällt
**regulierbar** *adjustable*
die **Reibe** -n *grater*
**reiben, ie, ie** *rub; grate, grind*
**reibungslos** *without friction, smooth*
**reich** *rich, abundant*
das **Reich** -e großes Land, Staat, Gebiet, Nation
**reichen** bieten, hinhalten, geben [**aus-, hindurch-**]
**Reichenhall: Bad Reichenhall** Stadt und Kurort in Oberbayern, an der Saalach, starke Solquellen, d.h. Quellen mit sehr salzigem Wasser
**reichlich** sehr gut, sehr viel; wenigstens
der **Reichsjagdgebrauchshundverband** ⸚e *imperial association for the protection and registration of dogs used in hunting*
**reif** *ripe, mature*
die **Reife**
**reifen**
der **Reifen** - *tire*

die **Reihe** -n *row; series; number;* **in Reih und Glied** *in rank and file*
**reihen** (**sich**) in Reihen stehen oder sitzen
**'rein** = herein
**rein** frei von andern Elementen; sauber
**rein-halten** sauberhalten
**reinigen** sauber machen
die **Reinigung** -en
**reinlich** sauber
**reinrassig** *racially pure*
die **Reise** -n *journey, trip*
das **Reisebüro** -s *travel bureau*
**reisen**
der **Reisende** (-n) -n *traveler*
**reißen, riß, gerissen** *rip, tear;* [**auseinander-, hin-, los-**]
der **Reißer** - *sure-fire attraction*
**reiten, ritt, geritten** auf einem Pferd sitzen; [**an-, durch-, weiter-**]
der **Reiter** -
die **Reiterei** Truppen zu Pferd
das **Reiterstandbild** -er [Standbild = Statue]
**reizen** *excite, stimulate; irritate*
**reizend** *charming, attractive*
**reizvoll** reizend
die **Reklame** -n *advertising, advertisement*
der **Reklameapparat** -e
der **Rektor** -en Schulleiter (einer Volksschule oder Universität)
**relativ**
die **Religion** -en
**religiös**
die **Renaissance**
**rennen, rannte, gerannt** *run*
die **Rente** -n *pension, annuity*
der **Repräsentant** (-en) -en Vertreter
das **Repräsentations-Stück** -e *show-piece*
**repräsentativ** *having the appearance befitting one's station in life*
die **Republik** -en Freistaat
das **Requiem** -s Komposition zum Gedenken an einen Toten
die **Resede** -n *mignonette (a flower)*
die **Reserve** -n Notvorrat
**reserviert**
die **Residenzstadt** ⸚e die Stadt, worin ein Fürst seinen Palast hat
der **Respekt** Achtung, Ehrfurcht
**respektlos** ohne Respekt
der **Rest** -e was übrigbleibt
das **Restaurant** -s Gastwirtschaft, Speisehaus
das **Resultat** -e Ergebnis
**reuen: es reut mich** es tut mir leid

# Rührung

**Reutlingen** Stadt in Süd-Württemberg
die **Rêverie** -n (franz.) Träumerei
die **Revolution** -en
das **Rezept** -e Kochvorschrift
die **Rezeptivität** Empfänglichkeit
der **Rhabarber** *rhubarb*
das **Rhabarberkompott** -e
die **Rhapsodie** -n freie Komposition mit Variationen, gewöhnlich über eine Volksmelodie
der **Rhein** der größte und wasserreichste Fluß Deutschlands, 1320 km lang
die **Rheinhalle** eine monumentale Festhalle in Düsseldorf
**rheinisch**
der **Rheinstrom**
der **Rhythmus** -men
der **Richtbaum** ⸚e ein kleiner Baum mit bunten Bändern, der bei einem Neubau aufs Dach gesetzt wird
**richten** *set up, erect;* [**an-, ein-**]
**richten (sich)** *be governed by, conform to;* **das richtet sich nach** *that depends on*
das **Richtfest** -e Feier beim Aufstellen des Richtbaums, wenn die Dachbalken aufgerichtet sind
**richtig** so, wie es sein soll; genau, wahr
der **Richtspruch** ⸚e kurze Rede, die jemand bei einem Richtfest hält
**riechen, o, o** *smell*
**riesengroß** groß wie ein Riese
der **Riese** (-n) -n *giant*
der **Riesenschritt** -e Schritt, den ein Riese machen könnte, d. h. ein sehr großer Schritt
**Rilke, Rainer Maria** (1875-1926), lyrischer Dichter
der **Ring** -e ein in sich geschlossener kreisförmiger Streifen
**ringen, a, u** *wrestle;* [**ab-**]
der **Ringer** - einer, der ringt
**riskieren**
**Risse, Heinz** (1898- ), deutscher Schriftsteller
der **Ritt** -e Reiten, Ausreiten
der **Ritter** - *knight*
der **Rivale** (-n) -n
die **Rochuskirche** berühmte neue Kirche in Düsseldorf
der **Rock** ⸚e *skirt; (man's) jacket*
**roden** Waldland in Feld verwandeln
**Rodin, Auguste** (1840-1917), französischer Bildhauer

**roh** *raw; rough, unrefined*
der **Rohbau** *outer structure of a new building*
das **Rohr** -e *pipe*
das **Rokoko** ein spielerischer Kunststil, der im späten 18. Jahrhundert herrschte
die **Rolle** -n *role, part; roll, cylinder*
**rollen** [**ab-, vorbei-**]
**Rom** Hauptstadt von Italien
der **Roman** -e *novel*
die **Romanik**: der romanische Stil, ein Kunststil des Mittelalters (ca. 11.—12. Jahrhundert)
**romanisch** *romanesque*
der **Römer** - Einwohner von Rom; Bürger oder Soldat des Römischen Reiches
**römisch** von (aus) Rom
die **Rose** -n eine Blume
**rosig**
das **Roß** -sse Pferd; **auf hohem Roß sitzen** sehr stolz sein
der **Rost** *rust*
**rostfrei** *stainless*
**rot** *red*
**Rothenburg ob der Tauber** kleine Stadt in Bayern, eine der besterhaltenen mittelalterlichen Städte
**rotieren** *rotate*
**rötlich** *reddish*
die **Routine** -n
die **Rübe** -n *any of several edible root plants:* **gelbe Rübe** *carrot*
**Rubens, Peter Paul** (1577-1640), flämischer Maler
**ruckartig** *jerky*
der **Rücken** - *back*
**rücken** [**auf-, durcheinander-, ein-**]
die **Rückfahrt** -en die Fahrt zurück
die **Rückkehr** *return*
die **Rückseite** -n Hinterseite
die **Rücksichtnahme** -n *consideration*
**rufen, ie, u** sehr laut, mit weittragender Stimme sprechen; [**hervor-, wach-**]
die **Ruhe** Stille, Frieden, Schweigen
**ruhen** *rest, pause; be supported;* [**aus-**]
die **Ruhezeit** -en *rest-period*
**ruhig** *quiet, calm*
der **Ruhm** *fame, reputation*
**rühren** *stir*
das **Ruhrgebiet** Rheinisch-Westfälisches Industriegebiet an der Ruhr, Nebenfluß des unteren Rheins
die **Rührseligkeit** *sentimentality*
die **Rührung** *emotion*

lv

# Ruine

die **Ruine** -n verfallenes Bau- und Mauerwerk
**rund** *round*
die **Runde** -n Kreis
**runden** (sich) *be completed;* [**ab-**]
der **Rundfunk** Radio
das **Rundfunkgerät** -e Radioapparat
**rundlich** *plump, chubby*
**runzelig** *wrinkled, shrivelled*
das **Russisch** die Sprache von Rußland
**Rußland** großer Staat in Osteuropa und Nordasien, der sich seit 1917 Sowjetunion nennt
**rüstig** in voller Kraft
**rutschen** *slip, slide, skid*

## S

**'s = es**
der **Saal, Säle** großer Raum
die **Saale** linker Nebenfluß der Elbe, in Ostdeutschland
die **Saalmiete** -n [**Miete** *rent*]: *fee for a hall*
die **Saalwand** ⸚e
die **Sache** -n *thing; affair, matter*
**sachlich** *real, impersonal, objective, factual*
**Sachsen** ehemaliger Staat, heute ein Teil von Ost-Deutschland
der **Sachsenbauer** -n *Saxon farmer*
**sächsisch** *Saxon*
**sachte** langsam, vorsichtig
der **Sachverständige** (-n) -n Fachmann
**Säckingen** kleine Stadt am Rhein in Südbaden
**sagen** *say, tell;* [**zu-**]
**sägen** *saw*
die **Saison** -s *season*
der **Salat** -e *salad; lettuce*
das **Salz** -e *salt*
**Salzburg** große Stadt an der Salzach in Österreich
**Salzgitter** Stadt in der Nähe von Braunschweig, in Niedersachsen
**Salzuflen: Bad Salzuflen** Stadt in der Nähe von Detmold, in Nordrhein-Westfalen
die **Sammelantenne** -n große Antenne für mehrere Wohnungen
das **Sammelgrab** ⸚er großes Grab, in dem viele Toten begraben sind
**sammeln** zusammenbringen; [**an-**]
**sammeln** (sich) zusammenkommen
das **Sammetfauteuil** -s (franz.) *velvet-covered armchair*
die **Sammlung** -en was man zusammengebracht hat

der **Samstag** -e Sonnabend
**samstags** am Samstag
**sämtlich** alle, ohne Ausnahme
das **Sanatorium** -ien ein Haus oder Institut, wo man geheilt werden kann; gewöhnlich privat oder städtisch
der **Sand** -e
der **Sandstein**
der **Sänger** - ein Mann, der singt
**Sankt** *Saint*
**sarkastisch**
**sättigen** *satisfy*
**sauber** rein, nicht schmutzig
die **Sauberkeit**
**säubern** reinigen, putzen
**säuerlich** *tart, sour*
**saugen** (sich): sich fest saugen *glue oneself to;* [**ab-, an-, fest-, voll-**]
**säuseln** sehr leise spielen
**sausen** sehr schnell fahren oder laufen; eilen
die **S-bahn** = **Stadtbahn** *rapid transit system*
**scena:** in scena gehen aufgeführt werden
die **Schachtel** -n *cardboard box, package*
**schade:** es ist schade *it's too bad*
**schaden** *injure; damage*
der **Schaden**
der **Schäferhund** -e *(German) shepherd*
**schaffen, schuf, geschaffen** *create, produce;* aus der Welt schaffen *finish, bring to completion; get out of the way;* [**an-**]
der **Schal** -e *shawl*
**schälen** *peel*
**schalkhaft** *roguish, mischievous*
**schallen** *sound, ring, make tones*
die **Schallplatte** -n *phonograph record*
der **Schalter** - *ticket-window, counter in a bank or post office*
**schämen** (sich) *be ashamed*
die **Schande** etwas, worüber man sich schämen muß
**scharf, schärfer, schärfst-** *sharp, precise*
die **Schärfe**
die **Scharlatanerie** *charlatanism; fakery*
die **Schärpe** -n *scarf, sash*
**scharren** [**zu-**]
der **Schatten** - *shadow, shade*
das **Schattenrollo** -s [**Rollo** *shutter*]
**schattig** geschützt vor hellem Licht
der **Schatz** ⸚e *treasure; darling*
das **Schätzchen** -
**schätzen** *appraise; esteem*
**schauen** sehen; [**an-, drein-, um-, zu-**]

# schmiegen

der **Schauer** - *shiver*
**schauerlich** *awful, horrible*
das **Schaufenster** - großes Fenster in einem Geschäft, worin man die Dinge sehen kann, die in diesem Geschäft zu kaufen sind
das **Schauspielhaus** ⸗er Theater für gesprochene dramatische Kunst
der **Scheck** -e/-s Zahlungsanweisung an eine Bank
die **Scheibe** -n (*window*) *pane*
**scheiden,** ie, ie *separate;* **sich scheiden lassen** *get a divorce*
die **Scheidung** -en
der **Schein** -e *shine, gleam; appearance; official form*
**scheinbar** *apparent*
**scheinen,** ie, ie *shine; seem*
**scheiteln** *part (the hair)*
der **Schemel** - *stool*
**schenken** (als Geschenk) geben
die **Schere** -n *scissors*
der **Scherz** -e *jest, pleasantry, joke*
**scherzen** Scherze machen
**scherzhaft** spaßhaft
die **Scheu** Furcht, Angst
**scheu** schüchtern
**scheuen (sich)** *avoid*
der **Scheuerlappen** - *scrub rag*
**scheuern** *scrub*
**scheußlich** *horrible, frightful*
**schick** fein, nett
**schicken** senden; [**ab-**]
das **Schicksal** -e *fate, lot (in life)*
der **Schicksalsschlag** ⸗e
**schieben,** o, o *push, shove;* [**hinauf-**]
**schief** *slanting;* **schief gehen** *go wrong, turn out badly*
die **Schiene** -n (*railroad*) *track*
der **Schienenstrang** ⸗e (*railroad*) *track*
**schießen,** schoß, geschossen *shoot;* [**empor-**]
das **Schießpulver** - [Pulver *powder*]
das **Schiff** -e größeres Wasserfahrzeug; Kirchenraum
der **Schiffsmann** -leute *sailor*
**Schikaneder, Emanuel** (1751-1812), schrieb den Operntext für Mozarts „Zauberflöte"
das **Schild** -er *sign-board, name-plate*
**schildern** beschreiben
**Schiller, Friedrich** (1759-1805), großer deutscher Dichter
der **Schilling** -e österreichisches Geldstück

der **Schimmer** - schwaches Licht
**schimmern** *gleam, glimmer*
der **Schinken** - *ham*
die **Schlacht** -en *battle*
das **Schlachtfeld** -er
der **Schlaf** *sleep*
**schlafen** (ä), ie, a
das **Schlafzimmer** -
der **Schlag** ⸗e *blow*
**schlagen** (ä), u, a *hit, strike, beat;* [**aus-, durch-, rad-**]
**schlagen** (ä), u, a (sich) *fight*
die **Schlange** -n *snake; line (of people waiting for service)*
**schlank** nicht zu dick; angenehm dünn, eher als dick
**schlau** *cunning, crafty*
**schlecht** nicht gut; krank, unwohl
**schleichen** i, i *creep, crawl;* **eine schleichende Krankheit** *a lingering illness*
der **Schleier** - *veil; sheet (of rain)*
das **Schleierauge** -n *veiled eye*
die **Schleife** -n *bow*
**schleppen** *drag*
**Schlesien** südöstlicher Teil von Deutschland bis 1945, jetzt polnisch (auf englisch: *Silesia*)
**Schleswig-Holstein** nördlichstes Land in West-Deutschland
**schlicht** einfach, ungeziert
**schließen,** schloß, geschlossen *close, conclude;* [**ab-, an-, auf-, aus-, ein-, zusammen-**]
**schließlich** am Ende; wenn alles vorbei ist; wenn alles betrachtet ist
**schlimm** schlecht; gar nicht gut
das **Schloß** ⸗sser *castle; lock*
der **Schluck** -e *swallow, mouthful*
**schlummern** leicht schlafen
der **Schluß** ⸗sse Ende
der **Schlüssel** - *key*
der **Schlüsselbund** -e *bunch of keys*
das **Schlußzeugnis** -se Zeugnis am Ende des Schuljahres
**schmal** *narrow*
**schmalgewölbt** [gewölbt *arched*]
**schmecken** *taste (good)*
**schmeichelhaft** *flattering*
**schmeicheln** *flatter*
der **Schmetterling** -e *butterfly*
der **Schmetterlingsfink** (-en) -en [Fink *finch*]
der **Schmied** -e (*black*)*smith*
**schmiegen** [**an-**]

lvii

# Schmiß

der **Schmiß** -sse *scar from a sword wound*
**schmoren** *stew, braise*
der **Schmuck** *decoration, adornment; jewelry*
**schmücken**
das **Schmuckkästchen** -
**schmutzig** *dirty, soiled*
der **Schnabel** ⸚ *bill, beak*
die **Schnauze** -n Mund und Nase von manchen Tieren, besonders von Hunden
der **Schnee** *snow*
der **Schneenebel** - [Nebel *fog*]
der **Schneesturm** ⸚e
das **Schneetreiben** - Schneesturm
**schneiden, schnitt, geschnitten** *cut;* [**ab-, zurück-**]
**schneidern** *tailor;* [**maß-**]
**schnell** *fast, quick, rapid*
der **Schnitt** *cut, style*
das **Schnitzel:** Wiener Schnitzel *veal cutlet*
**schnurren** *purr*
die **Scholle** -n *bit of soil*
**schon** *already, so far; certainly, indeed*
**schön** *beautiful, handsome, fine*
**Schönau** mehrere Städte dieses Namens in Deutschland, z.B. im Schwarzwald
**schonen** gut behandeln
die **Schönheit** -en *beauty*
**schöpfen** *ladle, dip out;* **Atem schöpfen** *draw breath*
der **Schöpfer** - *creator, inventor, author*
**schöpferisch**
die **Schöpfung** -en
der **Schornstein** -e *chimney*
der **Schoß** -e *lap*
der **Schoßhund** -e
das **Schoßhündchen** -
**schräg** *inclined, sloping, slanted, diagonal*
die **Schrägaufstellung** -en
**schräggelegt**
der **Schrank** ⸚e *cupboard, cabinet*
der **Schrebergarten** ⸚ Kleingarten, nach dem Arzt Daniel Schreber (1808-1861) genannt. Dieser förderte gymnastische Erziehung und die Errichtung von öffentlichen Spielplätzen.
der **Schrecken** *nervous anxiety*
**schrecklich** furchtbar, entsetzlich
**schreiben, ie, ie** *write;* [**ab-, auf-, ein-, nieder-, vor-, zu-**]
der **Schreiber** - *clerk*
die **Schreibfeder** -n *pen*
der **Schreibtisch** -e
**schreien, ie, ie** *yell, shout, scream*

der **Schrein** -e *cupboard, chest; shrine*
der **Schreiner** - *carpenter, cabinet-maker*
**schreiten, schritt, geschritten** feierlich gehen; [**hinein-**]
die **Schriftführerin** -nen Sekretärin
**schriftlich** niedergeschrieben
der **Schriftsteller** - *writer, professional author*
**schrill**
der **Schritt** -e *step, pace*
das **Schritt-für-Schritt-Verfahren** *step-by-step procedure*
die **Schublade** -n *drawer*
**schüchtern** *shy, timid*
die **Schufterei** *drudgery, grind*
der **Schuh** -e
die **Schuhmacherwerkstatt**
die **Schularbeit** -en [Schule *school*]
die **Schulbank** ⸚e [Bank *bench*]
der **Schulbau** -ten
das **Schulbuch** ⸚er
**schuld** *to blame*
die **Schuld** *blame, fault*
die **Schuld** -en *debt*
der **Schuldiener** - *school janitor, custodian*
**schuldig: schuldig sein** *owe*
der **Schuldirektor** -en [Direktor *principal*]
die **Schule** -n *school*
der **Schüler** - Junge, der zur Schule geht
die **Schülerin** -nen
die **Schülerschaft** -en alle Schüler, die eine bestimmte Schule besuchen
der **Schulfreund** -e
das **Schulgeld** -er
das **Schulhaus** ⸚er
der **Schulhof** ⸚e
das **Schuljahr** -e
die **Schulkameradin** -nen
der **Schulleiter** - Schuldirektor
die **Schulmannschaft** -en
**schulmäßig** *scholastic*
die **Schulpflicht** -en
**schulpflichtig**
das **Schulsystem** -e
der **Schultag** -e
die **Schulter** -n *shoulder*
die **Schulterhöhe** -n
das **Schulwesen** - Schulsystem
der **Schulwettkampf** ⸚e [Wettkampf *contest*]
die **Schulwoche** -n
die **Schulzeit** -en
der **Schulzwang**
**schumig** = **schaumig** *foamy*
die **Schur-Wolle** *sheep wool shorn by hand*

# Selleriesalat

der **Schuß** ⸚sse *shot*
die **Schüssel** -n *dish, bowl*
**Schussenried** Stadt in Bayern
der **Schutt** *rubble*
**schütteln** *shake*
der **Schutz** *protection*
das **Schutzblech** -e [**Blech** *sheet-metal*] *fender*
**schützen**
**schwäbisch** aus oder von Schwaben, einem der alten Gebiete von Süddeutschland, heute ein Teil von Baden-Württemberg
**schwach** nicht stark
die **Schwäche** -n
**schwächlich**
die **Schwadron** -en *squadron*
**schwanken** *sway, totter, stagger*
die **Schwankung** -en *variation*
der **Schwanz** ⸚e *tail*
**schwärmen (für)** enthusiastisch sein
**schwarz** *black*
**schwarzbraun**
der **Schwarzwald** Gebirge in Baden
der **Schwatz** ⸚e *chat*
**schweben** *hover;* **schwebend** *pending, undecided*
**Schweden** konstitutionelles Königreich in Nordeuropa
**schwedisch**
**schweigen, ie, ie** nichts sagen, still sein
der **Schweinebraten** - *roast pork*
**Schweinfurt** Stadt am Main, in Bayern
die **Schweiz** Bundesstaat in Mitteleuropa; Hauptstadt: Bern. Offizielle Sprachen: Deutsch, Französisch, Italienisch, Rätoromanisch
der **Schweizer** Bewohner oder Bürger der Schweiz
**schweizerisch**
die **Schwelle** -n *threshold*
**schwellen (i), o, o,** groß werden; [**an-**]
**schwer** *heavy; hard, difficult*
die **Schwerarbeit** -en
die **Schwere** -n
**schwerelos** ohne Schwere, ohne Gewicht
**schwerfällig** *ponderous, cumbersome*
das **Schwert** -er *sword*
die **Schwester** -n *sister*
das **Schwesterchen** -
**schwierig** *difficult*
die **Schwierigkeit** -en
**schwimmen, a, o**
**schwindeln** *be giddy, dizzy*

**schwirren** *whizz; fly around*
**schwören, o, o,** *swear*
**schwunghaft** *lively, brisk*
**sechs** *six*
**sechzehn** *sixteen*
**sechzehnt-** *sixteenth*
**sechzig** *sixty*
der **See** -n *lake*
die **See** -n *Meer*
die **Seele** -n *soul*
**Seeler, Uwe** berühmter Mittelsturmer des Fußball-Clubs Hamburg
das **Segel** - *sail*
**segeln**
der **Segen** - *blessing*
**segnen** über etwas einen Segen sprechen
**sehen (ie), a, e** *see look;* [**an-, auf-, aus-, durch-, fern-, hinaus-, nach-, um-, vorher-, wieder-, zu-**]
**sehnen (nach)** *long, yearn (for)*
die **Sehnsucht** *longing, yearning*
**sehnsüchtig**
**sehr** in hohem Grade
die **Seide** -n *silk*
**seiden** aus Seide
das **Seidenkissen** -
das **Seidenkleid** -er
**sein (ist), war, gewesen** *be;* [**da-**]
**seinerseits** *on his side, for his part, as far as he is concerned*
**seit** *since;* **seit acht Tagen** *for a week*
**seitdem** *since; since then*
die **Seite** -n *side; page*
der **Seitengang** ⸚e [**Gang** *aisle*]
**seitlich** rechts oder links, an beiden Seiten der Hauptrichtung
**seitwärts** nach der Seite
der **Sekretär** -e
der **Sekundant (-en)** -en Helfer bei einem Duell
die **Sekundarschule** -n höhere Schule
die **Sekunde** ein Sechzigstel einer Minute
**selb** *same*
**selber** *self; myself, yourself, himself, etc.*
**selbst** *self; myself, yourself, himself, etc.; even*
**selbständig** *independent; self-supporting*
der **Selbstbedienungsladen** ⸚ *supermarket*
das **Selbstbewußtsein** *self-assurance*
**selbstsicher**
**selbstverständlich** wozu man keine Erklärung braucht, natürlich
**selig** *blessed; blissful*
der **Selleriesalat** -e [der **Sellerie** *celery*]

lix

## selten

selten *rarely, seldom*
das Selterswasser *soda-water*
seltsam *peculiar, strange*
seltsamerweise *strange to say*
die Seminar-Übung -en *special individual project in an advanced course*
senden, sandte, gesandt
senken *let down, lower;* [ein-]
senkrecht *perpendicular*
die Sense -n *scythe*
das Sentiment -s
sentimental
die Sentimentalität -en
der September - der neunte Monat
der Septembermorgen -
das Serail -s *seraglio, harem*
die Serenade -n Abendmusik
servieren zum Tisch bringen
der Sessel - *arm-chair*
setzen *set, put; place;* ins Bild setzen *explain;* [ab-, an-, aus-, durch-, ein-, fort-, hin-, um-, voraus-]
siamesisch
sicher *sure, certain, secure, safe*
die Sicherheit -en
die Sicht: aus der Sicht eines Mädchens wie ein Mädchen es sieht
sichtbar was man sehen kann
sieben *seven*
siebenjährig
siebzehn *seventeen*
siebzehnt - *seventeenth*
siebzig *seventy*
siedeln [ein-]
der Siedler - *settler, colonizer*
die Siedlung -en
der Sieg -e *victory*
der Siegelring -e *signet ring*
siegen *conquer*
der Sieger -
siegreich *victorious*
Siemens, Werner von (1816-1892), Begründer der Elektrotechnik
Siemens und Halske AG, Berlin, München; das größte Unternehmen der deutschen elektrotechnischen Industrie
das Signal -e
die Silbe -n *syllable*
die Silhouette -n
simpel *simple, stupid*
die Sinfonie -n *symphony*
singen, a, u [mit-]
der Sinn -e *sense, meaning*
das Sinnbild -er *symbol*
sinnen, a, o nachdenken, grübeln; träumerisch denken
sinnig *thoughtful*
sinnreich *sensible*
die Sirene -n
die Situation -en Lage
der Sitz -e *seat; fit*
sitzen, saß, gesessen [da-, nieder-]
Sixtinisch *Sistine*
Skandinavien Norwegen, Schweden und Dänemark (manchmal auch Finnland)
skandinavisch
der Skatspieler - [der Skat = Kartenspiel zu dreien]
das Skelett -e *skeleton*
der Skiausflug ⸚e [Ausflug *excursion*]
die Skizze -n *sketch*
skizzieren
der Skorpion -e
slawisch *Slavic*
der Smoking -s *dinner jacket*
so *so, thus, this way; like that;* so was = so etwas; so . . . wie *as . . . as*
sobald *as soon as*
der Sockel *foundation*
sodann *then, thereupon*
sodaß *so that*
das Sofa -s
sofern *as far as;* sofern . . . nicht *unless*
sofort *immediately, at once*
sog. = sogenannt
sogar *even*
sogenannt *so-called*
sogleich sofort
der Sohn ⸚e *son*
das Söhnchen - der kleine Sohn
solange *as long as*
solch *such*
der Soldat (-en) -en *soldier*
solonnell (franz.) *solemn*
solid fest, zuverlässig
Solingen Industriestadt im Lande Nordrhein-Westfalen, im Ruhrgebiet
sollen *be supposed to; ought to; shall, should; be said to* [see Gram. Ref. § 44]
Soltwedel Stadt im ostdeutschen Staat Brandenburg
der Sommer - die warme Jahreszeit
die Sonate -n
sonderbar ungewöhnlich, eigenartig
sondern trennen, für sich allein stellen
sondern *but, on the contrary, but rather*

der **Sonnabend** -e Samstag, der Tag zwischen Freitag und Sonntag
**sonnabends** am Sonnabend, am Samstag
die **Sonne** -n *sun*
**sonnenarm** was wenig Sonne hat
der **Sonnenschutz**
der **Sonnenuntergang** ⸚e *sunset*
der **Sonntag** -e der erste Tag der Woche
der **Sonntagnachmittag** -e
**sonor** klangvoll
**sonst** *otherwise; besides; as a rule*
**sonstig-** *ander-*
**sonstwie** *otherwise*
die **Sorge** -n *care, worry, concern*
**sorgen (für)** *tend to, provide for*
**sorgfältig** *careful, precise, accurate*
**sorgsam** *careful, attentive*
die **Sorte** -n *kind, type*
die **Sortenkenntnis** -se *familiarity with various types of products*
die **Soße** -n *sauce*
**soviel** *so much (many)*
**soweit** *so far*
**sowie** *as well as*
**sowieso** *anyway, in any case*
das **Sozialprestige**
die **Soziologie**
**sozusagen** *so to speak*
die **Spaltung** -en *split, cleavage*
**Spanien** Staat in Westeuropa, südlich von den Pyrenäen
der **Spanier** - ein Mann aus Spanien
**spannen** *harness, hitch up;* [**ein-**]; **gespannt** *excited, tense*
die **Spannung** -en *expectant curiosity*
**sparen** *economize, save*
der **Spargel** - *asparagus*
die **Sparkasse** -n *savings bank*
der **Spaß** ⸚e: **Spaß machen** *be fun*
**spät** *late*
**spätromanisch**
der **Spatz** (-en) -en *sparrow*
**spazieren gehen** einen Spaziergang machen
der **Spaziergang** ⸚e *stroll, walk*
**speckig** *greasy*
der **Speicher** - *attic*
die **Speicherhalle** -n *granary, warehouse*
die **Speise** -n *food*
die **Speisekammer** -n *pantry*
**speisen** essen
die **Spende** -n Gabe, Geschenk
der **Sperber** - *sparrow-hawk*

**sperren** *confine;* [**auf-**]
der **Spessart** Waldgebirge rechts vom Main
die **Spezialisierung** -en *specialization*
der **Spezialist** (-en) -en
die **Sphäre** -n *sphere, domain*
der **Spiegel** - *mirror, looking-glass*
das **Spiegelbild** -er
**spiegeln** *reflect;* [**wider-**]
das **Spiel** -e *game, sport; playing, performance*
**spielen** [**ab-, an-, auf-, hinein-, mit-**]
der **Spieler** -
der **Spielplatz** ⸚e
der **Spielraum** *margin, clearance, leeway*
das **Spielzeug** -e *toy*
der **Spielzug** ⸚e *maneuver, "play"*
**spinnenartig** *spider-like*
**spinnendürr** *dry and thin as a spider*
**spionieren** *spy on*
die **Spiralbewegung** -en
**spitz** *pointed, sharp*
**Spitzbergen** Inselgruppe im Nordpolarmeer; gehört zu Norwegen
die **Spitze** -n *point; tip; summit*
**spitzen** *sharpen*
der **Spitzenbeamte** (-n) -n *top official*
**spitzfindig** *crafty, shrewd*
**spitznäsig** mit einer spitzen Nase
die **Spitzsäule** -n [Säule *pillar, column*]
der **Sporn, Sporen/Spornen** *spur*
der **Sport**
die **Sportgruppe** -n
**sportlich**
der **Sportplatz** ⸚e
das **Sportsereignis** -se
der **Sportwagen** -
die **Sprache** -n *language*
der **Spracheinfluß** ⸚sse Wirkung einer Sprache auf eine andere
das **Sprachgebiet** -e Gebiet, wo eine Sprache gesprochen wird
die **Sprachgrenze** -n Grenze zwischen zwei Sprachgebieten
**sprachlich**
**sprechen** (i), a, o *speak, talk;* [**an-, aus-, vor-,**]
**spreizen** *stretch out, spread wide*
das **Sprichwort** ⸚er *proverb, saying*
**sprießen** [**hervor-**]
**springen,** a, u *jump, run;* [**ab-, an-, hervor-, hinauf-**]
**spröde** *hard, brittle*
der **Spruch** ⸚e *saying, often in rhyme*
**sprühen** *sparkle*

# Spur

die **Spur** -en *trace; vestige*
**spüren** fühlen, empfinden
der **Staat** -en *state (e. g. of the United States), nation, country, government*
**staatlich** *governmental*
das **Staatsexamen** -ina *examination given by the government for purposes of certification*
der **Stab** ⸚e *staff; stick; baton*
das **Stadion** -ien altgriechisches Wegmaß, 160 m, später 192 m
die **Stadt** ⸚e *city, town*
das **Stadtbild** -er
das **Städtchen** -
**städtebaulich** *pertaining to city planning*
der **Stadtführer** - *guide book to the city*
das **Stadtgebiet** -e
der **Stadtgraben** ⸚ [Graben *moat*]
die **Stadtgrenze** -n
das **Stadtinnere**
**städtisch**
die **Stadtmauer** -n
die **Stadtmitte** -n
der **Stadtname** (-ns) -n/Städtenamen
der **Stadtrat** ⸚e [Rat *member of the council*]
die **Stadtregion** -en
das **Stadttor** -e
die **Stadtverwaltung** -en
der **Stahl** ⸚e *steel*
der **Stahlbeton** *reinforced concrete*
der **Stahlbetonkoloß** -sse (Koloß *colossus, gigantic formation*]
**stahlblau**
der **Stahlkoloß** -sse
der **Stall** ⸚e
der **Stamm** ⸚e *tribe*
**stammen** (aus) herkommen (von)
der **Stammkunde** (-n) -n *regular customer*
**stampfen** kräftig mit dem Fuß auf etwas treten
der **Stand** ⸚e *stand, booth; class, rank (in society) condition*
der **Standard** -s (eng.)
**standesgemäß** *according to one's social class*
der **Standesunterschied** -e
der **Standort** -e der Platz, wo etwas steht
**stark** *strong, vigorous; intense, severe*
die **Stärke**
**starkknochig** [Knochen *bone*]
die **Stärkung** -en *strengthening*
**starr** *rigid*
die **Station** -en Bahnhof oder Haltepunkt
**statt** *instead of*
**statten** [ab-, aus-]

die **Stätte** -n Stelle, Platz, Ort
**statt-finden, a, u** *take place*
**stattlich** *stately, imposing*
die **Statue** -n Standbild
der **Staub** *dust*
der **Staubsauger** - *vacuum cleaner*
**staunen** sich sehr wundern
**stechen** (i), a, o *prick; sting;* [ab-]
**stecken** *put (in); be (in)*
der **Steckling** -e *cutting*
**Stefano, Alfredo di** berühmter Fußballspieler (Mitglied des Real Madrid); jetzt Trainer
**stehen, stand, gestanden** *stand;* [ab-, auf-, da-, herum-, hervor-, zu-, zurück-]
der **Stehplatz** ⸚e Platz zum Stehen, in einer Straßenbahn, in einem Bus oder in einem Theater
**steigen, ie, ie** *climb, get into; increase, rise;* [ab-, an-, aus-, ein-, hinab-, um-]
die **Steigung** -en *slope, gradient*
der **Stein** -e *stone*
**steinalt** sehr, sehr alt
**steinern** aus Stein
**steinig** an Steinen reich
**steinzeitlich** *of the Stone Age*
die **Stelle** -n *place, spot*
**stellen** *place, put;* [ab-, an-, auf-, aus-, ein-, fertig-, fest-, her-, hinein-, vor-, zusammen-]
die **Stellung** -en *position*
**stellvertretend** *deputy, vice-*
**sterben** (i), a, o *die*
**Sterling**: das Pfund Sterling die Geldeinheit Englands
das **Sternlein** - *little star*
**stetig** *steady, constant*
**Stettin** Stadt in Ost-Deutschland, Seehafen an der unteren Oder
die **Steuer** -n *tax*
der **Steuerzahler** - einer, der Steuern bezahlen muß
**stieben, o, o** *fly about*
der **Stiefel** - *boot*
die **Stiege** -n Treppe
das **Stiegenhaus** ⸚er Treppenhaus
**stiften** *donate*
das **Stiftungsfest** -e *founder's day celebration*
der **Stil** -e *style*
**still** schweigend, lautlos; ruhig
die **Stille** Ruhe, Schweigen, Friede; Augenblick ohne Lärm

# Südosten

die **Stilperiode -n** die Zeit, in der ein Stil herrscht
die **Stimme -n** *voice*
**stimmen** *be right; be accurate*
die **Stimmung -en** *mood, state of mind*
die **Stirne -n** der Teil des Kopfes zwischen dem Haar und den Augen
die **Stockung -en** *stoppage*
das **Stockwerk -e** *story, floor*
der **Stoff -e** *stuff, material*
**stöhnen** *groan*
**stolpern** *stumble*
**stolz** *proud*
der **Stolz**
**stören** *disturb*
der **Stoß ⸚e** *thrust, impulse*
**stoßen (ö), ie, o** *push, thrust;* [**aus-, zu-**]
**strafen** *punish*
**straff** *stern*
**strahlen** *radiate, shine*
**strahlenförmig** *radial*
die **Strahlung -en** *radiation, sunlight*
**strähnig** *stringy*
**stramm** *strong, strapping*
**strapazieren** *wear out*
**Straßburg** [franz. Strasbourg] Stadt in Ostfrankreich, nicht weit von der Grenze zwischen Frankreich und Deutschland
die **Straße -n** *street, avenue, road*
die **Straßenbahn -en** *street-car*
die **Straßenbahnhaltestelle -n**
der **Straßenjunge (-n) -n** *(any) boy you might meet on the street*
der **Straßenschuh -e**
der **Strauch ⸚er** *shrub*
der **Strauß ⸚e** *bouquet*
**streben** *strive, struggle*
die **Strebsamkeit** *zeal, industry*
die **Strecke -n** *span, extent*
**strecken** *extend, reach out;* [**aus-**]
**streicheln** *stroke, pet*
das **Streichquartett -e** *string quartet*
**streiten, stritt, gestritten** *quarrel*
**streng** *strict*
**strengen** [**an-**]
das **Stroh** *straw;* **ins Stroh kriechen** *"hit the hay"*
der **Strom ⸚e** ein großer Fluß
**stromab** den Fluß hinab
**stromauf** den Fluß hinauf
der **Strompfeiler -** (Pfeiler *pillar*]
die **Struktur -en**
die **Stube -n** Zimmer

das **Stück -e** *piece; play; piece of music*
das **Stückchen -**
**stud.** = Student
**stud. med.** = Student der Medizin
**stud. phil.** = Student der Philosophie
der **Student (-en) -en** einer, der auf der Hochschule oder auf der Universität studiert
das **Studentendasein** Studentenleben
das **Studentenduell -e** sportlicher Zweikampf unter Studenten
der **Studienassessor -en** *high school teacher with permanent certification*
der **Studiendirektor -en** *principal of a high school*
der **Studienrat ⸚e** *senior teacher at a high school*
der **Studienreferendar -e** *high school teacher without permanent certification*
**studieren** *study (usually specifically at a university)*
das **Studium -ien** *study*
die **Stufe -n** *step, stair; stage, level*
der **Stuhl ⸚e** *chair*
**stumm** schweigend
**stumpf** unscharf; ohne Glanz
die **Stunde -n** sechzig Minuten; Unterrichtsstunde: in der ersten Stunde haben wir Rechnen
das **Stundenglas ⸚er**
**stundenlang** sehr lang, ohne Aufhören
die **Stundenlast -en** *(class-) load of hours (per week)*
der **Stundenplan ⸚e**
der **Sturm ⸚e** *storm, gale; tumult, fury*
**stürmisch**
der **Sturz ⸚e** heftiger Fall
**stürzen** *plunge, throw down;* [**ab-, hinein-**]
die **Stute -n** weibliches Pferd
der **Stutengarten ⸚**
**Stuttgart** Hauptstadt des Landes Baden-Württemberg, am Neckar
**stützen** *support*
**stutzig** aufmerksam, zum Nachdenken bereit
**subtrahieren** *subtract*
die **Suche** *search, quest*
**suchen** *seek, hunt for;* [**herum-**]
der **Süddeutsche (-n) -n** Bewohner von Süddeutschland
**Süddeutschland** *South Germany*
der **Süden** *south*
das **Südfrüchtegeschäft** [Südfrüchte *tropical fruits*]
**südlich**
der **Südosten**

lxiii

# Südseite

die **Südseite** -n
**Suitbertus,** Missionsbischof, 713 gestorben; gründete das Kloster Kaiserswerth
**summen** *hum, buzz*
die **Sumpfdotterblume** -n *marsh-marigold*
die **Suppe** -n *soup*
der **Suppenlöffel** -
der **Suppenteller** -
**süß** *sweet*
**süßen** süß machen
die **Süßigkeit** -en *candy*
**Süßmayer** Schüler von Mozart
die **Süßspeise** -n Nachtisch: Kuchen, Pudding, usw.
das **Symbol** -e Sinnbild
**symbolisch**
die **Sympathie** -n Mitgefühl, Wohlwollen
**sympathisch** angenehm, nett
die **Symphonie** -n
das **System** -e

## T

**Tacitus, Cornelius** (ca. 50-116 n. Chr.), der bedeutendste römische Geschichtschreiber
die **Tafel** -n *board, plaque; formal dining table*
die **Tafelmusik** Unterhaltungsmusik
der **Tag** -e *day*
das **Tagebuch** ⸚er *diary*
die **Tageszeitung** -en Zeitung, die jeden Tag erscheint
**täglich**
**tagsüber** während des Tages
der **Tagtraum** ⸚e
der **Takt** -e *time, beat*
das **Tal** ⸚er Raum zwischen Bergen oder Gebirgen
das **Talent** -e besondere Begabung
der **Taler** - *old silver coin*
der **Tank** -s/e
**tanken** *fill up with gas*
die **Tankstelle** -n Stelle, wo man Treibstoff kaufen kann
der **Tankstellenlehrling** -e
der **Tankwart** -e *filling-station attendant*
der **Tankwartberuf**
der **Tankwartlehrling** -e
der **Tanz** ⸚e *dance*
die **Tanzdiele** -n [Diele *hall*]
**tanzen**
**tapezieren** *paper (walls)*
der **Tapezierer** -
**tapfer** *brave, courageous*

die **Tasche** -n *pocket*
das **Taschenformat** -e [Format *size*]
das **Taschentuch** ⸚er *handkerchief*
die **Tasse** -n *cup*
das **Tassentuch** ⸚er
die **Tastatur** -en *keyboard*
die **Tat** -en *deed, action*
der **Täter** - *doer*
die **Tätigkeit** -en *activity*
die **Tatsache** -n *fact*
der **Taubenmist** *pigeon dung*
die **Taufe** -n *christening, baptism*
**taufen**
der **Taunus** ein Gebirge auf der rechten Seite des mittleren Rheins, nordwestlich von Frankfurt und Mainz
die **Taunushöhenlage** -n eine hohe Stelle im Taunus
**täuschen** (sich) sich irren, etwas Falsches erwarten
**tausend** *thousand*
**tausendmal**
**technisch**
der **Tee** -s *tea*
der **Teig** -e *dough, pulp*
der **Teil** -e *part, portion*
**teilen** *divide, share;* [auf-, ein-, mit-]
**teil-nehmen** (nimmt), nahm, genommen
**teils** zum Teil
das **Tellertuch** ⸚er
der **Tempel** -
das **Temperament** -e
die **Temperatur** -en
der **Temperaturwechsel** - [Wechsel *change*]
der **Teppich** -e *rug, carpet*
der **Tessin** Nebenfluß des Po, Fluß in Norditalien
das **Testament** -e: Altes und Neues Testament die beiden Hauptteile der Bibel
**teuer** was man sehr gerne hat; was viel kostet
der **Teufel** - *devil*
der **Teufelskerl** -e *imp, rascal*
der **Teutoburger Wald** ein mittelhohes Gebirge im Lande Westfalen
der **Text** -e
das **Theater** -
der **Theaterleiter** -
**theatralisch** *dramatic, unnatural*
das **Thema** -en
**theologisch**
**Theophilus** (griech.) = Amadeus (lat.) = Gottlieb (deutsch)

theoretisch
die **Theorie** -n
das **Thermometer** -
**Thüringen** deutsches Land in Mitteldeutschland, heute ein Teil von Ost-Deutschland
**thüringisch**
**Thyssen-Konzern** eine Gruppe von Werken der Schwerindustrie
**tief** *deep, low; innermost, utmost*
die **Tiefe** -n
die **Tiefebene** -n
das **Tier** -e *animal (including birds, fishes, and insects)*
der **Tierfan** -s jemand, der sehr für Tiere schwärmt
die **Tierfeindschaft** -en [Feindschaft *hostility*]
die **Tiergestalt** -en
die **Tierliebe** -n
der **Tintenklecks** -e *ink spot*
**tippen** auf der Schreibmaschine schreiben
das **Tirili** Vogelgesang
der **Tisch** -e *table*
der **Tischherr** (-n) -en *escort*
das **Tischtennis** *ping-pong*
der **Titel** -
**Tito**: La Clemenza di Tito „die Milde des Titus" italienischer Titel der zweitletzten Oper von Mozart; im Sommer 1791 in achtzehn Tagen komponiert
**Titus** (siehe **Tito**)
**toben** *roar, rage;* [**aus-**]
die **Tochter** ⸚ *daughter*
der **Tod** -esfälle *death*
**Todtmoos** Kurort im Südschwarzwald
die **Toilette** -n *evening dress; toilet*
**toll** *grand, wonderful; crazy*
die **Tomate** -n
der **Ton** ⸚e *musical tone*
das **Tonband** ⸚er *(magnetic) tape*
die **Tonne** -n großes Faß; Gewicht von 1000 kg
der **Tontopf** ⸚e [der Ton *clay*]
der **Topf** ⸚e *pot*
das **Töpfchen** -
**topfen** [**um-**]
das **Topftuch** ⸚er
das **Tor** -e *gate*
der **Torf** *peat*
der **Torfmull** *leaf-mould*
**tot** *dead*
der **Tote** (-n) -n
die **Totenfeier** -n *requiem*

die **Totenmesse** -n [Messe *Mass*]
der **Tourist** (-en) -en
die **Tradition** -en
**träg** *sluggish, dull*
**tragen** (ä), u, a *carry, bear;* [**bei-, zu-**]
der **Träger** -
die **Tragfähigkeit** -en *load capacity*
die **Tragikomödie** -n *tragi-comedy*
die **Tragödie** -n *tragedy*
**trainieren**
die **Tram** -s Straßenbahn
die **Träne** -n *tear*
**transitiv** *having a direct (accusative) object*
der **Transport** -e
**transportieren** [**ab-**]
**trauen** *have confidence in, rely on*
**trauen** (sich) *venture, dare*
der **Traum** ⸚e *dream*
**träumen**
**träumerisch**
**traurig** *sad, sorrowful*
**traut** *lieb, wert, teuer*
**Travemünde** Vorstadt von Lübeck
**treffen** (i), traf, o *meet; hit;* [**an-, auf-**]
**treffen** (i), traf, o (sich) *meet (by appointment); happen*
**treiben**, ie, ie *drive, stimulate; carry on*
der **Treibstoff** -e *fuel*
**trennen** *separate, tear away*
die **Treppe** -n *staircase*
das **Treppenhaus** ⸚er *stairwell*
**treten** (tritt), a, e den Fuß setzen; zu Fuß gehen; [**an-, ein-, herein-, hervor-, hinaus-, über-, zu-, zusammen-**]
der **Tretmühltakt** -e [die Tretmühle *treadmill*]
**treu** *true, loyal*
die **Treue** *constancy, loyalty*
**treuherzig** *faithful, simple, naive*
**treulos** ohne Treue
der **Tribut** -e
das **Trillern** *warbling, twittering*
**trimmen** [**hoch-**]
**trinken**, a, u *drink*
das **Trinkgeld** -er kleines Geldgeschenk für persönliche Dienste
**triumphieren**
**trocken** *dry*
die **Trockenhaube** -n *(hair) drier*
**trocknen** *to dry;* [**ab-, aus-**]
der **Trompetenstoß** ⸚e *trumpet blast*
der **Trompeter** -
die **Trophäe** -n Zeichen des Sieges
der **Trost** *consolation, comfort*

**trostlos** ohne Trost
**trotz** *in spite of*
**trotzdem** *nevertheless, in spite of everything*
**trübe** unklar, glanzlos; neblig; traurig, trostlos
**trüben** *sadden*
**trügen** *mislead, be deceptive*
die **Trümmer** (*pl.*) *wreckage, debris*
die **Truppe -n: die Truppen** das Heer
**trutzig** = **trotzig** *defiant, obstinate; sulky*
**Tübingen** alte Universitätsstadt am Neckar südlich von Stuttgart
das **Tuch ⸚er** *cloth; towel; kerchief*
**tüchtig** *capable, efficient*
die **Tugend -en** *virtue*
der **Tüll** *tulle, net*
die **Tulpe -n** *tulip*
**tun, tat, getan** *do, perform; act;* [**an-, weh-**]
die **Tür -n** *door*
die **Türbreite**
**Turegum** alter keltischer Name für die heutige Stadt Zürich
der **Türgriff -e** [**Griff** *handle*]
der **Turm ⸚e** *tower*
die **Turmspitze -n** die Spitze des Turmes
**turnen** *do gymnastics*
die **Turnhalle -n** *gymnasium*
das **Türschloß ⸚sser** [**Schloß** *lock*]
der **Typ -en** *type, model*
das **Typenprogramm**
**typisch**
der **Typus Typen** (siehe **Typ**)

## U

**übel** schlecht; unangenehm; **nicht übel** ganz nett
**übel-nehmen** (**nimmt**), **nahm, genommen** über etwas gekränkt sein
**üben** an etwas arbeiten, um es sicher zu können; [**aus-**]
**über** *over; about; more than*
**überall** *everywhere*
**überaus** sehr, ungewöhnlich
der **Überblick -e** *review, survey*
**überblicken** *survey, glance over*
**überdrehen** *exceed*
**überfallen** (**ä**), **überfiel, a** plötzlich angreifen
**überflügeln** zuvorkommen, schneller sein, besser sein
**überfüllt** zu voll
der **Übergang ⸚e** *crossing, ford*
**übergeben** (**i**), **a, e** *deliver, hand over*

**über-gehen, ging, gegangen** *go into, transfer into; turn into*
das **Übergewicht** zuviel Gewicht
**überhaupt** *in general; after all; at all*
**überholen** *overtake, pass*
**überkommen, überkam, o** erfassen
die **Überlegenheit** das Bessersein
**überlegen** (**sich**) über eine Sache nachdenken
die **Überlieferung -en** *Tradition*
**übermannen** überfallen, bezwingen
**übermäßig** allzusehr, allzuviel
die **Übermittlung -en** *Sendung*
**übermorgen** am Tage nach morgen
**übermütig** *high-spirited*
die **Übernahme** *taking over, assumption*
**übernehmen** (**übernimmt**), **übernahm, übernommen** *take over, assume*
**überqueren** *go across*
**überraschen** *surprise*
**überraschenderweise**
**überreichen** feierlich in die Hand geben
**überrieseln** *trickle over*
**übers** = **über das**
**übersehen** (**ie**), **a, e** nicht sehen, nicht merken
**übersetzen** *translate*
**übersiedeln** die Wohnstätte verändern
**überstehen, überstand, überstanden** *survive, live through*
**übertaghell** heller als der Tag
**übertragen** (**ä**), **u, a** auf etwas anderes anwenden
**übertreffen** (**i**), **übertraf, o** *surpass*
**übertreiben, ie, ie** *exaggerate*
**über-treten** (**tritt**), **a, e** *transfer to*
**überwinden, a, u** mit etwas fertig werden; besiegen
die **Überwindung**
**überzeugen** *convince, persuade*
die **Überzeugung -en**
der **Überzug ⸚e** *cover*
**üblich** gebräuchlich, nach der Gewohnheit
**übrig** *remaining, left-over;* **das Übrige** *the rest;* **nicht viel dafür übrig haben** *not like it particularly*
**übrigens** nebenbei bemerkt
die **Übung -en** *exercise, practice*
das **Ufer -** der Rand eines Flusses oder eines Meeres
die **Uferwiese -n**
die **Uhr -en** *clock*
der **Uhu -e/s** eine große Eule

**Ulm an der Donau** Stadt in Württemberg
**um** *around; approximately; at;* **um ... willen** *for the sake of, because of;* **um ... zu** *in order to*
**umarmen** liebevoll mit den Armen umfassen
**um-blicken (sich)** *look around*
**um-drehen (sich)** *turn around*
**umfangen (ä), i, a** umarmen, umfassen
**umfangreich** viel enthaltend
**umfassen, umfaßte, umfaßt** *embrace; include*
**umgeben (i), a, e** *surround*
die **Umgebung -en**
**umgekehrt** *opposite; on the other hand; vice versa*
**umgrenzen** Grenzen um etwas legen
**um-kehren** *turn around*
**um-pflügen** *plow over, plow under*
**umrändern** *to border, edge, frame*
die **Umrandung -en** *border*
**um-rechnen** *convert (into)*
die **Umrechnung -en**
**um-schauen (sich)** sich umsehen
der **Umschlag ⸗e** *envelope*
**umschnörkelt** *edged with curlicues*
**um-sehen (ie), a, e (sich)** *look around*
**um-setzen (sich)** *"re-incarnate" oneself*
**umso: umso mehr** *all the more*
der **Umstand ⸗e** der Hintergrund einer Sache; die Lage der Dinge, die eine Sache umgeben
**um-steigen, ie, ie** aus einem Bus oder Zug in einen anderen steigen
**umtanzen** *dance around*
**um-topfen** aus einem Blumentopf in einen anderen setzen
die **Umwandlung -en** *change, transformation; conversion*
der **Umweg -e** unnötig oder unangenehm langer Weg
die **Umwelt** Umgebung
**um-wenden, wandte, gewandt (sich)** sich umkehren
**unabhängig**
**unabwendbar** *inevitable*
**unähnlich**
**unangemeldet** *unannounced*
**unangenehm**
**unbedingt** *absolutely; without fail*
**unbefangen** *without embarrassment*
**unbefriedigt** *unsatisfied*
**unbekannt**

der **Unbekannte (-n) -n**
**unbekümmert**
**unbeleuchtet**
**unbeliebt**
**unberührt**
**unbesetzt**
**unbesorgt**
**unbewaldet**
**und** *and;* **und wenn** *even if*
**uneingeschränkt** *in general*
**unendlich** *endless, infinite*
**unentwegt** *persistent*
**unerbittlich** hart, fest
**unerfahren**
**unerklärlich**
**unerschütterlich** solid, fest, unbeweglich
**unerwartet**
**unerzogen** *untrained, uncultivated*
**unfertig** *infantile, not developed*
**unfreundlich**
**unfrisiert** *with untidy hair*
der **Unfug** *mischief*
**ungarisch** Hungarian
**Ungarn**
**ungastlich** wo man Gäste nicht gerne sieht
**ungebildet** ohne Schulung
die **Ungeduld** *impatience*
**ungeduldig**
**ungefähr** *approximately, about*
**ungefährlich** nicht gefährlich
**ungeheuer** riesengroß
**ungemein** außerordentlich, ungewöhnlich
**ungenau**
**ungenügend**
**ungewöhnlich**
**ungezählt** sehr viel; mehr als man zählen könnte
**ungezwungen** ohne daß man gezwungen wird; von selbst
**unglaublich** was man nicht glauben kann
**ungleich** *incomparably; unequal*
**unglücklich**
**unheimlich** *mysterious, scary*
die **Uni** *(slang)* = die **Universität**
die **Uniform**
die **Universität -en**
die **Universitätsmannschaft -en**
die **Universitätssprache -n**
die **Universitätsstadt ⸗e**
das **Universitätsstudium -ien**
**unkindlich**
**unkünstlerisch**
**unmittelbar** *direct, immediate*

## unmöglich

unmöglich
unordentlich *untidy*
unrecht *unjust*
unregelmäßig
unschön
unsicher
die Unsicherheit
der Unsinn *nonsense, foolishness*
die Untätigkeit
unten *down, downstairs, below;* nach unten (*go*) *down*
unter *under, below; among*
unter- was unten ist
unterbrechen (i), a, o *interrupt*
unter-bringen, brachte, gebracht (sich) *find a place to stay*
unterdessen *meanwhile*
der Untergebene (-n) -n derjenige, der bei der Arbeit unter einem angestellt ist
unter-gehen, ging, gegangen *perish, go under*
untergeordnet weniger wichtig
die Untergrundbahn -en *subway*
unterhalten (ä), ie, a *entertain*
die Unterhaltung -en
unterirdisch was unter der Erde ist
das Unterkommen ein Wohnungsraum; Platz, wo man schlafen kann
ohne Unterlaß immer, ununterbrochen
unternehmen (unternimmt), unternahm, unternommen *undertake*
das Unternehmen -
der Unternehmer - *promoter, manager, contractor*
die Unternehmung -en das Unternehmen
die Unterordnung (*self-*)*subordination*
die Unterprima das vorletzte Jahr in einem Gymnasium
die Unterredung -en Gespräch, Besprechung
der Unterricht *instruction*
unterrichten
das Unterrichtswesen Schul- und Bildungssystem
unters = unter das
unterscheiden, ie, ie *distinguish, differentiate*
unterschieben, o, o *foist upon, attribute*
der Unterschied -e *distinction, difference*
unterschiedslos ohne Unterschied
die Unterseite -n
unterst- *the very lowest*
die Unterstützung -en (*financial*) *help*
untersuchen *examine, investigate*
unterteilen *subdivide*

unterwegs auf dem Wege
die Unterweisung Unterricht
unterworfen *subject (to)*
unterziehen, unterzog, unterzogen (sich) *undergo, submit (to)*
untreu *disloyal*
ununterbrochen ohne Unterbrechung
unverdrossen ohne müde zu werden
unvergleichlich *incomparably*
unverheiratet
unvermeidlich
unversucht
unvollendet
unwert: nicht unwert *worth the trouble*
unwillkürlich *involuntarily*
unwürdig
die Unzahl eine sehr große Zahl
unzählig
die Unze -n *ounce*
unzulässig was man nicht tun soll, unerlaubt
üppig *luxurious, over-decorated*
uralt sehr, sehr alt
die Urkunde -n historisches Dokument
das Urmaß -e *fundamental unit of measure*
die Ursache -n *cause*
der Ursprung ⸚e *source, origin*
ursprünglich
die Ursprünglichkeit
die USA die Vereinigten Staaten von Amerika
usw. = und so weiter *and so forth; etc.*

## V

vage unbestimmt, verschwommen
die Variation -en
die Vase -n
der Vater ⸚
das Vaterland ⸚er Heimat
väterlich
Vati = Vater (Koseform)
v. Chr. = vor Christus *B.C.*
das Veilchen - *violet*
der Veilchenstrauß ⸚e
Veitshöchheim Gemeinde in Bayern mit einem Barockschloß
verabfolgen geben, servieren
verabreden *agree upon*
verabschieden (sich) Auf Wiedersehen sagen
verachten nicht respektieren
die Verachtung *contempt*
veraltet alt geworden, aus der Mode gekommen

# Verlängerung

die **Veranda -den**
**verändern** anders machen
**verändern (sich)** anders werden
die **Veranlassung -en** Grund für etwas, spezifische Ursache
die **Veranstaltung -en** *organized occasion, celebration*
**verantworten** *be responsible for*
**verantwortlich**
die **Verantwortung -en**
**verarbeiten** *process, produce from raw materials*
die **Verarbeitung**
das **Verb -en**
**verbergen (i), a, o** *conceal*
**verbeugen (sich)** *bow*
**verbieten, o, o** nicht erlauben
**verbinden, a, u** *connect, combine*
die **Verbindung -en**
**verbissen** *with grim determination*
**verblassen** blaß werden
**verblenden** konfus machen
**verbrauchen** *wear out*
**verbreiten** *spread*
**verbrennen, verbrannte, verbrannt** *burn down*
der **Verbrennungsmotor -en** *internal combustion engine*
**verbringen, verbrachte, verbracht** *spend (time)*
der **Verdacht -e** *suspicion*
**verdächtig**
**verdampfen** *evaporate*
das **Verdeck -e** *car top*
**verderben (i), a, o** *ruin, spoil*
**verdienen** *deserve; earn*
**verdreht** *twisted*
das **Verdunsten** *transpiration, evaporation from plants*
die **Verehrung** *reverence*
**verehrungswürdig**
der **Verein -e** *club*
**vereinbaren** *agree*
**vereinfachen** einfacher machen
**vereinigen** *join, unite*
**vereint** *intimately joined*
das **Verfahren -** Methode
**verfallen (ä), verfiel, a** *settle into, lapse into*
**verfallen** *collapsed, dilapidated*
**verfassen, verfaßte, verfaßt** schreiben
der **Verfasser -** Autor
die **Verfassung -en** *constitution; state of health*
**verfehlen** *fail*

**verfolgen** *pursue*
**verfügen** *manage, control*
die **Verfügung -en: zur Verfügung** *at one's disposal*
**vergangen** früher vorhanden, beendet, vorbei
die **Vergangenheit** was war; gewesene Zeiten
**vergären, o, o** *ferment*
**vergeben (i), a, e** *forgive; give away*
**vergeblich** *futile, in vain*
**vergehen, verging, vergangen** vorbeigehen
**vergessen (vergißt), vergaß, vergessen**
**vergeßlich**
die **Vergeßlichkeit**
das **Vergißmeinnicht -e** eine Art von Blume
**vergleichbar** was man vergleichen kann
**vergleichen, i, i** *compare*
das **Vergnügen -** kleine Freude
**vergöttlichen** zu einem Gott machen
**vergrößern** größer machen
**verhalten (ä), ie, a (sich)** sich benehmen
das **Verhältnis -se** *relation, relationship*
**verhältnismäßig** *relatively*
die **Verhätschelung** *caressing, spoiling*
**verheiraten** *marry*
der **Verkauf ⸚e** *sale*
**verkaufen** *sell*
der **Verkäufer -**
die **Verkäuferin -nen**
der **Verkaufsstand ⸚e**
der **Verkehr** die Bewegung von Personen und Sachen
**verkehren** mit jemandem oft zusammenkommen
die **Verkehrsader -n** [Ader *artery*]
der **Verkehrsausbau** [Ausbau *expansion*]
das **Verkehrsbüro -s**
das **Verkehrsfiasko -s** [Fiasko *break-down, mess*]
die **Verkehrsmaschine -n**
das **Verkehrsmittel -** *means of transportation*
das **Verkehrsnetz -e** [Netz *network*]
die **Verkehrssorge -n**
das **Verkehrszeichen -**
die **Verklärtheit** *radiance*
**verkleinern** kleiner machen
**verkrampft** *starr*
**verkrüppeln** *deform*
**verkürzen** kürzer machen
**verlangen** fordern, haben wollen; [**ab-**]
**verlängen** *extend*
**verlängern** länger machen
die **Verlängerung -en** *extension*

lxix

## verlassen

**verlassen** (verläßt), verließ, verlassen *leave, abandon, desert*
**verlassen** (sich auf etwas oder jemand) *rely on*
der **Verlauf** ⸗e *course*
**verlegen** *embarrassed*
die **Verlegenheit** -en
**verleihen,** ie, ie *give, bestow upon; offer opportunity for*
**verlieren,** o, o *lose*
**verloben** (sich) *get engaged*
die **Verlobung** -en
der **Verlust** -e *loss*
**verloren-gehen,** ging, gegangen
die **Verlustrechnung** -en [Rechnung *calculation*]
die **Vermählung** -en *wedding*
**vermeiden,** ie, ie *avoid*
**vermerken** *announce; observe*
**vermessen** *survey*
**vermieten** *rent (to a renter)*
**vermitteln** einem helfen, etwas zu bekommen
**vermittels** *by means of*
**vermögen** können
**vermummen** *wrap up*
**vermuten** *guess, surmise, consider possible, presume*
**vermutlich** *presumably; most likely*
die **Vermutung** -en
**vernehmen** (vernimmt), vernahm, vernommen hören
**vernichten** zu nichts machen, vollständig zerstören
**veröffentlichen** *publish*
**verpflichten** (sich) eine Pflicht auf sich nehmen; versprechen, etwas zu tun
die **Verpflichtung** -en *obligation*
**verrückt** *crazy*
der **Vers** -e
**versagen** nicht funktionieren
**Versailles** Schloß in der Nähe von Paris; 1682-1789 die Residenz der französischen Könige
**versäumen** (sich) *delay; hesitate*
das **Versäumte** *what has been missed or neglected*
**verschaffen** *provide*
**verschaffen** (sich etwas) *obtain*
**verschanzen** (sich) *barricade oneself*
**verschieben,** o, o etwas später tun, als zuerst geplant war
die **Verschiebung** -en *soft-pedal*
**verschieden** *different, various*

**verschlafen** *schläfrig*
der **Verschlag** ⸗e *wooden cage*
**verschließen,** verschloß, verschlossen zumachen
**verschlimmern** schlimmer machen
**verschönen** schön machen
**verschönern** schöner machen
**verschränkt** *interlocked*
**verschrumpft** *shriveled*
**verschulden** *do wrong*
**verschütten** *spill*
**verschwinden,** a, u unsichtbar werden
**verschwommen** *blurred*
**versenken** *sink, lower*
**versessen** (auf) begeistert (für)
**versetzen** *transfer; promote (in school); reply;*
in einen Schrecken versetzen *frighten*
**versichern** *assure*
die **Versicherung** -en
das **Versicherungswesen** *insurance (business)*
**versiert** *experienced*
**versorgen** sorgen für
**verspäten** (sich) nicht pünktlich ankommen
**verspätet** *late, belated*
**versprechen** (i), a, o *promise*
der **Verstand** *ability to reason*
**verständlich** *understandable*
**Verständnis** *understanding, appreciation*
**verständnisvoll**
die **Verstärkung** -en *reinforcement*
**verstehen,** verstand, verstanden
es **versteht sich** es braucht nicht gesagt werden
**verstellen** *tilt, adjust*
**verstockt** *obstinate*
**verstohlen** *secretly*
**verstorben** *tot*
**verstummen** keinen Laut mehr von sich geben
der **Versuch** -e *attempt*
**versuchen**
**versunken** *absorbed*
**versüßen** süß machen
**verteidigen** *defend*
die **Verteidigung** -en
**verteilen** *distribute*
die **Verteilung** -en *spacing*
**vertieft** *deeper, deepened*
**vertragen** (ä), u, a *stand, put up with*
**vertrauen** *trust, entrust;* [an-]
**vertrauen** (sich) sich auf etwas verlassen
das **Vertrauen** *confidence*

**vertrauenerweckend** [erweckend *inspiring*]
**vertraulich** *confidential*
**verträumt** wie in einem Traum
**vertraut** *familiar*
**vertreiben, ie, ie** *expel, drive away*
**vertreiben (sich die Zeit)** *kill time*
**vertreten (vertritt), a, e** *represent*
der **Vertreter** -
**verum** [siehe **ave verum corpus**]
**verursachen** *cause*
**verurteilen** *condemn*
**verwachsen** fest verbunden
die **Verwaltung -en** *government; administration*
die **Verwaltungsbehörde -n**
das **Verwaltungsgebäude** -
das **Verwaltungshochhaus ⸚er**
**verwandeln** *transform*
**verwandeln (sich)** *transform oneself (into)*
**verwandt** *related*
die **Verwandtschaft -en**
**verwechseln** *mistake for, make the wrong choice*
**verwegen** *too bold*
**verwenden** *make use of*
die **Verwendung -en** *use, application*
**verwirrt** *konfus*
die **Verwirrung -en**
**verwöhnen** *spoil, indulge*
**verwünschen** *curse*
**verzehren** essen oder trinken, verschlucken
**verzeichnen** *list*
das **Verzeichnis -se**
**verzeihen, ie, ie** vergeben, entschuldigen
die **Verzeihung -en**
**verzieren** schmücken
**verzogen** *distorted*
**verzweifelt** *desperate*
**v.H.** = **vom Hundert** *percent*
das **Vieh** *livestock*
**viel** *much, a great deal, a lot;* **viele** *many*
**vielfach** *frequent, multiple*
**vielleicht** *perhaps, maybe; by chance*
**vielmals** *many times;* **danke vielmals** *many thanks*
**vielmehr** *rather, on the other hand*
die **Vielzahl -en** *multiplicity*
**vier** *four*
**viergleisig** [das Gleis -e *track*]
**vierjährig**
**vierkantig** [Kante *edge*]: *four-sided, often rectangular*
**viermal**
**vierrädrig**

**viert-** *fourth*
das **Viertel** - *one-fourth, quarter; section of a town*
das **Vierteliter** -
das **Viertelpfund -e** 125 g
das **Viertelstündchen** -
die **Viertelstunde -n**
**vierzehn** *fourteen*
**vierzig** *forty*
die **Villa -en** alleinstehendes Einfamilienhaus
**Vindelicorum** (siehe **Vindeliker**)
**Vindeliker** keltischer Stamm zwischen Bodensee, Donau, Inn; Hauptort: Augusta Vindelicorum (Augsburg)
**Vindobona** keltischer Name für Wien
die **Violine -n** Geige
das **Violinkonzert -e**
der **Virtuos (-en) -en** Meister in einer Kunst, besonders in der Musik
**visionär** *clairvoyant*
die **Visitenkarte -n** Besuchskarte
der **Vogel ⸚** *bird*
das **Vogelbauer** - [das Bauer = Käfig]
das **Vögelein** -
die **Vokabel -n** einzelnes Wort, besonders in einer fremden Sprache
das **Volk ⸚er** *people, populace, population, nation*
**volkreich** [-reich *abundant*]
der **Volksgesang ⸚e** *popular song*
das **Volkslied -er** *folk song*
die **Volksschule -n** Elementarschule
der **Volkswagen** -
**voll** *full, entire*
**vollbringen, vollbrachte, vollbracht** *complete*
die **Volldüngerlösung -en** *concentrated fertilizing solution*
**vollenden** *carry out, complete*
die **Vollendung**
**vollführen** zu Ende bringen, fertig machen, leisten
**völlig** *total*
**vollkommen** *perfect, complete*
**voll-saugen (sich)** *accomplish complete absorption*
**vollständig** *absolutely complete*
das **Volumen -ina** Rauminhalt
**vom** = **von dem**
**von** *from, by, of;* **von . . . aus, von . . . her** *from*
**vor** *in front of, before;* **vor acht Tagen** *a week ago*
**voran-kommen, kam, o** *get somewhere, get anywhere*

## vor-arbeiten

vor-arbeiten *work in advance*
voraus *ahead, in advance*
voraus-bestellen
vorausgesetzt *assuming*
voraus-setzen *take for granted*
die Voraussetzung -en
vorbei *by, past*
vorbei-bringen, brachte, gebracht
vorbei-fahren (ä), u, a
vorbei-kommen, kam, o
vorbei-rollen
vorbei-ziehen, zog, gezogen *pass by*
vor-bereiten *prepare*
die Vorbereitung -en
die Vorbestellung -en *request (for delivery later)*
das Vorbild -er *model, hero*
vor-bringen, brachte, gebracht *produce, utter*
vorder- *was vorne steht oder liegt*
die Vorderfront -en *Vorderseite eines Hauses*
der Vordergrund ⸚e *foreground*
die Vorderseite -n *front side*
voreilig *zu schnell, zu früh*
vorerst *zuerst, zunächst (ehe man etwas anders tut)*
vor-geben (i), a, e *pretend*
das Vorgefühl -e *premonition, hunch*
vor-gehen, ging, gegangen *happen, take place*
die Vorgeschichte *background of the story*
vorgeschrieben *prescribed, compulsory*
der Vorgesetzte (-n) -n *superior*
vorgestern *der Tag vor gestern*
vor-greifen, griff, gegriffen *anticipate*
vorhanden *present, available, in existence*
der Vorhang ⸚e *curtain, drapery*
vorher *früher, bevor etwas anders geschieht*
vorher-sehen (ie), a, e *früher wissen*
vorhistorisch *prähistorisch, vorgeschichtlich*
vor-kommen, kam, o *scheinen; sich ereignen, geschehen*
vor-legen *submit*
die Vorlesung -en *lecture*
vorletzt- *next to the last*
die Vorliebe *preference*
vor-machen *perform (as tricks)*
der Vormittag -e *Morgen, die Zeit zwischen Sonnenaufgang und Mittag*
vorn(e) *in front*
der Vorname (-ns) -n *given name*
vornehm *aristocratic, elegant, refined*

vor-nehmen (nimmt), nahm, genommen *carry out*
vor-nehmen (nimmt), nahm, genommen (sich etwas) *make up one's mind (to do); intend (to do)*
von vornherein *schon vom Anfang an*
der Vorrat ⸚e *supply, provisions*
vors = vor das
vor-schreiben, ie, ie *prescribe, dictate*
die Vorschrift -en *regulation*
vorschriftsmäßig [-mäßig *according to*]
die Vorsehung *Divine Providence*
Vorsicht! *Watch out! Be careful!*
vorsichtig
der Vorsitzende (-n) -n *Präsident*
vor-sprechen (i), a, o *stop and talk*
die Vorstadt ⸚e *äußerer Stadtteil (vor der alten Stadtmauer)*
das Vorstandsmitglied -er *member of an executive board*
vor-stellen *introduce, present; place in front*
vor-stellen (sich etwas) *imagine*
die Vorstellung -en *Idee*
vorüber *vorbei; vergangen*
vorüber-gehen, ging, gegangen
vorwärts *forward*
der Vorwurf ⸚e *reproach*
das Vorzeichen - *+ oder —*
vor-ziehen, zog, gezogen *prefer*
der Vorzug ⸚e *advantage*
vorzüglich *excellent*

## W

die Waage -n *weighing scale*
wach *nicht schlafend*
wach-rufen, ie, u *awaken, arouse*
wachsam *alert*
wachsen (ä), u, a *größer werden;* [auf-, heran-, hinauf-, zusammen-]
wächsern *waxen*
das Wachstum *das Größerwerden*
die Wächterin -nen *nurse, guard*
wackelig *shaky*
wacker *stalwart*
der Wadenmuskel -n [die Wade *calf of the leg*]
die Waffe -n *weapon*
die Waffengattung -en [Gattung *type*] *branch of the armed forces, service*
die Waffenstillstandsverhandlung -en *truce negotiation*
wagen *dare, dare to do;* einen Blick wagen *dare to look;* [hinaus-]
wagen (sich) *dare to go*

wägen (sich) *weigh oneself*
der Wagen - vierräderiges Fahrzeug, Auto
die Wagenmarke -n
die Wagenpflege
der Waggon -s Eisenbahnwagen
Wagner, Richard (1813-1883) deutscher Komponist
die Wahl -en *choice, selection*
wählen *choose, vote;* [aus-]
das Wahlrecht *right to vote*
wahnwitzig verrückt
wahr *true*
während *during, in the course of; while* [see Gram. Ref. §2, 50]
wahr-haben (hat), hatte, gehabt *admit*
wahrhaftig *truly, really, actually*
wahr-nehmen (nimmt), nahm, genommen *notice, observe, be aware of*
wahrscheinlich *probably, apparently*
die Währung -en *monetary system*
das Wahrzeichen - *outstanding example or characteristic feature*
der Wald ⸚er *woods, forest; forested hill-country*
die Waldung -en *wooded area*
der Waldweg -e
der Wall ⸚e Stadtmauer
die Wand ⸚e *wall of a room*
wandelbar *changeable*
die Wandelhalle -n *foyer*
wandern *hike;* [ein-]
die Wanderung -en
der Wandschirm -e *folding screen*
der Wandspiegel -
die Wange -n *cheek*
wanken *sway*
wann *when (interrogative)*
die Ware -n *goods, merchandise*
die Warenkunde *merchandising*
warm
Warmbrunn Gemeinde in Baden
die Wärme
wärmen warm machen
die Warmwasserbereitung [Bereitung *provision for*]
warnen
die Warnung -en
warten (auf) *wait (for);* [ab-]
warum *why*
was *what, which; something, anything;* was für *what kind of —! what a —!*
die Wäsche was man waschen kann
der Wäschebedarf *laundry requirements*
waschen (ä), u, a; [ab-, aus-]

die Wäscherei -en *laundry*
der Waschkessel - *washboiler*
der Waschraum ⸚e
der Waschtag -e
das Wasser -
das Wasserglas ⸚er
der Wasserlauf ⸚e [Lauf *course*]
weben *weave*
wecken aus dem Schlaf rufen; [auf-]
weder ... noch *neither ... nor*
der Weg -e *way, path*
weg *away*
weg-bringen, brachte, gebracht *remove*
wegen *because of, on account of, about*
weg-fahren (ä), u, a
weg-fegen
weg-gehen, ging, gegangen
weg-lassen (läßt), ließ, gelassen *omit*
weg-nehmen (nimmt), nahm, genommen
der Wegweiser - *road-sign*
Weh(e) *woe betide*
wehen *wave;* [an-]
wehmütig traurig
die Wehr -en Verteidigung, Schutz
weh-tun, tat, getan *hurt*
das Weib -er *woman*
das Weiberl *little female*
das Weiblein - [lein: see Gram Ref. §17]
weiblich *female, feminine*
weich *nicht hart*
weichen, i, i weggehen
weichgekocht *soft-boiled*
Weihnachten Fest vom 24. bis zum 26. Dezember
weihnachtlich
der Weinachtsabend Abend des 24. Dezember
der Weihnachtsbesuch -e
das Weihnachtsfest
weihnachtsgemäß [-gemäß *appropriate for*]
weil *because, as a result of the fact that*
die Weile -n eine kurze Zeit
Weimar Stadt in Thüringen; deutsches Kulturzentrum im späten 18. und frühen 19. Jahrhundert
Weimaraner eine Hunderasse
der Wein -e *wine*
der Weinberg -e *vineyard*
weinen *weep, cry*
der Weinkeller -
die Weinlese *grape harvest*
der Weinschrank ⸚e *wine cabinet*
weise *wise*

# Weise

die **Weise** -n *fashion, manner, way*
   **weisen, ie, ie** *call attention to, refer to;* [**auf-, hin-, zu-, zurecht-, zurück-**]
die **Weisheit** -en *wisdom, wise thought*
   **weiß** *white*
   **weißseiden**
   **weit** *far, extensive, wide*
   **weitaus** *by far*
die **Weite** *distance, extent, breadth*
ohne **weiteres** *without more ado*
   **weiterhin** *noch dazu*
   **weiter-machen** *continue*
   **weiter-reiten, ritt, geritten**
   **weitgehender** *to a greater extent, more*
das **Weizenbrot** -e [der Weizen *wheat*]
das **Weizenmehl** -e
   **welch** *which; who, whom; some, any, a few*
die **Wellblechgarage** -n [das Wellblech *corrugated sheet metal*]
die **Welle** -n *wave*
die **Wellenlänge** [Länge *length*]
die **Welt** -en *world*
   **weltberühmt**
das **Weltensystem** -e *planetary (solar) system*
der **Weltkrieg** -e
der **Weltraum** *outer space*
die **Weltstadt** ⸗e Millionenstadt
der **Weltteil** -e Teil der Welt, Kontinent
die **Wendeltreppe** -n *spiral staircase*
   **wenden, wandte, gewandt** *turn, turn over;* [**an-, um-, zu-**]
der **Wendepunkt** -e
der **Wender** - *(pancake) turner*
die **Wendung** -en *phrasing*
   **wenig, weniger, wenigst-** *little (in quantity); (pl.) few;* **weniger** *less, fewer; minus*
   **wenigstens** *at least*
   **wenn** *if, whenever, when;* **wenn auch** *even if* [see Gram. Ref. §50]
   **werden (wird), wurde, geworden** *become, get* [see Gram. Ref. §31, 41]
der **Werder** - Flußinsel
   **werfen (i), a, o** *throw, put;* **einen Blick werfen** *look;* [**auf-, hin-**]
das **Werk** -e *work, work of art; factory*
die **Werkstätte** -n Arbeitsstätte
das **Werkzeug** -e *tool*
   **Wernigerode** Stadt im Harz, in Ost-Deutschland
die **Werst** -en russisches Längenmaß = 1,067 km
   **wert** *worth, worthy*
der **Wert** -e *value*

   **werten** [**aus-**]
   **wertlos** ohne Wert
   **wertvoll** *valuable*
das **Wesen** - *existence, being, essence, nature, character; system, organization, structure, pattern of behavior, activity*
   **wesentlich** *essential*
   **weshalb** *warum*
   **West-Berlin**
   **Westdeutschland** *western Germany*
   **West-Deutschland** *West Germany* (Bundesrepublik Deutschland)
der **Westen**
   **Westfalen** ehemalige preußische Provinz; heute ein Teil vom Lande Nordrhein-Westfalen
   **westfälisch**
   **westlich** *western, to the west*
die **Westmark** die Mark, die in der Bundesrepublik Deutschland gültig ist
das **Westufer** -
der **Wettbewerb** -e *competition*
das **Wetter** - *weather*
   **wetterfest** *weatherproof*
   **Wetzlar** Stadt in der Nähe von Wiesbaden, in Hessen
der **Wicht** -e *dwarfish creature, gnome*
   **wichtig** *important, weighty*
die **Wichtigkeit** -en
   **wider** *contrary to, against, counter-*
   **widerfahren (ä), u, a** geschehen
   **wider-spiegeln (sich)** *reflect*
der **Widerspruch** ⸗e *contradiction*
der **Widerstand** ⸗e *resistance*
der **Widerwille** (-ns) -n *dislike, reluctance*
   **widmen** *devote*
   **wie** *how, as, as if*
   **wieder** *again;* **immer wieder** *again and again;* **wieder-** *(in compounds)* re-
der **Wiederaufbau**
die **Wiederaufführung** -en
die **Wiedergabe** -n Wiedererzählung
   **wieder-geben (i), a, e** zurückgeben
   **wiederholen** noch einmal tun oder sagen
   **wieder-sehen (ie), a, e**
Auf **Wiedersehen** *Good-bye*
   **wiegen** *weigh;* [**ab-**]
   **Wien** Hauptstadt der Republik Österreich
   **Wiener Schnitzel** *veal cutlet*
   **Wiesbaden** Hauptstadt von Hessen
die **Wiese** -n *meadow*

das **Wiesenland** ⸚er
**wieso?** *How do you mean that? Why do you say that?*
**wieviel** *how much, how many;* **wie viele** *how many*
**wild** *wild, uncultivated*
das **Wild** *game animals*
**Wildberg** alte Stadt in Württemberg
die **Wildnis (-se)** *wilderness*
der **Wille (-ns) -n** *will;* **um . . . willen** *for the sake of, because of*
**willkürlich** *arbitrary, whimsical*
der **Wind -e**
**windig**
der **Windschutz**
der **Wink -e** Zeichen, meist mit der Hand gegeben
**winken** *wave*
**winklig** krumm
der **Winter -**
der **Wintergarten** ⸚ *hot-house*
das **Winterkonzert -e**
**winterlich**
der **Wintermonat -e**
die **Wintersaison -s**
der **Wintertag -e**
das **Wippen** *vibration, swaying*
**wippen** [**ab-**]
**wirken** *have an effect; make an impression;* [**ein-**]
**wirklich** *actual, real*
die **Wirklichkeit -en**
**wirksam** *effective, impressive*
die **Wirkung -en** *effect*
die **Wirtin -nen** Hausfrau, bei der man ein Zimmer gemietet hat
die **Wirtschaft -en** *economics, economic activity; business*
**wirtschaftlich**
das **Wirtshaus** ⸚er *inn*
**wischen** *wipe;* **Staub wischen** *dust;* [**auf-, aus-**]
das **Wissen** *knowledge*
**wissen (weiß), wußte, gewußt** *know (a fact), know (that)*
die **Wissenschaft -en** *knowledge, learning, science, field of science; scholarship*
**wissenschaftlich** *scientific, scholarly*
**witzeln** *joke*
**wo** *where, when, under circumstances in which;* **wo . . . her** *where from, whence;* **wo . . . hin** *where to, whither*
**wobei** *in connection with which, in doing which*

die **Woche -n** sieben Tage
das **Wochenende -n**
das **Wochenendhäuschen -**
der **Wochenmarkt** ⸚e
die **Wochenstunde -n** *hour per week*
**wöchentlich** *weekly; per week*
**wodurch** *because of which fact*
**wofür** *for which, for what*
**wogegen** *compared with which*
**woher** aus welchem Grund
**wohin** in welcher Richtung
**wohl** *well, in good health; readily; probably, I suppose*
**wohlbeleibt**
**wohlerzogen** *well brought up*
**wohl-fühlen (sich)**
**wohlgenährt** *well-fed*
**wohlig** *blissful*
**wohlklingend** *euphonious*
der **Wohlstand** *prosperity*
**wohltuend** *good for one*
**wohlverdient**
**wohnen** *reside*
die **Wohnfläche -n**
das **Wohnhaus** ⸚er
die **Wohnung -en** *residence, apartment*
die **Wohnungsnachfolgerin -nen** [Nachfolger *successor*]
die **Wohnungsnot** ⸚e [Not *shortage, emergency*]
die **Wohnungstür -en**
das **Wohnzimmer -**
der **Wolf** ⸚e
**Wolfach** Stadt in Südbaden, Kurort im Schwarzwald
**Wolferl = Wolfgang** [Koseform]
**Wolfsburg** Industriestadt (1938 gegründet) nicht weit von Braunschweig; das Volkswagenwerk bestimmt ihre wirtschaftliche Struktur.
die **Wolke -n** *cloud*
der **Wolkenkratzer -**
die **Wolle -n** *wool*
**wollen (will), wollte, gewollt** *want, want to, wish to; mean to, intend to; claim to* [see Gram. Ref. §44]
die **Wolljacke -n**
das **Wolljackett -e, -s** [Jackett *blazer*]
das **Wollknäuel -** *ball of yarn or fuzzy material*
**womit** *with what, with which*
**womöglich** möglicherweise
**wonach** *after which; toward which; according to which*
die **Wonne -n** *bliss, rapture*

# Wonneschauer

der **Wonneschauer** [Schauer *shiver*]
  **woran** *at what, by what*
  **woraus** *out of which, from which*
  **worden** [see Gram. Ref. §41]
  **worin** *in which*
  **Worms** Stadt am linken Ufer des Rheins, im Lande Rheinland-Pfalz
das **Wort** -e *word(s) in connected discourse*
das **Wort** ⸚er *word(s) in language or vocabulary*
  **Wörth an der Donau** Stadt in Bayern
  **wörtlich** *literally*
  **worüber** *over which; about which; about what*
  **wovon** *about what; about which*
  **wozu** *for what, for which*
  **wüchsig** *having a particular rate of growth*
das **Wunder** - *miracle, wonder*
  **wunderbar**
das **Wunderding** -e
das **Wunderkind** -er *child prodigy*
  **wunderlich** *strange, peculiar*
  **wundern (sich)** *be surprised*
  **wunderschön**
  **wundervoll**
der **Wunsch** ⸚e *wish, desire*
  **wünschen** [herab-]
die **Würde** -n *dignity, honor, official position*
die **Würdelosigkeit** *lack of dignity*
  **würdevoll**
  **würdig** *worthy, dignified*
  **würdigen** *appreciate, respect*
die **Würdigung** -en
der **Würfel** - *cube*
die **Wurst** ⸚e *sausage*
das **Wurstbrot** -e [Brot *sandwich*]
das **Würstchen** -
  **Würzburg** Stadt am Main, in Nordbayern
  **Wüstenrot** Gemeinde in Württemberg, nicht weit von Stuttgart

## Z

die **Zahl** -en *number*
  **zahlen** *pay*
  **zählen** *count*; [ab]
das **Zahlengedächtnis** -se
die **Zahlkarte** -n *postal money order to a business account in payment of a bill*
  **zahlreich** *viele*
das **Zählwerk** -e *automatic counter*
  **zahm** *tame*
  **zähmen** *to tame*
der **Zahn** ⸚e *tooth*
der **Zahnarzt** ⸚e
die **Zahnpflege**

die **Zange** -n *tongs*; **in die Zange nehmen** *give a rough time*
  **zart** *gentle, tender, delicate*
  **zärtlich**
  **zartsinnig** *refined*
die **Zauberflöte** -n *Magic Flute* (Oper von Mozart, 1791)
  **zaubern** *perform magic; conjure up*
der **Zaun** ⸚e *fence*
  **z. B.** = zum Beispiel
  **zehn** *ten*
das **Zeichen** - *signal, sign; token*
die **Zeichentafel** -n *drawing board*
der **Zeichentisch** -e *architect's drawing board*
  **zeichnen** *draw, sketch*; [aus-]
der **Zeichner** - *draftsman*
der **Zeigefinger** - der zweite Finger (mit dem man zeigt)
  **zeigen** *show, point*; [an-]
die **Zeit** -en *time*
das **Zeitalter** - *age, era*
die **Zeitdauer** [Dauer *duration, length*]
der **Zeitpunkt** -e bestimmter Augenblick
die **Zeitung** -en *newspaper*
der, das **Zentimeter** der hundertste Teil eines Meters; = 0,39 Zoll
der **Zentner** - hundert Pfund
die **Zentnerlast** [Last = Gewicht]
  **zentnerweise** *in 110-pound lots*
  **zentral**
die **Zentralheizung** [Heizung *heating*]
das **Zentrum** -en
die **Zeremonie** -n
  **zeremoniell**
  **zerreiben, ie, ie** *grate*
  **zerrissen** *ripped and torn*
  **zerschneiden, zerschnitt, zerschnitten** *cut into little pieces*
  **zerstören** *destroy*
die **Zerstörung** -en
das **Zeugnis** -se *school report; testimony*
  **ziehen, zog, gezogen** *pull, draw, go, proceed, move*; **es zieht** *there's a draft*; [an-, aus-, ein-, heran-, heraus-, hin-, hinein-, vor-, vorbei-, zu-, zurück-, zusammen-]
das **Ziel** -e *goal, aim*
  **ziemlich** *fairly, rather, pretty*
die **Zierde** -n *adornment, ornament*
  **zierlich** *pretty; nice, little*
der **Ziertopf** ⸚e
die **Zigarette** -n
das **Zimmer** - *room*

der Zimmerherr (-n) -en *gentleman renter*
der Zimmermann -leute *carpenter*
die Zimmerpflanze -n *house-plant*
die Zimmertemperatur -en
der Zirkus -se
die Zitadelle -n *citadel, central fortress*
zitieren *quote*
zittern *tremble, quiver*
zögern *hesitate, delay*
der Zoll - *inch; toll*
zollen *make due payment*
der Zorn *wrath*
zu *to, at; shut, closed;* [see Gram. Ref. §29, 36]
zu-bereiten *prepare*
zu-blicken *glance at*
zu-bringen, brachte, gebracht *spend*
die Zubringerschule -n
die Zucht *training, discipline*
der Züchter - *breeder*
zucken *dart; jump;* [zurück-]
zuerst *first, first of all*
der Zufall ⸚e *chance, accident*
zufällig
das Zuflußrohr -e *water supply pipe*
zufrieden *satisfied*
der Zug ⸚e *train, feature, trait, draft*
der Zugang ⸚e *access*
zugänglich *open, available, accessible*
zu-geben (i), a, e *admit*
zu-gehören gehören
der Zügel - *rein*
zugemessen *foreordained*
das Zugeständnis -se *concession*
zu-gestehen, gestand, gestanden für richtig anerkennen
zugetan *devoted to*
zugleich zur gleichen Zeit
die Zugluft *draft*
zu-hören
zu-knöpfen
zu-kommen, kam, o: zukommen lassen geben
die Zukunft die kommende Zeit
zu-lächeln
zu-lassen (läßt), ließ, gelassen *erlauben*
zuletzt als letztes; am Ende; am wenigsten
zum = zu dem
zu-machen schließen
zumute: es ist ihm schlecht zumute seine Stimmung ist schlecht, er fühlt sich nicht wohl
zunächst zuerst, vor allem anderen

zünden: Feuer zünden Feuer machen; [an-]
zu-nehmen (nimmt), nahm, genommen wachsen; größer, dicker werden
die Zunge -n *tongue*
die Zungenwurst ⸚e
zupfen *tug*
zur = zu der
zurecht-finden, a, u (sich) *find one's way around*
zurecht-weisen, ie, ie *correct*
Zürich größte Stadt der Schweiz
zurück *back*
zurück-binden, a, u
zurück-fahren (ä), u, a *return; jump back*
zurück-geben (i), a, e *give back, reply*
zurück-halten (ä), ie, a
zurück-kehren zurückgehen, zurückkommen
zurück-kommen, kam, o
zurück-schneiden, schnitt, geschnitten
zurück-stehen, stand, gestanden (hinter) *be inferior (to)*
zurück-weisen, ie, ie *reject, repulse*
zurück-ziehen, zog, gezogen (sich) *withdraw*
zurück-zucken *recoil, jump back*
zu-sagen „Ja" sagen
zusammen *together*
zusammen-brechen (i), a, o *collapse*
zusammen-finden, a, u (sich) *gather*
der Zusammenfluß wo zwei Flüsse zusammenfließen
der Zusammenhang ⸚e die logische oder physische Verbindung
zusammenhängend *cohesive, coherent*
zusammen-kommen, kam, o
zusammen-laufen (äu), ie, au
zusammen-leben
zusammen-legen *combine*
zusammen-passen, paßte, gepaßt *be suitable for one another*
zusammen-pressen, preßte, gepreßt
zusammen-schließen, schloß, geschlossen (sich) *combine, unite*
zusammen-stellen *compile*
zusammen-treten (tritt), a, e *join*
zusammen-wachsen (ä), u, a
zusammen-ziehen, zog, gezogen *combine*
zu-scharren *cover up (a grave)*
zu-schauen zusehen
der Zuschauer - *spectator*
die Zuschauergunst [Gunst *favor, partiality*]

lxxvii

# Zuschauerrekord

der **Zuschauerrekord** -e
**zu-schreiben, ie, ie** *ascribe*
**zu-sehen (ie), a, e** *look at, look on*
der **Zustand** ⸚e *condition*
**zustatten kommen** nützlich sein
**zu-stehen, stand, gestanden** *pertain to*
**zu-stoßen (ö), ie, o** geschehen, passieren
**zu-tragen (ä), u, a (sich)** geschehen, sich ereignen
**zuträglich** *compatible*
**zutraulich** vertrauend, zahm, freundlich
**zu-treten (tritt), a, e** *enter, approach*
der **Zutritt** -e *entry, entrance, admission, admittance*
**zuverlässig** *reliable, trustworthy*
das **Zuviel** *excess*
**zuviel** *too much, too many*
**zuvor** vorher
**zuweilen** manchmal, ab und zu
**zu-weisen, ie, ie** *assign, allot*
**zu-wenden, wandte, gewandt** *turn toward, face*
**zu-wenden, wandte, gewandt (sich)** *return to; apply oneself to*
das **Zuwenig** *deficiency*
**zu-ziehen, zog, gezogen (sich etwas)** *incur, draw on oneself*
der **Zuzug** ⸚e *increase through (recent) arrivals*
**zu-zwinkern** *wink at*
der **Zwang** ⸚e *compulsion, obligation*
**zwanglos** *free and easy*

**zwangsläufig** *inevitable*
**zwanzig** *twenty*
**zwanzigmal**
**zwar** *to be sure; specifically*
der **Zweck** -e *purpose*
**zweckmäßig** *appropriate, suitable*
**zwei** *two*
**Zweibrücken** Stadt in der Pfalz
**zweieinhalb** 2½
der **Zweifel** - *doubt*
**zweifellos** ohne Zweifel
**zweifeln** nicht wissen, was man will oder denken soll
der **Zweig** -e *branch*
der **Zweikampf** ⸚e Duell
**zweit-** *second*
**zweitens** an zweiter Stelle
**zweitgrößt-**
die **Zwiebel** -n *onion*
das **Zwiegespräch** -e Gespräch zwischen zwei Personen
der **Zwiespalt** Streit, Uneinigkeit
**zwingen, a, u** *force, compel;* [auf-, hinüber-]
**zwinkern** [zu-]
**zwischen** *between, among*
**zwölf** *twelve*
**zwölft-** *twelfth*
der **Zyklus** -en *cycle, sequence of courses in a school subject*
der **Zylinder** - *top hat*

# Acknowledgments (Genehmigungsnachweis)

We wish to thank the publishers, authors, and holders of copyright for their permission to use the reading materials in this book. (The numbers refer to pages in the text.)
48: „Über die Brücke" von Heinrich Böll. Copyright 1950 Friedrich Middelhauve Verlag. Köln. Der Abdruck erfolgt mit Genehmigung des Verlages. 68: „Licht in der Dunkelheit" von Franz Karl Ginzkey. Mit freundlicher Genehmigung des Verlags Kremayr und Scheriau, Wien. 90: „Die Nacht vor Lodi "von Heinz Risse. Entnommen aus dem Erzählungsband *Der Buchhalter Gottes*, Langen-Müller Verlag, München. 107: „Letterman", entnommen aus *Rasselbande 3* (Februar, 1962), mit freundlicher Genehmigung der Redaktion *Rasselbande*, Hamburg. 109: „Oberschule", entnommen aus *Rasselbande 4*, (Februar, 1962) mit freundlicher Genehmigung der Redaktion *Rasselbande*, Hamburg. 111: "Let's dance . . ." entnommen aus *Rasselbande 14* (Juli, 1963) mit freundlicher Genehmigung der Redaktion *Rasselbande*, Hamburg. 113: „Penne, ade!" entnommen aus *Rasselbande 12* (Juni, 1963) mit freundlicher Genehmigung der Redaktion *Rasselbande*, Hamburg. 115: „Einmal voll, bitte!" entnommen aus *Rasselbande 4* (1964) mit freundlicher Genehmigung der Redaktion *Rasselbande*, Hamburg. 133: „Fräulein oder Frau?" entnommen aus *Praline 3* (Februar, 1962) mit freundlicher Genehmigung der Redaktion *Praline*, Hamburg. 134: „Mit dem Titel anreden?" entnommen aus *Praline 2* mit der freundlichen Genehmigung der Redaktion *Praline*, Hamburg. 135: „Liebe war es nicht", von Hellmut Holthaus. Mit freundlicher Genehmigung des Autors. 138: „Mercedes 190" aus der Wochenzeitung *Rheinischer Merkur*, Köln. 139: „Garagen" entnommen mit freundlicher Genehmigung des C. Bertelsmann Verlages, Gütersloh, dem vom Verlag für Wissen und Bildung, Rheda, herausgegebenen deutschen Bildungs-Lexikon in 6 Bänden *Das Wissen des 20. Jahrhunderts*. 156: „Er fiel aus dem Horst" entnommen aus *Rasselbande 2* (Januar 1962) mit der freundlichen Genehmigung der Redaktion *Rasselbande*, Hamburg. 158: „Mögen Sie Hunde?" aus der Wochenzeitung *Rheinischer Merkur*, Köln. 160: „Clarence nimmt ein Bad" mit der Genehmigung von BIPS Photos, New York. 162: „Blumenpflege" entnommen mit freundlicher Genehmigung des C. Bertelsmann Verlages, Gütersloh, dem vom Verlag für Wissen und Bildung, Rheda, herausgegebenen deutschen Bildungs-Lexikon in 6 Bänden *Das Wissen des 20. Jahrhunderts*. 175: „Richtbaum in 77m Höhe" aus der *Süddeutschen Zeitung*, München. 203: „Das Wunderkind" von Thomas Mann, entnommen aus Thomas Mann, *Erzählungen*, S. Fischer Verlag, © 1958 Katherina Mann.

# Picture Credits (Bildernachweis)

S. ii-iii: Heinz Bogler, Essen. S. 1-10: Heinz Bogler. S. 11: German Tourist Information Office. S. 12: Entnommen aus dem Band *Schönes altes Düsseldorf*, Droste Verlag, Düsseldorf. S. 13: Dolf Siebert, veröffentlicht in *Schönes altes Düsseldorf*, Droste Verlag. S. 14: Horst H. Baumann, Düsseldorf. S. 15: German Tourist Information Office. S. 16: Foto-Gräf, veröffentlicht in *Düsseldorf, Stadt am Strom*, Droste Verlag. S. 17: Horst H. Baumann. S. 18: German Tourist Information Office. S. 21: Dolf Siebert, veröffentlicht in *Schönes altes Düsseldorf*, Droste Verlag. S. 22: Werbe- und Verkehrsamt, Düsseldorf. S. 23: German Tourist Information Office. S. 24, 25, 27, 29, 31: Horst H. Baumann. S. 41: Irene Murray. S. 42 and 43 top: Heinz Bogler. S. 43 bottom: Sieghart Kemper, Stuttgart. S. 44: Heinz Bogler. S. 47: Entnommen aus *Praline*, 15. Januar, 1963, Redaktion *Praline*, Hamburg. S. 53: Heinz Bogler. S. 56-57: C. S. Hammond & Co., N.Y. S. 71, 76: Irene Murray. S. 78: Heinz Bogler. S. 81: Sieghart Kemper. S. 82: Irene Murray. S. 83: Deutsche Bundesbahn. S. 86, 87: Heinz Bogler. S. 89: Irene Murray. S. 95: Ursula Thomas. S. 97, 98: Sieghart Kemper. S. 102: Sieghart Kemper. S. 105: Sieghart Kemper. S. 108: A. Devaney, Inc., N.Y. S. 111: A. Devaney, Inc., N.Y. S. 115: Mit freundlicher Genehmigung der Redaktion *Rasselbande*, Hamburg. S. 117: Heinz Bogler. S. 121: Dr. Wolff & Tritschler, Frankfurt am Main. S. 124: Heinz Bogler. S. 125, 126: Mercedes-Benz Sales, Inc. S. 128: Presse- und Informationsamt der Bundesregierung, Bonn. S. 130: Städtisches Verkehrsamt Detmold. S. 131: Dr. Wolff & Tritschler, Frankfurt am Main. S. 132: Internationales Woll-Sekretariat, Düsseldorf. S. 133: Kio-Jersey GmbH, Selbitz. S. 139: A. Devaney, Inc., N.Y. S. 141: Heinz Bogler. S. 143: Sieghart Kemper. S. 144: Leonard Lee Rue III from Monkmeyer Press Photo Service. S. 144-145: A. Devaney, Inc. N. Y. S. 145: Motyka from Monkmeyer Press Photo Service. S. 146: Heinz Bogler. S. 147: Sieghart Kemper. S. 148: Heinz Bogler. S. 151: F. E. Westlake from A. Devaney, Inc., N. Y. S. 152: From Fidelco Kennels, courtesy of Charles H. Kaman and Cathleen, Bloomfield, Conn. S. 153, 154: Frank Gordon from A. Devaney, Inc., N. Y. S. 154-155: Herbert Lanks from A. Devaney, Inc., N. Y. S. 156, 157: A. Devaney, Inc., N. Y. S. 159: David W. Corson from A. Devaney, Inc., N. Y. S. 160-161: BIPS Photos, N. Y. S. 162-163: Irene Murray. S. 165: Sieghart Kemper. S. 167: German Tourist Information Office. S. 168: Heinz Bogler. S. 169, 170: German Tourist Information Office. S. 171 left: German Tourist Information Office. S. 171 right: Horst H. Baumann. S. 172: Landesbildstelle Württemberg. S. 173, 178: Presse- und Informationsamt der Bundersregierung, Bonn. S. 179: Landesbildstelle Württemberg. S. 180: Presse- und Informationsamt der Bundesregierung, Bonn. S. 181 top: Heinz Bogler. S. 181 bottom: Horst H. Baumann. S. 182: Fremdenverkehrs- und Kongress-Zentrale Hamburg. S. 183: Verkehrsamt der Stadt Köln. S. 185: Ursula Thomas. S. 188: Austrian State Tourist Department. S. 190, 191: Sieghart Kemper. S. 192: Austrian State Tourist Department. S. 194, 196: New York Public Library S. 197, 199: Sieghart Kemper. S. 201: New York Public Library.